축제 기획의 실제

이 도서의 국립중앙도서관 출판시도서목록(CIP)은 e-CIP홈페이지(http://www.nl.go.kr/ecip)에서 이용하실 수 있습니다. (CIP제어번호 : CIP2007003530)

축제 기획의 실제

The Practical Process of Festival Planning

박준흠 지음

한울

머리말

이 책은 올해 초 광명음악밸리축제 예술감독직을 그만두고 나서 쓰기 시작했다. 원래 2005년, 2006년의 축제성과를 바탕으로 2007년 축제도 진행하기로 예정되었으나 이런저런 사정으로 그만두게 되었다. 광명음악밸리축제는 개인적으로 워낙 애정을 갖고 만든 것이기에, 내게는 단순히 급여를 받고 축제를 만드는 개념 이상의 뭔가가 있었다. 적어도 1997년에 대중음악계로 투신한 이후 가졌던 이상을 현실 세계에서 구체적으로 발현시키겠다는 꿈을 담고 있었고, 이를 음악비즈니스 시스템으로까지 연결시키겠다는 야욕(?)을 품고 있었다. 제2회 한국대중음악상 시상식에서 '올해의 레이블' 상을 받은 모 기획사 대표가 "음악은 단지 비즈니스의 대상이 아니다"라는 취지의 수상 소감을 밝혔는데, 나 또한 그와 비슷한 입장을 갖고 있었다.

이 축제가 광명시의 음악도시정책하에서 만들어졌고, 그 정책이 '음악산업'과 관련한 것이기 때문에 광명시와 대중음악계 양자에게 공히 이로울 수 있는 '시스템'을 만들겠다는 것이 내가 초기에 광명음악밸리축제를 기획할 때 취한 기본 입장이었다. 즉, 이 축제에서 한국 음악산업에 일조해야 한다는 대의명분을 가졌고, 현재의 음원산업처럼 사업자들만 성장의 수혜를 가져가는 구조가 아니라 뮤지션[1] 개개인이 실제적인 이득을 가져갈 수 있는 방안을 제시하려고 했다. 그래서 첫 번째로 축제 자체가 '음악전문 매체' 역할을 함으로써, 역량 있는 뮤지션들에게 대중적인 '이미지 메이킹' 작업을 해줘 그들의 상업적인 가치를 높이고자 했다. 두 번째로는 '뮤지션의 해외진출'이 중요시되는 지금, 역량 있는 비주류뮤지션들이 해외에 진출할 수 있는 마케팅 관문 역할을 축제프로그램으로 만들어보고 싶었다. 하지만 두 번째는 시도로만 끝나서 무척 아쉽다. 적어도 5년 이상 축제를 운영하면 어느 정도 기틀을 마련해 이런 시도들이 결실을 맺을 수 있으리라고 생각했지만 이렇게 축제를 그만두고 나니, 내가

1 여기서 지칭하는 뮤지션은 음악창작의 질을 담보하는 '주목할 만한 앨범'을 발표한 뮤지션을 말한다.

시도했던 작업이 '현재로서는' 모래 위에 집을 세우는 것과 비슷한 것은 아니었을까 하는 생각이 든다.

내가 기본적으로 생각했던 광명음악밸리축제의 상은 '한국 음악산업을 건강하게 성장시키는 방편으로서의 축제'와 '지자체의 해당 도시정책을 구체화시키는 방편으로서의 축제'였다. 그러나 현재 전문가가 자신의 전문성을 개입시키기에는 두 가지 환경 모두 다소 열악한데도,[2] 너무 낙관적으로 이를 실현할 수 있을지 모른다고 생각했던 것 같다. 당장 한국에서 (대중음악)축제를 하려고 해도 (외부 환경 문제들은 차치하고라도) 사무국에서 같이 일할 만한 전문성 있는 사람들을 구하기도 쉽지 않다. 물론 현재 한국의 축제조직들이 대개 상설화되어 있지 않아서 생계가 보장되지 않기 때문에 전문인력 유입 자체가 어려운 것은 사실이다. 그렇다고 하더라도 기획, 제작, 홍보, 마케팅, 행정 등의 분야에서 좋은 인력을 찾기 쉽지 않은 것에는 문제가 있다. 이 점이 제대로 된 축제를 만들기 어려운 첫 번째 이유이다. 그래서 광명음악밸리축제와 관련한 일을 그만둔 뒤 한동안 허탈해하다가 축제 전문인력을 양성하는 참고서를 만들어볼 요량으로 쓰기 시작한 것이 바로 이 책이다.

비록 2000년과 2001년 쌈지사운드 페스티벌 기획에 참여한 경험은 있었지만, 2005년에 광명시에서 규모 있는 음악전문축제를 막상 만들려고 하니 답답한 게 한두 가지가 아니었다. 그 중 하나는 실제로 축제를 기획하고 운영하고자 했을 때 참고할 만한 '실무서' 성격의 책이 단 한 권도 없었다는 점이다. 공연 기획에 관한 책은 좀 있었고, 축제를 관람객 입장에서 다룬 책들도 있었지만 '기획자 입장'에서 다룬 전문서는 없었던 것으로 안다. 몇몇 전문서 비슷한 책자나 자료집도 축제 사무국

---

2 이에 대해 설명하려면 장황해지므로 이 자리에서는 피한다. 그 대신 본문의 글들과 문화예술 전문매체 '가슴네트워크(http://www.gaseum.co.kr)'에 실린 내 글들을 참고하기 바란다.

안에서 현장 경험을 바탕으로 쓴 것은 없어보였다. 결정적으로 한국에서 축제를 만들어갈 때 겪게 되는 '결정적인 상황(critical point)'에 대한 이해와 설명이 없었다는 점이다. 그래서 참고한 것이라고는 기존 축제 자료집과 홈페이지가 전부였던 것으로 기억한다. 사실 내가 바란 것은 좀 더 쉽게 축제를 제작하기 위해 참고할 만한 '축제 제작 매뉴얼'이었다.

그래서 내가 이번에 쓰려는 '축제 제작 매뉴얼' 성격의 책에서는 2005~2006년 광명음악밸리축제 예술감독을 한 경험을 바탕으로 축제 기획 및 제작의 A부터 Z까지를 다루고자 한다. 그저 이론적으로 축제를 설명하는 것이 아니라 실제로 누군가가 축제를 맡게 되었을 때 시작하게 되는 일들을 차례대로 정리하려고 했다. 결국 누군가 축제를 맡게 되면 처음 하는 일이 컴퓨터 앞에 앉아서 '축제 개요'부터 써내려가는 일인데, 이 책은 바로 이 부분부터 시작한다. 또한 '무작정 따라하기'와 같은 IT 입문서들에는 독자들의 이해를 돕는 '화면출력' 부분이 있는 것처럼, 이 책에도 프레젠테이션 자료, 회의자료, 업무지침서, 견적서, 공고문 등을 최대한 많이 실으려고 했다. 이 땅의 현실과 다른 해외 사례를 소개하는 것이 아니라 최근 들어 만들어지기 시작한 예술전문축제 사례를 직접 다루고자 했다. 이 책에 대해 더 자세한 저술 경위는 이어지는 저술 개요와 서장을 참고하기 바란다.

축제기획은 그 자체가 한국에서 역사가 일천한 분야이다. 현장에서 축제작업을 하는 분들은 있지만, 이를 텍스트화해서 책으로 만드는 분은 거의 보지 못했다. 현재 대학과 대학원의 문화예술 관련 학과에서 문화기획·축제기획을 가르치지만 따로 교재가 있는 것은 아니다. 그래서 일차적으로는 이 책이 관련 교재로 이용되었으면 하는 바람이 있다. 축제기획은 '문화기획의 꽃'이자 '종합 문화콘텐츠 기획'이라고 생각한다. 여기에는 예산 기획과 사무국 운영부터 시작해서 공연 기획, 매체 기획,

홍보 기획, 디자인 기획 등등을 포괄하고, 기업의 아트 마케팅 또는 지자체의 도시이미지 마케팅 개념을 녹여내야 하기 때문이다. 그리고 여러 부대행사 기획(노천카페, 시민참여프로그램, 포럼, 강좌, 기념품 등)과 자원봉사자 운영, 지자체 행정단위(지자체의 여러 유관 부서를 포함해 경찰서, 소방서, 보건소 등)와의 소통, 지역 단체(자원봉사자센터, 모범운전자회 등)와의 협조 관계 등 많은 일들이 원활하게 계획적으로 조합되어야 한다. 그래서 문화기획을 꿈꾸는 분들이라면 한번쯤 축제기획에 도전해볼 만하다.

마지막으로 이 책이 나오기까지 도와주신 분들을 거론해야 할 것 같다. 먼저 이 책의 출판을 기꺼이 받아들인 도서출판 한울의 김종수 대표에게 고마움을 전하고, 기획에서 편집까지 담당한 신인영, 윤순현, 윤상훈 씨 등에게 감사의 말을 전한다. 또한 2005·2006 광명음악밸리축제 사무국에서 나와 같이 축제를 만들며 축제책자 작업을 같이한 김민규, 김소진, 김학선, 나도원, 서정민갑, 서희정, 이은실, 최지호 씨 등에게도 고마움을 전한다. 이 책에 쓰인 광명음악밸리축제 관련 사진은 이정실, 권준경 씨의 작품이다. 사용을 허락한 그들에게 감사드린다. 내 프로필 사진을 위해 어려운 시간을 내서 촬영해준 최규성 씨에게도 감사드린다. 또한 항상 나의 곁에서 지지와 신뢰를 보여주는 아름다운 아내와 사랑과 염려의 마음을 주는 어머님께 무한한 고마움을 느낀다. 이 자리에서 거론하지 못한 고마웠던 분들과 이 책을 소중하게 읽어주는 모든 분들에게도 감사의 말을 전한다.

2007년 11월 1일

파주에서 열심히 '가슴네트워크'를 만들어가고 있는 박준흠

차례

머리말 5

저술 개요 14

서장 2005·2006 광명음악밸리축제에 대한 아쉬움을 접고 17

01 쌈지사운드 페스티벌의 기억 18 | 02 광명음악밸리축제와의 만남 20

제1부 | 한국에서 축제를 기획하기 위한 기본 연구 대중음악축제 사례를 중심으로

제1장 축제연구 31

01 연구 개요 32 | 02 축제 관련 기존 연구 흐름 36

제2장 축제와 대중음악축제 39

01 축제의 역사 40 | 02 축제의 유형 41

03 대중음악축제의 유형 47 | 04 대중음악축제의 기능과 역할 49

제3장 해외 대중음악축제 현황과 운영 사례 54

01 해외 대중음악축제 현황 55 | 02 해외 대중음악축제 소개 57

03 후지 록 페스티벌과 SXSW 페스티벌 운영 사례 분석 71

04 후지 록 페스티벌과 SXSW 페스티벌 성공 요인과 시사점 99

제4장 국내 대중음악축제 현황과 운영 사례 103

01 국내 지역축제 현황 104

02 국내 대중음악축제 현황과 운영 사례 분석 105

03 국내외 대중음악축제 현황 비교를 통한 시사점 도출 110

제2부 | 축제기획 2005 · 2006 광명음악밸리축제 기획과 운영 사례를 중심으로

제5장 축제기본계획 121

01 기획자의 태도—'이해와 설득' 122 | 02 마스터플랜 124
03 월별로드맵 128 | 04 축제콘셉트 131

제6장 축제조직 135

01 축제조직 구성 136 | 02 축제 사무국 운영 138

제7장 축제예산 143

01 축제예산 수립 144 | 02 사업 계획서 수립 147

제8장 축제프로그램 기획 150

01 전체 프로그램 구성 151 | 02 메인공연 154
03 서브공연 164 | 04 사전 공연 · 행사 174
05 부대행사 178 | 06 공모 행사 183 | 07 축제 전체 일정 186

제9장 축제실행계획 188

01 공연 무대 운영 계획 189 | 02 무대 시설업체 공모 218
03 부대행사 운영 계획 222 | 04 사전 공연 · 행사 운영 계획 236
05 텍스트콘텐츠 기획 245 | 06 동영상콘텐츠 기획 250

07 경연대회 운영 계획 252 | 08 공모 프로그램 운영 계획 254
09 안내부스·주차장 운영 계획 260 | 10 안전 및 질서유지 요원 배치 계획 266
11 교통정리 요원 배치 계획 268 | 12 식사 계획 269
13 재해 대처 계획 273 | 14 후원방송사 섭외 274
15 장소 섭외 278 | 16 전체 행사 진행표 작성 280
17 전체 행사장 인원 배치표 작성 282
18 전체 행사장 행사용품 배치표 작성 284 | 19 행사 결과 보고 291
20 사무국 업무 점검 회의 292 | 21 무대 관련 스태프 회의 307

제10장 축제제작 310

01 사전 홍보 행사 311 | 02 메인무대 운영 322
03 메인무대 공연 326 | 04 서브무대 공연 347
05 부대행사 358 | 06 공모 행사 366 | 07 안내부스, 기념품 373

제11장 축제홈페이지 375

01 홈페이지 기획·운영 방향 376 | 02 홈페이지 제작·운영, 유지보수 용역 378
03 홈페이지 개발 380

제12장 축제홍보기록물 387

01 홍보기록물 기획 388 | 02 홍보기록물 제작 계획 389
03 홍보기록물 디자인업체 공모 395 | 04 축제홍보물 397
05 축제기록물 399

제13장 축제자원봉사 403

01 자원봉사 프로그램 기획 404 | 02 자원봉사자 운영 계획 406
03 자원봉사자 공모 412 | 04 자원봉사 프로그램 운영 415

제14장 축제홍보마케팅 418

01 홍보 기획 419 | 02 홍보 진행 420
03 홍보 결과 425 | 04 축제마케팅 429

제15장 축제평가 431

01 축제평가 개념 432 | 02 축제평가 방안 437
03 축제성과 446 | 04 축제평가 보고서 448

제16장 축제행정 451

01 축제기획안 확정 과정 452 | 02 축제인력 위촉장 수여식 465
03 축제추진위원회, 축제집행위원회 469 | 04 축제설명회 469
05 차기 연도 축제기획예산안 제출 470 | 06 행정 지원 471
07 축제정산 475 | 08 축제 완료 보고서, 평가 보고서, 언론보도 현황집 475
09 축제 완료 보고회 476 | 10 축제평가 토론회, 설문 조사, 기록물 작업 477
11 축제예산 수립·확정, 보조금 신청 477

제17장 축제정책 연구 479

01 지자체 정책 연구 480 | 02 지자체 정책에 따른 축제 개발 481
03 해외 대중음악축제 사례 연구 483 | 04 대중음악축제의 유익함 484

부록 487

01 SXSW 뮤직 컨퍼런스 · 페스티벌 488
02 SXSW 관계자 미르코 휫필 인터뷰 500

저술 개요

■ 집필 동기

2007년 5월 현재 국회도서관에 제출된 축제 관련 국내 석박사 논문은 총 491개, 단행본은 총 260개이지만 현재 한국에서 축제를 바라보는 관점은 주로 '지역성'에 있다. 즉, '예술전문축제'에 대한 성격 규정도 모호하고, 기능성에 관한 연구도 드물며, 특히 '예술전문축제 기획' 측면에서의 접근은 전무한 형편이다. 또한 현재까지 발표된 석·박사 논문과 학술지, 단행본을 통틀어서 '음악축제' 관련 연구는 극히 드물다.

그리고 축제 자체에 대한 연구는 있지만 '실무적인 관점'에서 실질적으로 축제를 만드는 과정을 기술한 '매뉴얼' 성격의 서적은 없는 것으로 알고 있다. 기존 축제기획자들이 축제기획 관련 서적을 집필하지 않은 이유도 있겠지만, 축제 관련 연구서를 집필한 연구자들의 다수가 실제로 축제현장에서 일을 한 경험이 없어서 실무 측면의 연구서를 등한시하지 않았나 생각한다. 사실 축제기획 관련 연구서를 내려면 적어도 사무국장 이상 예술감독 수준의 경험이 있어야 가능한 부분이 있다. 왜냐하면 축제기획은 '현장'의 '축제경영'을 포함하기 때문이다.

그래서 축제현장에서 일하는 실무자들이 실질적으로 참고할 수 있는 축제 기획·제작 실무지침서 성격의 책을 쓰고 싶었다. 축제 사무국 직원, 행정기관 담당자 등 축제현장과 맞닿아 있는 사람들이 가까이 두고 볼 수 있는 책을 만들고 싶었다. 이는 축제 관련 일을 하려는 사람들에게는 좋은 교재이자, 기획에서부터 행정까지 축제 전체를 파악할 실무매뉴얼이 될 것이라고 생각한다.

■ 이 책의 특징

2000년·2001년의 쌈지사운드 페스티벌 기획과 2005년·2006년 광명음악밸리축제 예술감독을 맡은 경험을 바탕으로 축제 전반을 다룬다. 대중음악축제현장에서 기획에서부터 정산보고까지, 축제의 모든 것을 관장하는 축제 예술감독이 직접 기술한 '축제매뉴얼' 성격의 서적이다. 아마 이는 국내에서 첫 번째 사례일 것이다. 한국에는 현재 '예술축제' 관련 서적도 드물지만, 그 중에서도 축제에 관심 있거나 실제로 축제를 만들고자 하는 사람들이 봐야 할 '축제기획' 관련 서적은 거의 없는 형편이다. 그나마 있는 몇몇 축제기획 관련 서적들도 실제로 축제를 만들고자 하는 사람들이 참고하기에는 부족한 점들이 많은데, 이는 구체성과 현실성이 떨어지기 때문이다. 대부분 그런 책들은 실제 축제운영 현장에서 기술되지 않았다는 것이 치명적인 약점이다. 이들은 프로그램 기획에서부터 무대작업까지, 사업 계획서 작성에서부터 사업정산 작업까지 등 실제 사례를 다룬 것이 아니라 축제기획 및 축제운영에서의 각 항목들에 대한 개념을 설명하는 데 치우친 면이 크다.

해외의 지자체 기반 축제들은 '도시이미지 마케팅' 차원에서 기획되는 경향이 강하고, 한국에서도 이런 추세가 서서히 반영되고 있기 때문에 축제기획은 단순한 '공연 프로그램 기획' 차원을 넘어서서 음악산업정책과 연관지어서 다뤄야 한다. 그런 부분을 염두에 두고 충실히 이번 책 작업에 임했다.

지자체 축제를 한다는 것은 지자체 행정과 조율하면서 축제를 기획함을 의미한다. 이 책에서는 예술감독으로 재직했던 광명음악밸리축제의 실제 사례를 든다. 광명시와 협업하게 된 배경, 광명시의 '음악도시'정책 아래 광명음악밸리축제 기획안을 작성해 시의 인준을 거친 과정, 그리고 추진위원회, 집행위원회, 축제 사무국 구성 및 운영 등과 같이 지자체에서 축제를 만들어가는 과정 등을 생생하게 담아냈다.

축제 사무국 실무 부분에서는 축제마스터플랜 작성, 월별로드맵 작성, 계약서 작성, 공연 세트리스트 작성, 행사 체크리스트 작성, 무대설비, 홍보 계획·실행 등 실제 업무 진행을 구체적으로 담아냈다. 그리고 사업 계획서 작성·인준, 축제 사무국 조직 구성·운영, 기획회의를 통해 실제로 축제를 운영하는 과정, 정산 과정, 차기 연도 축제기획안 작성, 시의회 예산심의 과정 등도 실었으며, 이는 예술감독 수준이 아니면 경험하기 어려운 축제실무이다. 일반 기업 행사와 달리 지자체에서 시행하는 축제가 끝난 후의 완료 보고서, 평가 보고서, 평가 토론회, 설문 조사, 기록물 작업 등의 후반 작업은 지자체 행사만의 특별한 자료에 속한다.

■ **대상 독자층**

- 현직 축제 사무국 종사자 현재 한국에는 1,000여 개의 축제가 있고, 많은 사람들이 관련해 일하지만 체계적으로 일을 배우기 쉽지 않다. 특히 '축제기획'에 관련해서는 더욱 그렇다. 변변한 축제 관련 실무서가 없기 때문이다. 그런 점에서 많은 축제 사무국 종사자들에게 도움이 될 것이다.
- 축제 사무국에서 일하려는 사람 대학 정규 커리큘럼에는 축제기획 관련 내용은 없다. 그리고 일부 문화센터 강좌는 너무 교양 수준이다. 그러므로 축제 사무국 일 전반에 관해 알고 싶은 사람들에게 도움이 될 것이다.
- 축제현장에 대해 알고 싶어하는 축제연구자 축제현장을 제대로 경험하지 않은 축제연구자들은 불안하다. 왜냐하면 해외 중심의 축제사례들을 한국의 축제현장에 접목하려고 해도 그 타당성에 대한 감이 떨어지기 때문이다. 그래서 이론과 실제의 접목 가능성을 알아보기 위해 축제기획을 매뉴얼 형식으로 기술한 책이 필요하다.
- 축제를 맡은 지자체 행정 담당자 대개 축제기획 초보자들인 이들에게는 원활하게 축제를 관리하기 위한 정밀한 지침서가 필요하다. 이들이 알고 싶어하는 것은 축제기획에 관한 A에서부터 Z까지를 다룬 책일 것이다.
- 대중음악축제에 관심이 있는 사람들, 문화예술 애호가 현재 한국에는 축제 애호가가 상당히 늘어가고 있다. 축제를 다룬 전문적인 지식에 관심 있는 사람들에게 도움이 될 것이다.

서장

2005 · 2006 광명음악밸리축제에 대한 아쉬움을 접고

01 쌈지사운드 페스티벌의 기억
02 광명음악밸리축제와의 만남

01 | 쌈지사운드 페스티벌의 기억

2006 광명음악밸리축제를 끝으로 예술감독직을 그만두게 되었다. 아쉬움과 함께 공허함을 감출 수가 없다. 그래서 그동안의 축제 기획·운영 경험을 바탕으로 이 책을 발간하게 되었다. 이는 축제 사무국에서 일하고 있는(일하려는) 사람들에게 실제적인 매뉴얼이 될 것이라고 생각한다. 문화기획 관련 학과 학생들이 갖는 궁금증을 풀어주는 친절한 축제기획 해설서가 되기를 바란다.

1997~1999년은 한국 대중음악 신에서 유달리 인디록이 에너지를 뿜어내던 시기였고, 그게 대중적인 영향력도 있던 시기였다. 그래서 이를 간파한 여러 기업들에서 인디록을 페스티벌이나 이벤트 형태로 담아낸 행사들을 기획했고, 이때 생겨난 대표적인 행사가 버드 록 페스티벌과 쌈지사운드 페스티벌이었다. 당시 행사현장을 가보면 정말 많은 사람들이 운집해서 열광하는 모습을 쉽게 발견할 수 있었고, 나 또한 1999년 10월 23일 연세대 노천극장에서 열린 제1회 쌈지사운드 페스티벌을 계단 뒤편에 앉아서 지켜봤던 사람들 중 하나였다. 출연한 인디록밴드들을 지켜보면서 흥겹기도 했지만 한편으로는 이와 같은 페스티벌에 스태프로 참여하지 못한 것에 아쉬운 마음이 들기도 했다. 문화기획자이자 음악마니아로서 그런 역동적인 음악 페스티벌을 기획한다는 것은 대단한 행운이자 즐거움인데다가, 한국에서는 (지금도 마찬가지이지만) 음악 페스티벌다운 행사가 워낙 드물었기 때문에 솔직히 기획스태프로 참여하고 있는 사람들이 부러웠다.

그러던 중 운이 닿았는지 2000년 2월에 쌈지에서 요청이 있어서 쌈넷(ssamnet.com) 인터넷 음악 방송국을 만들어서 운영하게 되었고, 쌈지사운드 페스티벌을 쌈넷이 주관하면서 2000년·2001년 쌈지사운드 페스티벌 기획 및 운영에 참여했다. 전년도에 그 행사를 워낙 인상 깊게 본 터이라 내가 페스티벌 기획에서의 중심 스태프(쌈넷의 실질적인 수장)로 일한다는 것에 흥분했고, 신인 발굴 모델인 <숨은 고수 선발>과 같은 행사는 단지 진행자로서의 업무를 떠나 흥미를 갖게 하기에 충분했다.

○ 2000년 쌈지사운드 페스티벌 숨은 고수 더 링, 더 이어, 스웨터, 스타벅스, 어퍼, 위시, 퍼니파우더, 피아, La C

○ 2001년 쌈지사운드 페스티벌 숨은 고수 데드엔드, 뜨거운 감자, 레이어드 선탠, 매드프렛, 슈가도넛, 워터멜론, 타부, 프레디하우스

쌈넷은 당시로서는 새로운 기획의 인터넷 방송국으로 홍대 쌈지스페이스 내에 있는 라이브클럽 '바람'[1]에서 주말마다 하던 공연을 인터넷으로 '생중계'하고, 이를 공연 동영상 클립화해 아카이브로 만드는 것이 기획의 중심이었다. 주말 이틀 동안 평균 6팀 정도를 촬영해서 곡 단위로 클립화한다면 단순하게 계산해도 한 주에 50개의 뮤직클립을 만들 수 있다는 계산이 나오기 때문에, 한 2년 정도만 운영하면 수익모델이 되리라고 생각했다. 그래서 라이브클럽 현장에 카메라 4대를 커팅할 수 있는 방송중계시스템[2]을 구비했고, 나와 방송팀장이 교대로 커팅을 맡고 팀원들이 카메라맨 역할도 하는 방식이었다. 2000년 7월에 '바람'이 개관해서 제작시스템을 가동했고, 2001년 봄 정도가 되니 그럭저럭 볼 만한 뮤직클립들이 만들어지기 시작했다.[3]

하지만 2000~2001년은 그제서야 메가패스 같은 고속 인터넷망이 깔리기 시작했던 시기라서 300K 스트리밍 동영상을 제대로 볼 수 있는 수용자가 그리 많지 않았고, 동영상 관련 서버와 인터넷 운영비도 적잖게 들었다. 기획 자체는 나쁘지 않았지만 '환경'이 갖춰지지 않아 실패한 모델로 끝났다. 오히려 동영상콘텐츠가 사업적으로 필요한 현재, 잘 정비해서 다시 시도한다면 괜찮은 수익모델을 만들 수 있을 것이다. 지금은 당시와 비교해서 제작비 및 운영비도 적게 들 뿐만 아니라 수용자 관련 인터넷망이 발달했기 때문이다. 그래서 쌈넷에서는 대중음악전문축제를 만들고, 음반 제작을 해보고([2001 쌈지사운드 페스티벌 라이브]; 허클베리핀 제2집, [나를 닮은 사내]), 쌈지뮤직비디오 콘테스트와 같은 행사를 운영해봤다는 것에 만족했다.

---

1 현재 'SSAM'으로 개명함.

2 카메라 4대를 운영하면서 그 중 한 영상을 잡아내는 시스템.

3 시간이 걸렸던 것은 나와 방송팀장만 방송국에서 일했고, 나머지 팀원들은 카메라 촬영도 처음이었기 때문에 숙련할 시간이 필요했기 때문이다.

02 | 광명음악밸리축제와의 만남

그러다가 2005년 2월에 광명시 측이 대중음악축제를 만들어달라고 의뢰했고, 나 또한 한국 대중음악산업의 인프라를 만들겠다는 '광명음악밸리' 사업에 관심이 있어서 수락했다. 단, 일본이나 영미권의 대중음악전문축제들처럼 키워나가기 위해 '프로그램 기획'과 '사무국조직 운영'에 대한 전권을 위임받는 조건으로 예술감독직을 수락했다. 왜냐하면 이전의 직·간접적인 경험을 통해서 이 두 가지를 위임받지 못하면 제대로 된 축제(조직)를 만들 수 없을 것이라고 생각했기 때문이다. 여기서의 핵심은 '인사고과권'을 누가 갖느냐의 문제이다. 기업에서 일해본 분들은 알겠지만 조직 운영에 대한 전권을 갖지 못한 매니저는 실제로 힘을 발휘하지 못한다.

그리고 2005년에 처음으로 축제를 만들어가는 와중에 광명시 내의 여러 계층으로부터 비토(혹은 의혹)의 목소리를 들었지만 전임 시장의 지지와 관계 공무원들의 약속 때문에 큰 무리 없이 2005년 광명음악밸리축제를 내 의도대로 관철시킬 수 있었다. 다시 생각해도 전임 시장의 도움은 축제를 제대로 만들어갈 수 있었던 핵심 사항이었다. 물론 그 도움이란 시 차원에서의 대단한 지원이 아니라 단지 '예술감독 불간섭(축제 사무국의 독립성 보장)' 정도일 뿐이지만, 현재 한국의 지자체 현실을 본다면 이조차 대단한 도움이다.

한 2년 정도 지자체와 같이 일하면서 느낀 바는, 한국에서 제대로 된 예술축제의 수가 적고 그나마도 장수하지 않는다면 그건 역량 있는 문화기획자가 적기 때문이자 지자체 행정 조직의 수준 문제 때문이라는 점이다. 부산영화제 정도가 예외이나, 이는 김동호 집행위원장이 지자체와 맞상대할 수 있는 능력을 가졌기 때문에 가능했다.

나는 그동안 한국에서 예술축제, 특히 대중음악전문축제가 제대로 운영되지 않은 문제 때문에 광명음악밸리축제에 나름대로 큰 의미를 부여했었다. 알다시피 내가 '가슴'과 같은 매체에서 몇 년 동안 계속 얘기한 것은 '음악창작'과 함께 '음악의 홍보·유통' 문제였다. 그러므로 해외 대중음악전문축제가 신보(새로운 음반)를 발표한 뮤지션들에게 홍보의 장으로 활용된다는 점을 고려할 때 공중파 방송 중심으로 홍보시스템이 구축된 한국에서는 제대로 된 음악축제가 음악의 창작·홍보·유통에 있어 새로운 시스템을 만들 수 있을 것이라고 생각했다. 물론 한정된 예산 범위 내에서 축제를 만들어야 한다는 점과 이미 피폐해진 음악 공연 환경에서 이 같은 기획을 단기간에 성사시키는 것이 쉽지는 않으리라고 생각했지만, 광명음악밸리축제의 기획 및 운영 방식이 한국에서 하나의 시금석이 될 수는 있을 것이라고 생각했다. 그래서 적어도 5년 이상 장기적으로 축제를 만드는 것을 염두에 뒀고, 광명시의 '음악도시정책'에 입각해 마스터플랜을 세워서 차근차근 진행하려고 했었다. 하지만 정치적인 격변기를 맞아 단지 두 번의 축제만을 운영한 지금, 그 아쉬움은 이루 말할 수 없다.

축제기획 부분에서는 정공법으로 하려고 했는데 이는 (서구에서) 현대의 축제가 지자체의 경우 '도시이미지 마케팅' 차원에서, 기업의 경우 '아트 마케팅' 차원에서 진행되고 있다는 점을 감안해 이를 축제기획의 핵심으로 삼았다. 그래서 광명시가 '음악도시정책'하에 '음악밸리사업'을 진행하고 있었기 때문에 음악산업적인 관점이 녹아난 대중음악전문축제를 만들려 했고, 그래서 축제슬로건을 최종적으로 '전 세계 대중음악 네트워크'로 정했다. 이는 한국 비주류뮤지션들을 중심으로 한 해외 진출을 염두에 둔 기획이었고,[4] 이 뮤지션들이 해외로 진출할 때 광명시가 그 '관문'으로 자리 매기기를 바랐기 때문이다. 이는 일반적으로 해외 뮤지션들을 불러들이는 공연을 기획하게 될 경우 독자성도 있고, 잘만 하면 언론플레이(?) 하기에도 상대적으로 유리하며, 음악산업 기반이 전혀 없는 광명시에 관련 뮤지션들과 기업들을 불러들일 수 있는 효과도 가지리라고 생각했다. 그래서 미국의 SXSW 페스티벌 진행 방식을 주의 깊게 봤고, 이 축제를 광명시의 적절한 벤치마킹 대상으로 생각했다.

또한 대중음악전문축제라면 뮤지션이나 음악마니아뿐만 아니라 음악 매체에서도 축제의 내용을 인정받아야 하기 때문에, '음악창작' 부분을 축제의 중요한 모토로 삼았다. 이는 축제 메인무대에 세울 뮤지션들을 선별할 때 음악적인 역량 면에서의

4 주류뮤지션들은 정부, 언론의 지원과 자체 자금력이 있기 때문에 알아서 해외로 진출하면 된다고 생각한다. 또한 비주류뮤지션들'만'이 영미권 음악 시장에서도 통할 것이라고 생각한다.

납득할 만한 '기준'으로 봤고, 그게 바로 공중파 방송을 통해 형성된 '인지도'를 '대중성'으로 잘못 알고 있는 실태를 바꾸고자 한 노력이었다.

즉, 나는 대중음악에서 '뮤지션의 대중성'이란 시대를 초월해서 불리는 노래, 또는 음악적으로 인정받는 노래를 부르는 뮤지션과 관련한 개념이라고 여긴다. 이는 일례로 HOT와 한대수를 비교해보면 알 수 있다. 알다시피 HOT는 1990~2000년대에 걸쳐서 5장의 정규 음반을 발표했고 모두 다 밀리언셀러를 기록했다. 하지만 지금 이 중에서 거론되는 음반은 고사하고 여전히 불리고 있는 노래라도 있는가? 그러나 영원한 언더그라운드 가수라고 일컬어지는 한대수의 경우, 그의 제1집 수록곡들이 아직도 불린다. 이런 점들을 본다면 (가수의) 인지도와 (음악적인) 대중성은 따로 얘기할 문제이고, 축제기획자마다 관점이 다르겠지만 대중음악전문축제에서 거론할 뮤지션은 후자라고 생각한다. 왜냐하면 당연히 음악성과 함께 대중성을 가졌기 때문이다.

그래서 축제의 키워드를 '음악창작'으로 봤기 때문에 2005 광명음악밸리축제에서는 주제를 '한국 음악창작자의 역사'로 하면서 독립된 코너로 <밸리 초이스>와 함께 <하나뮤직 스페셜>, <인디뮤직 10년사>, <민중음악 30년>을 진행했다. 그리고 2006 광명음악밸리축제에서는 주제를 '현재의 노래, 희망의 노래'로 하면서 <밸리 초이스>와 함께 여러 개의 <뉴웨이브스(New Waves of GwangMyeong)> 코너를 가졌다.

○ 2005년 광명음악밸리축제 출연자(거리무대 4곳 포함)

- <하나뮤직 스페셜>: 조동진, 장필순, 한동준, 버드, 오소영, 이다오
- <밸리 초이스>: 한대수, 이병우, 이상은, 이승열
- <인디뮤직 10년사>: 델리스파이스, 허클베리핀, 마이언트메리, 이장혁, 코스모스, 몽구스, 스웨터, 슬로우 쥰, 페퍼톤스, 푸른새벽, 카프카, 소규모 아카시아 밴드, 바세린, 49몰핀스
- <민중음악 30년>: 안치환, 연영석, 손병휘, 노래를 찾는 사람들, 꽃다지
- <뉴커런츠>: 미스티 블루, 13스텝스
- <실용음악과 난장>: 8팀
- 파스텔뮤직, 튜브앰프, 비트볼레코드, 카바레사운드, 12몽키스, 핑퐁사

운드, B레코드, 롤리팝, 프리마켓, 재즈

○ 2006년 광명음악밸리축제 출연자(거리무대 2곳 포함)

- <밸리 초이스>: 장필순, 김창기, 한영애, 강산에
- <뉴웨이브스 1: 모던타임스>: 글램, 비행선, 이지형, 이한철, 스트레이라이트 런(Straylight Run)
- <뉴웨이브스 2: 헤비네스>: 할로우 잰, 바세린, 다크 트랭퀼리티(Dark Tranquility)
- <뉴웨이브스 3: 블랙뮤직>: 더 콰이엇, 가리온, 윈디시티
- <뉴웨이브스 4: 일렉트로니카·라운지>: 에스피오네, 포춘쿠키, 디 사운드(D'Sound)
- <뉴웨이브스 5: 어쿠스틱 웨이브스>: 두 번째 달, 스왈로우(feat. 한대수), 전제덕
- <뉴커런츠>: 세임 올드 스토리, 머스탱스, 윈터그린, 아이 러브 제이에이치
- 소울컴퍼니, 스컹크, 튠테이블 무브먼트
- 나이스맨(Nice Man) & 플렉트럼(Plectrum)
- SXSW 페스티벌 진출팀: 서울전자음악단

그동안 경험한바 이렇게 정공법적인 축제기획을 한다고 해서 사람들이 어렵게 느끼지는 않는다. 오히려 그렇게 느끼는 것은 대개 주최 측이다. 사실 문화콘텐츠 기획에서 가장 중요한 것은 '콘텐츠의 질'이고, 음악축제 기획에서 이는 출연진의 음악성 여부를 의미한다. 그런데 자꾸만 해당 도시의 정책하에서 벌어지는 축제를 이벤트와 혼동하기 때문에 문제가 발생한다. 이벤트는 단기간에 많은 사람들을 불러오는 것이 중요하므로 출연진들의 인지도가 중요할 수밖에 없다. 하지만 축제는 그 주최 측의 기획의도와 맞아떨어져야 하고, 해당 도시의 장기적인 마스터플랜하에서 기획되어야 하기 때문에 초기에 사람들이 많이 오는 것 자체는 중요하지 않다. 그 축제를 그 지자체에서 왜 하는지를 사람들에게 인식시키는 것이 핵심이다. 그렇기 때문에 광명음악밸리축제

사업을 해나가려는 광명시의 경우 일차적으로 축제를 통해서 이 사업의 '브랜드네임'을 갖겠다는 목표(전국적인 홍보)는 물론 한국 음악산업의 인프라 조성을 구축하는 데 기여하겠다는 대의명분이 있었기 때문에 그와 어울리는 행사들이 있어야 했다. 그래서 광명음악밸리축제에서 음악창작자들에 대한 조명과 신인 발굴을 '축제기조'로 삼는 것은 하나도 어색하지 않고 어찌 보면 당연한 기획이다. 그러니 '한국 음악창작자의 역사'와 같은 2005년 축제주제는 개인적인 도그마가 반영된 차원 이상이다. 이는 '음악도시'를 추구하는 광명시에 가장 유리한 뭔가를 찾다가 나온 것이었다. 이게 축제기획이 이벤트 기획과 다른 점이다.

그리고 정공법적인 축제기획을 한다고 해서 사람들이 어렵게 느끼지 않는다고 한 것은 실제 축제현장에서 확인했다. 첫 회부터 상당히 많은 사람들이 왔을 뿐더러, 여기에 음악마니아들과 일반인들이 한데 어우러졌다. 창작적으로 뛰어난 노래는 기본적으로 멜로디가 뛰어난 노래이고, 그렇다면 그 노래를 들을 수 있는 환경만 갖춰진다면 많은 사람들이 좋아할 수 있다는 것이 내가 생각하는 '음악창작'의 정수이다. 그러므로 '음악창작'을 얘기할 때는 '대중성'을 염두에 두는 것이고, 한국에서 음반시장과 공연 시장이 무너진 원인은 음악창작의 의미를 폄하하거나 오인하는 데 있다고 생각한다. 즉, 대중성 운운하면서 실제로는 앞서 언급한 인지도에 연연한다는 데 문제가 있다. 인지도는 상업적인 음반기획사나 공중파 방송이 자신들의 영업을 위해서 이용하는 개념인데도 대중매체에서는 일반인들을 오도하고 문화정책 담당자들은 스스로 오인한다.

결국 현재 이 시점, 2년간의 노력과 성과에 상관없이 축제조직에서 떠나게 되었다. 물론 떠나게 된 과정에 동의하지 않는다. 현재 내게 남은 것은 광명음악밸리축제를 만들었던 당사자로서 2년 동안 그 축제를 한국에서 '기억할 만한 대중음악전문축제'로 키워왔다는 자부심뿐이다. 그러나 앞으로 한국에서 '음악창작'을 주요한 키워드로 설정하고, 음악성과 트렌드를 출연진 선정 기준으로 삼는 대중음악축제를 만드는 것이 얼마나 가능할지에 대한 안타까운 의구심이 남는다.

제 1 부

한국에서 축제를 기획하기 위한 기본 연구

대중음악축제 사례를 중심으로

제1장 축제연구
제2장 축제와 대중음악축제
제3장 해외 대중음악축제 현황과 운영 사례
제4장 국내 대중음악축제 현황과 운영 사례

◆ 이 부의 요점

축제기획에서의 연구 사항을 정리하면 다음과 같다. 대중음악축제는 지역예술축제로서의 역할뿐만 아니라 국가의 음악산업 활성화에 일조하는 역할도 할 수 있다. 주지하다시피 서구에서 1960년대 이래 거대 규모의 대중음악축제는 신보를 발표한 뮤지션들에게는 음반 프로모션을 하기 위한 가장 적절한 공간들 중 하나로 기능하는 등 대중음악 신을 활성화시키는 데 기여했다. 그래서 라이브클럽과 더불어 대중음악축제는 그 나라의 음악산업 발전에 많은 영향을 줬다. 또한 축제 자체의 막대한 수익 창출로 축제기획자나 해당 지자체에는 관심의 대상이었다. 그런 이유로 음반사, 뮤지션, 지자체 모두는 대중음악축제가 열리는 것에 호의적이다. 그러나 아직까지 국내에서는 이러한 인식이 부족하며, 그런 역할을 하고 있는 대중음악축제도 없는 형편이다. 그래서 현재 국내에서 행해지는 대중음악축제 관련 문제점들을 살펴보고자 했고, 이를 국내외 대중음악축제들의 현황과 운영 사례 분석, 성공 요인과 문제점 고찰을 통해서 구조적으로 접근하려고 했다.

먼저 성공한 해외 음악축제들을 살펴보면 다음과 같은 요소들을 공통으로 가지고 있음을 알 수 있다. 이는 대중음악축제 기획에서 고려할 만한 사항들이다.

- ○ 음악축제 기획에서 축제성격이 명확함
- ○ 지자체 기반의 음악축제인 경우 지역경제 활성화 또는 지자체 정책의 효과적인 실행이라는 현실적인 필요성 때문에 음악축제를 유치
- ○ 프로그램의 취지와 방향성이 명확함
- ○ 관람객의 기호와 축제 사무국의 무대 운영비에 따라 여러 유형의 무대를 만들어 운영함
- ○ 축제성격에 부합하는 부대행사·부대공간을 운영함
- ○ 프로그램 기획과 조직 운영에 대한 독립성을 보장받은 축제조직이 있음
- ○ 연간 상근인력이 있는 상설 축제 사무국 조직이 가동됨

- ○ 축제예산에서 제작진의 인건비 부분이 높게 책정됨
- ○ 재원 조성에 관한 다양한 계획과 이를 실현할 마케팅 전문인력이 있음
- ○ 스폰서십이 다양한 역할을 함
- ○ 음악축제에서 발생되는 콘텐츠들의 가치를 높게 평가함
- ○ 축제소개책자 등 축제홍보물을 해당 연도의 축제를 기록 및 보존하는 수단으로 인식함
- ○ 음악축제를 하기 위한 좋은 환경을 가짐

축제운영 성공 요인으로서 운영 전략을 살펴보면, 후지 록 페스티벌의 경우 재미와 의미, 정보와 전문성을 동시에 갖는 프로그램 구성, 신인 등용문으로서의 기능, 프레스룸의 활용, NGO를 활용한 이미지 상승효과, 상업적인 부스의 운영, 교통의 적절한 활용, 철저한 사전 준비를 꼽을 수 있다. SXSW 페스티벌의 경우 공연 장소를 기획할 때의 독자성, 프로그램의 방대성, 프로그램의 다양성, 신인들의 등용문(참가 공모 방식)으로서의 기능, 운영에서의 경제성, 타깃의 다양성을 꼽을 수 있다.

국내 대중음악축제의 문제점을 살펴보면 축제의 존재 이유나 프로그램 내용을 따지기보다는 집객을 중시한다는 점, 지자체에 기반을 둔 축제의 경우 축제의 탄생 이유가 해당 도시의 대중음악정책과 관련이 적어서 대중음악전문축제가 만들어지기 힘들다는 점, 장기적인 비전을 갖고 음악축제를 운영하는 조직이 많지 않다는 점, 축제 사무국 운영이 안정적인 방식이 아니어서 축제프로그램의 질과 축제 자생력에 대한 계획을 담보하기 어렵다는 점, 예술감독 등 축제기획 전문가 체제로 축제를 기획하지 않기 때문에 단순 이벤트와 다르지 않은 결과물이 나오는 경우가 비일비재하다는 점, 음악축제 자체에 대한 일반인들의 인식이 낮다는 점 등이 있다.

아래는 국내외 대중음악축제들의 현황과 운영 사례 분석, 성공 요인과 운영 전략 분석, 문제점 분석을 통해 얻을 수 있는 대중음악축제 기획의 고려할 점들이다. 이는 본 연구에서 추출한 대중음악축제의 기획 요소들이고, 국내 음악축제환경을 고려했다.

〈대중음악축제의 기획 요소〉

기획 요소	세분화 요소
행사 기획	• 개요: 시기, 장소, 일정 • 성격: 축제성격, 기획 대상, 음악스타일 • 축제정책: 슬로건, 주제, 임무, 비전, 대상, 목표
프로그램	• 프로그램 구성: 공연, 부대행사 • 프로그램 내용: 출연진, 뮤지션 성향
무대 구성	• 무대 구성
운영 조직	• 운영 조직: 조직 형태, 기획 및 제작 • 운영인력: 정규 스태프, 자원봉사자, 안전요원
운영 전략	• 운영 전략
재원 조성	• 재원 조성: 입장권, 기념품, 광고, 스폰서, 방송중계료, 정부(지자체) 지원금, 기타
홍보물	• 오프라인 홍보물: 단순 홍보물, 축제기록물 • 온라인 홍보물: 홈페이지
개최도시환경	• 관련 지자체: 유치 이유, 도시환경, 축제환경, 음악환경 • 경제적 파급효과: 지자체가 얻는 경제 효과, 축제로부터 파생되는 부가 효과

아직까지 국내에서는 대중음악축제를 기획·운영·프로그램 측면에서 깊게 연구한 결과가 없다. 이는 기본적으로 대중음악을 당대의 예술로 바라보는 관점이 일반인들은 물론이거니와 정책 담당자와 매체 종사자들에게도 없기 때문이 아닌가 한다. '동시대성', '사회성' 등 예술에서 중요하게 언급할 수 있는 요소들을 유효적절하게 담아내고 있는 예술 형태를 현재 시점에서 찾는다면, 영화와 함께 대중음악을 거론해야 한다. 그런데도 국내에서는 이에 대한 인식을 찾기 힘들다. 또한 대중음악은 차세대 성장동력산업인 문화콘텐츠산업에서 영화·애니메이션·게임 등과 함께 핵심 요소이고, 음악축제는 음악산업에서 음반만큼이나 강력한 콘텐츠임에도 불구하고 이에 대한 근원적인 연구가 부족했다.

그런 점에서 해외 대중음악축제의 현황과 운영 사례를, 각각 명확한 성격을 갖고 있는 후지 록 페스티벌과 SXSW 페스티벌을 중심으로 축제행사 기획, 개최도시환경, 운영 조직, 재원 조성, 프로그램, 무대 구성, 홍보물, 운영 전략 분석을 통해서 연구하고, 여기서 성공 요인을 탐구한 것은 의미가 있다고 할 수 있다.

또한 국내 대중음악축제의 현황과 운영 사례를 몇몇 대중음악전문축제를 중심으로 축제행사 기획, 개최도시환경, 운영 조직, 재원 조성, 프로그램, 무대 구성 분석을 통해 연구했다. 여기서 문제점을 탐구한 점은 축제기획자들에게 도움이 될 것이다.

본 연구의 출발은 대중음악축제 기획을 통해서 작게는 한국 비주류 대중음악 신의 활성화를 도모하고, 크게는 한국의 대중음악산업 인프라를 구축하는 데 일조하는 방안에 대한 모색이었다. 즉, 이 연구는 '대중음악전문축제' 기획에 관한 것이기도 하지만, 아울러 한국 음악산업을 활성화하는 방안으로서의 축제기획을 염두에 둔 것이기도 하다. 대중음악축제 기획이 대중음악 관련 기획의 여러 요소들을 담고 있을 뿐만 아니라 정책적으로도 고려할 수 있다는 점에서, 대중음악축제 기획을 통해 '한국 음악산업 활성화'에 일조하고자 했다.

하지만 대중음악축제만으로 지금껏 언급한 한국 음악산업의 문제점들을 해결할 수는 없다. 이는 근본적으로 대중음악정책을 통해서 해결할 문제이다. 다만 대중음악축제를 한국 음악산업 '활성화' 방안으로 논의할 수는 있을 것이다. 일례로 대중음악축제에서 '비주류뮤지션들의 해외 진출'을 도모하는 프로그램을 운영하고, 이를 통해 음악산업 활성화를 꾀할 수도 있다. 또한 현재 성공적인 대중음악축제로 자리 잡은 후지 록 페스티벌, SXSW 페스티벌과 같은 세계 유수 음악 페스티벌들의 기획·운영 방식을 벤치마킹하는 것도 한 방안이 될 수 있다. 이를 통해 한국 음악산업 활성화에 긍정적인 역할을 하는 축제프로그램을 개발할 수 있고, 매년 전 세계에서 수만 명이 찾아오게 하는 대중음악축제를 탄생시킬 수도 있을 것이다.

결국 이 연구 이후 남은 과제는 대중음악정책을 통해서 국내 음악산업의 근본적인 문제점들에 대한 해결책을 모색하는 일이다. 이는 음악산업 관련 전문인력을 양성하는 시스템을 만드는 것에서 출발할 수 있는데, 그 중에서도 음악산업의 각 분야(기획, 제작, 마케팅, 운영, 재원 조성, 평론, 정책, 행정 등)를 총괄적으로 가르치는 4년제 음악산업 대학의 설립이 필요하다고 생각한다. 또한 음악산업정책 연구소의 설립도 절실하다. 연구 주제인 '대중음악축제 기획에 관한 연구'도 이런 환경이 만들어진다면 수월해질 것이다.

제1장

축제연구

01 연구 개요
02 축제 관련 기존 연구 흐름

01 | 연구 개요

1) 연구 배경

본 연구는 우리나라에서 초기 단계인 '대중음악전문축제 기획'에 관한 연구이다. 대중음악축제는 지역예술축제로서의 역할뿐만 아니라 국가의 음악산업 활성화에 일조하는 역할도 할 수 있다. 1960년대 이래 서구에서 거대 규모의 대중음악축제가 신보를 발표한 뮤지션(Musician)들이 음반 프로모션을 하는 데 있어 가장 적절한 공간들 중 하나로 기능하며 대중음악 신(Scene)[1]을 활성화시켰다는 점은 주지의 사실이다. 그래서 라이브클럽과 함께 대중음악축제는 그 나라의 음악산업 발전에 영향을 줬다. 또한 축제 자체를 통한 막대한 수익 창출로 축제기획자나 해당 지자체에는 관심의 대상이었다. 그런 이유로 음반사, 뮤지션, 지자체 모두 대중음악축제가 열리는 것에 호의적이다.

그러나 아직까지 우리나라에서는 이러한 인식이 부족하고, 그런 역할을 하고 있는 대중음악축제가 활성화되었다고 보기도 어렵다. 국내의 대다수 대중음악축제에 공통된 대표적인 문제점을 지적하자면, 축제의 존재 이유나 프로그램 내용을 따지기보다는 집객을 중시한다는 점, 지자체에 기반을 둔 축제의 경우 축제의 탄생 이유가 해당 도시의 대중음악정책과 관련이 적어서 대중음악전문축제가 만들어지기 힘들다는 점, 장기적인 비전을 가지고 음악축제를 운영하는 조직이 많지 않다는 점, 축제 사무국 운영이 안정적인 방식이 아니라서 축제프로그램의 질과 축제 자생력에 대한 계획을 담보하기 어렵다는 점, 예술감독 등 축제기획 전문가 체제로 축제를 기획하지 않기 때문에 단순 이벤트와 다르지 않은 결과물이 나오는 경우가 비일비재하다는 점, 음악축제 자체에 대한 일반인들의 인식이 적다는 점 등을 들 수 있다.

---

1 특정 분야의 예술 활동이 이뤄지는 현장을 가리키는 일반적인 용어. 예술적인 의미와 함께 산업적인 의미도 같이 가진다.

일례로 성공 사례로 알려진 해외 음악축제들은 출연자들을 결정할 때 해당 축제에서 추구하는 음악스타일에 맞으면서 현재 트렌드의 감각을 보여주는 뮤지션들을 선호한다. 인지도보다는 음악적인 내용을 중시한다. 하지만 국내 음악축제에서는 일반적으로 주최 측이 집객 문제를 가장 중요하게 따지기 때문에 축제기획자들은 출연자를 결정할 때 뮤지션의 인지도, 특히 공중파 방송을 통한 대중적인 인지도를 우선시한다. 이러한 점은 우리나라에서 아직도 대중음악전문축제가 정착하지 못하게 하는 중요한 요인들 중 하나이다.

본 연구는 국내외 대중음악축제들의 현황과 운영 사례 분석, 성공 요인과 문제점 분석을 통해서 현재 국내에서 행해지는 대중음악축제 관련 문제점을 살펴보는 것을 일차적인 목적으로 한다. 그리고 '대중음악축제 기획'을 통해 '국내 음악산업 활성화'에 대한 방안을 모색하는 것에 부차적인 목적을 둔다. 이는 대중음악축제 기획을 통해서 작게는 비주류음악[2] 신의 활성화를 도모하고, 크게는 대중음악산업의 인프라[3]를 구축하는 데 일조하는 방안을 모색하는 것이다. 즉, 본 연구는 대중음악전문축제

---

2 비주류음악과 인디음악은 개념적으로 다소 차이가 있지만, 현재 국내에서는 거의 같은 의미로 쓰고 있다. 이에 대한 종합적인 정의를 '국내 실정'에 맞게 하면 다음과 같다(박준흠, 「한국의 인디뮤직—정의, 오해, 역사, 의미, 제안, 음반가이드」, ≪오이뮤직≫, 2003년 7월호).

① 매니지먼트 측면에서의 정의: 현재 국내에서 음반을 발표하고 공중파 방송을 중심으로 한 마케팅으로 이어지는 스타시스템의 산물이 주류음악이라면 그 반대 개념이 비주류음악이다.

② 음악적 스타일 측면에서의 정의: 일반인들이 갖는 음악 장르에 대한 인지 수준에 근거한 분류이다. 통상적으로 발라드, 댄스, 트로트는 대개가 주류뮤지션들의 음악이고, 하드코어, 모던록, 랩메탈, 인디팝·록을 연주하는 뮤지션들 중에는 비주류뮤지션들이 많다.

③ 제작 자본, 유통 측면에서의 정의: 인디뮤직은 '인디레이블'에서 발매된 음반에 수록된 음악을 가리킨다. 즉, 인디뮤직은 '독립적인 자본'으로 설립된 인디레이블에서 발매된 음반들이 '독립적인 유통망'을 통해서 소비자들에게 전달되는 '음악 생산·유통 방식'을 말한다.

④ 뮤지션의 애티튜드(태도) 측면에서의 정의: 뮤지션이 상업적인 판매를 목적으로 음악을 만들지 않는 '언더그라운드 애티튜드'를 가졌다면 보통 그를 인디뮤지션이라고 부르고 있다.

⑤ 클럽 신 활동 여부 측면에서의 정의: 라이브클럽에서 정기적으로 공연하는지 여부로 인디뮤지션을 가리키기도 한다.

3 대중음악 기획, 제작, 재원 조성, 마케팅, 홍보, 유통, 공연, 이벤트, 축제, 매체, 교육, 정책, 행정 전반에 이르는 전문인력 양성 시스템을 바탕으로 한 생산·유통·소비 체제. 대중음악 관련 유·무형의 총체적인 인프라를 의미함.

기획에 관한 연구이기도 하지만 아울러 국내 음악산업을 활성화하는 방안으로서의 축제 기획·운영 방안에도 관심을 갖는다. 왜냐하면 음악콘텐츠의 문제는 공연 프로그램으로, 음악 홍보의 문제는 축제가 갖는 음악 매체의 기능으로, 음악 유통의 문제는 '뮤지션·음반사의 해외 진출 방안을 연구하는 컨퍼런스'와 같은 주제를 갖는 부대 프로그램으로, 음악전문인력 양성의 문제는 '문화기획자 네트워크'와 같은 인력 네트워크 프로그램으로 대안을 모색할 수 있기 때문이다.

2) 연구 방법

(1) 해외 대중음악축제 현황과 운영 사례 분석, 성공 요인 고찰

기본적으로 음악마니아층에서 지명도가 높은 20개 해외 유명 대중음악축제들의 자료를 인터넷과 음악잡지 등을 통해 조사했다. 축제를 음악 장르와 국가별로 세분화해 현재 진행되고 있는 대중음악전문축제를 중심으로 다룬 한편, 지금은 사라졌지만 역사적으로 유명했던 축제들도 함께 언급했다. 이를 위해 현장 탐방을 통해서 자료를 수집한 후지 록 페스티벌과 SXSW 페스티벌을 중심으로 행사 기획, 개최도시환경, 운영 조직, 재원 조성, 프로그램, 무대 구성, 홍보물 등의 운영 사례를 분석하고 성공 요인과 운영 전략을 살펴봤다.

후지 록 페스티벌은 세계 3대 페스티벌 중 하나로 2006년에 제10회를 맞았다. 1997년에 후지 산 텐진야마에서 시작했고, 이듬해 도쿄에서 열렸다가 1999년부터는 니키타 미쿠니 산 나에바 스키장에서 여름에(7월 말~8월 초) 3일간 개최되고 있다. 출연진은 일본 뮤지션은 물론이고 미국, 영국 등 전 세계의 유명 뮤지션들로 구성된다. 장르에 관계없이 모던록, 헤비메탈, 펑크 등 다양한 스타일의 정상급 뮤지션들이 메인 스테이지에 서고, 여러 무대에서 각국의 신인들까지 한꺼번에 볼 수 있다. 3일 동안 열리는 후지 록 페스티벌에는 일본뿐 아니라 해외 각지에서 관람객들이 찾아오고 있으며, 그 수는 주최 측 추산으로 2004년에 연인원 10만 2,000여 명에 달했다. 특기할 점은 아시아 각지의 인디레이블과의 교류를 통해 밴드를 초청하는 것인데, 이는 지엽적이지만 효과적인 홍보에도 유용하며, 후지 록 페스티벌이 아시아 음악 신에 긍정적인 역할을 하고 있음을 인식시키는 작용도 한다. 한국에서도 노브레인, 코코어, 껌엑스, 오! 부라더스, 슈가도넛 등이 참가한 바 있다.

SXSW 페스티벌은 국제적 명성의 멀티미디어 축제로 대중음악을 중심으로 1987년에 처음 시작했다. 또한 이 페스티벌의 다른 이름인 'SXSW 음악 페스티벌(SXSW Music Festival)'은 미국 신인 뮤지션을 발굴하는 데 있어 최고의 축제로 평가받고 있다. 이는 독특하게 음악산업(음악비즈니스) 성격의 축제로 레코드사들의 A & R(뮤지션 섭외파트)과 축제에 참여하는 뮤지션들을 연결해주는 기능과 각 나라 뮤지션들이 미국을 포함해 전 세계 진출(해외 유통)을 가능하게 해주는 기능을 중시한다.[4] 2006년 3월엔 오스틴 시 6번가를 중심으로 펼쳐져 있는 약 60개의 공연장(라이브클럽 중심)에서 1,300여 뮤지션들이 참여하는 1,500여 개의 공연이 벌어졌다. 공연장 규모도 300명 정도 수용되는 곳에서부터 3,000명 정도 수용되는 라이브클럽, 중대형 공연장, 2만명 정도 수용되는 시청 앞 야외 공연장까지 다양했다.

(2) 국내 대중음악축제 현황과 운영 사례 분석과 문제점 고찰

국내에서 지역축제가 본격적으로 탄생된 시기는 1995년 지방자치제의 실시 이후이고, 지자체장들이 치적 위주의 전시성 행사의 일환으로 이를 경쟁적으로 늘림으로써 현재 수많은 축제가 전국 곳곳에서 시행되고 있다.

그래서 그간 음악축제를 표방하는 다수의 행사들이 있었지만 이 중에서 내용적으로 '대중음악전문'이라고 할 수 있으며 현재도 진행되고 있는 축제들은 극소수이다. 본 연구는 궁극적으로 국내에서 대중음악전문축제를 기획하는 방안에 관한 연구이므로 일반적인 국내 대중음악축제 운영 상황과 해외 대중음악축제 운영 상황을 비교하도록 하겠다. 여기서는 행사 기획, 개최도시환경, 운영 조직, 재원 조성, 프로그램, 무대 구성 등의 운영 사례를 분석하고 문제점을 짚었다.

---

4 매년 소니-BMG, 워너 브러더스, EMI, 유니버설 등 메이저급 음반사들이 참여하는 음악 페스티벌 및 컨퍼런스로 진행된다.

(3) 광명음악밸리축제 운영 사례 검토

내가 예술감독으로 재직한(2005~2006년) 광명음악밸리축제는 광명시의 음악밸리 사업 홍보의 일환으로 기획되었지만, 기본적으로는 한국 음악산업 활성화에 도움이 되는 대중음악전문축제를 만들자는 취지가 있었다. 또한 국내 대중음악축제들의 문제점을 보완하기 위해 해외 대중음악축제들의 사례를 벤치마킹해 만들었다.

여기서는 해외 대중음악축제의 현황, 성공 요인 분석과 국내 대중음악축제의 현황, 문제점 분석을 바탕으로 광명음악밸리축제의 기획, 운영, 프로그램 사례들을 세부적으로 다룬다.[5]

02 | 축제 관련 기존 연구 흐름

넓게는 축제, 좁게는 대중음악축제와 관련된 국내 연구의 역사는 다른 영역에 비해 오래되지 않으며, 내용면에서도 다양한 편이 아니다. 서양에서 축제이론에 관한 연구는 1950년대 이후 활성화되어 1970년대에 이르는 동안 많은 성과가 나왔다. 축제의 본질에 관한 이론서인 조셉 피퍼(Josef Pieper)의 『축제이론(A Theory of Festivity)』(1965), 일상으로부터의 탈출을 축제의 속성이라고 한 하비 콕스(Harvey Cox)의 『바보제(The Feast of Folls: A Theological Essay on Festivity and Fantasy)』(1969), 축제의 역사와 기능을 기독교적 입장에서 연구한 게르하르트 마르틴(Gerhard M. Martin)의 『축제와 일상(Fest und Alltag)』(1973), 남미와 아프리카의 원시 종족들 사이에서 일어나는 생활관습 및 축제의 몇 가지 양상에 관해 쓰고 있는 마빈 해리스(Marvin Harris)의 『문화의 수수께끼(Cows-Pigs-Wars and Witches: The Riddles of Culture)』(한길사, 1982. 박종렬 옮김), 역사적·문화적으로 다양하게 나타나는 인간과 공간의 관계 속에서 축제를 '상징적 환각'의 상태라고 규정하고 축제와 이데올로기의 관계 및 축제의 전도성을 설명하고 있는

5 제2부 전체에서 이를 세부적으로 나눠서 사례 중심으로 다룬다.

장 뒤비뇨(Jean Duvignaud)의 『축제와 문명(Fetes et Civilisations)』(1973) 등이 있다.[6]

국회도서관에 제출된 축제 관련 국내 석·박사 논문은 총 491개, 단행본은 총 260개이지만,[7] 아직까지 한국에서 축제를 바라보고 다루는 관점은 주로 '지역성'[8]에 있다. 현재까지 발표된 석·박사 논문과 학술지, 단행본을 통틀어서 '음악축제' 관련 연구는 극히 드물다. 그리고 축제 자체에 대한 연구는 있지만 실무적인 관점에서 실질적으로 축제를 만드는 과정을 기술한 '축제기획'에 관한 연구는 박준흠의 논문 「대중음악축제의 기획에 관한 연구」(성공회대 문화대학원, 2006)[9] 정도에 불과하다. 아마 그 이유로는 기존 축제기획자들이 축제기획 관련 서적을 집필하지 않은 이유도 있겠지만, 축제 관련 연구서를 집필한 연구자들의 다수가 실제로 축제현장에서 일한 경험이 없어서 실무 측면의 연구서를 등한시하지 않았나 생각한다. 사실 축제기획은 '현장'의 '축제경영'을 포함하기 때문에 관련 연구서를 내려면 적어도 사무국장 이상 예술감독·총감독급의 경험이 있어야 가능한 부분이 있다.

예술축제 관련 연구서로서 참고할 만한 서적으로는 김승현, 『축제 만들기 ― 방리외 블뢰 재즈 페스티벌에서 배우는 문화 전략』(열린책들, 2000), 김춘식·남치호, 『세계 축제경영』(김영사, 2002), 박신의 외, 『문화예술경영 이론과 실제』(생각의나무, 2002),

---

6 추미경, 「문화예술축제의 경영 조직에 관한 연구」(성균관대학교 대학원, 1998).

7 2007년 5월 현재 국회도서관(http://www.nanet.go.kr) 자료실 기준이다. 논문들 중에서 '음악축제'를 다룬 논문은 모두 7개이다.

8 지역 관련 축제 논문들의 제목은 다음과 같다. 「축제를 통한 지역농산물 마케팅에 관한 연구: 진안 마이산 벚꽃축제를 중심으로」, 「축제 개최에 따른 지역이미지 형성에 관한 연구: 축제 전후 인지적·정서적 이미지를 중심으로」, 「축제가 지역주민의 애향심에 미치는 영향에 관한 연구: 연천군 구석기 축제를 중심으로」, 「축제 관여도가 지역주민의 참여의사에 미치는 영향」, 「축제가 지역경제에 미치는 영향: 이천시 도자기축제를 중심으로」, 「축제마케팅을 통한 지역 브랜드화 방안 연구」, 「축제가 지역사회에 미치는 영향에 대한 주민의 인식: 청주국제공예비엔날레를 중심으로」, 「축제의 담론과 지역정체성에 관한 연구: 강릉단오제를 주요 사례로」 등이다.

9 물론 이 논문도 이 책에 비하면 내용이 상당히 부실하다. 이는 학술 논문이 갖는 한계라고 생각한다. 왜냐하면 논문은 '사례' 중심의 '분석'으로 이뤄져야 하는데, 아쉽게도 한국의 대중음악전문축제의 역사가 일천할 뿐만 아니라 연구 성과도 거의 없어서 논문 작업을 하기가 매우 어렵기 때문이다. 이 책도 결국 축제기획자로서 겪은 경험을 담은 '주장'일 수는 있겠지만, 적어도 이후 음악축제, 축제기획을 연구하려는 이들에게는 참고자료로 활용될 수 있을 것이다.

유럽문화정보센터, 『유럽의 축제문화』(연세대학교출판부, 2003), 박진규·정철상, 『지역문화와 축제 — 기획과 연출』(글누림, 2005), 정경훈, 『지역문화 마케팅을 위한 이벤트 감리론』(글누림, 2005) 등이 있다.

영미권에서 축제를 얘기할 때는 주로 예술축제(에든버러 프린지 페스티벌 등), 영화축제(칸영화제 등)[10]와 함께 음악축제(글래스톤베리 페스티벌 등)[11]를 지칭할 정도로 음악축제는 다양하면서도 큰 규모로 진행된다는 점을 생각한다면 이제 한국에서도 본격적인 대중음악축제 관련 연구가 이뤄져야 할 때가 되었다. 왜냐하면 대중음악은 한 시대를 담아내는 예술 형태이기도 하지만 영화, 애니메이션, 게임과 함께 문화산업에서 가장 중요한 비중을 차지하는 분야이기 때문이다.

---

10 주로 자체 시상식과 영화 상영회를 합친 형태로 운영된다.

11 해외에서는 주로 장르별 또는 스타일·트렌드별로 기획되는 대중음악축제를 의미한다.

제2장

축제와 대중음악축제

01 축제의 역사

02 축제의 유형

03 대중음악축제의 유형

04 대중음악축제의 기능과 역할

01 | 축제의 역사

1) 축제의 어원

축제(Festival)에서 'fest'라는 말은 중세 영국과 프랑스의 말인 'festivus'에서 유래되었고, 라틴어 'festivus'와 동일하다. 'festival'은 1589년에 처음 명사가 되었다. 그 이전 14세기부터는 형용사로 쓰였는데, 교회 휴일을 축하하는 의미였다. 한편 'feast'라는 말의 어원은 'festival'과 매우 흡사하다. 'feste'는 중세 영국, 프랑스, 라틴어 'festa'에서 유래한다.

2) 축제의 개념

미국 출신의 신학자 하비 콕스(Harvey Cox)는 "축제는 억압되고 간과되었던 감정 표현이 사회적으로 허용된 기회"라고 보면서 그 기회에는 세 가지 본질적 요소가 있다고 설명했다. 그 세 가지 요소는 고의적 과잉성,[1] 축의적 긍정성,[2] 대국성[3]으로 나타난다고 봤다. 축제에 대한 여러 학자들의 개념 정리는 다음과 같다.[4]

〈축제에 대한 여러 학자들의 개념 정리〉

학자	개념 정의	특징
하비 콕스(Harvey Cox)	억압되고 간과되었던 감정 표현이 사회적으로 허용된 기회이며 그 기회에는 세 가지 본질적인 요소가 있음. 고의적 과잉성, 축의적 긍정성, 대국성	축제하는 존재 (Homo Festivus) 환상적인 존재 (Homo Fantasia)

1 축제는 환락을 추구하는 행위라는 의미.

2 축제는 언제나 기본적으로 생을 긍정한다는 자세를 필요로 한다는 의미.

3 축제는 일상생활과 판이하게 다른 상황을 보여준다는 의미.

4 박진규·정철상, 『지역문화와 축제』(글누림, 2005), 36~37쪽.

카요아(Roger Callois)	인간적 생명을 구성하고 있는 본능적·무궤도적인 요소가 자기를 표현할 수 있도록 허용될 때 일어나는 일	놀이하는 존재 (Homo Ludens)
조셉 피퍼(Josef Pieper)	환희와 긍정의 요소가 들어 있으며, 그것 자체를 목적으로 삼고 추구하는 활동	'그러니까/~를 위해'로부터 완전히 격리되는 예외적인 것
시몬(Weil Simone)	건각을 격려하기 위한 표석과 마찬가지로 생활에 없어서는 안 되는 행동	생활과 함께 성장하는 것
괴테(Goethe)	국민에게 주어지는 것이 아니라 국민 스스로 취하는 것. 단순한 휴식이 아닌 재생산을 위한 휴식과 놀이마당에 종합예술을 펼치는 고도의 인간 활동	레크리에이션(Re-Creation)적 활동
게츠(Getz)	주제를 지닌 공공의식. 인류학, 사회학의 의미에서 보면 축제성과 종교, 지역사회와 밀접한 관계를 갖고 있으며 개인적인 소비재의 성격보다는 특별한 목표를 주지시키는 역할을 하는 공적인 성격의 행사	종교적 연관성
프레더릭센(Fredericksen)	개인 또는 공동체에 특별한 의미가 있거나 결속력을 주는 사건 또는 시기를 기념해 의식을 행하는 행위. 과거의 축제는 사회와 공동체, 자신들의 종교를 유지하기 위해 사람들에게 정보를 전달하고 응집력을 보여주는 중요한 장치	의식(Ceremony)적 성격

02 | 축제의 유형

1) 아트 페스티벌

아트 페스티벌(Arts Festival, 또는 Art Festival)[5]은 주로 시각예술(Visual Arts)에 포커스를 맞춘 축제이다. 유명한 아트 페스티벌은 다음과 같다.

○ 애들레이드 아트 페스티벌(Adelaide Festival of Arts in Adelaide)

5 한국에서 '예술축제'라 함은 예술 전반을 아우르는 축제를 의미하고, 음악, 미술, 영화, 연극 등 예술장르 전반에 해당된다. 그러나 원래 아트 페스티벌은 주로 시각예술에 포커스를 맞춘 축제를 의미한다. 그래서 이후 '예술축제'와 '아트 페스티벌'은 각각 용어를 나눠 쓰도록 하겠다.

- 싱가포르 아트 페스티벌(Singapore Arts Festival)
- 사우스오스트레일리아 아트 페스티벌(South Australia Arts Festival)

2) 음악축제

음악축제(Music Festival)는 특정 주제나 장르하에 수많은 음악 공연들이 행해지는 축제이다. 주요한 내용들은 다음 절에서 다루겠다.

3) 영화축제

영화축제(Film Festival)는 여러 군데의 영화관에서 특별한 프로그램하에 많은 영화들을 상영하는 축제이다. 영화들은 대개 최근작들이고, 때에 따라서는 특별한 장르[6]나 주제[7]에 집중한다. 대개 연례행사로 치러진다.

최초의 메이저 영화제는 1932년 베니스에서 열렸다. 이후 1940~1950년대에 베를린·칸·모스크바 영화제가 탄생되었다. 스코틀랜드에서 열리는 에든버러 국제 영화제(Edinburgh International Film Festival)는 1947년에 시작되었고, 장기간의 프로그램 운영을 자랑한다. 유명한 영화제는 다음과 같다.

- 베를린 영화제(Internationale Filmfestspiele Berlin)
- 칸 영화제(Cannes Film Festival)
- 로카르노 영화제(Locarno International Film Festival)
- 모스크바 영화제(International Moscow Film Festival)
- 로테르담 영화제(International Film Festival Rotterdam)
- 선댄스 영화제(Sundance Film Festival)

---

6 애니메이션 영화제 등.

7 게이·레즈비언 영화제 등.

- 토론토 영화제(Toronto Film Festival)
- 베니스 영화제(Venice Film Festival)

4) 연극축제

연극축제(Theatre Festival)는 축제의 초기 형태이다. 전통적인 그리스 극장은 디오니소스(Dionysus)에게 헌정되는 종교적인 축제와 연관되었다. 중세연극은 중요한 기독교 축제에서 상영되었다.

최근 연극축제는 셰익스피어(William Shakespeare)와 버나드쇼(George Bernard Shaw)와 같은 이들의 다양한 공연들을 알리기 위해서 열리고 있다. 프린지 연극운동(The Fringe Theatre Movement)과 같은 축제들은 현존하는 극작가들과 배우들을 알리는 역할을 한다.

5) 문학축제

문학축제(Literary Festival)는 '책축제' 또는 '저술가축제'로도 알려진 축제이다. 특별한 도시에서 매년 개최되어 저술가들과 독자들을 불러 모은다. 이 축제에서는 저자들의 설명과 강독 행사가 열리고, 책 판촉 행사 등이 열린다. 저술가 컨퍼런스도 문학축제와 유사하다. 유명한 문학축제는 다음과 같다.

- 애틀랜타 책축제(Atlanta Book Festival)
- 에든버러 국제 책축제(Edinburgh International Book Festival)
- 홍콩 국제 문학축제(Hong Kong International Literary Festival)
- 미드웨스트 문학축제(Midwest Literary Festival)
- 뉴캐슬 저술가축제(Newcastle, New South Wales National Young Writers' Festival)
- 옥스퍼드 문학축제(Oxford Literary Festival)
- 싱가포르 저술가축제(Singapore Writers' Festival)

◦ 시드니 저술가축제(Sydney Writers' Festival)

6) 종교축제

종교축제(Religious Festival)는 해당 종교 신자들이 특별한 의미를 부여하는 시기에 열리는 축제이다. 대표적인 종교축제는 다음과 같다.

◦ 고대로마종교제(Ancient Roman Religious Festivals)
◦ 불교축제(Buddhist Religious Festivals)
◦ 기독교축제(Christian Religious Festivals)
◦ 힌두교축제(Hindu Religious Festivals)
◦ 이슬람교축제(Islamic Religious Festivals)
◦ 유대교축제(Jewish Religious Festivals)
◦ 메시아주의유대교축제(Messianic Jewish Religious Festivals)

7) 뉴에이지축제

뉴에이지[8]와 관련된 축제(New Age Festival)는 1980년대 이후 북미에서는 인기가 있고, 영성적인 생활스타일을 자극한다. 차넬링(Channelling),[9] 명상(Meditation), 윤회(Reincarnation), 각성제(Crystals), 심령연구(Psychics), 전체론적 의학(Holistic Health),[10] 환

---

8 기존 서구식 가치와 문화를 배척하고 종교·의학·철학·천문학·환경·음악 등 영역에서 집적된 발전을 추구하는 신문화운동. 무신론과 물질주의가 만연한 20세기 말엽, 사람들은 종교적 인간(Homo Religious)에 대한 인식을 새롭게 하게 되었다. 기존의 사회·문화·종교에서 가치를 발견하지 못하자 영적 공허를 느낀 사람들이 이를 탈피하고자 보인 움직임이 뉴에이지라는 이름으로 전개된 운동이다.

9 힌두교와 뉴에이지운동에 관해 특별한 연구를 한 바 있고 역시 자신이 힌두교도였던 M. P. 싱가할 교수는 차넬링을 다음과 같이 설명하고 있다. 차넬링은 한 사람이 영을 자신의 몸으로 들어오게 해 영으로 말하게 하는 심령술의 일종으로, 사람들의 미래를 알게 하는 데 이용되기도 한다. 대개 심령술사, 무당, 주술사, 점술사와 크게 다르지 않다. 뉴에이지운동을 이해하려면 먼저 차넬링을 알아야만 한다.

경보호주의(Environmentalism), 신사상(New Thought)[11]과 같은 주제에 관심을 갖는다. 중요 뉴에이지축제는 다음과 같다.

- ○ 몸과 정신 박람회(The Body Soul & Spirit Expo)
- ○ 붐바멜라(Boombamela) 축제

8) 르네상스축제

르네상스축제(Renaissance Festival)는 말 그대로 '르네상스 시대'를 재현한 축제이다. 유리공예품, 칼, 가면, 돌이나 가죽으로 만든 조각품들을 파는 장이 서고, 춤이나 노래 공연 등이 곁들여지며, 사람들이 직접 체스의 말이 되어 게임을 펼치는 연극이 공연되기도 한다. 이 축제에 참가하기 위해 미리 집에서 르네상스풍의 분장을 해가지고 오기도 하고, 더러는 이곳에서 구입한 물건으로 즉석에서 르네상스풍을 즐기기도 한다. 유명한 르네상스축제는 다음과 같다.

- ○ 애리조나 르네상스축제(Arizona Renaissance Festival)
- ○ 브리스틀 르네상스축제(Bristol Renaissance Faire of Kenosha)
- ○ 조지아 르네상스축제(Georgia Renaissance Festival)
- ○ 아윈델 축제(Irwindale Faire in Irwindale)
- ○ 메릴랜드 르네상스축제(Maryland Renaissance Festival)
- ○ 미네소타 르네상스축제(Minnesota Renaissance Festival)

---

10 미국에서 근대의학의 장래에 대해 회의를 느껴서 시작되었다. 마음도 몸도 별개가 아니므로 생명의 전체성으로 돌아가자는 운동이다.

11 인간의 신성(神性)을 강조해 올바른 사상이 병과 과실을 억제할 수 있다고 여기는 19세기에 생겨난 일종의 종교철학이다.

9) 이야기축제

이야기축제(Storytelling Festival)는 지역, 지방, 전국에서 유명한 이야기꾼들이 한자리에 모이는 축제이고, 종종 매년 열린다. 이야기꾼들은 예정된 시간 안에 청중에게 이야기한다.

미국에서는 전국적으로 열리는 60여 개 이상의 이야기축제들 중 테네시(Tennessee) 주 존스버로(Jonesborough)에서 열리는 전국 이야기축제(National Storytelling Festival)가 가장 오래되었고 규모도 크다. 이 대회는 1973년에 인근 마을과 주들에서 이야기하기 좋아하는 사람들이 모여 즐거움을 나눈 데에서 시작되었다. 그들은 대부분 농부, 교사, 그리고 가수들이었다. 모든 사람들이 이 축제를 즐겼기에 연례행사가 되었다. 누구든지 교환마당(Swappin' Ground)에서 이야기를 주고받을 수 있게 초청받았다. 주고받는 이야기들은 그것들이 이야기되는 방법만큼이나 다양했다.

10) 음식축제

음식축제(Food Festival)는 음식을 이용하거나 종종 주제를 갖고 음식을 만드는 축제로서 대개 매년 열린다. 미국에서 가장 오래된 음식축제는 캘리포니아 길로이에서 열리는 길로이 마늘 축제(The Gilroy Garlic Festival)이다. 그리고 현재 야채축제의 규모가 점차 커지는 추세이다. 유명한 음식축제는 다음과 같다.

- ○ 브렌트우드 옥수수축제(Brentwood Cornfest in California)
- ○ 캐스트로빌 아티초크축제(Castroville Artichoke Festival, in California)
- ○ 버섯축제(Mushroom Festivals in Various Locales)
- ○ 노워크 항구 조합 굴축제(NSA Oyster Festival, in Norwalk, Connecticut)
- ○ 포센 감자축제(Posen Potato Festival, in Posen, Michigan)

03 | 대중음악축제의 유형

대중음악축제가 활성화되기 시작한 것은 1960년대에 록음악이 전 세계적으로 영향력을 미치면서부터이다. '록음악의 혁명'이라고까지 얘기된 1960년대는 반전·평화운동이 서구에서 절정을 이루던 시기였고, '거리의 음악'이라는 별명을 가진 록음악은 군중들이 모인 장소에서 거대한 사운드로 연주되면 느낌이 더욱 증폭되는 선동적인 음악 형태이기도 하다. 또한 당시 음향 기기, 전자악기의 발달로 많은 군중들을 수용할 수 있는 대형 록 페스티벌이 열릴 수 있는 물리적인 조건도 형성되었다. 이런 사회적·음악적 분위기 속에서 1960년대 중반부터 미국 뉴욕, 샌프란시스코 등지를 중심으로 대형 록 페스티벌들이 생겨나기 시작했다.

그와 같은 시대적 흐름에서 1969년 8월에 뉴욕 근처 우드스톡에서 '3일간의 평화와 음악(3 Days of Peace & Music)'이란 슬로건 아래 열린 우드스톡 페스티벌(Woodstock Festival)은 3일간 45만 명 이상으로 추산되는 관람객들이 모여 공연을 즐기고 그들만의 해방구를 만들었다. 록음악에 대한 순수한 열정과 평화를 갈구했던 이 축제는 이후 록 페스티벌이 추구하는 전형이 되었고, 이후 생긴 글래스톤베리 페스티벌(Glastonbury Festival)이나 후지 록 페스티벌(Fuji Rock Festival) 등은 형식과 내용에 있어 우드스톡 페스티벌을 계승했다고 할 수 있다.

대중음악축제의 장르별 유형과 대표적인 축제들

1) 록(Rock) 음악축제

- Download Festival
- Fuji Rock Festival
- Glastonbury Festival
- Isle of Wight Festival
- Lillith Fair

- Reading and Leeds Festivals
- T in The Park
- V Festival

2) 블루스(Blues) 음악축제

- Chicago Blues Festival
- Long Beach Blues Festival
- Ottawa Bluesfest
- Waterfront Blues Festival

3) 재즈(Jazz) 음악축제

- Atlanta Jazz Festival
- Chicago Jazz Festival
- Hartford International Jazz Festival
- Monterey Jazz Festival
- Montreux Jazz Festival
- New Haven Jazz Festival
- New Orleans Jazz & Heritage Festival
- Newport Jazz Festival

4) 포크(Folk) 음악축제

- Great Lakes Folk Festival
- New England Folk Festival
- Newport Folk Festival
- Woody Guthrie Folk Festival

5) 컨트리(Country) 음악축제

- Merritt Mountain Music Festival
- Tamworth Country Music Festival

6) 팝(Pop) 음악축제

- Acapulco
- Eurovision
- Oti-Same as Eurovision, but in Iberoamerica.
- Sanremo
- Viña Del Mar

7) 댄스(Dance) 및 일렉트로닉(Electronic) 음악축제

- Detroit Electronic Music Festival
- Global Gathering
- Love Parade
- Ultra Music Festival

8) 힙합(Hiphop) 음악축제

- Hip Hop Kemp, Czech Republic

9) 레게(Reggae) 음악축제

- Midem Reggae Showcase
- Reggae Sunsplash
- Splash Festival

10) 크로스-장르(Cross-Genre) 음악축제

- North by Northeast(NXNE)
- South by Southwest(SXSW)
- Womad(World of Music, Arts & Dance) Festival

04 | 대중음악축제의 기능과 역할

해외 음악축제들의 경우 해당 지자체의 도시정책에 근간을 둬 축제기획이 이뤄지는 사례가 많고, 그런 축제들은 명확한 축제미션과 축제비전 등을 갖고 있다. 하지만 그동안 국내에서는 광명음악밸리축제 정도를 제외하고는 대중음악축제들 중에서 그런 사례는 거의 없어 보인다.[12]

그간 대중음악축제를 보더라도 대개 특정 지역 공연장에서 일반적인 음악 공연을 시간적으로 길게 늘린 형태들만 있었다. 즉, 미국의 SXSW 페스티벌, 일본의 후지

12 광명시는 '음악도시 광명' 건설을 통해서 한국의 대중음악창작·제작·유통·공연·교육 등을 활성화하고, 이를 통해 지역경제 활성화도 함께 도모한다는 음악도시 비전을 가지고 있다.

록 페스티벌이나 영국의 글래스톤베리 페스티벌처럼 해당 축제가 축제기간에 '개최도시의 축제비전하에 만들어진 음악전문 콘텐츠'로 개최도시를 감싸안아버리는 경우는 별로 찾아볼 수 없었다. 이들 도시는 축제의 연륜이 쌓이면서 외부에서 축제를 보러오는 사람들이 점점 더 늘어가면서, 축제로 인해 그 도시를 기억하게 만드는 효과를 톡톡히 보고 있다.

한편 대중음악축제의 또 다른 역할은 음악산업 활성화를 촉진시킬 수 있는 계기를 마련한다는 점이다. 음악산업이라 함은 음반, 공연, 작곡, 출판, 저작권 관리, 아티스트 매니지먼트와 방송·광고·영화 등의 영상물에 삽입되는 음악 등 아티스트와 음원을 활용해 가치를 창출하는 모든 산업을 일컫는다. 즉, 음악산업은 음반산업을 주축으로 공연산업, 악기제조업, 악보출판업 등 전통적 음악산업뿐만 아니라 텔레비전, 라디오 등 방송미디어나 영화의 삽입 음악, 핸드폰 벨소리 등도 포함하는 개념이다.[13] 협의의 범위로는 "전통적인 음악산업의 개념으로서 음악의 기획, 제작, 유통 및 배급, 마케팅 등에 관련된 산업을 지칭"하고, 광의의 범위로는 "협의의 범위를 포함한 음악 교육 및 악기제조 관련업, 음악제작 관련업, 매니지먼트 관련업, 오프라인 유통 관련업, 디지털음악 유통 관련업, 노래연습장 관련업, 음악 공연 관련업 등을 포함"한다.[14] 먼저 한국 음악산업의 현황과 문제점을 살펴보도록 하겠다.

〈한국 음악산업의 현황과 문제점〉

분야	개요	현황	문제점
음반 시장	• 음악산업을 지칭하는 동일 개념으로 보며, 음악산업에서 가장 비중이 큰 분야 • LP, CD, 카세트 테이프와 같은 음반의 제작, 배급, 출판, 유통과 관련된 산업을 총칭	• 1996년 이후 4,000억 원 시장 규모에서 제자리걸음 • 2000년을 기점으로 감소해 2004년 1,338억 원 기록	• '다양성'이 상실되고, 주류가요 일색. 이는 아이돌스타 위주의 매니지먼트 시스템하에서 댄스, 발라드 등 몇몇 장르로만 음악을 생산한 결과임 • 한국 대중음악전문지 없음 • 비주류뮤지션 활동 기반 취약

13 한국 문화콘텐츠진흥원 엮음, 『음악산업백서 2005』(커뮤니케이션북스, 2005), 14쪽.

14 문화관광부, 「침체된 음악산업을 살리기 위한 음악산업 육성전략」(2005), 문화관광부 홈페이지(www.mct.go.kr).

음원 시장	• 2000년대에 생긴 신규 시장으로 기존 음원들을 이용해서 온라인과 모바일에서 수익 창출 • 음반사들은 저작인접권에서 복제권을 행사해 수익 창출 • 모바일에서는 통신업자들이 관련 수수료 징수	• 기존 오프라인 음반 시장의 규모를 넘어서서 음악산업 내에서 가장 큰 규모로 자리 잡음 • 음악산업의 패러다임이 오프라인에서 온라인으로 바뀌고 있는 중	• 음반 제작자(음원 소유자)의 권리와 음원을 이용하는 사람들의 사업 부분만 중시됨 • 뮤지션(창작자)들의 권리 부분은 소외됨 • 뮤지션들에게 적절한 수입배분이 이뤄지지 않음
공연 시장	• 뮤지션에게 중요한 수입원 두 가지는 음반 판매인세와 공연수입. 현재처럼 음반산업이 어려운 상황에서, 공연은 뮤지션의 활동과 생계를 책임지는 대안임	• 라이브 공연 활성화가 안 되는 가장 큰 이유 중의 하나가 공중파 방송이 대중음악에 미치는 거대한 영향임 • 인기 있는 가수들은 라이브 공연이 아니라 공중파 방송을 자신들의 활동무대로 여김	• 대중음악 공연 활성화에 대한 정책적 관심이 적음 • 전국에 산재한 문화공간 중에서는 이렇다 할 만한 전문 공연장이 없음 • 공연대관료와 공연조세의 부담이 크고, 공연절차가 까다로우며, 공연에 대한 관의 간섭 등이 심함 • 전문 라이브 공연장 부족
음반 유통	• 기존의 오프라인 유통에서 온라인 유통으로 범위가 확장됨	• 대표적 음반도매업체인 미디어신나라가 전국 음반 유통시장의 50% 이상을 장악함	• 음반 유통시스템이 일부 대형 음반 제작사에만 이로움 • 새롭고 참신한 음악들을 유통할 경로가 막혀서 대중들의 음악 선택권이 사실상 박탈됨
인디레이블	• 메이저 제작·유통 시스템과 별개로 독립적인 자본으로 운영되는 제작·유통 시스템을 말함 • 시장에서 다양성을 확보하기 위한 장치로 보는 시각이 있음	• 인디음반과 소자본 기획사의 음반은 시장에 배포되기도 힘든 실정임 • 인디뮤지션들이 활동할 수 있는 터전이 취약함	• 인디음반은 홍보할 수 있는 루트가 절대적으로 부족하고, 이 점이 음반이 안 팔리는 중요한 이유임 • 인디음악을 다뤄줄 음악전문 라디오방송국이 없음
라이브클럽	• 언더그라운드, 인디뮤지션들처럼 지명도는 떨어지지만 다양한 뮤지션들이 활동하는 공간임	• 전국에 40여 개의 라이브클럽이 어렵게 운영됨. 이는 양적으로도 너무 빈약함 • 라이브클럽을 음악 공연장의 최소 단위로 보지 않음	• 먼저 '무엇을 라이브클럽으로 규정할 것인가'라는 논의가 필요 • 라이브클럽 지원책을 공연산업을 키우기 위한 인프라 구축이라는 관점이 부족함
음악 매체	• 영미권이나 일본처럼 음악산업이 발전한 나라는 예외 없이 음악전문 저널이 양적으로도 풍부하고, 내용적으로도 전문화되어 있음	• 온라인에서만 극소수의 대중음악비평 전문매체가 어렵게 운영되고 있음	• 현재 '한국 대중음악전문지'가 1개도 없기에 한국 대중음악을 비평·정보·산업·정책 등의 관점에서 다루는 전문지가 필요함

현재 국내 음악산업은 여러 문제점들을 안고 있다. 가장 근본적인 문제는 시장에 '다양성'이 상실되면서 10대 위주로 음악 소비층이 재편되었다는 점으로, 이는 음악 수용자들의 수가 감소되었음을 의미한다. 음악 시장에서 주로 유통되는 음악은 편향된 장르의 주류가요 일색인데, 이는 1990년대 초반 이후 아이돌스타 위주의 매니지먼트 시스템하에서 몇몇 장르(댄스, 발라드 등)로만 음악을 생산한 과정에서 고착된 결과이다. 그 결과 비주류뮤지션들의 창작, 공연, 음반 제작, 홍보, 유통 기반이 거의 별개로 존재하고 있고, 해외의 사례와 비교하더라도 전체 음악 시장에서 비주류음악의 지분율이 너무 낮다.[15] 음악산업 강국인 미국, 영국, 일본의 비주류음악 시장이 전체 음악 시장에서 통상적으로 10~20%를 차지한다는 점을 상기한다면 한국의 경우 불균형이 너무 심하다는 것을 알 수 있다.[16]

또한 1990년대 초반 이후 공중파 방송과 거대 음반기획사들은 대중음악 신을 스타메이킹시스템 위주로 재편했는데, 이런 시스템의 문제는 현실적으로 엔터테이너들만 활동 가능하고 뮤지션[17]이 활동하기에는 어려운 환경이 되었다는 것을 의미한다. 그래서 음악마니아(Music Mania)[18]들이 사서 듣고 싶을 정도의 함량을 가진 음반들이 주류음악 시장에서는 사라지고 있고, 한편에서는 이 점을 현재 국내 음반 시장이 양적으로나 질적으로 쇠퇴한 원인으로 얘기하고 있다.[19]

---

15 정확한 통계는 없으나 음악산업계에서는 통상적으로 인디음반이 1% 정도의 시장점유율을 갖는 것으로 보고 있다.

16 2003년 미국의 경우 전체 음반 시장에서 인디음반 시장이 18.2%를 차지하고 있다. 한국 문화콘텐츠진흥원 엮음, 『음악산업백서 2005』, 156쪽.

17 작품으로서의 음반인 '앨범' 제작을 중시하는 부류를 지칭함.

18 음악 소비자들 중에서 적극적으로 음악을 듣고, 음반을 사는 부류. 이들은 대개 음악의 내용과 트렌드를 중시하기 때문에 해외 대중음악 동향에 민감하고, 국내 대중음악을 이와 비교한다. 아이돌스타의 팬덤들이 주로 해당 가수의 음반만을 듣는 데 반해, 이들은 국내외 음악 신 전반에 관심이 있고, 특정 스타일의 음악에 천착해서 듣는 경향이 있다.

19 영미권이나 일본의 사례를 보더라도 전통적으로 음반 시장은 '앨범 아티스트 시장'을 의미한다. 앨범 아티스트는 비평적인 관점에서 잘 만들어진 음반을 발표하는 뮤지션만을 지칭하는 것이 아니라 할리우드 영화처럼 '웰메이드(well-made)' 관점에서 만들어진 음반을 발표하는 뮤지션들을 포괄하고, 이는 음악 수용자층을 10대에서 40대까지 골고루 분포시키는 역할을 한다. 현재 국내 음반산업의 붕괴 원인을 인터넷을 통한 불법음원 유통으로 보는 시각도 있지만, 한편에서는 음악 수용자층이 10대로 좁아지게 된 것에서 그 이유를 찾는 시각도 공존한다.

지금껏 언급한 한국 음악산업의 문제점들을 대중음악축제 자체가 근본적으로 해결해줄 수는 없다. 그러나 대중음악축제는 앞에서 지적한 뮤지션들의 음악 홍보와 유통, 해외 진출과 같은 문제를 축제프로그램과 축제 교류를 통해서 해소시킬 수 있다. 일례로 대중음악축제 기획에서 '음악축제의 음악마켓 역할' 방안 제시 등을 꾀할 수 있는데, 이에 대한 대표적인 사례로는 미국의 SXSW 페스티벌이 있다. 또한 대중음악축제에서 '비주류뮤지션들의 해외 진출'을 도모하는 프로그램을 운영하고, 이를 통해 음악산업 활성화를 모색할 수도 있다. 이에 대한 사례로 광명음악밸리축제를 들 수 있는데, 이 축제는 '전 세계 대중음악 네트워크'라는 슬로건으로 국내 뮤지션들의 미국 SXSW 페스티벌 공연 참가와 같은 프로그램을 마련하고 있다.

제3장

해외 대중음악축제 현황과 운영 사례

01 해외 대중음악축제 현황

02 해외 대중음악축제 소개

03 후지 록 페스티벌과 SXSW 페스티벌 운영 사례 분석

04 후지 록 페스티벌과 SXSW 페스티벌 성공 요인과 시사점

01 | 해외 대중음악축제 현황

음악마니아들 사이에서 전 세계적으로 가장 유명한 대중음악 페스티벌은 일본의 후지 록 페스티벌(7월)과 서머소닉 페스티벌(8월), 영국의 글래스톤베리 페스티벌(6월)과 레딩·리즈 페스티벌(8월) 등이다. 또한 음악비즈니스형 축제의 형태를 갖고 있으면서 시기적으로도 겨울과 봄에 치러지기 때문에 음악마니아들에게는 다소 생소한 프랑스의 미뎀(1월)과 미국의 SXSW 페스티벌(3월)도 음악산업 관계자들에게는 잘 알려져 있다.

다음은 해외 대중음악축제 사례 연구를 위해서 현존하는 20개의 대표적인 대중음악축제를 선정해 비교했다.

〈해외 유명 대중음악축제의 현황〉

축제명	시작	시기	장소	장르	비고
몽트뢰 재즈	1967년	7월(15일간)	스위스 몽트뢰	재즈	2006년은 크로스-장르
우드스톡	1969년	8월(3일간)	미국 뉴욕	크로스-장르	1994, 1999, 2005년 개최
글래스톤베리	1970년	6월(3일간)	영국 글래스톤베리	록	연극, 행위예술, 전시회 병행
록 워처	1974년	6월(4일간)	벨기에	록	-
레딩·리즈	1976년	8월(3일간)	영국 레딩·리즈	록	양 도시에서 동시 진행
록캄링·록킴파크	1985년	6월(3일간)	독일 아이펠, 뉘른베르크	록	양 도시에서 동시 진행
록 인 리오	1985년	5~6월(5일간)	브라질 리우데자네이루	크로스-장르	1991, 2001, 2004, 2006년 개최
다이나모	1986년	-	네덜란드 에인트호벤	헤비메탈	-
SXSW	1987년	3월(5일간)	미국 오스틴	크로스-장르	음악비즈니스 형태
러브 퍼레이드	1989년	7월(1일간)	독일 베를린	테크노	-
롤라팔루자	1991년	8월(3일간)	미국 시카고 그랜드파크 (2006년)	크로스-장르	순회 록 페스티벌
오타와 블루스	1994년	7월(10일간)	캐나다 오타와	블루스	가스펠·소울·알앤비 수용
티 인 더 파크	1994년	7월(2일간)	스코틀랜드 스트래스클라이드 공원	록	뮤지션 간의 교류

오즈페스트	1995년	6~8월(30일간)	미국·캐나다 전역 투어	헤비메탈	순회 록 페스티벌
V	1996년	8월(2일간)	영국 챔프포트·스태퍼드셔	록	막강한 버진레코드 자본력
후지 록	1997년	7월(3일간)	일본 니키타 미쿠니 산 나에바 스키장	록	12만 5,000명 입장(2005년)
릴리스 페어	1997년	-	캐나다·미국 순회	크로스-장르	2000년부터 중단
투스카 메탈	1998년	7월(3일간)	핀란드	헤비메탈	-
서머소닉	2000년	8월(2~3일간)	일본 도쿄·오사카	록	양 도시에서 동시 진행
다운로드	2003년	6월(3일간)	영국 도닝턴파크	헤비메탈	-

대개 해외 대중음악축제들은 철저히 음악마니아 대상으로 마케팅을 펼치고, 유료로 공연하는 형태이다. 그리고 3일 이상 축제가 열리는 것이 일반적인데, 이는 다양한 음악과 뮤지션들을 소개하기 위한 최소의 시간이기도 하지만 텐트촌 운영을 통한 장기적인 공연 관람과 심야 댄스파티 등이 하나의 축제문화로 자리 잡았기 때문이기도 하다.

음악 장르적으로는 록음악이나 크로스-장르가 음악축제의 중심이다. 대중음악축제는 광활한 야외에서 벌어진다는 점 때문에 음악 신에서 2000년 이후 블랙뮤직(힙합, 알앤비 등)이 강세이지만 그래도 록음악 중심의 축제가 일반적이다.

대개의 대중음악축제가 6~8월 사이에 열리는 점은 해외 대중음악축제 주 관객층의 연령대가 20대이기에 대학생 등 학생층의 여름방학과 직장인들의 여름휴가를 고려하기 때문이다.

후지 록 페스티벌이나 SXSW 페스티벌의 사례 분석(이 장의 제3절과 제4절 참고)을 보면 알겠지만 운영 조직은 대개가 민간 기업(법인)조직이고, 축제가 홍보되어 안정되기까지 상당 시간이 소요된다. 다음 절에서는 이들 20개의 대표적인 대중음악축제에 대해 자세히 소개하겠다.

02 | 해외 대중음악축제 소개[1]

1) 후지 록 페스티벌(Fuji Rock Festival, 일본)

- 홈페이지: http://www.fujirockfestival.com

후지 록 페스티벌은 세계 3대 록 음악 페스티벌 중 하나이다. 1997년에 후지 산 텐진야마에서 시작했고 이듬해 도쿄에서 열렸다가, 1999년부터는 니키타 미쿠니 산 나에바 스키장[2]에서 여름에(7월 말~8월 초) 3일간 개최되고 있다. 출연진은 일본 뮤지션은 물론이고 미국, 영국 등 전 세계의 유명 록 아티스트들로 구성된다. 장르에 관계없이 모던록, 헤비메탈, 펑크 등 다양한 스타일의 정상급 뮤지션들이 메인스테이지에 서고, 여러 무대에서 각국의 신인들까지 한꺼번에 볼 수 있다. 3일 동안 열리는 후지 록 페스티벌에는 일본뿐 아니라 해외 각지에서 관람객들이 찾아오고 있으며, 그 수는 주최 측 추산으로 2004년에 연인원 10만 2,000여 명에 달했다. 특기할 점은 아시아 각지의 인디레이블과의 교류를 통해 밴드를 초청하는 것인데, 이는 지엽적이지만 효과적인 홍보에도 유용하며, 후지 록 페스티벌이 아시아 음악 신에서 긍정적인 역할을 하고 있음을 인식시키는 작용도 한다. 한국에서도 노브레인, 코코어, 껌엑스, 오! 부라더스, 슈가도넛 등이 참가한 바 있다.

하절기에 영업하지 않는 스키장에 조성된 행사장 면적은 12만 평방미터에 달한다. 여기에 크게 7개의 스테이지가 세워지는데, 중앙에 위치한 메인스테이지 격의 그린스테이지(Green Stage)는 4만 명을 수용하는 대규모 무대이고, 화이트스테이지(White Stage)는 1만 명을 수용할 수 있다. 숲 속에 위치한 필드 오브 헤븐(Field of Heaven)은 5,000명까지 관람할 수 있으며, 행사장 제일 끝에 위치한 오렌지 코트(Orange Court)와 가건물로 설치한 실내공연장인 레드 마키(Red Marquee)도 5,000명까지 수용할 수 있다.

---

1 2006 광명음악밸리축제 소개책자에서 김학선·나도원이 쓴 글을 정리함.

2 스키장에 무대가 설치되어 자연스럽게 경사로가 생기며, 관람객은 돗자리 등을 준비해온다.

신진 밴드들이 공연하는 루키 어 고고(Rookie A Go-Go)와 독특한 모양의 무대이자 태양에너지로 전력을 일부 충당하는 집시 아발론(Gypsy Avalon) 무대도 있다. 이렇게 각 무대들은 나름대로의 성격을 갖고 있으며 그에 맞는 아티스트들이 공연한다.

2) 서머소닉 페스티벌(Summer Sonic Festival, 일본)

- **홈페이지:** http://www.summersonic.com

2000년에 시작된 서머소닉 페스티벌은 후지 록 페스티벌과 함께 일본을 대표하는 대규모 음악축제이다. 후지 록 페스티벌 직후 도쿄와 오사카에서 열리는데, 이처럼 두 도시에서 같은 공연이 열리는 것은 영국의 레딩·리즈 페스티벌(Reading & Reads Festivals)과 유사하고, 이러한 형태의 페스티벌은 독일의 록캄링·록킴파크 페스티벌(Rock am Ring & Rock im Park Festival) 등에서도 찾아볼 수 있다.

후지 록 페스티벌과 서머소닉 페스티벌은 출연진의 성격에서도 약간 차이가 있지만 전자를 자연 속에서, 후자를 도심에서 열리는 페스티벌이라는 이미지로 구분하기도 한다. 헤비메탈부터 모던록, 힙합, 일렉트로니카 등 장르를 구분하지 않는 화려한 출연진들로 인해 실제로 한국의 많은 음악마니아들이 여름에 후지 록 페스티벌과 함께 이 페스티벌에 다녀오고 있다.

3) SXSW 뮤직 컨퍼런스 · 페스티벌(SXSW Music Conference & Festival, 미국)

- **홈페이지:** http://www.sxsw.com

'사우스 바이 사우스웨스트(SXSW: South by Southwest)'는 음악, 영화, 멀티미디어 컨퍼런스로 1987년에 시작되었다. 음악 페스티벌(Music Festival), 영화 페스티벌(Film Festival), 인터랙티브 페스티벌(Interactive Festival)로 나눠지고, 독특하게도 음악 페스티벌은 음악산업·음악비즈니스 성격의 축제이다. 그래서 레코드사들의 A & R(뮤지션 섭외 파트)과 뮤지션들을 연결해주고, 각 나라 뮤지션들이 미국과 영국을 포함한 전 세계로 진출할 수 있게 해줄 축제를 기획한다.[3]

2006년엔 오스틴 시 6번가를 중심으로 펼쳐져 있는 약 60개의 공연장(라이브클럽 중심)에서 1,300여 뮤지션들이 참여하는 1,500여 개의 공연이 벌어졌다. 공연장 규모도 300명 정도 수용되는 곳에서부터 3,000명 정도 수용되는 라이브클럽과 중대형 공연장, 그리고 2만 명 정도가 수용되는 시청 앞의 야외공연장까지 다양하다. 이런 다양한 공연장에서 레이블별, 국가별, 장르별로 나뉘어 여러 공연이 펼쳐지는데, 2006년에는 모리시(Morrissey), 앤서니 해밀턴(Anthony Hamilton), 카메라 오브스쿠라(Camera Obscura), 슈퍼청크(Superchunk), 샤를라탄스 UK(The Charlatans UK), 히든 카메라스(The Hidden Cameras), 닷슨스(The Datsuns), 오브 몬트리올(Of Montreal) 등 수백여 팀이 공연을 가졌다.

약 50만 원 하는 전일입장권이 1만 장 이상 팔렸고,[4] 오스틴 시의 호텔방 2만 2,000개가 완전히 찼다고 하며, 맥주회사·음반사·음향기기업체 등 많은 스폰서들도 붙었다. 이 축제는 공연만 있는 것이 아니라 트레이드 쇼나 컨퍼런스[5] 등이 무수히 펼쳐지는, 한마디로 '종합 음악비즈니스' 형태의 축제이다.

4) 오즈페스트(Ozzfest, 미국)

- 홈페이지: http://www.ozzfest.com

오즈페스트는 현재 대표적인 헤비록 페스티벌이다. 이 페스티벌은 오지 오스본(Ozzy Osbourne)의 부인이자 매니저인 샤론 오스본(Sharon Osbourne)의 기획으로 처음 시작하게 된다. 1995년 오지 오스본이 자신의 새로운 앨범 [Ozzmosis]를 발표하면서부터 미국 전역을 돌며 장기적으로 순회 페스티벌을 열었고, 1996년부터는 가장 유명한 록·헤비메탈 밴드들이 출연하는 대규모 페스티벌로 성장했다.

---

3 SXSW 페스티벌은 미국 최고의 신인 발굴 축제로 평가받고 있고, 소니-BMG, 워너 브러더스, EMI, 유니버설 등 메이저급 음반사들이 참여하는 음악 및 미디어 컨퍼런스이다.

4 예매는 약 4개월 전부터 하고, 초기 가격은 30만 원가량임. 축제 당일 공연장마다 개별적으로 입장권을 팔기도 한다.

5 비즈니스 워크숍, 뮤지션 인터뷰, 강연 등.

오즈페스트가 다른 음악 페스티벌과 뚜렷하게 구별되는 차이점은 가장 강력한 헤비메탈을 위주로 한 페스티벌이라는 것과 다른 페스티벌들이 보통 한 장소에서 3일에서 5일 정도 연속 공연으로 진행되는 반면, 오즈페스트는 약 1개월간 전체 투어밴드들이 미국 전역과 캐나다를 돌며 공연한다는 사실이다. 오즈페스트 이전에 롤라팔루자 페스티벌이 가장 대표적인 순회 록 페스티벌이었다면, 롤라팔루자 페스티벌이 좌초한 이후 오즈페스트가 그 독보적인 위치를 이어받았다고 할 수 있겠다.

1996년 오지 오스본, 슬레이어(Slayer), 세풀투라(Sepultura), 피어 팩토리(Fear Factory), 바이오해저드(Biohazard) 등 당대의 록·헤비메탈 뮤지션들을 대동하고 시작됐던 오즈페스트는 해가 거듭될수록 더욱 규모를 키워나갔다. 무대는 메인스테이지와 세컨드 스테이지로 나뉘는데 콘(Korn), 판테라(Pantera), 메릴린 맨슨(Marilyn Manson), 슬립노트(Slipknot), 시스템 오브 어 다운(System of a Down) 등 가장 많은 인기와 높은 지명도를 가진 뮤지션들이 메인스테이지를 장식하고, 주목받는 신인 밴드들이 세컨드 스테이지에 선다. 특히 오즈페스트에 서는 신인 밴드들의 경우 앞으로의 성공을 보장받았다는 얘기가 있을 만큼 그 영향력은 크다.

5) 롤라팔루자 페스티벌(Lollapalooza Festivals, 미국)

- **홈페이지:** http://www.lollapalooza.com

롤라팔루자 페스티벌은 제인스 어딕션(Jane's Addiction)의 리더인 페리 패럴(Perry Farrell)이 1991년에 만들었고, 미국 전역 순회 페스티벌이다. 영국의 글래스톤베리 페스티벌과 레딩·리즈 페스티벌을 좋아했던 페리 패럴이 '얼터너티브 축제'라는 슬로건을 걸고 시작했지만 이후 록, 힙합, 펑크 등을 가리지 않으며 다양한 출연진으로 무대를 꾸몄다.

페스티벌을 기획했던 1990년대 초반은 너바나(Nirvana)와 펄 잼(Pearl Jam)으로 대표되는 얼터너티브가 가장 뜨거운 화두로 등장했던 시기로, '얼터너티브의 축제'라는 슬로건을 내건 롤라팔루자 페스티벌 역시 대성공을 거뒀으나 이후 얼터너티브가 쇠락하면서 롤라팔루자 페스티벌도 점차 그 영향력이 감소해갔다. 흥행과 재정 문제 등으로 페스티벌 자체가 몇 차례 중단되는 모습을 보이기도 했는데, 1997년 이후에는 5년간 행사가 열리지 않다가 2003년에 제인스 어딕션, 퀸스 오브 스톤 에이지(Queens of Stone Age), 오디오슬레이브(Audioslave), 쥐라식 5(Jurassic 5) 등의 라인업을 앞세워 공연이 재개되었다.

6) 우드스톡 페스티벌(Woodstock Festival, 미국)

1969년에 처음 열린 우드스톡 페스티벌은 록 음악에 대한 순수한 열정과 평화를 갈구했고, 이후 록 페스티벌이 추구하는 전형이 되었다. 이 페스티벌은 당시 베트남전쟁 반대 시위나 흑백 간 인종차별 등으로 혼란스러웠던 미국 안에서, 미국의 젊은이들이 벌였던 3일간의 록 음악 향연이었다. 우드스톡이란 원래 그 페스티벌을 열려고 한 장소였다. 처음에 주민들의 반대로 실현되지 못하다가 근처에 살고 있던 막스 야스거란 사람이 자신의 농장을 제공해 겨우 치러질 수 있었다. 1969년 8월에 뉴욕 근처 우드스톡에서 '3일간의 평화와 음악(3 Days of Peace & Music)'이란 슬로건 아래 열렸고, 3일 동안 45만 명 이상으로 추산되는 관람객들이 모여 공연을 즐겼다.

이 페스티벌에는 당대 최고의 뮤지션들이 참여했는데 지미 헨드릭스(Jimi Hendrix), 재니스 조플린(Janis Joplin), 조안 바에즈(Joan Baez), 그레이트풀 데드(Grateful Dead), 제퍼슨 에어플레인(Jefferson Airplane) 등이 그들이었다. 참여 뮤지션들의 음악 성향에서 알 수 있듯이 환각적인 음악을 담은 사이키델릭록 사운드, 당시의 반사회적 저항의식을 담고 있던 포크 음악 등이 페스티벌의 주된 음악들이었다.

'사랑과 평화'라는 모토로 3일간의 공연을 성공적으로 마쳤던 우드스톡 페스티벌은 25주년을 기념하며 1994년에 다시 열렸다. 그리고 5년 후 1999년 제3회 행사가 열리게 되고, 2005년에도 기획되었다. 그러나 1999년에 열렸던 제3회 행사에서는 우드스톡의 모토였던 사랑과 평화라는 말이 무색하게 크고 작은 사건들과 폭동이 일어나 초기의 순수한 정신보다는 상업적 행사로 변질되며 그 의의를 잃기도 했다.

7) 릴리스 페어(Lilith Fair, 캐나다 · 미국)

• 홈페이지: http://www.lilithfair.com

릴리스 페어는 1997년 캐나다의 여성 뮤지션 새라 매클래클란(Sarah McLachlan)에 의해 시작되었다. 애초 자신의 오프닝 무대에 폴라 콜(Paula Cole)이라는 여성 뮤지션을 세우고 싶어한 새라에게 그의 프로모터는 "여자들만 서는 무대에 누가 공연을 보러 오겠느냐?"라며 반대의 뜻을 밝혔고, 이 말에 격분한 새라 매클래클란은 아예 여성들만으로 구성된 페스티벌을 기획하게 되었다고 한다. 모두가 성공을 의심하고 우려했던 릴리스 페어는 1997년에 처음 시작한 이래 승승장구하며 큰 성공을 거뒀고, 이 공연에 참여하는 여성 뮤지션들의 수는 더 늘어만 갔다.

새라 매클래클란, 수잔 베가(Suzanne Vega), 셰릴 크로(Sheryl Crow), 리사 러브(Lisa Loeb), 쥬얼(Jewel), 피오나 애플(Fiona Apple), 인디고 걸스(Indigo Girls), 시네이드 오코너(Sinead O'Connor), 트레이시 채프먼(Tracy Chapman), 프리텐더스(The Pretenders), 나탈리 머천트(Natalie Merchant), 베스 오턴(Beth Orton) 등 포크와 록 계열의 여성 뮤지션 대부분이 참여해 여성들만이 얘기할 수 있는 이슈와 주제의식을 노래하며 많은 공감을 이끌어냈다. 그리고 공연의 수익금 가운데 상당액을 여성 단체에 기부해 릴리스 페어의 취지와 의의를 더욱 빛나게 했다. 1999년 투어를 마지막으로 새라 매클래클란은 당분간 가정에 더 충실하고 싶다며 릴리스 페어의 일시 중단을 선언했다.

8) 오타와 블루스 페스티벌(Otawa Blues Festival, 캐나다)

• 홈페이지: http://www.ottawa-bluesfest.ca

오타와 블루스 페스티벌은 1994년 첫 공연을 시작한 캐나다의 블루스 페스티벌이다. '당신의 영혼에 길을 열어라(Paving the Road to Your Soul)'라는 슬로건과 함께 블루스뿐 아니라 같은 뿌리를 가진 가스펠, 소울, 알앤비(리듬앤드블루스) 뮤지션들이 출연한다. 스팅(Sting), 엘비스 코스텔로(Elvis Costello), 세자리아 에보라(Cesaria Evora), 셰릴 크로(Sheryl Crow), 쿨 앤드 더 갱(Cool & The Gang), 브라이언 애덤스(Bryan Adams)

등도 페스티벌에 참가했다. 10일간에 걸쳐 열리는 이 축제에는 총 150팀 정도가 출연하고, 2004년에는 출연자 수가 약 1,500명에 달했다고 한다.

젊은 관객을 대상으로 하는 시청 광장의 '메인스테이지(Main Stage)'에는 유명 록그룹이나 세계적인 아티스트들이 출연한다. 청사 동쪽의 '루츠 스테이지(Roots Stage)'에는 록과 재즈의 뿌리인 정통 블루스가, 청사 뒤쪽의 '블랙 시프 스테이지(Black Sheep Stage)'에서는 주로 월드뮤직 등이 연주된다. 또한 청사 서편의 '버드맨 스테이지(Birdman Stage)'는 언더그라운드 뮤지션들의 무대이다.

9) 글래스톤베리 페스티벌(Glastonbury Festival, 영국)

- 홈페이지: http://www.glastonburyfestivals.co.uk

글래스톤베리 페스티벌은 1970년에 처음 개최되었다. 영국의 남서쪽, 글래스톤베리와 셰프톤 사이에 위치한 한 농장에서 매년 6월 마지막 주말에 개최된다. 총 13개 스테이지로 나눠 공연하므로 다양하게 즐길 수 있다. 글래스톤베리 페스티벌의 정확한 명칭은 '글래스톤베리 현대 행위예술 축제(Glastonbury Festival of Contemporary Performing Arts)'인데, 이는 음악뿐만 아니라 연극과 행위예술, 전시회 행사 같은 여러 다양한 문화행사를 병행하려는 주최 측의 생각이 반영된 것이라고 한다. 다양한 문화행사 외에 글래스톤베리 페스티벌을 상징하는 것은 대규모의 텐트촌과 영국의 궂은 날씨가 만들어낸 진흙으로 가득한 공연장이다. 공연을 보기 위해 참가한 진흙탕 속의 인파들은 글래스톤베리 페스티벌을 대표하는 볼거리가 되었다.

2005년에 판매된 티켓 가격은 125만 파운드(한화 25만 원)였으며 15만 장 한정으로 판매됐다. 티켓 예매는 대개 그해 3월 말이나 4월 말에 시작해서 대부분의 티켓이 일주일 만에 예매된다고 한다. 2005년 페스티벌의 메인스테이지에는 화이트 스트라이프스(White Stripes), 콜드플레이(Coldplay), 킬러스(The Killers), 뉴 오더(New Order), 인터폴(Interpol), 도브스(Doves), 엘비스 코스텔로(Elvis Costello), 브라이언 윌슨(Brian Wilson), 밴 모리슨(Van Morrison), 코럴(The Coral), 브레이버리(The Bravery), 애시(Ash), 고! 팀(The Go! Team), 매직 넘버스(The Magic Numbers), 가비지(Garbage), 킨(Keane),

루퍼스 웨인라이트(Rufus Wainwright) 등 현재 가장 유명한 뮤지션들이 출연했다. 2006년의 페스티벌은 여러 이유로 개최되지 않았다.

10) 레딩 · 리즈 페스티벌(Reading & Leeds Festival, 영국)

- **홈페이지:** http://www.readingfestivalonline.co.uk

레딩·리즈 페스티벌은 영국의 공연기획사인 '민피글러'가 레딩 시와 리즈 시에서 동시에 진행하는 축제이다. 레딩은 런던에서 서부 근방에 위치한 도시이고, 리즈는 영국 북부 도시이다. 문화적 혜택이 적은 북부에 또 하나의 페스티벌인 리즈 페스티벌을 개최한 것인데, 30년 전통의 레딩 페스티벌(1976년 시작)의 명성에 힘입어 확고한 입지를 구축하게 된다. 장소만 다를 뿐 공연의 내용은 같다.

조직위원회의 자료에 따르면, 레딩 페스티벌은 2004년에 3일 동안 158개의 밴드가 공연했고, 2,000명의 스태프가 투입되었다고 한다. 이처럼 대규모 행사인 레딩·리즈 페스티벌은 각각 5개의 무대를 갖추고 있는데, 6만여 명의 관객이 몰리는 메인스테이지에서는 현재 대중적으로 가장 많은 인기를 얻고 있는 팝·모던록 밴드들이 공연을 펼친다. 영국의 국영방송사인 BBC가 주관하는 라디오 1 스테이지와 협찬사인 칼링의 메이커를 딴 '칼링 스테이지', 하드코어 계열의 밴드들이 출연하는 '콘크리트 정글 스테이지' 등이 있다.

11) 브이 페스티벌(V Festival, 영국)

- **홈페이지:** http://www.vfestival.com

브이 페스티벌은 1996년에 시작되었고, 매년 8월의 한 주말을 이용해서 개최한다. 버진 레코드사로 유명한 대기업 버진(Virgin)에서 기획한 페스티벌로 버진의 머리글자인 'V'를 따서 'V Festival'이라 명명했다. 처음 시작할 당시에는 영국 북동부의 리즈(Leeds)와 런던 근교의 첼름스퍼드(Chelmsford)에서 양일간 뮤지션들이 번갈아 두 도시에서 공연했다. 이는 런던의 팬들뿐 아니라 스코틀랜드, 요크셔 등의 지방 지역민들까지 끌어들이려는 기획이었다고 한다.

신생 페스티벌이었는데도 V 페스티벌은 큰 성공을 거뒀고, 이제 영국의 음악 페스티벌을 얘기할 때 빼놓을 수 없는 행사가 되었다. 여기에는 버진이라는 대기업이 제공하는 막강한 자본력을 통해 그해 관람객들이 가장 원하는 뮤지션을 섭외할 수 있었다는 게 큰 몫을 했다고 한다. 메인스테이지 격인 'V 스테이지(V Stage)'와 '아더 스테이지(Other Stage)'로 나뉜다.

12) 다운로드 페스티벌(Download Festival, 영국)

• 홈페이지: http://www.downloadfestival.co.uk

다운로드 페스티벌은 영국의 도닝턴 파크(Donington Park)에서 3일간 열리며, 2003년에 시작되었다. 당시 아이언 메이든(Iron Maiden)과 림프 비즈킷(Limp Bizkit), 메탈리카(Metallica), 오디오슬레이브(Audioslave)를 헤드라이너로 앞세워 큰 성공을 거뒀다. 2005년에는 6월 10일에서 12일까지 3일간 치러졌으며, 블랙 사바스(Black Sabbath), 벨벳 리볼버(Velvet Revolver), 힘(HIM), 앤스랙스(Anthrax), 시스템 오브 어 다운(System of a Down), 슬립노트(Slipknot), 슬레이어(Slayer), 킬스위치 인게이지(Killswitch Engage), 인 플레임스(In Flames), 램 오브 갓(Lamb of God), 모터헤드(Motorhead) 등 오랜 역사를 가진 거장들과 현재 세계적으로 가장 주목받는 헤비메탈 밴드들이 참가했다.

13) 티 인 더 파크(T in the Park, 스코틀랜드)

• 홈페이지: http://www.tinthepark.com

티 인 더 파크는 스코틀랜드를 대표하는 음악 페스티벌이다. 1994년 스코틀랜드의 해밀턴과 머더웰 사이에 있는 스트래스클라이드 공원에서 처음 시작되었다. 이때 오아시스(Oasis), 블러(Blur), 레이지 어게인스트 더 머신(Rage against the Machine), 비요크(Bjork), 매닉 스트리트 프리처스(Manic Street Prechers), 펄프(Pulp), 사이프레스 힐(Cypress Hill) 등의 화려한 라인업을 앞세워 큰 성공을 거뒀다. 이후 벌어진 공연들에서도 라디오헤드(Radiohead), 알이엠(R. E. M.), 트래비스(Travis), 뮤즈(Muse), 오디오슬레이브(Audioslave), 그린 데이(Green Day), 스트록스(The Strokes), 케미컬 브라더스(The Chemical Brothers) 등 그해 가장 인기가 많고 화제가 되는 뮤지션들을 선정해 많은 인기를 얻어나갔다. '메인스테이지(Main Stage)', 'NME 스테이지(NME Stage)', '킹 투츠 텐트(King Tut's Tent)', '페트 사운드 아레나스(Pet Sound Arenas)' 등 7개의 무대로 꾸며진다.

14) 록캄링 · 록킴파크(Rock am ring & Rock im park, 독일)

• 홈페이지: http://www.rock-am-ring.com | http://www.rock-im-park.com

록캄링 페스티벌은 독일을 대표하는 록 페스티벌이다. 이 페스티벌은 1985년에 시작되었고, 당시는 단발성 행사였다. 하지만 유투(U2), 포리너(Foreigner), 메릴리온(Marillion), 알이오 스피드웨건(REO Speedwagon), 조 카커(Joe Cocker) 등을 초청하며 기대 이상의 성공을 거뒀고, 이후 연례행사로 자리 잡게 됐다.

1997년 록캄링 페스티벌은 비슷한 성격의 록킴파크 페스티벌을 하나 더 만들게 되는데, 출연 뮤지션은 똑같이 하면서 각기 지역을 달리해 번갈아가며 무대에 서는 방식이다. 이는 영국의 레딩·리즈 페스티벌과 같은 방식이라 할 수 있다. 록캄링 페스티벌은 아이펠(Eifel)에서, 록킴파크 페스티벌은 뉘른베르크(Nurnberg)에서 열린다. 티켓 가격은 3일권 구매 시 130유로(한화 약 15만 원)이다.

15) 러브 퍼레이드(Love Parade, 독일)

• 홈페이지: http://www.loveparade.net

매년 베를린에서 벌어지는 러브 퍼레이드는 세계에서 가장 규모가 큰 테크노 페스티벌이다. 테크노 음악과 사랑, 자유, 그리고 춤과 향락을 즐기려는 젊은이들로 매년 성황을 이뤄왔다. 페스티벌은 1989년 DJ 닥터 모테(Dr. Motte)에 의해 처음 열리게 됐는데, 자신의 생일을 맞아 좀 더 재밌게 즐기고자 시작했다는 단순한 이유가 그 시작이라고 한다. '평화와 기쁨'이라는 모토를 가지고 집회 허가를 받아낸 닥터 모테는 150명의 사람들과 함께 트럭을 탄 채 음악을 틀고 베를린 쿠담 거리에서 테크노 퍼레이드를 벌였는데, 이것이 페스티벌의 시작이다. 현재 그 규모는 점점 커져나가 1999년에는 150만 명이라는 기록적인 인파를 동원하기도 했는데, 그 후에는 약 70만여 명의 청중들이 세계 곳곳에서 참가하고 있다.

16) 록 워처(Rock Werchter, 벨기에)

• 홈페이지: http://www.rockwerchter.be

1974년에 처음 개최된 록 워처는 벨기에를 대표하는 음악 페스티벌이다. 당시 반자이(Banzai)와 칸다하(Kandahar)라는 두 팀을 데리고 하루 동안 조촐하게 시작했던 이 페스티벌은 이제 4일간 40여 팀이 참여하는 대형 페스티벌이 됐다. 처음 시작할 때의 공식 명칭은 'Rock Torhout-Werchter'였으나 차츰 시간이 지나면서 'Torhout'라는 명칭은 사라지고 'Rock Werchter'로 명명되었다. 또한 처음 1일로 시작되었던 것이 1996년에 2일로, 1999년엔 3일로, 그리고 2003년에 이르러서는 4일짜리 페스티벌로 발전했다. 티켓의 하루 가격은 60유로(한화 약 7만 원), 4일권을 끊으면 130유로(한화 약 15만 원)이다.

17) 몽트뢰 재즈 페스티벌(Montreux Jazz Festival, 스위스)

• 홈페이지: http://www.montreuxjazz.com

몽트뢰 재즈 페스티벌은 스위스 레망 호숫가의 휴양도시 몽트뢰(Montreux)에서 7월에 열리는 재즈 페스티벌이다. 1967년에 몽트뢰 출신인 클로드 놉스에 의하여 시작되었으며, 2006년에 40주년을 맞았다. '마일스 데이비스홀', '스트라빈스키 강당', '카지노 바리에르' 등 3개의 메인무대가 차려졌고, 도시 곳곳의 야외무대와 바에서 크고 작은 콘서트가 150여 차례나 열렸다. 1967년의 첫 축제는 단 3일 동안만 열렸지만 회를 거듭하면서 그 규모가 커져 현재는 15일 안팎의 기간에 걸쳐 성대하게 열리고 있으며, 방문객 수도 20만여 명을 기록할 만큼 성공적인 축제로 자리 잡았다. 축제기간에는 각종 공연과 경연 등 음악 행사 외에도 관광객들을 위한 기차여행 같은 여러 다양한 행사가 준비되어 있다고 한다.

알 자로(Al Jarreau), 알리시아 키스(Alicia Keys), 바비 맥페린(Bobby McFerrin), 콘(Korn), 비비 킹(B. B. King), 필 콜린스(Phil Collins), 코어스(The Corrs), 산타나(Santana), 허비 핸콕(Hervie Hancock) 등 재즈뿐 아니라 팝, 월드뮤직, 록을 아우르는 뮤지션들이 그동안 페스티벌 무대에 올랐으며, 이 페스티벌에 출연하는 뮤지션들이 준비해온 이벤트를 벌이기도 한다.

18) 다이나모 페스티벌(Dynamo Open Air, 네덜란드)

- 홈페이지: http://www.dynamo.nl

다이나모 페스티벌은 네덜란드의 에인트호번을 중심으로 성장했다. 북유럽을 중심으로 발달한 익스트림메탈은 노르웨이, 스웨덴, 핀란드 등지에서 상당한 인기를 얻고 있는데, 다이나모 페스티벌은 그런 북유럽의 익스트림메탈을 중심으로 하는 음악 페스티벌이다. 1986년 세이튼(Satan), 앤젤위치(Angelwitch), 온슬러트(Onslaught) 등의 밴드가 7,000여 명의 관객을 앞에 두고 다이나모 페스티벌의 시작을 알렸는데, 이는 1981년 아이언 메이든(Iron Maiden)과 함께 NWOBHM(New Wave of British Heavy Metal)을 이끌었던 레이븐(Raven)이 클럽 다이나모에서 열성 팬들과 함께 가졌던 공연의 5주년을 기념하기 위한 자리였다.

다이나모 페스티벌이 오즈페스트 등 여타의 록·헤비메탈 페스티벌들과 구분되는 점은 북유럽의 익스트림메탈들을 적극적으로 소개한다는 데 있다. 메이헴(Mayhem), 엠페러(Emperor), 칠드런 오브 보돔(Children of Bodom), 크레이들 오브 필스(Cradle of Filth), 위딘 템테이션(Within Temptation), 나이트위시(Nightwish) 등의 출연은 유럽 팬들의 구미에 맞춘 유럽 헤비메탈 페스티벌의 특징이라 할 수 있겠다.

19) 투스카 메탈 페스티벌(Tuska Open Air Metal Festival, 핀란드)

• 홈페이지: http://www.tuska-festival.fi

투스카 메탈 페스티벌은 핀란드의 수도 헬싱키에서 매년 열린다. 북유럽에서 가장 큰 헤비메탈 페스티벌로 1998년에 시작되었다. 당시 압수르두스(Absurdus), 간달프(Gandalf), 코포럴 퍼니시먼트(Corporal Punishment), 앰 아이 블러드(Am I Blood), 고르고로스(Gorgoroth) 등 스칸디나비아 3국의 밴드들을 중심으로 페스티벌을 시작했고, 그 규모는 점점 커져 전 유럽의 헤비메탈 밴드들을 중심으로 하는 대형 페스티벌로 발전했다. 2005년에는 딤무 보르기르(Dimmu Borgir), 테스타먼트(Testament), 아포칼립티카(Apocalyptica), 억셉트(Accept), 칠드런 오브 보돔(Children of Bodom), 감마 레이(Gamma Ray), 디스트럭션(Destruction), 프라이멀 피어(Primal Fear) 등의 밴드들이 참여해 3만 3,000명의 관객을 동원했다. 1일 티켓 가격은 36유로(한화 약 4만 원), 3일치 티켓은 72유로(한화 약 8만 5,000원)이다.

20) 록 인 리오(Rock In Rio, 브라질 · 포르투갈)

• 홈페이지: http://rockinrio-lisboa.sapo.pt

록 인 리오 페스티벌은 매년 개최되는 페스티벌은 아니지만 거대한 규모만으로도 음악 페스티벌을 얘기할 때 절대 빠질 수 없는 페스티벌이 되었다. 1985년 브라질의 리우데자네이루에서 처음 개최된 이 공연에는 무려 140만 명의 청중이 공연을 보기 위해 모여들었다. '록 인 리오'란 페스티벌 이름과 헤드라이너로 나섰던 여러 헤비메탈 밴드들 때문에 록 팬들에겐 단순한 록 페스티벌로 인식되는 경향이 있지만, 록 밴드들 외에도 다양한 팝 스타들과 브라질 전통 음악을 하는 브라질 뮤지션이 고루 참여해왔다.

1985년 첫 공연에서도 헤드라이너였던 퀸(Queen)과 아이언 메이든(Iron Maiden), 그리고 오지 오스본(Ozzy Osbourne), 스콜피온스(Scorpions), 화이트스네이크(Whitesnake), AC/DC 등의 록 밴드들 외에도 알 자로(Al Jarreau), 조지 벤슨(George Benson), 로드

스튜어트(Rod Stewart) 등 팝, 재즈 뮤지션들과 여러 브라질 뮤지션들이 함께 참여했다.

상업적으로 엄청난 성공을 거둔 록 인 리오는 1991년 두 번째 공연을 개최하는데, 역시 건스 앤 로지스(Guns N Roses), 페이스 노 모어(Faith No More), 메가데스(Megadeth)라는 헤드라이너와 아-하(A-Ha), 프린스(Prince), 데비 깁슨(Debbie Gibson), 런 디엠시(Run DMC), 스냅(Snap), 뉴 키즈 온 더 블록(New Kids on the Block) 등의 다양한 뮤지션을 앞세워 다시 한 번 큰 성공을 거뒀다. 2001년 공연 역시도 헤비메탈, 록, 팝, 브라질리안 뮤직 등의 다양한 출연진으로 100만 이상의 청중을 동원하며 대성공을 거뒀는데, 페스티벌의 창시자인 로베르토 메디나는 이에 만족하지 않고 페스티벌에 변화를 주기 시작했다.

록 인 리오란 이름을 'Rock in Rio for a Better World'로 바꾸고 단순히 상업적인 페스티벌이 아닌 사회적 문제와 연계시켜가기 시작했고, 수익금의 일부를 브라질의 NGO 단체에 기부하거나 여러 사회운동 활동가들을 지원하는 등 페스티벌의 새로운 이미지를 만들어나갔다.

2004년 열린 네 번째 공연은 브라질이 아닌 포르투갈의 리스본에서 페스티벌을 개최했는데 폴 매카트니(Paul MaCartney), 피터 가브리엘(Peter Gabriel), 스팅(Sting), 메탈리카(Metallica), 브리트니 스피어스(Britney Spears) 등이 참여한 이 공연이 브라질에서보다 더 큰 성공을 거둬 2006년 열린 록 인 리오 행사도 리스본에서 개최되었다. 2006년 무대에는 건스 앤 로지스(Guns N Roses), 로저 워터스(Roger Waters), 자미로콰이(Jamiroquai), 다크니스(The Darkness), 레드 핫 칠리 페퍼스(Red Hot Chilli Peppers), 스타세일러(Starsailor) 등이 출연했으며, 그 외에도 '일렉트릭 텐트'란 무대를 따로 갖춰 레이브 파티도 벌였다. 5월 26~27일, 그리고 6월 2~4일까지 총 5일간 공연이 펼쳐졌으며 하루 티켓의 가격은 53유로(한화 약 6만 원), 2일치 티켓은 90유로(한화 약 10만 원)이다.

03 | 후지 록 페스티벌과 SXSW 페스티벌 운영 사례 분석

1) 사례 분석 대상 축제의 선정 이유

이 절에서는 앞서 기술한 대중음악축제들 중에서 현장 탐방을 통해서 자료를 구한 일본의 후지 록 페스티벌(Fuji Rock Festival)[6]과 미국의 SXSW 페스티벌(South By Southwest Music Conference & Festival)[7]을 분석 대상으로 잡았다.

후지 록 페스티벌과 SXSW 페스티벌은 대중음악전문축제로서 각기 뚜렷한 정체성을 가지고 있다. 보통 대중음악축제라 함은 음악마니아들을 대상으로 기획되는 축제를 일컫는데 규모와 출연진, 관람객을 감안했을 때 일반적으로 일본의 후지 록 페스티벌, 영국의 글래스톤베리 페스티벌, 레딩·리즈 페스티벌을 '전 세계 3대 록 페스티벌'이라 부르고 있다. 록 페스티벌은 규모면에서 대중음악축제들 중에서 가장 크고, 수적으로도 많기 때문에 사실상 이들 3개의 페스티벌을 '전 세계 3대 대중음악축제'라 불러도 무리가 없을 것이다.

한편 음악마니아들보다도 음악산업 관계자들이 더 관심을 갖는 음악축제가 있는데, 그게 바로 프랑스의 미뎀(Midem)과 같은 유형이다. 여기에는 이미 매년 국내의 많은 음반사들이 참여하고 있고, 한국 문화콘텐츠진흥원에서는 참가 지원 사업을 하고 있다. 그리고 SXSW 페스티벌은 독특하게도 앞에서 얘기한 음악축제의 대표적인 두 유형을 모두 포괄하는 기획을 하고 있다.

따라서 본 연구에서는 비교적 역사가 긴[8] 후지 록 페스티벌과 SXSW 페스티벌을

---

6 2005년 12월에 광명음악밸리축제 사무국의 담당자가 페스티벌 주관사인 스매시 사 관계자들을 만나고 왔다. 여기서는 2005년 축제를 사례로 삼았다. 홈페이지는 http://www.fujirockfestival.com.

7 필자는 2006년 3월에 페스티벌 주관사인 SXSW 위원회 관계자들을 직접 만났고, 현장에서 축제를 관람했다. 여기서는 2006년 축제를 사례로 삼았다. 홈페이지는 http://www.sxsw.com.

8 2006년에 후지 록 페스티벌은 10주년을 맞았고, SXSW 페스티벌은 20주년을 맞았기 때문에 사례로 다룸에

음악마니아 대상형[9] 축제와 음악산업 관계자 대상형[10] 축제의 대표적인 유형으로 선정했고, 각 사례 분석을 통해 우리나라의 대중음악축제들이 향후 지향해야 할 기획, 운영, 프로그램 개발의 방향을 모색하는 데 일차적인 준거점을 도출하기로 한다.

2) 축제행사 기획 분석

대중음악축제가 활성화되기 시작한 것은 1960년대에 록음악이 전 세계적으로 영향력을 미치면서부터이다. 당시는 반전·평화운동이 서구에서 절정을 이루던 시기였고, 이런 사회적·음악적 분위기 속에서 1960년대 중반부터 미국 뉴욕, 샌프란시스코 등지를 중심으로 대형 록 페스티벌들이 생겨나기 시작했다.

그와 같은 시대 흐름 속에서 1969년 8월에 뉴욕 근처 우드스톡에서 '3일간의 평화와 음악(3 Days of Peace & Music)'이란 슬로건 아래 열린 우드스톡 페스티벌(Woodstock Festival)은 3일 동안 45만 명 이상으로 추산되는 관람객들이 모여 공연을 즐기고 그들만의 해방구를 만들었다. 록음악에 대한 순수한 열정과 평화를 갈구했던 이 축제는 이후 록 페스티벌이 추구하는 전형이 되었고, 이후 생긴 글래스톤베리 페스티벌이나 후지 록 페스티벌 등은 형식과 내용면에서 우드스톡 페스티벌을 계승했다고 할 수 있다.

아래에서 정리한 후지 록 페스티벌과 SXSW 페스티벌의 개요·일정·성격에 관한 분석을 통해 각 축제의 전체적인 윤곽을 파악할 수 있다.

있어서도 의미가 있다고 할 수 있다.

9 음악마니아들이 가장 공연을 보고 싶어하는 뮤지션들을 단기간에 한 장소에 불러 모음으로써 비싼 입장료를 내고도 축제에 참여하게끔 한다.

10 음악비즈니스(Music Business)형 축제. 음악산업 관계자들이 관심을 갖게 하는 장치가 마련된 축제이다. 일례로 SXSW 페스티벌 공연 자체가 신인 뮤지션들을 발굴하는 장의 역할을 하고, 제3세계 음반사들에는 미국 진출의 장 역할을 하게 함으로써 개런티를 따로 받지 않고도 공연한다. 왜냐하면 메이저 음반사들의 A & R 관계자들이 모이기 때문이다.

〈후지 록 페스티벌과 SXSW 페스티벌의 행사 기획 비교〉

	후지 록 페스티벌	SXSW 페스티벌
시작 연도	1997년	1987년
시기	7월 말~8월 초(3일)	3월 중순(전체 10일, 음악축제 5일)
장소	일본 니키타 미쿠니 산 나에바 스키장(1999년부터)	미국 텍사스 주 오스틴 시 6번가 일대
비고	1997년에 후지 산 텐진야마에서 시작했고, 이듬해 도쿄에서 열림	미국 오스틴 시 음악산업과의 전략적인 결합

후지 록 페스티벌도 마찬가지이지만 대개의 대중음악축제가 6~8월 사이에 열리는 것은[11] 해외 대중음악축제 주 관객층의 연령대가 20대이기에 대학생 등 학생층의 여름방학과 직장인들의 여름휴가를 고려하기 때문이다. 또한 해외 대중음악축제에는 대개 '텐트촌 설치'가 일반적인데, 이는 도심에서 떨어진 한적하고 광활한 야외에서 축제를 열다 보니 관람객 수만 명의 숙박 문제를 해결해줘야 하기 때문이다. 그래서 텐트촌을 설치하기 위해서라도 여름에 대중음악축제가 열리는 것이다. 공연이 끝난 뒤의 심야 시간에는 관람객들이 심심하지 않게 DJ파티가 열리곤 한다.

반면에 음악 신의 한 해(전년도)를 결산하는 의미도 담고 있는 SXSW 페스티벌의 경우 3월을 축제시기로 정했는데, 오스틴 시 중심가에서 축제를 열다 보니 많은 관람객이 오더라도 인근 호텔, 모텔 등을 이용함으로써 숙박 문제가 해결되기 때문이었다.

또한 축제장소 선정은 무척 중요하다. 후지 록 페스티벌의 경우 1997년에 후지 산 텐진야마에서 시작해서, 1998년에는 도쿄에서 열렸고, 다시 1999년부터 니키타 미쿠니 산 나에바 스키장으로 장소를 변경하기까지 우여곡절이 있었다. SXSW 페스티벌의 경우 많은 공연들을 단기간에 유치하기 위해 텍사스 오스틴 시 6번가를 선택했는데, 이는 이곳을 중심으로 1960년대부터 100여 개의 라이브클럽들이 밀집해 있었기 때문이다.[12]

11 앞의 표 <해외 유명 대중음악축제의 현황> 참조

12 이들 중에서 50여 개의 라이브클럽들이 2006 SXSW 페스티벌에 참여했다.

〈후지 록 페스티벌과 SXSW 페스티벌의 일정 비교〉

후지 록 페스티벌	• 전야제: 2005년 7월 28일(목) 18:00~24:00 • 행사: 2005년 7월 29(금)~31일(일) 09:00 Door, 11:00 Start, 23:00 Close 부대행사는 다음날 05:00 • 캠핑: 2005년 7월 28일(목) 12:00~8월 1일(월) 12:00 • 주차장: 2005년 7월 28일(목) 12:00~8월 1일(월) 12:00	
SXSW 페스티벌	• 일시: 2006년 3월 10~19일 • 장소: 텍사스 주 오스틴 시 • 구성: SXSW 음악 컨퍼런스·페스티벌(Music Conference & Festival), SXSW 영화 컨퍼런스·페스티벌(Film Conference & Festival), SXSW 인터랙티브 페스티벌(Interactive Festival)	전체 일정
	• 일시: 2006년 3월 15~19일 • 장소: 텍사스 주 오스틴 시 컨벤션센터, 6번가 일대 • 구성: 쇼케이스(Showcase, 공연), 공식 파티(Official Party), 트레이드쇼(Trade show), 포스터쇼(Flatstock Poster Artist Show)	SXSW 음악 컨퍼런스·페스티벌 일정

SXSW 페스티벌은 음악·영화·인터랙티브 페스티벌이 어우러지는 행사이고, 그래서 전체 개최 기간은 총 10일이다. 여기서 음악 파트가 총수입의 70% 정도를 차지한다.

〈후지 록 페스티벌과 SXSW 페스티벌의 성격 비교〉

	후지 록 페스티벌	SXSW 페스티벌
축제성격	음악 공연 중심	음악 공연과 음악비즈니스 둘 다 중시
기획 대상	음악마니아	음악산업 관계자(음반사, 공연 기획자, 음악매체 등), 음악마니아
비고	일반적인 대중음악축제 형태임	축제가 열리는 오스틴 시는 '음악산업도시'라고 평가받음

대중음악 관련 축제는 대개 음악마니아들을 대상으로 하거나 음악산업 관계자들을 대상으로 한다. 전 세계적으로 유명한 대개의 대중음악축제가 음악마니아들을 대상으로 하고, 프랑스의 미뎀 같은 '음반견본시' 성격의 축제가 음악산업 관계자들을 대상으로 열린다. 반면 SXSW 페스티벌은 양자 모두를 대상으로 하는 드문 축제이다.

SXSW 페스티벌의 경우 엔터테인먼트산업이 미래의 성장과 발전에 중요한 요소로 자리 잡게 되자, 1994년에 영화산업과 인터랙티브 미디어(Interactive Media)를 육성하기 위한 축제 및 컨퍼런스를 추가했다. 음악, 영화, 인터랙티브 미디어 산업의 이벤트는 끊임없이 발전하는 엔터테인먼트와 미디어의 결과물들을 한자리에 놓고 조명할 수 있도록 거대하게 열린다. 또한 오스틴 시의 SXSW 행사와 더불어, SXSW 조직위는 토론토 시사주간지 ≪나우(NOW)≫와 연계해, 늦은 봄 캐나다 토론토에서 열리는 NXNE(North by Northeast)와도 관계를 맺고 있다. 여기서의 시사점은 다음과 같다.

- ○ 후지 록 페스티벌이나 SXSW 페스티벌 공히 행사가 안정되기까지 약 3년 이상의 시간이 소요되었다는 점을 참고해야 한다. 이 점은 조급하게 축제가 시작한 첫해부터 '집객' 규모를 따지는 지자체 관계자들이 고려해야 할 점이다.
- ○ 음악축제를 명확하게 기획하려면, 음악마니아를 대상으로 하는 축제인지 음악산업 관계자들이 관심을 갖게 하는 축제인지의 성격을 우선 정해야 한다.
- ○ 전 세계 음악마니아들 대상의 음악축제를 기획하려면 개최 시기는 대학생 등 학생층의 여름방학과 직장인들의 여름휴가 기간을 감안해서 6~8월로 잡는 것을 고려해야 한다. 만약 장소가 도심에서 떨어진 한적하고 광활한 야외라면 반드시 '텐트촌 운영'을 고려해야 하는데, 이는 관람객 수만 명의 숙박 문제를 해결해줘야 하기 때문이다.
- ○ 국내 음악마니아들을 대상으로 하는 음악축제를 기획하려면 태풍과 비가 많이 오는 기간인 6~8월을 피해서 차라리 9월 말~10월 초에 행사를 치르는 것이 안전하다. 중부지방의 경우 10월 중순만 되어도 뮤지션들이 야간에 야외에서 연주하기 불편할 정도로 춥다는 점을 고려해야 한다.
- ○ 개최 기간은 축제성격에 따라 달라야 한다. 음악마니아 대상의 축제는 운영상의 문제 때문에라도 3일 이상 하는 것이 바람직하다.[13] 음악산업

---

13 전술한 20개 대중음악축제들을 보더라도 대개 3일간(금~일요일) 축제를 운영하고 있고, 이는 6~8월에 캠프촌을 동반해 축제를 운영하기 위한 가장 적절한 기간이다. 캠프촌 운영은 보통의 대중음악축제가 도심에서 떨어진 한적한 야외에서 벌어지기 때문에 숙박 문제를 해결하기 위해 택한 방법이기도 한데, 캠프촌 입촌자들의

관련 콘텐츠를 포함하는 축제라면 5일 이상 잡는 것을 고려해야 한다. 이는 공연과 함께 음악비즈니스 관련 컨퍼런스, 워크숍, 전시, 홍보부스 운영 등을 염두에 둬야 하기 때문이다.[14]

3) 축제 개최도시환경 분석

1960년대 이래 거대 규모의 대중음악축제는 신보를 발표한 뮤지션들이 프로모션을 하기에 가장 적절한 공간으로 기능하는 등 음악 신을 활성화시켰다. 또한 축제 자체의 막대한 수익 창출로 축제기획자는 물론 지역에도 관심의 대상이었다. 그런 이유로 음반사, 뮤지션, 지자체 모두 대중음악축제가 열리는 것에 호의적이다.

아래는 후지 록 페스티벌과 SXSW 페스티벌 관련 지자체가 축제를 유치한 이유, 지자체 여건, 지역경제에 대한 파급효과를 분석한 것이다. 이는 지자체들이 대중음악 축제를 가지고 어떻게 '도시이미지 마케팅'을 할 수 있는지에 대해 살펴볼 수 있는 참고자료이다.

〈후지 록 페스티벌과 SXSW 페스티벌의 관련 지자체 유치 이유 비교〉

	후지 록 페스티벌	SXSW 페스티벌
관련 지자체	일본 나에바	미국 오스틴
유치 이유	• 나에바는 겨울 관광휴양지로서 여름이면 나에바 주변의 숙박업소들이 죽은 도시로 변한다는 약점을 가지고 있었음. 그래서 여름에도 살아나는 나에바 만들기에 동참하며 후지 록 페스티벌을 유치했음	• 오스틴 시의 뮤지션들이 직면하는 전형적인 문제는 텍사스 한가운데에서 세계로부터 고립되었다는 것임. SXSW는 나머지 세계로 나아가기 위해 발돋움하고 있으며, 사업하기 위해 그들을 축제현장으로 모으고 있음

상황을 고려하더라도 3일이라는 기간이 가장 타당해 보인다. 그래서 현재 대개의 해외 유명 음악축제들의 운영 기간이 3일이다. 반면 SXSW 페스티벌처럼 도심에서 축제가 벌어지면 10일간(영화축제 포함) 운영하더라도 문제가 없고, 오히려 사무국 입장에서는 유리한 점들이 있다.

14 SXSW 페스티벌의 경우 컨퍼런스에서의 행사 주제만 120여 개에 달했다. 강연에서부터 워크숍, 상담에 이르기까지 다양한 행사가 이뤄지기 때문에 물리적으로도 5일 정도의 시간은 필요하다. 또한 홍보부스를 운영하려면 컨벤션센터 등도 설치해야 하므로 아무래도 일반적인 음악축제보다는 길게 기간을 정할 필요가 있다.

비고	• 지방에 위치해 있으므로 관람객들의 편의를 고려함 • 주로 겨울철에 관광객이 찾는 소도시 인근이지만 셔틀버스가 기차역과 행사장을 오감 • 행사장 안에 캠프장이 있으며 많은 관람객들이 그곳을 이용함. 또한 유흥시설이 적기 때문에 밤새 DJ파티를 열어 캠핑족과 관람객들이 여흥을 즐길 수 있게 함	• SXSW에 대한 국가적인 관심은 즉각 이뤄졌고, 몇 년 동안 오스틴 시에서 음악산업에 관한 어떤 일들이 벌어지고 있는지에 호기심을 가져왔음 • 오스틴 시는 코스믹 카우보이, 블루스, 펑크, 그리고 다른 장르를 아우르는 감수성이 풍부한 곳으로서, 밴드가 창의적으로 작업할 수 있는 장소라는 것을 입증함

나에바와 오스틴 둘 다 음악축제를 유치할 현실적인 이유가 있었다. 나에바가 도시경제 활성화를 이유로 후지 록 페스티벌을 유치했다면, 오스틴은 지역 내 뮤지션들의 외부 진출과 음악 관련 업소 활성화를 위해 SXSW 페스티벌을 유치한 측면이 강하다.

결과적으로 나에바는 후지 록 페스티벌로 지방 소도시에서 전 세계적인 관심을 받는 명소가 되었고, 오스틴은 '전 세계 라이브 음악의 수도'라는 별명을 얻을 정도로 음악산업도시로서 새로이 자리 매김하게 되었다.

〈후지 록 페스티벌과 SXSW 페스티벌의 관련 지자체 여건 비교〉

	후지 록 페스티벌	SXSW 페스티벌
도시환경	• 광활하고 깨끗한 천혜의 자연환경을 가지고 있음	• 도시의 배경과 성격은 컨퍼런스를 위한 최적의 장소로 조성됨 • 오스틴 시는 크기에 비해 상당히 세계적인 도시로 여겨지는데, 이것은 전 세계 사람들이 모이는 텍사스 주립대학(UT)이 있기 때문
축제환경	• 하절기에 영업하지 않는 스키장에 조성된 행사장의 면적은 12만 평방미터에 달함	• 클럽의 역사는 남북전쟁 시기로까지 이어짐. 커스터 장군의 군사들은 인기가 있었던 많은 클럽과 바를 즐겨 찾았다고 함. 이러한 클럽들은 지금 오스틴 시 4번가에서 6번가에 이르는 클럽과 바를 형성하고, SXSW 페스티벌을 하기 위한 최적의 장소임
음악환경	• 음악환경은 원래 없었음	• 오스틴 시 대중음악은 오래전 도시의 역사(멕시코, 독일의 식민지적 기원)로 거슬러 올라감 • 컨트리, 포크, 재즈, 블루스와 록 등의 다양한 종류의 음악을 포함함 • 오스틴 중부는 세계의 어떠한 도시보다도 많은 오리지널 뮤직을 연주하는 클럽이 집중된 곳으로 유명함

나에바와 오스틴은 각각 후지 록 페스티벌과 SXSW 페스티벌을 하기 위한 좋은 장소를 가지고 있고, 도시의 제반 환경들을 축제에 맞게 잘 살렸다.

〈후지 록 페스티벌과 SXSW 페스티벌의 경제적 파급효과 비교〉

	후지 록 페스티벌	SXSW 페스티벌
지자체가 얻는 경제적 효과	• 축제 연매출이 300억~400억 원 수준	• 음악 페스티벌: 2,490만 달러(249억 원) • 영화·인터랙티브 페스티벌:1,330만 달러(133억 원) • 참관자들의 평균 경비 지출: 264달러/일(27만 원/일)
축제로부터 파생되는 부가 효과	• 후지 록 페스티벌로 나에바의 관광산업도 활성화됨 • 이름 없는 지방 소도시에서 전 세계적인 관심을 받고 있기 때문에 향후 나에바에서 추구하려는 도시정책이 긍정적인 결과를 얻을 수 있었음	• 전 세계 언론 매체들의 오스틴 시에 대한 주목도가 날로 높아지고 있음 • 음악 공연장, 음식점, 술집들의 수입이 축제가 없는 달의 최고 매상보다 45% 증가함 • 전 세계 17개국에 국제교류센터가 설립되어 오스틴 시가 '전 세계 라이브 음악의 수도'라는 별명을 얻음 • 오스틴 시에서 가장 큰 컨퍼런스가 열림 • 축제가 열리기 전에 오스틴 시에 있는 호텔방 2만 1,879개가 예약 완료됨

지자체 입장에서 성공한 대중음악축제는 유형의 산업으로부터 발생하는 경제 효과에 못지않은 지역경제의 활성화 수단으로 기능할 수 있다. 예를 들면 SXSW 페스티벌의 경우 음악행사는 1987년 700명으로 시작해 2005년 8,000명이 넘는 규모로 발전했다. 오스틴 시가 자체 지역혁신 프로그램에 의해 영화산업과 첨단 IT기업들의 유치를 활성화시키면서 SXSW는 1994년에 이러한 성장이 산업으로 연계될 수 있게 하기 위해 영화와 인터랙티브적인 요소를 추가했다. 즉, SXSW 페스티벌은 지자체의 지역경제 활성화정책에 직·간접적으로 기여했다는 평가가 있으며 오스틴 시의 도시이미지를 문화적으로 구현하는 데 일조했다. 여기서의 시사점은 다음과 같다.

○ 지역경제 활성화를 위해서, 또는 지자체 정책의 효과적인 실행에 대한 필요성을 느낀다면 세계 규모의 대중음악축제를 지자체에서 유치하는 것도 바람직한 방법이다. 일본의 나에바는 후지 록 페스티벌로 지방 소도시에서 전 세계적인 관심을 받는 명소가 되었고, 오스틴은 '전 세계 라이브

음악의 수도'라는 별명을 얻을 정도로 음악산업도시로서 새로이 자리 매김하게 되었다는 점을 상기할 필요가 있다.

○ 음악축제를 제대로 하려면 환경적인 측면이 중요하다. 나에바나 오스틴 모두 음악축제를 하기 위한 좋은 장소를 가지고 있었지만, 도시의 제반 환경들을 축제에 맞게 잘 살렸다는 점을 강조할 수 있다.

4) 축제운영 조직 분석

성공한 해외 축제의 운영 조직을 분석하는 것은 국내 축제의 자생력 확보 방안을 마련하는 데 도움을 준다. 아래는 후지 록 페스티벌과 SXSW 페스티벌의 운영 조직, 운영인력에 대한 사례이다.

〈후지 록 페스티벌과 SXSW 페스티벌의 운영 조직 비교〉

	후지 록 페스티벌	SXSW 페스티벌
조직 형태	민간 법인	민간 법인
주최	스매시 사(Smash Corporation)	SXSW 위원회
기획 및 제작	스매시 사, 핫 스터프 프로모션(Hot Stuff Promotion)	SXSW 위원회
비고	스매시 사는 음악책자인 ≪스매시 매거진≫도 발간하고 있음	오스틴 시에 근거지를 둔 법인 조직의 회사임

해외 유명 대중음악축제들의 조직 형태는 독립적인 민간 기업(법인)이다. 관련 지자체는 땅을 제공하는 대신 축제가 열리는 기간에 관광, 숙박 등으로 수익을 창출하는 방식이다. 또한 해당 지자체는 축제조직으로부터 운영 수익에 대한 세금을 받는데, 그 규모가 작지 않으므로 유명한 대중음악축제를 유치하는 것은 해당 지자체의 재정에도 큰 보탬이 된다.

〈후지 록 페스티벌과 SXSW 페스티벌의 운영인력 비교〉

	후지 록 페스티벌	SXSW 페스티벌
정규 스태프	946명	약 120명
자원봉사자	373명	약 1,100명
안전요원	526명	자원봉사자에 포함
비고	자원봉사자와 안전요원은 5일간 근무하는 인력임	정규 스태프에서 정규직(연간 상근)은 50명, 비정규직(단기 상근)은 50명, 인턴은 20명 정도임

후지 록 페스티벌이나 SXSW 페스티벌처럼 마케팅과 해외 교류를 중시하는 거대 규모의 대중음악축제를 기획하려면 연간 상근인력 체제로 운영되는 축제 사무국 조직이 필요하다. 현재 국내 지자체에서 행해지는 대개의 음악축제처럼 단기간의 사무국 운영이나 이벤트업체에 축제용역을 맡기는 방식으로는 자생력을 확보하기 어렵다. 왜냐하면 재원 조성, 마케팅은 연간 계획으로 움직여야 하기 때문이다.

또한 축제 사무국이 상근 조직이 아니면 사무국인력의 고용이 안정될 수 없으므로 유능한 인력이 유입되기도 어려울 뿐만 아니라, 전년도의 축제운영 노하우가 전달되기도 어렵다. 그런데 문제는 상근인력들의 인건비 규모가 과다할 수밖에 없다는 점인데, 그래서 장기적으로 축제가 자생력을 갖게 하려면 축제조직이 민간 기업 형태로 운영되는 것과 유료화 방식을 고려할 필요가 있다.

〈SXSW 페스티벌 조직 운영인력 사례〉

분류	직책	인원
설립자	• Managing Director, Senior Director	3명
공동 설립자	• Interactive Co-Founder, Music Co-Founder	2명
감독	• Event Director, Creative Director, Operations Director, Executive Planner	4명
기획	• Festival Staff, Convention Coordinators Staff, Conference Staff, Senior Associate Coordinators, Associate Coordinators	34명
제작	• Music Production, Assistant Production Managers	17명
기술	• Technical Staff	6명
마케팅	• Marketing Staff	5명

행정	• Registration	6명
해외 교류	• SXSW International	6명
컨설팅	• Music Consultant	2명
인턴	• Film Interns, Music Interns, Planning Interns, Front Office Interns, Sales Interns, Music Production Interns, Tech Interns	21명
기타	• Film And Interactive Festivals	10명
전체		116명

위 인력들은 상근인력들이고 정규직과 비정규직(임시 고용)으로 나뉜다. 정규직 인력이 약 50명 선이다. 여기서의 시사점은 다음과 같다.

○ 대중음악축제가 장기적으로 자생력을 확보하려면 프로그램 기획과 조직 운영에 대한 독립성을 보장받아야 하고, 또한 재원 조성에 대한 계획을 세워야 한다. 그러기 위해서는 독립적인 민간 기업(법인) 형태를 고려하는 것도 한 방법이다. 이는 유명한 해외의 대중음악축제들 다수의 운영 주체가 독립적인 민간 기업이라는 것을 염두에 둘 필요가 있다.

○ 후지 록 페스티벌이나 SXSW 페스티벌처럼 마케팅과 해외 교류를 중시하는 거대 규모의 대중음악축제를 기획하려면 연간 상근인력 체제로 운영되는 축제 사무국 조직이 필요하다. 이는 축제 사무국 인력의 고용 안정과 유능한 인재의 유입, 축제운영 노하우의 축적을 위해서 필요하다.

○ 해외 축제의 경우 상설 축제 사무국 조직을 운영하는 사례를 보면 알 수 있듯이, 대개 축제예산에서 많은 비중을 차지하는 것은 제작진 인건비 부분이다. 국내에서 지자체의 보조금 사업으로 축제조직을 운영하는 경우, 전체 운영 예산에서 인건비 항목을 비현실적으로 적게 잡아놓거나 제약하는 경우가 대부분이다. 이는 지자체의 기존 지원 사업에서 사업비만 지원하게끔 하는 규정을 축제운영에도 무리하게 적용하기 때문에 발생하는 문제인데, 제대로 된 축제운영을 위해서는 개선이 필요한 부분이다.

5) 축제재원 조성 분석

성공한 해외 대중음악축제들은 오랜 역사와 아울러 재원 조성에 관한 노하우를 가지고 있어서 재원 조성의 방식이 다양하다. 입장권 수입뿐만 아니라 협찬, 머천다이징(Merchandising), 광고 수입도 막대하고 국내에서는 보기 어려운 방송중계권 판매도 이뤄진다. 또한 수입 다변화를 위해서 공연장뿐만 아니라 부대공간 활용도 시도한다. 아래는 후지 록 페스티벌과 SXSW 페스티벌의 재원 조성에 관한 분석이다.

〈후지 록 페스티벌과 SXSW 페스티벌의 재원 조성 비교〉

	후지 록 페스티벌	SXSW 페스티벌
입장권	공연 1~3일권	컨퍼런스, 트레이드쇼
기념품	협력상품(Collaboration Goods) 등	티셔츠 등 각종 기념품
광고	축제책자에 광고	축제책자에 광고
스폰서	지자체, 방송사, 음악 매체 등	맥주, 음료수, 음악잡지, 전자제품 관련 기업들
방송중계료	있음	-
기타	-	트레이드쇼 부스 판매: 192개

앞서 언급한 것처럼 해외의 음악축제를 주관하는 주체는 일반적으로 민간 기업이다. 따라서 외부 공공 영역으로부터의 지원이 제한된 상태에서 기업으로서의 축제조직이 생존하기 위해서는 자체적인 수익사업을 통한 재원 확보가 매우 중요하다. 예를 들면 해외 유명 음악축제의 연간 수입은 입장권 수입(약 100억~200억 원)과 스폰서, 자체 광고, 방송중계료, 기념품 판매 등으로부터 발생한 부가수입을 합쳐서 총 300억 원을 상회한다. 아래의 표는 후지 록 페스티벌과 SXSW 페스티벌의 유료입장객 수와 부가수입의 내용을 정리한 것이다.

15 표에서는 SXSW 음악 컨퍼런스와 페스티벌로만 한정함.

〈후지 록 페스티벌과 SXSW 페스티벌의 유료입장객 수 비교〉

	후지 록 페스티벌	SXSW 페스티벌
기간	2005년 7월 28(목)~31일(일)	2006년 3월 15(수)~19일(일)
유료입장객수	• 28일(전야제): 1만 5,000명 • 29일: 3만 5,000명 • 30일: 4만 명 • 31일: 3만 5,000명 ※ 총 12만 5,000명	• 컨퍼런스(공연 포함): 1만 821개 • 트레이드쇼: 1만 3,500개
가격	• 3일 종일권: 3만 8,000엔(선예약 디스카운트 금액: 3만 2,000엔) • 1일권: 1만 6,000엔 • 캠프장 이용권: 2,500엔 • 주차권: 2,000엔(1일 1대)	• 컨퍼런스(5일 종일권): 575달러(예매 초기에는 300달러 정도) • 오픈디너: 70달러
비고	• 각 티켓은 입장객에게 채워주는 팔찌의 색으로 구분함 • 캠프장 이용: 1만 6,000명(7,000텐트)	• 축제 당일 공연장마다 개별적으로 입장권을 팔기도 함 • 오스틴 시의 호텔방 2만 2,000여 개는 축제 전에 예약 완료

후지 록 페스티벌의 공식 기념품 아이템은 모던한 감각의 티셔츠부터 배지, 모자, 가방, 손수건, 타월, 핸드폰걸이, 그리고 전통 기모노까지 신·구 장르를 총망라한 다양성이 가장 큰 특징이다. 아이템만 해도 50여 가지가 넘으며, 참가 아티스트의 특별 티셔츠도 대행 판매한다. 거의 모든 아이템이 행사 2일째가 되면 품절되어, 행사 첫날부터 기념품 구매 경쟁이 매우 치열하다.

〈후지 록 페스티벌과 SXSW 페스티벌의 기념품 비교〉

	후지 록 페스티벌	SXSW 페스티벌
협력 상품	• ‘Beams’, ‘United Arrows’와 같은 젊은이의 자유로운 감성을 콘셉트로 하는 의류 브랜드와의 협력으로 기념 티셔츠, 액세서리 등을 제작해 음악뿐만 아니라 패션에 민감한 컬렉터들의 감성을 자극함	-
머천다이징	• 티셔츠 등의 머천다이즈 상품은 후지 록 페스티벌을 포함한 해외 음악축제에선 일반적인 아이템임. 많은 뮤지션들과 관련 회사들도 이러한 머천다이즈 상품을 통해 수입을 올리고 있음	• 티셔츠, 모자 등을 만들어서 판매
비고	• 한정 판매에 더욱더 매력을 느끼는 마니아들은 가격이 높아도 기꺼이 구입함. 몇몇 아이템은 페스티벌이 시작되기도 전에 품절되는 경우도 종종 있음	• 빈티지 머천다이즈 코너가 따로 있음

후지 록 페스티벌이나 SXSW 페스티벌 정도의 인지도라면 스폰서를 구하는 문제는 그리 어렵지 않다. 음악 페스티벌의 수용자들은 일정한 연령과 성향을 가졌기 때문에 기업 입장에서는 타깃 설정이 정확한 행사이다. 그래서 맥주, 음료수, 음악잡지, 전자 제품과 관련된 많은 기업들이 스폰서가 된다.

〈후지 록 페스티벌과 SXSW 페스티벌의 스폰서 비교〉

	후지 록 페스티벌	SXSW 페스티벌
후원·협찬	• 니이카타 현, MTV, Space Shower TV, Music on!, TV Asahi, FM Northwave, Date FM, J-Wave, Tokyo FM, Zip FM, Radio-I, Love FM, FM 802, FM Coco-Lo	• Miller, MSN, IFC, Vcast, Verizon, Yaris, Chronicle, Blender, Santa Fe Natural, Aquafina
협력	• 나에바 관광협회, 나에바 여관조합, 나에바 프린스 호텔, 나에바 스키장, Kokudo, Aigle, British Council, Lafuma, Mitsubishi Motors, Lit Music, Space Time, The North Face, Mack5, ㈜Rocking on, Cross Beat, Smash East, Fob, Gip, Jail House, Smash West, 夢番地, Bea, Smash London, Fujirockers.org, Shibuya FM, Shibuya TV, Ganban, Shiseido, 일본레코드협회	• 오스틴 시 유관 기관
기타	• 환경단체 협력: A Seed Japan	-

해외 유명 음악축제들은 후원방송사들이 정해지면서 축제기간에 생방송을 하는 경우도 있다. 통상 후원방송사로부터 방송중계권료를 받는다.

〈후지 록 페스티벌과 SXSW 페스티벌의 후원방송사 비교〉

	후지 록 페스티벌	SXSW 페스티벌
공식 TV	Wowow	자체 제작
공식 라디오	Inter FM	자체 제작
비고	• 페스티벌 기간 중에는 공식 지정 매체 이외에도 부스가 마련되어 현장 생중계를 진행할 수 있다.	• 컨벤션센터 내에 있는 스튜디오 SX에서 자체적으로 방송을 만들어서 송출한다. ※ 음악 매체 참여 수: 2,176개

여기서의 시사점은 다음과 같다.

○ 성공한 해외 음악축제들과 같이 장기적으로 축제를 운영하려면 재원 조성에 각별한 신경을 써야 한다. 민간 기업처럼 마케팅 조직이 운영되는 것을 고려해야 하고, 입장권 수입뿐만 아니라 스폰서, 자체 광고, 방송중계료, 기념품 판매 등을 통해서 수입을 다변화해야 한다.

○ 행사 관련 수입을 높이기 위해 텐트촌 운영 등 숙박시설에 만전을 기해야 한다. 그렇지 않으면 1일 관람권 위주로 공연티켓이 팔릴 수밖에 없다. 후지 록 페스티벌같이 도심에서 떨어진 야외에서 축제가 벌어지는 곳은 텐트촌 운영을 또 하나의 축제프로그램 개념으로 운영하고 있고, 그래서 심야시간 활용을 중시하면서 DJ파티 등이 생겨났다. SXSW 페스티벌의 경우 라이브클럽들과 컨벤션센터를 활용할 수밖에 없는 입장이라 시내의 숙박시설 예매를 축제 사무국에서 관장하는 형태로 진행함으로써 관람객들이 불편을 느끼지 못하게 조치를 취했다는 점을 상기해야 한다.

○ 음악축제의 공식 기념품들과 관련 상품들은 축제관람자들에게는 소중한 추억으로 남는 물건이기도 하면서 동시에 축제 주최 측에는 재원 조성의 상당 부분을 차지한다.

○ 음악축제의 스폰서는 기본적으로 축제 진행을 금전적으로 도와주는 역할을 하지만, 한편으로는 관객들에게 서비스하는 역할도 있다. 일례로 행사장에서 나눠주는 맥주, 생수, 과자 등은 관람객들에게 생기를 불어넣고, 무료로 배포되는 음악잡지와 음반 등은 관람객들에게 정보를 제공한다.

○ 음악축제의 수용자들이 일정한 연령과 성향을 가졌기 때문에 기업 입장에서는 타깃 설정이 정확한 행사이다.

6) 축제프로그램 분석

음악축제프로그램은 기본적으로 음악마니아들을 만족시킬 수 있어야 하고, 음악전문매체로부터 좋은 평가를 받아야 한다. 기획에 독자성이 있어야 하고, 콘텐츠의 질이 높아야 한다. 국내에서는 아직 이 부분이 부족하지만, 국내 관객 대상용 음악축제에서 벗어나려면 반드시 염두에 둬야 할 부분이다. 아래는 후지 록 페스티벌과 SXSW 페스티벌의 기본 프로그램과 부대 프로그램에 대한 분석이다.

〈후지 록 페스티벌과 SXSW 페스티벌의 프로그램 구성 비교〉

	후지 록 페스티벌	SXSW 페스티벌
공연	• Green Stage, White Stage, Red Marquee, Field of Heaven, Orange Court, Rookie A Go-Go, Gypsy Avalon	• 쇼케이스, 공식 파티, 데이 스테이지
기타	• The Place of Wonder, Camp Site, Shop Area, Oasis Field(식사 공간), World Restaurant, Kids Land, Avalon Field, Tokoro Paradise(영화 상영), Dog Run, Day Dreaming and Silent Breeze, Moon Caravan	• 트레이드쇼, 컨퍼런스[16]
비고	• 복수로 설치된 대형 야외 공연장 중심으로 공연함	• 오스틴 시 6번가를 중심으로 밀집한 약 64개의 공연장에서 1,300여 뮤지션들이 참여하는 1,493개의 공연. 공연장 규모도 300명 정도 수용되는 곳에서부터 3,000명 정도 수용되는 라이브클럽, 중대형 공연장, 2만 명 정도가 수용되는 야외 공연장 등 다양함

후지 록 페스티벌의 프로그램 구성은 복수로 설치된 대형 야외 공연장들을 기반으로 이뤄지고, 이는 현재 유명한 해외 음악축제들의 경향이기도 하다.

SXSW 페스티벌은 '음악산업' 성격의 축제이다. 그래서 레코드사들의 A & R과 출연한 뮤지션들을 연결해주는 기능을 갖는다. 또한 각 나라 뮤지션들이 미국·영국을 포괄한 전 세계로 진출할 수 있게 해주는 기능을 중시하며 축제를 기획한다. 이는 쇼케이스나 트레이드쇼와 같은 프로그램의 내용을 보면 알 수 있다.

〈후지 록 페스티벌과 SXSW 페스티벌의 프로그램 내용 비교〉

	후지 록 페스티벌	SXSW 페스티벌
출연진	• 일본 뮤지션은 물론이고 미국, 영국 등 전 세계의 유명 록 아티스트들로 구성	• 전 세계 공모를 통해서 출연할 뮤지션을 결정하고 무대를 배치함

16 음악비즈니스 워크숍, 뮤지션 인터뷰, 강연 등.

뮤지션 성향	크로스-장르(모던록, 헤비메탈, 펑크 등)	크로스-장르
비고	• 정상급 뮤지션들이 메인스테이지에 서고, 여러 무대에서 각국의 신인들까지 한꺼번에 볼 수 있음	• 국가별·음반사별로 단독무대가 많이 만들어짐. 신인들에게 효율적으로 자신들을 알릴 수 있게 하는 장치가 다양하게 마련됨

후지 록 페스티벌의 특이점은 아시아 각지의 인디레이블과의 교류를 통해 밴드를 초청하는 것인데, 이는 지엽적이지만 효과적인 홍보에도 유용하며 후지 록 페스티벌이 아시아 음악 신에서 긍정적인 역할을 하고 있음을 인식시키는 작용도 한다. 국내에서도 인디밴드인 노브레인, 코코어, 껌엑스, 오! 부라더스 등이 참가한 바 있다.

SXSW 페스티벌의 특이점으로는 여타 음악 페스티벌들이 조직위원회(축제 사무국)에서 해당 연도의 주제에 맞게 뮤지션들을 선정해서 섭외에 들어가는 데 반해서, SXSW는 전 세계 공모[17]를 통해서 출연할 뮤지션을 결정하고 무대를 배치한다.[18] SXSW는 공모를 통해서 참여 뮤지션들을 결정하기 때문에 기본적으로 개런티를 지급하지 않는다. 그 대신 무대와 음향, 조명 등은 조직위에서 제공한다. 이런 방법을 쓰기 때문에 1,300여 팀을 특별한 비용을 지출하지 않고 축제기간에 세울 수 있다.

〈후지 록 페스티벌과 SXSW 페스티벌의 부대행사 비교〉

	후지 록 페스티벌	SXSW 페스티벌
부대행사·부대공간	• Camp Site, Place of Wonder	• Tradeshow, Studio SX, Day Stage, South by Bookstore, Indie Village
비고	-	컨벤션센터 내 위치

후지 록 페스티벌과 SXSW 페스티벌은 본 공연 프로그램 외에도 일반인들의 관심을 끌 만한 부대행사, 부대공간이 마련되어 있다. 아래에서 이를 소개한다.

---

17 SXSW 조직위원회에서는 매년 9월경에 전 세계 뮤지션들을 대상으로 차기 연도 SXSW 페스티벌에 참여할 뮤지션들의 공모를 받는다. 뮤지션들로부터 참가 신청서와 음원이 담긴 CD를 받고, 5명의 심사 위원이 이를 심사해서 참여를 결정하고 통보한다. 또한 참가를 원하는 레이블(음반사)들은 조직위와 개별적으로 접촉해서 참여 방법(단독 공연, 파티 등)을 협의한다.

18 관람객은 전체공연장 입장권을 사는 방식이기 때문에, 어느 공연에 몇 명이 올지는 사전에 예측할 수 없다. 그래서 밴드별·레이블별로 사전 홍보 작업도 치열하다.

〈후지 록 페스티벌 부대공간 소개〉

분류	설명
캠프장 (Camp Site)	• 3일간의 후지 록 페스티벌을 가장 멋지게 즐기는 이들의 장소라고 불린다. 매년 10만 명 이상의 유동 인구가 모여드는 후지 록 페스티벌은 이들의 숙박을 해결하는 것도 하나의 큰 문제이다. 다행히 나에바 스키장의 천혜의 조건 아래 약 1만 6,000명 정도의 캠핑족들을 수용할 수 있는 캠프장이 있다. • 이 캠프장 덕분에 후지 록 페스티벌은 매년 등산 장비, 아웃도어웨어 장비업체로부터 후원금을 받고 이곳을 운영하고 있어 또 하나의 큰 수입원으로 자리 잡고 있다. • 지리적인 불리함이 오히려 후지 록 페스티벌의 개성을 만들어준 측면도 있고, 이것이 관객에게 매력적인 부분으로 작용하기도 했다. 즉, 관람객들은 공연만을 보기 위해 모였다기보다는 자연 속에서 음악과 캠핑을 즐기며 공감대를 형성하며 공동체를 이룬다. 그 속에서 여러 가지 이벤트를 즐기는 자유지대를 형성한다.
놀람의 장소 (Place of Wonder)	• 입장 게이트 입구에 설치된 일종의 놀이공원풍의 이벤트 장소이다. • 티켓이 없어도 후지 록 페스티벌의 분위기를 만끽하며 즐길 수 있는 장소이다. • 이곳에 매년 설치되는 작품들은 '시간과 공간을 초월한다'라는 기본 콘셉트하에 만들어지며, 100미터를 넘는 'Jean Monti-Highwire and Sway Pole Show'는 반드시 봐야 할 퍼포먼스이다.

〈SXSW 페스티벌 부대행사 소개〉

분류		소개
트레이드쇼	음악 트레이드쇼	• SXSW 음악 트레이드쇼와 전시 관람 입장을 위해 SXSW 백금 배지, SXSW 음악 배지나 SXSW 시사회 손목 밴드가 필요하다. • 120개가 넘는 회사들이 오늘날의 연예사업 결정자, 유행을 만드는 사람들과 관계를 맺고 또 판매를 촉진하기 위해 음악 트레이드쇼에서 전시하고 있다. • 수천 명의 SXSW 백금 배지를 단 관계자와 음악 등록자, SXSW에서 공연한 아티스트들은 트레이드쇼를 방문하는 변호사, 교육자, 그래픽 디자이너, 음반사, 매니저, 마케팅 대리인, 음악 장비 제조업자, 인쇄 매체 대표자, 공연을 기획하는 기관, 홍보대행사, 출판사, 라디오 방송국을 만나게 된다. • SXSW 음악 트레이드쇼와 전시를 관람하면서, 컨퍼런스 등록자들은 Vice TV가 후원하는 스튜디오 SX에서 직접 대화하고 인터뷰를 녹음하는 장면을 목격하게 된다. • SXSW 서점에 들러서 북 사인회를 하는 음악산업의 저명인사와 아티스트들을 만나 인사 나눌 수 있다. • BMI 데이 스테이지 카페(Day Stage Cafe)에는 항상 공연이 진행되고, 이를 편안하게 즐길 수 있다. • 미국 작곡가작가출판인 협회(ASCAP)가 준비한 SXSW 음악 청취 무인안내소(Listening Kiosk)에서는 데모 프리뷰와 공연하는 아티스트들의 기자회견 자료가 마련되어 있다.

		• 인디 빌리지(Indie Village)에서는 참여한 독립된 음반사와 함께 관계를 맺고, 배우며, 동시에 전시 부스에서 진행되는 특별 이벤트도 이용할 수 있다.
	쇼케이스 아티스트 라운지	• 이곳은 오스틴 컨벤션센터 안에 있는 공연자들을 위한 휴게소이다. SXSW에서 공연하는 모든 아티스트들을 위해 고안되었다. • 무료 음료(맥주 포함)와 스낵이 함께 제공된다. • 아티스트들이 휴식을 취하고, 인터뷰를 하고, 라운지의 컴퓨터로 이메일을 확인하거나 웹서핑을 할 수 있는 편안한 라운지가 마련되어 있다.
	아티스트 음악 청취 무인 안내소	• 모든 컨퍼런스 참가자는 앉아서 개인적으로 2006 SXSW에서 공연하는 아티스트들의 데모 음반을 들을 수 있는 무인 안내소를 활용할 수 있다. • 아티스트들의 기자회견 자료집도 이용할 수 있다. • 빠른 검토를 원할 경우, 2006 SXSW Class의 싱글 트랙이 올려진 iPod 무인 안내소를 사용하면 된다.
	소닉비즈(Sonicbids) 이메일·웹 센터	• 소닉비즈 이메일·웹 센터를 방문해 수시로 이메일을 확인할 수 있다.
스튜디오 SX	• Vice TV의 후원으로, SXSW 참가자들은 스튜디오 SX에서 SXSW 패널, 쇼케이스 공연 아티스트, 뮤직 사업의 인사들과 함께 현장에서 진행되는 인터뷰 및 대화에 참여할 수 있다. • 이러한 많은 인터뷰는 웹사이트(www.sxsw.com)를 통해 공지된다. • Studio SX는 음악 트레이드쇼 북동쪽 코너에 위치하며, 최종 순간까지 업데이트된 일정표가 스튜디오 밖에 있는 알림판에 공지된다.	
데이 스테이지	• SXSW 참가자들에게 또 다른 경험을 제공하는 BMI 데이 스테이지 음악카페가 이용 시간 확대와 더불어 접근이 용이한 지점에 좀 더 좋은 서비스를 제공하기 위해 설치되었다. • 참가자들은 선택한 아티스트들의 두 번째 쇼케이스 공연에 참여하고, 원하는 기조연설과 인터뷰를 비디오 방송으로 즐길 수 있다. 그 밖의 시간에 그들은 친분이 있는 사람들과 휴게 공간에서 휴식을 취하거나 식당가에서 제공되는 다양한 먹을거리를 즐길 수 있다. • 커피나 다른 음료와 함께 그들의 노트북 컴퓨터를 가져와서 무료 무선 인터넷을 즐길 수 있다.	
SXSW 서점	• SXSW 2006 음악 컨퍼런스 발제자와 공연 아티스트들은 SXSW 서점에서 사인회를 갖는다.	
인디 빌리지	• SXSW 인디 빌리지는 올해로 세 번째 해를 맞이해, 훌륭한 독립음악의 기준을 높이는 음악산업 전방에 있는 독립 음반사들을 초청한다. • 참가한 음반사들의 음악은 오늘날 음악 장르로 특징지어진다. 음악산업에 중요한 영향을 미치는 자유로운 의도를 가진 그들의 대표적인 아티스트들을 선발한다.	

여기서의 시사점은 다음과 같다.

○ 해외 음악축제들의 사례에서 알 수 있듯이, 프로그램의 취지와 방향성이

명확해야 한다. 일례로 SXSW 페스티벌처럼 '음악비즈니스' 성격을 유지해 그 기능을 확실히 하기 위해서 축제기간에 전 세계 음반사들의 관심을 끌어야 한다. 그래서 SXSW 페스티벌은 각 레코드사들의 A & R 담당자들이 손쉽게 뮤지션들을 발굴하고, 이와 관련해서 계약할 수 있도록 하기 위해 축제프로그램화시킨 것이다.

○ 후지 록 페스티벌처럼 아시아 음악 시장의 거점이 되고자 아시아 각지의 인디레이블과의 교류를 통해 밴드를 초청하는 것도 눈여겨볼 대목이다. 한자리에 모인 아시아의 주목할 만한 뮤지션들을 보려고 영미권의 음악 관계자들이 찾아온다.

○ 축제프로그램을 운영할 때 그 방식에 따라서 같은 콘텐츠를 만들더라도 비용이 달라짐을 눈여겨봐야 한다. 일례로 SXSW 페스티벌의 경우 전 세계 공모를 통해서 출연할 뮤지션을 결정하고 무대를 배치하기 때문에 1,300여 팀을 특별한 개런티 없이 세울 수 있는 것이다.

○ 장기간의 음악축제를 운영하려면 기본 프로그램만으로는 부족하다. 그래서 일반인들의 관심을 끌 만한 부대행사 및 부대공간이 필요하다.

7) 축제무대 구성 분석

장기간 공연하는 해외 음악축제들은 보통 복수의 무대를 갖는다. 이는 헤드라이너급의 유명 뮤지션들과 신인급의 뮤지션들을 한무대에 세우는 것이 관람객 입장에서는 물론 비용 측면에서 맞지 않기 때문이다. 그래서 유명 뮤지션들이 서는 무대는 가장 크고 화려하게 무대를 꾸미고, 명성이 떨어지는 뮤지션들에게는 그보다 작은 무대를 배정한다. 또한 스폰서를 유치하기 위해서 따로 무대를 만드는 경우도 있고, 음악적 성격이 유사한 뮤지션들만 한곳에 모아놓기 위해서 따로 무대를 만드는 경우도 있다. 아래는 후지 록 페스티벌과 SXSW 페스티벌의 무대 구성 분석이다.

〈후지 록 페스티벌과 SXSW 페스티벌의 무대 구성 비교〉

	후지 록 페스티벌	SXSW 페스티벌
무대 구성	• Green Stage, White Stage, Red Marquee, Field of Heaven, Orange Court, Rookie A Go-Go, Gypsy Avalon	• 다양한 쇼케이스
비고	• 총 7개의 무대 운영	• 2006년 기준으로 총 64개의 무대 운영

후지 록 페스티벌은 하절기에 영업하지 않는 스키장에 행사장을 조성하며, 그 면적은 12만 평방미터에 달한다. 여기에 크게 7개의 스테이지가 세워지는데, 중앙에 위치한 메인스테이지 격의 그린 스테이지(Green Stage)는 4만 명을 수용하는 대규모 무대이고, 화이트 스테이지(White Stage)는 1만 명을 수용할 수 있다. 숲 속에 위치한 필드 오브 헤븐(Field of Heaven)은 5,000명까지 관람할 수 있으며, 행사장 제일 끝에 위치한 오렌지 코트(Orange Court)와 가건물로 설치한 실내공연장인 레드 마키(Red Marquee)도 5,000명까지 수용할 수 있다. 신인 밴드들이 공연하는 루키 어 고고(Rookie A Go-Go)와 독특한 모양의 무대이자 태양에너지로 전력을 일부 충당하는 집시 아발론(Gypsy Avalon) 무대도 있다. 이렇게 각 무대들은 나름대로의 성격을 갖고 있으며 그에 걸맞은 아티스트들이 공연한다. 그러므로 관객은 스케줄 표를 보면서 자신이 좋아하는 뮤지션들의 공연을 보기 위해 이동한다.

2006년에 총 64개의 무대가 운영된 SXSW 페스티벌은 무대 숫자만으로도 관람객들의 관심을 끌 만하고, 프로그램 스케줄 표를 면밀히 보지 않으면 보고 싶은 공연을 놓칠 정도로 프로그램이 워낙 풍성한 느낌이 들기 때문에 그것 하나로도 호평받는다.

〈후지 록 페스티벌 무대 소개〉

분류	소개
그린 스테이지	• 약 4만 명의 관객을 수용할 수 있는 후지 록 페스티벌의 메인스테이지. 후지 록 페스티벌의 헤드라이너 아티스트가 주로 공연하는 스테이지로서 이곳에서의 공연은 한 해 동안 전설의 공연으로 간주될 정도로 카리스마가 있다. 앞쪽은 평지로서 스탠딩 관람이 가능하며 약 2만 5,000명이 들어설 수 있다. 뒤쪽은 구릉이 펼쳐져 앉아서 관람하거나 텐트를 치고 편하게 관람하는 관객도 많다.

화이트 스테이지	• 약 1만 명의 관객을 수용할 수 있는, 후지 록 페스티벌에서 두 번째로 큰 야외 스테이지. 주로 인기보다는 화제성 짙은 밴드들이 공연하는 곳이다. 그린 스테이지와는 걸어서 15분 정도이므로 다른 스테이지의 사운드에 방해받지 않고 공연을 관람하는 관객의 취향을 적당히 나눌 수 있도록 마련된 스테이지이다. 옆쪽과 뒤쪽으로 출구가 있어 옆으로 나가면 오렌지 코트나 집시 아발론으로, 뒤쪽으로 나가면 그린 스테이지나 레드 마키로 이동할 수 있게 되어 있다.
레드 마키	• 오아시스 필드로 가는 길목에 위치한 약 5,000명을 수용할 수 있는 대형 텐트 형태의 공연장. 우천일 때도 유일하게 비를 피해 공연이 가능한 장소로서 오후 시간에는 신인 밴드들의 공연이 이어지는 곳이다. 그리고 심야부터 새벽까지는 DJ파티가 이어지면서 또 다른 분위기의 축제가 이어지는 곳이다.
필드 오브 헤븐	• 야외 공연장이면서도 숲으로 둘러싸인 자연 요새와도 같은 구조를 하고 있는 필드 오브 헤븐은 더욱더 자유로움이 넘치는 가운데 독특한 분위기를 갖고 있는 곳이다. 마치 1960년대의 우드스톡 페스티벌과도 같은 느낌마저 주는 공연장으로서, 수용인원은 약 5,000명으로 레드 마키와 비슷한 크기이다. 건강음식 및 독특한 차, 커피 등을 항상 판매해 인기 있는 곳이다.
오렌지 코트	• 가장 구석에 위치한 오렌지 코트는 2004년보다 2005년 'All Night Fuji'라는 행사가 연속으로 진행되어 큰 인기몰이에 성공했다. 명실 공히 후지 록 페스티벌의 5대 스테이지 반열에 들어서게 되었다.
루키 어 고고	• 놀람의 장소(Place of Wonder)에 위치한 신인 등용 스테이지. 후지 록 페스티벌의 본무대에 서기 위한 일종의 등용문이라고 볼 수 있다. 사전에 전국에서 신인 아티스트들의 모집을 통해 뽑힌 밴드들의 무대가 펼쳐진다. 후지 록 페스티벌의 입구 쪽에 위치해 앞으로 더욱더 큰 스테이지로 한 단계씩 올라간다는 의미도 갖고 있다.
집시 아발론	• 친환경을 모토로 내걸고 만든 장소. 모든 에너지가 태양열 에너지로 운영된다. 무대도 가장 작다. 어쿠스틱 공연 등이 열리며, 제3세계 나라의 아티스트들이 자신의 전통음악을 공연하기도 한다. NGO 빌리지(NGO Village)가 형성되어 있으며, 후지 록 페스티벌과 NGO와의 협력 관계 속에서 만들어진 소중한 무대이다. 참고로 후지 록 페스티벌의 자원봉사자들은 NGO 단체를 통한 결연 관계로 참가하며, 쓰레기 분리수거 등 환경과 관련된 모든 일을 맡아서 진행한다.

여기서의 시사점은 다음과 같다.

○ 관람객의 기호를 고려한 측면에서나 축제 사무국의 무대 운영비 측면에서 여러 유형의 무대를 만들어서 운영하는 것이 바람직하다. 이는 무대 규모에서부터, 음향·영상·조명 장비 세팅, 관람객 수용능력까지 다양하게 고려해야 한다. 뮤지션의 명성과 음악적 성격으로 무대를 나누는 방안은 관람객이 자신의 취향대로 고를 수 있다는 장점을 갖는다.

○ 후지 록 페스티벌에서 고유한 이름을 갖는 여러 무대들을 살펴보면 알 수 있듯이, 이것 또한 해당 축제의 성격을 드러낸다는 점을 눈여겨봐야 한다.

8) 축제홍보물 분석

축제홍보물의 기능은 전단, 플래카드 등처럼 단순한 축제홍보만을 의미하지 않는다. 여기에는 축제소개책자처럼 해당 연도의 축제를 기록하거나 특정 프로그램을 사전에 이해시키는 역할도 포함한다. 또한 축제기록물은 해당 축제의 위상을 결정하기도 하므로 장기적으로 봤을 때 중요하다. 아래는 후지 록 페스티벌과 SXSW 페스티벌의 홍보물 분석이다.

〈후지 록 페스티벌과 SXSW 페스티벌의 홍보물 비교〉

	후지 록 페스티벌	SXSW 페스티벌
홍보물 (축제소개책자 등)	• 다양한 출판물을 통해 스폰서 유치와 참가팀들의 홍보에 활용하고 있으며 스스로를 매체화함 • 연중 일회성 행사가 아닌 상시적인 관심을 담보하는 행사가 되게 하며 음악적·비즈니스적 발언권을 지속적으로 유지하는 방안이라고 할 수 있음	• SXSW Music+Media Conference 2006: 2006년 SXSW 페스티벌의 전체 개괄, 운영 조직, 스폰서, 프로그램 등을 담은 축제소개책자 • SXSW 2006 Pocket Guide: 총 64개 공연장에서 벌어지는 전체 공연들을 날짜·시간·장소별로 소개한 소책자 • Scratch – Austin Concert Guide 2006: 전체 1,300여 공연 팀들 중에서 120팀에 대해 간략한 소개와 인터뷰를 담은 소책자
비고	• 공식 사이트는 음악계의 전문가인 하나부사 코이치(花房浩一)가 운영하고 있음. 이는 대중음악에 대한 안목과 전문성이 중요하기 때문임	-

축제소개책자 등 축제홍보물은 해당 축제를 매체, 음악 관계자, 일반인들에게 홍보하는 기능만 수행하는 것이 아니라, 해당 연도의 축제를 기록 및 보존하는 역할을

하기 때문에 중요하다. 그래서 음악전문가들이 기획·제작하며 그 내용물로 해당 축제 사무국의 역량을 평가받기도 한다. 축제에 참여하는 뮤지션들의 입장에서 보면 축제 홍보물을 통해 자신들을 알릴 수 있으므로 좋은 매체가 될 수도 있다. 여기서의 시사점은 다음과 같다.

○ 축제소개책자 등 축제홍보물은 해당 연도의 축제를 기록·보존하는 역할을 하기 때문에 음악전문가들이 기획·제작해야 한다는 점을 참고해야 한다.

9) 축제운영 전략 분석

후지 록 페스티벌과 SXSW 페스티벌의 운영 전략은 두 축제의 성공 요인과도 맞닿는다. 두 축제는 각기 성격이 다른 음악축제들이기 때문에 하나로 묶어서 설명하기는 어렵지만, 이 둘의 운영 전략 모두를 참고할 필요가 있다.

〈후지 록 페스티벌과 SXSW 페스티벌의 운영 전략 비교〉

	후지 록 페스티벌	SXSW 페스티벌
운영 전략	• 재미와 의미, 정보와 전문성을 동시에 갖는 프로그램 구성 • 신인 등용문으로서의 기능 • 프레스룸의 활용 • NGO를 활용한 이미지 상승효과 • 상업적인 부스 운영 • 적절한 교통 활용 • 철저한 사전 준비	• 공연 장소 기획에서의 독자성 • 프로그램의 방대성 • 프로그램의 다양성 • 신인들의 등용문 – 참가 공모 방식 • 운영에서의 경제성 • 타깃의 다양성
비고	• 음악마니아들이 그 해에 가장 출연하기를 바라는 뮤지션 선정	• 음악산업 관계자들과 음악마니아들을 동시에 타깃으로 기획

(1) 후지 록 페스티벌

① 재미와 의미, 정보와 전문성을 동시에 갖는 프로그램의 구성

후지 록 페스티벌은 여러 개의 메인스테이지와 서브스테이지, 그리고 수많은 크고 작은 개성과 테마를 갖는 이벤트 장소로 이뤄져 있다. 후지 록 페스티벌은 일본 내에서 티켓 가격이 높은데도, 매년 가장 많은 관객을 동원한다. 그 이유는 후지 록 페스티벌을 찾는 사람들에게 음악 공연 외에 다양한 재밋거리와 정보를 제공하기 때문이다.

② 신인 등용문으로서의 기능

후지 록 페스티벌에는 <루키 어 고고>라는 신인 아티스트 참가 프로그램이 있다. 3월부터 5월까지 인터넷 등을 통한 접수를 받아서, 페스티벌의 정식 무대는 아니지만 입구에 마련된 어뮤즈먼트 파크(Amusement Park) 같은 놀이동산과 이벤트장소에 특별 무대를 마련해 심사를 거친 신인 아티스트 몇 팀에 수천 명의 관객들 앞에서 공연할 수 있는 기회를 제공한다. 그들에게 특별한 경험을 통해 진정한 아티스트로 성장할 수 있는 기회를 제공하는 것이다.

이곳은 정식 후지 록 페스티벌 입장권이 없어도 관람이 가능한 일종의 응접실 역할을 한다. 실제로 후지 록 페스티벌 공연장까지 왔지만 티켓을 구하지 못한 채, 멀리서 들려오는 음악소리와 함성소리를 들으며 분위기만이라도 즐기고 싶어하는 사람들도 매우 많다는 조사 결과가 있다. 후지 록 페스티벌은 이들도 함께 즐길 수 있게 배려함으로써 그들로 하여금 "다음 번 후지 록 페스티벌에는 반드시 온다!"라고 기약하게 한다. 이것은 후지 록 페스티벌만이 가질 수 있는 연륜과 자신감에서 나온 마케팅 기법이라고 볼 수 있다. 축제기획자는 멀리 내다보며 기획을 진행하는 것이 중요하다.

③ 프레스룸의 활용

후지 록 페스티벌은 제1회부터 포카리스웨트와 긴밀한 스폰서 협력 관계를 유지하고 있다. 후지 록 페스티벌이 처음부터 제안한 부분도 있지만 포카리스웨트의 홍보를 위한 프레스룸(Press Room)의 운영을 약속한 바 있다.

약 50평가량의 넓은 장소에 3개 정도의 즉석 인터뷰 장을 마련해 공연이 끝난 후 아티스트가 곧바로 인터뷰 장으로 자리를 옮겨 여러 가지 미디어 홍보를 할 수 있도록 시스템을 만들었다. TV·케이블·라디오 방송뿐만 아니라 신문·잡지 인터뷰 등 모든 미디어 플레이가 가능한 장소를 마련했으므로 매체들이 자진해서 후지 록 페스티벌을 취재하고 싶게 만드는 동시에 아티스트들에게는 한 번에 많은 매체를 통한 홍보가 가능하므로 모두가 만족할 수 있는 시스템인 셈이다.

④ NGO를 활용한 이미지 상승효과

후지 록 페스티벌의 장수 비결 중 하나는 믿음을 주는 비영리 단체를 활용해 젊고 신선하면서도 올바른 행동을 강조하는 '이미지 마케팅'에 있다. 지구환경을 생각하는 수많은 활동들은 너무 광범위한데다가, 록 페스티벌과 직접 연관을 갖는 테마는 아니다. 이런 부분에서 후지 록 페스티벌 본부가 착안해낸 것이 바로 '재생(Recycle)'이고, 쓰레기 없는 페스티벌 장소의 구현이다. 자유롭게 아무 데서나 먹고 마시고, 담배를 피우더라도 쓰레기는 있어야 할 곳에만 종류별로 잘 구분되어 버려져 있다. 관객 한 사람 한 사람을 모두 통제하기란 불가능하다. 그 대신 후지 록 페스티벌 곳곳에서 NGO 자원봉사자들이 쓰레기 분리수거를 외치며 사람들에게 쓰레기 봉지를 나눠주고 솔선수범하는 모습을 보여준다. 자유분방한 젊은이들이지만 스스로 '지킬 것은 지킨다'라는 이들의 신선한 행동은 모두에게 작은 만족감마저 갖게 하는 소리 없는 움직임이다.

이렇게 서서히 쌓인 좋은 이미지는 일본 현지인들뿐 아니라 그곳을 찾는 3만 명 이상의 외국인들이 후지 록 페스티벌에 대해, 나아가서는 일본 젊은이와 일본이라는 나라에 대해 오랫동안 좋은 이미지를 간직하게 만들기에 충분하다. 행사 기간에는 철저한 쓰레기 분리수거와 환경보호운동이 행해지고, 또한 NGO 기금 모금에 후지 록 페스티벌이 기여함으로써 명분을 쌓으며 긍정적 이미지를 부여받고 있다.

⑤ 상업적인 부스 운영

후지 록 페스티벌의 부스(Booth) 운영은 철저히 상업적이다. 후지 록 페스티벌 본부는 부스 운영에 절대로 간섭하지 않는다. 반대로 스폰서의 요구 사항을 기대 이상으로 충족시키는 프로그램을 개발하는 면밀함까지 보인다.

예를 들어 레드 마키는 리바이스의 레드탭 이미지를 극대화하려는 스테이지로,

그린 스테이지는 하이네켄의 녹색을 부각시키며 페스티벌의 젊은 술 소비자들을 타깃으로 한 스테이지로 꾸민다. 또한 포카리스웨트는 오래전부터 공식 후원업체로서 미디어 스테이션 등 구석구석 포카리스웨트 로고를 관객의 시선에서 떠나지 않게 만든다. 캠프장은 라푸마, 노스페이스를, 집시 아발론은 재패니스 타바코를, 캐러밴 랜드(Caravan Land)는 미쓰비시 모터스를 홍보하는 장으로 이용된다. 이것은 상업적인 측면에 있어 인정하는 부분은 철저히 인정하되, 강점이 있는 부분을 적절히 살려서 덜 상업적으로 보이도록 한다.

⑥ 적절한 교통 활용

후지 록 페스티벌은 일본의 신칸센이 없었다면 불가능했을지도 모른다고 해도 과언이 아닐 정도로 신칸센은 후지 록 페스티벌의 장소를 전 일본 열도와 연결시켜주는 역할을 했다.

겨울철 관광휴양지인 나에바는 여름엔 주변 숙박업소들이 텅 비어 죽은 도시로 변한다. 이 점에 착안해 '여름에도 살아나는 나에바 만들기'에 동참하며 후지 록 페스티벌을 유치했다. 지방에 위치해 있으므로 관람객들의 편의를 고려하는 것은 중요하다. 비록 관광객들이 겨울철에만 찾는 소도시 인근이지만, 기차역에서 행사장까지 셔틀버스가 운행하고 있어 교통에 불편은 많지 않다. 행사장 안에 캠프장이 있으며 많은 관람객들이 그 곳을 이용한다. 또한 유흥시설이 적기 때문에 야간(밤 12시~오전 7시)에는 DJ파티를 열어 캠핑족과 관람객들이 여흥을 즐기게 해준다.

⑦ 철저한 사전 준비

후지 록 페스티벌은 6월 초부터 페스티벌 장소 설치 작업을 시작한다. 스테이지를 세우고 길을 닦으며 꼼꼼하게 정비한다. 이때 이들이 가장 먼저 시작하는 부분은 장애인 전용 도로를 깔고, 시설을 세우며, 이를 중심으로 모든 동선을 정하는 것이다.

후지 록 페스티벌에서는 각국의 신기한 음식과 문화를 즐기는 재미가 있어서 어린 아이를 동반한 젊은 부부들도 많이 온다. 또한 유명한 아티스트 외에도 제3세계 아티스트들을 위한 스테이지도 충분히 준비한다.

(2) SXSW 페스티벌

① 공연 장소 기획에서의 독자성

전 세계 유수 음악 페스티벌들(후지 록 페스티벌, 글래스톤베리 페스티벌 등)은 대형 야외 공연장들을 중심으로 운영하는 데 반해, SXSW 페스티벌은 라이브클럽과 음악 전문 공연장, 야외 공연장 등이 어우러져 공연 장소를 이룬다.

② 프로그램의 방대성

여타 음악 페스티벌들이 대개 4~8개 정도의 야외 공연장을 중심으로 프로그램이 운영되는 것에 비해, SXSW 페스티벌은 60여 개의 공연장을 선택할 정도로 규모면에서 방대하다. 또한 다른 음악 페스티벌들에 참여하는 뮤지션들의 수와 그들의 공연 횟수가 최대 100팀(개)을 넘지 못하는 데 반해, SXSW 페스티벌은 이용하는 공연장 수가 방대하기 때문에 2006년의 경우 총 1,300여 팀이 참여해서 1,500개의 공연이 이뤄졌다.

③ 프로그램의 다양성

SXSW 페스티벌은 여타 음악 페스티벌처럼 쇼케이스를 메인 프로그램으로 상정하고, 부대행사로 컨벤션센터에서 컨퍼런스와 트레이드쇼를 개최한다. 그런데 부대행사인 컨퍼런스와 트레이드쇼도 규모면에서 쇼케이스와 동등할 정도로 성대하게 치르는 독특한 구성을 갖고 있다.

④ 신인들의 등용문 — 참가 공모 방식

여타 음악 페스티벌들은 조직위원회(축제 사무국)에서 해당 연도의 주제에 맞게 뮤지션들을 선정해 섭외하는 데 반해, SXSW 페스티벌은 전 세계 공모를 통해서 출연할 뮤지션을 결정하고 무대를 배치한다.

⑤ 운영에서의 경제성

SXSW 페스티벌은 공모를 통해서 참여 뮤지션들을 결정하기 때문에 기본적으로 개런티를 지급하지 않는다. 대신 무대와 음향, 조명 등은 제공한다. 이런 방법을 쓰기 때문에 1,300여 팀을 특별한 비용 지출 없이 축제기간에 세울 수 있는 것이다.

⑥ 타깃의 다양성

SXSW 페스티벌에서 열리는 컨퍼런스와 트레이드쇼는 규모나 다양성에서 쇼케이스만큼이나 독보적이다. 그래서 SXSW 페스티벌은 음악마니아 대상의 축제와 음악 관계자 대상의 축제를 합한 형태의 독특한 구성을 갖고 있다고 말할 수 있다.

SXSW 페스티벌에는 전 세계의 음악 관계자들이 찾아오고, 특히 레코드사들의 A & R과 출연 뮤지션들을 연결해주는 기능을 갖고 있기 때문에 뮤지션들이 기본적으로 개런티를 받지 않고도 참여하려고 한다. 제3세계 음반사들은 SXSW 페스티벌을 통해서 미국을 포함한 전 세계 진출을 모색한다.

04 | 후지 록 페스티벌과 SXSW 페스티벌 성공 요인과 시사점

후지 록 페스티벌은 '자연친화적 성격'을 띠고 있으며 '다수의 무대에서 3일간 100여 팀이 공연'하는 대규모 음악축제이다. 이는 기간만 제외한다면 현재 세계 정상급 대중음악축제들의 공통적인 경향이라고도 할 수 있다. 또한 관람객 중 상당수는 캠핑을 한다.

이와 같은 후지 록 페스티벌은 하루아침에 성공한 페스티벌이 아니다. 3년간은 적자를 면하지 못했으며, 사실상 타이틀인 후지 산이 들어간 것은 단 2회에 그쳤다. 같은 일본에서 열리는 서머소닉 페스티벌(Summer Sonic Festival)과 경쟁관계를 이루면서 성격을 차별화하는 데에도 성공했다. 후지 록 페스티벌은 역시 세계적인 뮤지션들이 대거 참여하는 서머소닉 페스티벌과는 출연진의 음악적인 성향에서 약간 차이가 있지만 후지 록 페스티벌은 자연 속에서, 서머소닉 페스티벌은 도심에서 열리는 페스티벌이라는 이미지로 구분하기도 한다. 또한 후지 록 페스티벌은 축제의 일관된 방향성이 상업적인 수입과 연결되었다. 충성도 높은 지지층을 형성했기 때문에 후지 록 페스티벌이 하나의 브랜드로 인식되었고, 브랜드 가치의 상승과 함께 많은 스폰서와 입장객들이 몰려들게 되었다. 아래는 후지 록 페스티벌과 SXSW 페스티벌의 운영 사례 분석을 통해서 얻은 시사점들을 정리한 것이다.

〈후지 록 페스티벌과 SXSW 페스티벌의 시사점 — 축제조직 및 재원 조성〉

항목	후지 록 페스티벌	SXSW 페스티벌
운영 조직	• 독립적인 민간 법인(스매시 사)	• 독립적인 민간 법인(SXSW 위원회)
운영인력	• 1달 이상 근무하는 정규 스태프가 946명	• 연간 상근인력이 50명 이상 되는 상설 축제 사무국 조직 운영
재원 조성	• 민간 기업처럼 마케팅 조직 운영함. 입장권 수입뿐만 아니라 스폰서, 자체 광고, 방송중계료, 기념품 판매 등을 통해서 수입 다변화	• 동일
기념품	• 공식 기념품 아이템은 티셔츠, 배지, 모자, 가방, 손수건, 타월, 핸드폰걸이, 그리고 전통 기모노까지 50여 가지가 넘음	• 다양한 기념품 기획·제작
스폰서	• 기본적으로 축제 진행을 금전적으로 도와주는 역할을 하지만, 한편으로는 관객들에게 서비스하는 역할도 함(행사장에서 나눠주는 맥주, 생수, 과자 등은 관람객들에게 생기를 불어넣는 역할을 하고, 무료로 배포되는 음악잡지와 음반 등은 관람객들에게 정보를 제공함)	• 동일

〈후지 록 페스티벌과 SXSW 페스티벌의 시사점 — 운영 전략〉

항목	후지 록 페스티벌	SXSW 페스티벌
운영 전략	• 재미와 의미, 정보와 전문성을 동시에 갖는 프로그램 구성 • 신인 등용문으로서의 기능 • 프레스룸 활용 • NGO를 활용한 이미지 상승효과	• 공연장의 독자성 • 프로그램의 방대성 • 프로그램의 다양성 • 신인들의 등용문 – 참가 공모 방식 • 운영에서의 경제성

	• 상업적인 부스 운영 • 적절한 교통 활용 • 철저한 사전 준비	• 타깃의 다양성

〈후지 록 페스티벌과 SXSW 페스티벌의 시사점 — 프로그램 · 무대 구성〉

항목	후지 록 페스티벌	SXSW 페스티벌
프로그램 방향성	• 음악마니아들이 그 해에 가장 관심을 갖는 뮤지션들을 선정. 또한 아시아 각지의 인디 레이블과의 교류를 통해 밴드를 초청함	• 각 레코드사들의 A & R 담당자들이 손쉽게 뮤지션들을 발굴하고, 관련 계약을 할 수 있도록 하기 위해 이를 축제프로그램화시킴
프로그램 구성	• 복수로 설치된 대형 야외 공연장 중심의 공연을 함	• 다양한 형태의 음악 공연과 컨퍼런스를 운영
프로그램 내용	• 일본은 물론 미국, 영국 등 세계의 유명 뮤지션들이 출연. 정상급 뮤지션들이 메인스테이지에 서고, 여러 무대에서 각국의 신인들까지 한꺼번에 볼 수 있음	• 음악 공연은 기본적으로 공모에 의해서 뮤지션이 선정됨. 국가별, 레이블별로 단독무대가 많이 만들어짐
부대행사	• Camp Site, Place of Wonder	• Tradeshow, Studio SX, Day Stage, South by Bookstore, Indie Village
홍보물	• 해당 연도의 축제를 기록 및 보존하는 역할도 중시함	• 동일
무대 구성	• 무대 규모에서부터, 음향·영상·조명 장비 세팅, 관람객 수용력까지 다양하게 고려해 여러 개의 무대를 설치함. 뮤지션의 명성과 음악적 성격으로 무대를 나눔. 관람객의 기호나 축제 사무국의 무대 운영비 측면에서 여러 유형의 무대를 만들어 운영함	• 오스틴 시 6번가를 중심으로 밀집한 약 64개의 공연장에서 1,300여 뮤지션들이 참여하는 1,493개의 공연. 공연장 규모도 300명가량 수용되는 곳에서부터 3,000명가량 수용되는 라이브클럽, 중대형 공연장, 2만 명가량 수용되는 야외 공연장 등 다양

〈후지 록 페스티벌과 SXSW 페스티벌의 시사점 — 기타〉

항목	후지 록 페스티벌	SXSW 페스티벌
축제 개요	• 음악마니아를 대상으로 하는 축제	• 음악산업 관계자와 음악마니아 둘 다 공략
기간	• 4일(전야제 포함)	• 5일(영화축제까지 10일)
장소	• 도심에서 떨어진 한적하고 광활한 야외(나에바 스키장)	• 도심(오스틴 시 6번가 근방)

숙박	• 텐트촌 운영	• 오스틴 시내의 숙박업소 이용
지자체 유치 이유	• 지역경제 활성화	• 음악산업도시정책
도시환경	• 광활하고 깨끗한 천혜의 자연환경 조건	• 오스틴 시 6번가를 중심으로 밀집한 라이브클럽들이 있음. 시에서 컨벤션센터 등을 건립해서 음악축제를 도움
경제적 파급효과	• 축제 연매출이 300억~400억 원	• 축제 연매출이 400억 원(영화축제 포함)

제4장

국내 대중음악축제 현황과 운영 사례

01 국내 지역축제 현황
02 국내 대중음악축제 현황과 운영 사례 분석
03 국내외 대중음악축제 현황 비교를 통한 시사점 도출

01 | 국내 지역축제 현황

현재 한국에서는 무수한 지역축제가 만들어지지만, 긍정적으로 평가할 만한 축제는 손꼽을 정도이다. 이제 지역축제라고 하면 부정적인 상상을 자극하는 측면이 더 큰 것이 사실인데, 이에 대해서는 이미 다양한 지적이 나온 바 있다.

> 1995년 이래 형식적이나마 지방자치제의 본격적인 실시 이후 지역축제는 지자체장들의 치적 위주 전시성 행사의 일환으로 경쟁적으로 급격히 늘어나 수백 개의 축제가 전국 곳곳에서 시행되고 있다. 가뜩이나 지역의 축제문화가 제대로 정착되지 못한 상황에서 지역문화에 대한 깊은 이해와 지속적인 고민 없이 양적으로만 팽창된 것이다. 더구나 대부분의 축제들은 하나같이 지역의 고유성을 살리지 못하고 있고, 반짝 이벤트처럼 급조되고 있는 것이 현실이다. 또한 이전에 비해 엄청난 예산을 들이고도 지역문화와 지역경제의 활성화라는 애초의 기획 취지가 무색할 정도로 조악하고 엉성하게 치러지고 있다. 즉, 지역축제의 양적인 팽창과 규모의 확대 등으로 많은 사람들이 지역축제를 체험할 수 있는 문화향수 기회가 그만큼 확대되었고 지역문화나 지역경제 활성화 측면에서 좋은 계기가 될 수 있는데도, 질적인 측면에서 지역문화의 고유성과 내용의 참신성이 부족해 지역주민뿐만 아니라 외부 관람객들에게도 별다른 감흥을 주지 못하는 실정이다.[1]

인용한 글은 2001년 말 문화연대에서 주최했던 "지역축제 실태조사와 개혁방안연구" 최종 심포지엄에서 발표된 내용이다. 6년 전의 상황이지만 지금도 이와 관련해서는 별반 나아진 점이 없어 보인다. 이제 지난 10여 년간의 시행착오에서 얻어낸 경험이 단절되지 않고 생산적인 발전으로 작용할 것인가는 지금 현재 지역축제를 만들고 있는 이들과 이를 지원하는 지자체 등 축제기획자들에게 달렸다.

---

1 류문수, 「지역축제 실태조사 및 개혁방안연구 종합평가」(문화연대, 2001).

02 | 국내 대중음악축제 현황과 운영 사례 분석

음악축제를 표방하는 다수의 행사들이 있지만 이 중에서 내용적으로 '대중음악전문'이라고 할 수 있고 현재도 진행되고 있는 축제들은 극소수이다. 본 연구는 궁극적으로 국내에서 대중음악전문축제를 기획하는 방안에 관한 연구이므로, 일반적인 국내 대중음악축제와 해외 대중음악축제의 운영 상황을 비교하도록 하겠다.

1) 축제행사 기획 분석

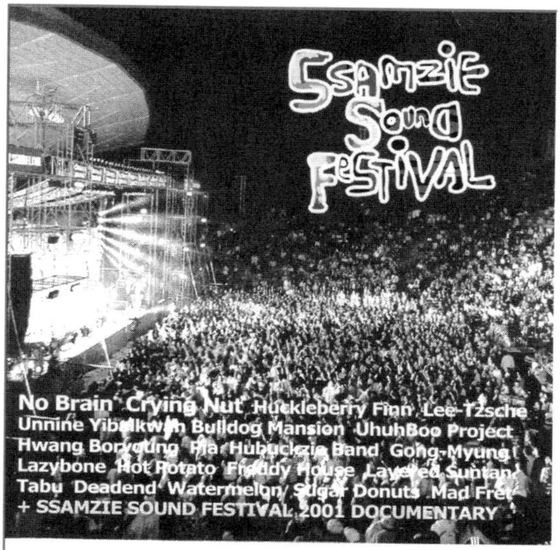

현존하는 가장 오래된 국내 대중음악축제인 쌈지사운드 페스티벌이 2007년에 제9회를 맞았다.

국내 대중음악축제는 수적으로도 많지 않지만 연혁 또한 길지 않다. 이는 국내에서 이제 막 대중음악축제가 시작되고 있음을 보여주는 것이다. 하지만 그동안 없어진 음악축제들을 생각해보건대, 그간 장기적인 비전을 가지고 음악축제를 운영하는 조직이 많지 않다는 얘기이기도 하다. 게다가 자생력이 없어서 도중에 없어진 축제들도 적지 않다.

또한 대부분의 해외 음악축제들의 개최 시기가 6~8월인 데 반해, 국내에서는 대개 8~10월인 것은 여름 장마를 피해서 개최하기 때문이기도 하지만 지자체에서 음악축제를 '계절성 문화행사'로 보고 있다는 점도 크게 작용한다.

해외 대중음악축제는 록음악 또는 크로스-장르 축제가 대다수이지만, 내용적으로는 장르를 얘기하기에 앞서 '음악적인 스타일'을 따진다. 하지만 국내에서는 아직까지 음악축제에서 이를 따지는 분위기가 형성되어 있지 않다. 이는 일반적으로 음악축제를 특정 장르 축제와 등치시켜 생각하는 인식 때문에 그럴 것이다. 일례로 대중음악축제를 얘기하면 "어떤 장르의 음악축제인가?"라는 질문이 제일 먼저 나오곤 한다. 문제점을 정리하면 다음과 같다.

- ○ 장기적인 비전을 갖고 음악축제를 운영하는 조직이 많지 않아서 그동안 없어진 축제가 적지 않았다.
- ○ '음악적인 스타일'을 따지는 음악축제가 아직까지 거의 없다. 이 점이 내용적으로 해외 음악축제와 다른 점이다.
- ○ 슬로건이나 주제를 명확히 정하고 그에 따라 프로그램을 구성하는 경우가 많지 않다.

2) 축제 개최도시환경 분석

해외 음악축제들의 경우 조직은 대체로 민간 기업 형태를 띠며, 축제가 열리는 해당 지자체와 긴밀한 협조 관계를 유지한다. 또한 해당 지자체는 지역경제 활성화를 위해서, 또는 지자체 정책의 효과적인 실행에 대한 필요성을 느껴서 세계 규모의 대중음악축제를 유치한다. 하지만 국내에서는 그런 사례가 거의 없다.

지자체 정책에 따른 축제기획 부분을 보더라도 광명음악밸리축제는 광명시의 '음악도시정책'하에서 축제를 기획했지만, 다른 지자체에서는 내용만 음악축제일 뿐 대개 해당 도시의 관광정책 측면에서 탄생되었다. 그래서 광명음악밸리축제는 '광명시의 음악도시 비전'을 축제가 담아내는지 여부가 중요하지만, 여타 축제는 집객이 가장 중요한 문제가 될 수밖에 없다. 그럴 경우 축제프로그램 기획에서도 많은 관중 동원이 요점이기 때문에, 인지도 높은 뮤지션들과 무난한 장르의 음악을 선택할 수밖에 없다.[2] 이는 한국의 지자체 기반 음악축제들이 태생적으로 '음악전문' 성격을 갖기

2 현재 지자체 기반 음악축제들 중에는 광명음악밸리축제, 부산 록 페스티벌, 자라섬 재즈 페스티벌, 펜타포트

어려운 이유이다. 문제점을 정리하면 다음과 같다.

○ 지자체 기반의 축제들은 대개 해당 도시의 관광정책 측면에서 탄생하므로 예술축제라도 프로그램의 전문성을 갖기 어렵다.

3) 축제조직 운영 분석

해외 대중음악축제 조직의 사례를 보면 알 수 있듯이, 장기적으로 축제조직이 자생력을 확보하려면 프로그램 기획과 조직 운영에 대한 독립성을 보장받아야 하고, 또한 재원 조성에 대한 계획을 세워야 한다. 그러기 위해서는 독립적인 민간 기업 형태를 고려할 필요가 있다.

그러나 한국의 축제조직들 중에서 프로그램 기획과 조직 운영에 대한 독립성을 보장받는 경우도 많지 않다. 또한 축제 자체로 운영비를 충당할 수 있을 만큼 수익을 발생시키거나, 축제조직이 재원 조성을 담당한 경우는 별로 없어 보인다. 그렇기 때문에 자생력 부분은 해결하기 쉽지 않은 부분이다. 문제점을 정리하면 다음과 같다.

○ 프로그램 기획과 조직 운영에 대한 독립성을 보장받는 경우가 많지 않다.
○ 축제조직의 자생력이 취약하다.

4) 축제재원 조성 분석

성공한 해외 음악축제들처럼 장기적으로 축제를 운영하려면 재원 조성에 각별한 신경을 써야 하고, 이를 원활하게 진행하기 위해서는 민간 전문조직 체제를 고려해야 한다. 민간 기업처럼 마케팅 조직을 운영해야 하고, 입장권 수입뿐만 아니라 스폰서, 자체 광고, 방송중계료, 기념품 판매 등을 통해서 수입을 다변화해야 한다.

록 페스티벌 정도만이 음악전문 프로그램을 갖고 있다고 볼 수 있다.

하지만 국내 축제들의 가장 취약한 부분이 바로 재원 조성이다. 일례로 쌈지가 아트 마케팅 차원에서 진행하는 쌈지사운드 페스티벌을 제외한 대중음악축제들은 실질적으로 축제의 자생력이 떨어진다고 봐야 할 것이다.

국내에서 후원의 의미는 대개 '명칭 후원'이고, 현금 또는 현물을 지원하는 방식으로 협찬한다. 2005년 쌈지사운드 페스티벌의 경우, 도시락이 공동으로 주최하게 되면서 축제이름도 '도시락·쌈지사운드 페스티벌'로 사용했고, 도시락 측이 일정 부분 현금으로 제작비를 제공했다. 여기서 문제점은 다음과 같다.

- 국내 축제들의 가장 취약한 부분이 바로 재원 조성이다. 후원의 경우도 대개가 '명칭 후원'이다.
- 문화콘텐츠의 가치가 점점 증대되고 있는 현재에도 음악축제에서 발생되는 콘텐츠들에 대해서 관련 기업(매체)들의 관심이 적다.
- 해외 음악축제와는 달리 아직까지 음악축제와 스폰서 간의 유기적인 관계가 부족하다. 스폰서는 음악축제 조직을 금전적으로 지원해주는 것 이상의 역할을 해줄 필요가 있다.
- 축제기념품과 관련 상품에 대한 제작이 다양하지 않고, 품질도 낮은 편이다.

5) 축제프로그램 분석

음악축제가 성공하려면 프로그램의 '취지와 방향성'이 명확해야 한다. 그리고 그에 준해서 프로그램을 개발해야 한다. 반대로 취지와 방향성은 명확하지만 프로그램은 이를 반영하지 않는 경우도 있는데, 이 또한 실패 요인이 된다.

대개 국내 축제들의 프로그램 구성을 살펴보면, 명확한 주제와 체계화된 구성이 미흡한 경우가 많다. 일례로 프로그램 내용을 정하고 나서 뮤지션을 구성하기보다는 뮤지션을 선정하고 나서 프로그램을 그에 맞추는 경우가 많다. 이는 통상적으로 축제를 준비하는 기간이 짧아서이지만 예술감독 등 축제기획 전문가 체제로 축제를 기획하지 않기 때문이기도 하다. 지자체 기반 축제의 경우, 예술감독의 역할은 해당 축제의 의도를 구현하는 프로그램 기획이다. 즉, 해당 지자체 관련 정책을 실행하기 위한 방안으로 큰 틀에서 축제를 기획하는 것이 예술감독의 역할인데, 예술감독이 없다 보니 단순한 공연만을 기획하는 것이다.

또한 대개 축제에서는 주최 측이 집객 문제를 중요하게 따지기 때문에 축제기획자들은 뮤지션의 인지도, 특히 공중파 방송을 통한 대중적인 인지도를 중요시한다. 이는 해외 축제들이 출연자들을 결정할 때 해당 축제에서 추구하는 음악스타일에 맞으면서 현재 트렌드의 감각을 보여주는 뮤지션들을 선호하는 것과 다른 점이다. 여기서 문제점은 다음과 같다.

- ○ 축제들의 공연 프로그램을 보면 대개 체계화된 프로그램 구성을 가지고 있지 않다.
- ○ 주최 측이 집객 문제를 중요하게 따지기 때문에 축제기획자들은 뮤지션의 인지도, 특히 공중파 방송을 통한 대중적인 인지도를 중요시하는 경향이 있다.

6) 축제무대 구성 분석

해외 음악축제의 경우 관람객의 기호나 축제 사무국의 무대 운영비 측면에서 여러 유형의 무대를 만들어 운영한다. 후지 록 페스티벌에서 고유한 이름을 갖는 여러 무대들의 운영 사례를 살펴보면 알 수 있듯이, 이것 또한 해당 축제의 성격을 드러낸다는 점을 눈여겨봐야 한다.

음악축제에서 여러 곳의 무대를 만드는 이유는 기본적으로 유명 뮤지션들과 신인 뮤지션들을 나누기 위해서이고, 또한 음악스타일별로 무대를 나누기 위해서이다. 하지만 국내에서는 이런 개념으로 무대를 운영하는 곳은 아직까지 없었고, 대신 광명음악밸리축제와 쌈지사운드 페스티벌 정도가 비슷한 개념으로 무대를 구성하고 있다. 여기서 문제점은 다음과 같다.

○ 뮤지션의 명성과 음악적 성격으로 무대를 나눠서 관람객의 취향대로 공연을 볼 수 있게 다양한 공연 무대를 구성한 축제가 없다.

03 | 국내외 대중음악축제 현황 비교를 통한 시사점 도출

이 절에서는 해외와 국내의 대중음악축제 현황을 비교한다. 이를 통해 국내 대중음악축제의 문제점을 드러낼 수 있고, 음악축제 기획의 시사점을 도출할 수 있다. 해외와 국내 음악축제의 운영 조직, 재원 조성, 프로그램, 무대 구성 등을 비교한 것을 보면 현재 한국 대중음악축제의 현황과 문제점을 알 수 있고, 향후 어떤 식으로 나아가는 것이 바람직한지를 짐작할 수 있다. 국내의 대중음악축제를 발전시킬 방안을 모색할 때, 이를 참고자료로 이용할 수 있을 것이다. 종합적으로 국내 대중음악축제의 문제점을 정리하면 다음과 같다. 이는 한국에서 "왜 대중음악전문축제가 자리 잡기 어려운가?"에 초점을 맞춰 기술한 것이다.

첫째, 주최 측은 축제의 존재 이유나 프로그램 내용을 따지기보다는 집객을 중시하는 경향이 있다. 일반적으로 해외 축제들은 출연자들을 결정할 때 해당 축제에서 추구하는 음악스타일에 맞으면서 현재 트렌드의 감각을 보여주는 뮤지션들을 선호한다. 물론 인지도도 중요시하지만 그보다는 음악적인 내용을 중시한다. 하지만 아직까지 한국의 음악축제에서는 일반적으로 주최 측이 집객 문제를 가장 중요하게 따지기 때문에 축제기획자들은 뮤지션의 인지도, 특히 공중파 방송을 통한 대중적인 인지도를 대개 중요시한다. 이는 한국에서 아직도 대중음악전문축제가 정착하지 못하게 하는 중요한 요인이다.

둘째, 축제의 탄생 이유가 해당 도시의 대중음악정책과 관련이 적다. 지자체 기반 축제의 경우 이러한 괴리는 대중음악전문축제를 만들기 어렵게 하는 요인이다. 일례로 광명음악밸리축제의 경우에는 광명시의 음악도시정책하에서 축제를 만들게 되었지만, 다른 지자체 기반 축제들은 해당 도시의 관광정책 아래 탄생된 측면이 크다. 그래서 광명음악밸리축제는 음악도시 비전을 축제가 담아내는지 여부가 중요하지만, 여타 축제는 집객이 가장 중요한 문제가 될 수밖에 없다.

셋째, 장기적인 비전을 갖고 음악축제를 운영하는 조직이 많지 않다. 해외와 달리 국내 음악축제들은 대개 상설사무국 체제로 축제를 운영하지 않기 때문에 장기적인 관점을 가지고 축제를 기획할 수 없으며, 자생력도 확보하기 어렵다. 왜냐하면 운영인력과 조직이 단기 계약직 형태이거나 하청 방식이라서 해당 연도의 축제를 만들어내기에도 급급하기 때문이다. 자생력을 확보하기 위해서는 먼저 정확한 재원 조성 방안을 마련할 조직이 있어야 한다.

넷째, 축제 사무국 운영 방식이 대개 안정적이지 않다. 물론 예산 문제 때문에 상설사무국을 운영하지 못한다는 이유도 있지만 근본적인 문제는 상설사무국 운영에 대한 주최 측의 의구심 때문이다. 이는 아직도 축제와 이벤트의 차이를 정확히 인식하지 못해서이기도 하고, 운영인력을 배려하지 않아서이기도 하다.

다섯째, 예술감독 등 축제기획 전문가 체제로 축제를 기획하지 않는 경우가 많다. 국내 음악축제들은 대개 체계화된 프로그램 구성을 갖고 있지 않다. 이는 통상 축제 준비 기간이 짧아서이기도 하지만, 예술감독 등 축제기획 전문가 체제로 축제를 기획하지 않는 탓이다.

여섯째, 음악축제에 대한 일반인들의 인식 수준이 낮다. 일례로 해외 음악축제는 록음악 또는 크로스-장르 축제가 대다수이지만, 내용적으로는 장르를 얘기하기에 앞서 '음악적 스타일'을 따진다. 반면 한국에서는 음악축제인데도 아직까지 음악적 스타일을 따지는 분위기가 없다. 이는 음악축제를 특정 장르 축제와 등치시키는 일반적인 인식 때문이다. 아래는 해외 대중음악축제와 국내 대중음악축제의 일반적인 현황을 비교·분석한 것이다.

〈해외와 국내의 대중음악축제 비교 — 운영 조직 및 재원 조성〉

항목	해외 대중음악축제	국내 대중음악축제
운영 조직	• 일반적으로 민간 기업	• 실제 축제기획 및 제작은 대개 관련 이벤트업체가 하청 방식으로 일을 맡아서 진행함
자생력	• 축제조직이 독립적인 민간 기업 형태이면서 재원 조성 계획을 상세히 가지고 있어서 장기적으로 축제를 운영할 여러 방안 모색 가능	• 단기 계약직 형태이거나 하청 방식이라서 해당 연도의 축제를 만들어내기에 급급함
재원 조성	• 민간 기업처럼 마케팅 조직을 운영함으로써 입장권 수입뿐만 아니라 스폰서, 자체 광고, 방송중계료, 기념품 판매 등을 통해서 수입 다변화 모색	• 기획 및 운영에서도 전문화된 인력·조직이 거의 없기 때문에 마케팅 전문인력 활용은 요원함
기념품	• 티셔츠, 배지, 모자, 가방, 손수건, 타월, 핸드폰 걸이 등 아이템이 다양하고 질도 우수함	• 아이템이 다양하지 않고 질도 낮으며, 무엇보다도 이를 기획할 인력과 자금 확보가 어려움
스폰서	• 기본적으로 축제 진행을 금전적으로 도와주는 역할을 하지만, 한편으로는 관객들에게 서비스하는 역할도 함	• 관련 기업들이 음악축제에 기울이는 관심이 적은 편임

〈해외와 국내의 대중음악축제 비교 — 프로그램 · 무대 구성〉

항목	해외 대중음악축제	국내 대중음악축제
프로그램 방향성	• 프로그램의 취지와 방향성이 명확하고, 이를 프로그램에 적용해 기획함	• 축제성격조차 불분명한 축제가 많기 때문에 프로그램 방향성이 없는 경우가 대부분임
프로그램 내용	• 후지 록 페스티벌의 경우, 일본은 물론 미국, 영국 등 세계 유명 뮤지션들이 출연함. 정상급 뮤지션들이 메인스테이지에 서고, 여러 무대에서 각국의 신인들까지 한꺼번에 볼 수 있음. SXSW 페스티벌의 경우 오스틴 시 6번가 중심에 밀집한 약 64개의 공연장에서 1,300여 뮤지션들이 참여하는 1,500여 공연을 볼 수 있음	• 해외 음악축제들처럼 현재 트렌드의 유명 뮤지션들이 나오는 축제는 거의 없음. 해외 뮤지션이 나오더라도 현재 트렌드에서는 벗어난 뮤지션들이 나오는 경우가 대부분임
부대행사	• 장기간의 음악축제를 운영하려면 기본 프로그램만 가지고는 부족하기 때문에 일반인들의 관심을 끌 만한 부대행사·부대공간을 기획함	• 대개 부대행사와 부대공간을 운영하지만, 해당 축제성격과 무관하게 기획하는 경우가 많음
홍보물	• 해당 연도의 축제를 기록 및 보존하는 역할도 중시하므로 음악전문가들이 기획·제작함	• 단순 홍보물 외에 기록 및 보존하는 차원의 홍보물은 거의 나오지 않음
무대 구성	• 무대 규모부터 음향·영상·조명 장비 세팅, 관객 수용까지 다양하게 고려해 여러 무대를 설치함	• 해외 음악축제의 무대 구성 개념을 갖는 경우는 없음

〈해외와 국내의 대중음악축제 비교 — 기타〉

항목	해외 대중음악축제	국내 대중음악축제
축제성격	• 음악마니아를 대상으로 하는 축제, 또는 음악 산업 관계자들이 관심을 갖는 축제로 기획의 출발이 명확함	• 축제가 대개 지자체의 관광정책하에서 탄생해 '집객'을 우선시하고 '축제성격'은 부차적으로 생각함
시기	• 전 세계 음악마니아들 대상의 거대 규모로 음악축제를 기획할 때 6~8월을 택함	• 대개 8~10월이고, 이는 지자체에서 음악축제를 '계절성 문화행사' 성격으로 보는 경향의 발로임
기간	• 축제성격에 따라 다르지만 대개 4일(전야제 포함) 이상임	• 1~3일임
장소	• 도심에서 떨어진 한적하고 광활한 야외가 일반적	• 일반적으로 시내 또는 관련 관광지에서 열림
지자체 유치 이유	• 지역경제 활성화, 또는 지자체 정책의 효과적인 실행에 대한 필요성	• 대개 해당 도시의 관광정책하에서 탄생됨
지자체 여건	• 음악축제를 하기 위한 좋은 장소를 가짐	• 대다수가 음악축제를 열기에 썩 좋지 않은 환경에서 벌어짐

제 2 부

축제기획

2005 · 2006 광명음악밸리축제 기획과 운영 사례를 중심으로

제5장 축제기본계획
제6장 축제조직
제7장 축제예산
제8장 축제프로그램 기획
제9장 축제실행계획
제10장 축제제작
제11장 축제홈페이지
제12장 축제홍보기록물
제13장 축제자원봉사
제14장 축제홍보마케팅
제15장 축제평가
제16장 축제행정
제17장 축제정책 연구

◆ 이 부의 요점

축제기획에서의 고려 사항을 정리하면 다음과 같다.

1) 명확한 콘셉트의 설정

여타 문화기획에서도 그렇듯이 음악축제의 기획에서도 명확한 콘셉트를 설정하는 것이 일차적인 중요성을 지닌다. 명확한 콘셉트가 설정되지 않을 경우 음악축제를 표방하더라도 정작 제대로 된 '음악축제'의 느낌이 나지 않거나, 기껏 '짜깁기' 형태의 프로그램 구성을 보여주는 것에 그치기 쉽기 때문이다. 그래서 2005 광명음악밸리축제는 명확한 관점하에서 '축제콘셉트'를 정하는 데 많은 관심을 기울였고, 여기서 '한국 음악창작자의 역사'라는 키워드[1]를 도출했다.

2) 기획의 요점이 명확할 것

문화기획(축제기획)에서 중요한 점은 기획의 접근 방법이 명확해야 한다는 것이다.

---

1 지난 2005 광명음악밸리축제에서 3일간의 메인무대 콘셉트는 '한국 음악창작자의 역사'였다. 그런 기획하에 모두 6개의 프로그램으로 구성했고, 10월 7일(금)에 <하나뮤직 스페셜>, <밸리 초이스>, 10월 8일(토)에 <인디뮤직 10년사>, 10월 9일(일)에 <실용음악과 난장>, <뉴커런츠>, <민중음악 30년> 코너를 준비했다. 메인무대 콘셉트를 생각하면서 고심했던 점은 한국에서는 실질적으로는 처음 '대중음악전문축제'를 마련하기 때문에 이에 걸맞은 주제를 정하는 문제였다. 그래서 대중음악과 뮤지션을 논할 때 가장 중요하다고 생각되지만 한국에서는 이상할 만큼 도외시되는 것을 불러내 생명을 불어넣고 싶었는데, 그게 바로 '음악창작'이라고 생각했다. 이 관점이 결여되어 한국 최초의 싱어송라이터로 평가받는 모던포크의 거장 한대수와 같은 뮤지션이 동시대의 여타 가수들과 차별성이 없어 보이는 것이고, 정태춘이나 안치환을 아직도 민중음악뮤지션 범주에서 보는 것이고, 김창기는 그저 동물원의 보컬리스트일 뿐이고, 연영석으로 인한 노동음악창작의 가능성을 인식하지 못하는 것이고, 인디 신의 이기용(허클베리핀)이나 이장혁의 노래들을 주목하지 않는 것이다. 그래서 많은 사람들과 함께 이에 대해 생각해보고자 대중음악축제인데도 다소 어려운 느낌의 '음악창작'이라는 단어를 핵심 키워드로 잡았다.

접근 방법이 명확해야 비로소 통일되고 완성도 높은 결과물이 나올 수 있기 때문이다. 광명음악밸리축제에서 설정한 '기획 요점'은 다음과 같다.

○ 시대 조류(트렌드) 반영
○ 새로운 한류(인디뮤직의 해외 진출)의 가능성 탐색
○ 대중음악계(음악산업)에 도움이 되는 방향 모색
○ 광명시의 자산(콘텐츠)으로 남을 수 있는 것 고려

3) 뮤지션 선별 기준이 명확할 것

명확한 축제콘셉트가 나왔고, 기획 요점도 정해졌다면 다음으로 중요한 것은 콘텐츠를 어떻게 채우느냐는 것이다. 음악전문축제에서 핵심은 '뮤지션 선별'이다. 뮤지션 선별 기준은 전체 축제콘셉트에서 벗어나지 않아야 하고, 아울러 세분화된 프로그램에도 부합해야 한다는 것으로 요약할 수 있다. 광명음악밸리축제에서의 '뮤지션 선별 기준'은 다음과 같다.

○ 훌륭한(주목할 만한) 음악창작자

4) 행사 주체의 사업 목표에 부합하는 축제개념을 설정할 것

축제는 행사 주체(지자체, 기업 등)의 관련 사업을 '설명'하고 '홍보'하는 기능을 아울러 갖고, 이에 따라서 비전을 제시해야 한다. 그러기 위해서는 기획 단계에서부터 '임무, 비전, 대상, 목표'가 명확히 설정되어야 한다. 이와 관련해 광명음악밸리축제가 설정한 개념은 다음과 같다.

○ 임무(Mission) 음악축제를 통해 광명시의 '음악밸리'사업을 전 세계적으로 홍보한다.

○ 비전(Vision) 음반의 기획·생산·유통·소비, 공연, 전시, 인재 양성 등의 다양한 기능을 소화할 '음악산업도시정책'하에서 음악축제를 진행한다.

○ 대상(Object) 광명음악밸리축제는 음악밸리사업을 '전 세계적으로 홍보' 하기 위해 기획한 대중음악전문축제이므로 광명시민만을 대상으로 하는 지역축제를 뛰어넘어야 한다. 즉, 영미권과 아시아의 음악마니아들까지도 이 축제에 관심을 가질 수 있도록 '동시대의 음악트렌드'를 반영하는 축제를 기획해야 한다.

○ 목표(Goal) '광명은 음악도시'라는 이미지를 전 세계에 널리 알린다.

5) 축제 탄생 배경을 염두에 둘 것

다수의 지역축제들이 지나치게 다양한 요구를 하나의 축제에서 구현하려는 '백화점식' 방향 설정을 하고 있다. 그러다 보니 이들 다양한 요구 중 어느 하나도 제대로 충족시키지 못한 채 애매한 절충에 머무르는 사례 역시 다반사이다. 따라서 축제를 기획 및 평가할 때는 해당 축제가 만들어진 배경을 항상 되새길 필요가 있다. 즉, 해당 축제가 지닌 고유의 특성에 근거해 축제를 평가하고 향후 발전 방향을 모색해야 한다.

6) 소기의 성과를 정확히 설정하고 이에 집중할 것

축제평가의 핵심은 축제가 사전에 설정한 소기의 성과를 얻었는지 여부라 할 수 있다. 그래서 축제기획에서는 이를 얻을 수 있는 방법론 개발을 염두에 둘 필요가 있다. 예를 들어 어떤 지자체가 '도시이미지 마케팅' 차원에서 축제를 기획했다면, 이 축제에서 중요한 것은 '집객(관객 수)'이 아니라 해당 축제를 통해 그 도시가 원하는 이미지를 얻는지 여부이다. 2005 광명음악밸리축제의 경우 해외 유수의 음악축제들을 참고해서 축제를 기획했고, 해당 축제가 수행할 긍정적 역할에 초점을 맞췄다. 그 결과 축제가 진행되었던 3일 동안, 공연 자체만이 아니라 광명시가 설정한 음악도시의 비전에 음악축제가 어떤 식으로 도움을 줄 수 있는지에도 많은 관심을 기울였다. 즉, 광명시의 미래 사업인 음악밸리를 전국적으로 홍보하고, 이를 사람들에게 긍정적으로 인지시키는 역할이 궁극적인 목표였다. 또한 광명음악밸리축제가 영국의 글래스톤베리 페스티벌이나 일본의 후지 록 페스티벌처럼 한국을 대표하는 음악축제로 자리 잡게 하는 데 부차적인 목표를 뒀다.

7) 대중음악 신 발전에 기여

대중음악의 발전을 위해서는 당대의 트렌드에 부응하는 발 빠른 기획상품의 생산만으로는 충분하지 않다. 장기적으로 팬들을 사로잡을 수 있는 음악 장르와 음악적 문법의 생산이 원활히 이뤄져야 하는 것이다. 그리고 이를 위해서는 음악 신이 필요하다. 그런 점에서 음악축제를 단지 좋은 공연을 보여주는 차원을 넘어 해당 지역에 대중음악 인프라를 심고, 나아가 한국 대중음악 발전의 원동력이 될 자생적 대중음악 신이 자리 잡고 성장할 수 있도록 유도하는 역할을 담당해야 할 것이다.

8) 인력, 조직 구조에 대한 고민

축제조직의 장기적인 운영을 위해서는 무엇보다 사람을 모으고 네트워크를 형성하는 작업이 필요하다. 그리고 그 중심에는 문화예술산업의 인프라 구축에서 가장 중요한 인적자원이 있어야 한다. 또한 염두에 둬야 할 점은 축제를 만드는 조직 구조가 더욱더 독립적이고 안정적이어야 한다는 점이다. 조직 안정화는 두 가지 장점을 지닌다. 우선 하나는 축제의 방향과 목표를 중장기적으로 일관되게 실현할 수 있다는 점이다. 또 다른 장점은 예술축제로서의 전문성을 살릴 수 있다는 점이다. 예술전문축제는 장기적인 안목에서 질적 수준을 항상 염두에 두고 시행되어야 하는데, 이따금 예술축제의 개념에 대한 몰이해로 방문객 수와 수익에 연연하거나 프로그램 기획 및 운영에 관이 지나치게 간섭하는 경우, 그리고 단시일에 양적 성과를 기대하는 경우가 종종 벌어진다.

제5장

축제기본계획

01 기획자의 태도 — '이해와 설득'

02 마스터플랜

03 월별로드맵

04 축제콘셉트

01 | 기획자의 태도 — '이해와 설득'

기획자의 마음가짐은 상대방에 대한 '이해와 설득'이 전제되어야 하고, 여기서의 '상대방'이란 내부적으로는 사무국 직원들부터 외부적으로는 예산을 지급하는 기관의 관계자들을 말한다. 즉, 축제 사무국이 독립적인 자체 예산으로 움직이는 별도의 기구(기관)가 아닌 이상 지자체의 행사일 경우 지자체 관계자, 기업 행사일 경우는 기업 관계자들에게 항상 행사의 내용을 이해시키고, 그 행사가 가지는 음악적·사회적 의미를 설득하려는 노력이 필요하다.

행사를 의뢰하는 상대방은 대개 음악전문가도 아니고, 예술축제가 갖는 의미도 잘 모를 뿐더러 기획자가 의도하는 바가 실제로 어떤 효과를 가져올지에 대한 감이 정확하지 않다. 또한 축제기획이 행사의 의뢰자와 기획자, 양자 간의 합의하에 결정되어 진행하더라도 실제 기획 및 진행 프로세스에 참여하지 않았기 때문에 일정 시간이 지나면 처음의 기획 의도를 잊기 십상이고, 축제결과에 대한 책임을 공동으로 짊어지는 입장이기에 주위의 다양한 (특히 부정적인) 의견들을 듣고 불안해하기 마련이다. "서울을 가보지 않은 사람이 남대문을 더욱 잘 설명한다"라는 속담처럼, 축제경영에서 '효율과 효과'를 따지는 문제에서는 얼핏 비전문가들의 의견이 더욱 그럴듯하게 들리기도 하기 때문에 행사의 의뢰자와 기획자 간에는 항상 의견차가 생길 소지가 있다고 생각하면 된다.

또한 한국에서는 행사의 의뢰자들이 축제의 '탄생 이유'와 해당 축제가 얻고자 하는 진정한 '소기의 성과'를 따져보기 전에 '집객'을 축제의 성공 요인으로 보는 경향이 강하기 때문에 기획자들의 입지가 작아지는 경우가 많다. 일례로 음악축제공연 기획의 '대중성'[1] 문제 같은 경우는 항상 논란의 초점이 된다. 왜냐하면 흔히 많은

---

1 대중음악에서 '대중성' 문제를 얘기한다면, 이는 오랫동안 사람들이 좋아할 수 있는 노래로 초점을 맞출 필요가 있다. 이런 경우 어떤 노래가 대중성이 있다는 말은 '멜로디 메이킹'이나 '가사'와 같은 음악적 요소들이 뛰어남을 의미하고, 음악비평의 측면에서도 높게 평가받음을 의미한다. 즉, 대중성과 음악비평은 별개의 차원으로 논의되는 것이 아니므로, '대중음악전문축제'를 기획하는 사람은 당연히 공연을 기획할 때 음악비평적인 측면을

사람들이 대중음악의 '대중성'을 '공중파 방송을 통해 얻는 인지도'로 착각하기 때문이다.

그렇기 때문에 기획자는 기획만 잘해서 되는 것이 아니라 상대방에 대한 '이해와 설득의 기술'이 나름대로 있어야 한다. 여기에는 기획자마다 각기 다른 노하우가 있겠지만, 시청각적인 요소를 동원해서 상대방을 이해시킨다는 측면에서는 도큐멘테이션을 구비한 회의자료 준비가 바람직해 보인다. 즉, 말로만 상대방을 이해시키기는 방법은 '개요'에 대한 이해에 그칠 가능성이 크고, '근거자료'도 남지 않는다는 단점이 있다. 그래서 가급적이면 구체적이면서도 체계화된 회의자료를 만드는 능력이 필요하고, 실무책임자급이라면 이런 능력을 필수적으로 갖춰야 한다.

이런 종류의 회의자료는 대개 '마스터플랜' 제시로부터 시작하고, 실행계획에 대한 '월별로드맵' 등의 자료 제시가 뒤따라야 한다. 그래야 비로소 행사 의뢰자가 행사의 전반적인 성격·결과·비전 등을 예측할 수 있다. 또한 이는 축제 사무국 내에서 모든 파트의 사람들이 진행될 내용들을 완전히 숙지하게끔 하는 역할도 한다. 여기서 실무총책임자 위치에 있는 사람이 절대로 간과하지 말아야 할 것이 한 가지 있다. '일단 축제준비가 진행되는 것만으로 사무국 구성원 모두가 축제의 내용과 비전을 공유할 것'이라는 짐작은 오산이라는 점이다. 그런 이유로 앞에서 "여기서의 '상대방'이란 내부적으로는 사무국 직원들부터"라고 적시한 것이다. 그러므로 실무총책임자는 축제 진행 내용에 대한 이해 수준이 다른 각 파트의 사람들을 사려 깊게 살펴서 수시로 이해시키는 작업을 해야 한다. 그리고 '비전' 부분은 아무리 부하직원이라도 초기에 설득이 필요하고, 이것이야말로 그 사람이 장기적으로 축제조직과 같이 갈 수 있게 하는 방법이라고 생각한다.

고려한다. 그런데 한국적인 현실에서 이런 부분들을 행사 의뢰자들에게 이해시키기란 정말 어렵다.

02 | 마스터플랜

축제의뢰자로부터 '축제 개요'와 '예산 규모'를 전달받은 기획자는 먼저 '축제의 개요와 기획 이유'를 중심으로 기술한 마스터플랜을 제시해서 양자 간의 의견을 조율해야 한다. 구체적인 축제기획은 의견이 완전히 조율된 후의 일이다. 왜냐하면 이는 '축제콘셉트'가 확정된 이후에나 가능하기 때문이다. 또한 예술전문축제의 공연 콘셉트는 주최(해당 도시, 기업 등) 측의 정책과 반드시 맞물려서 잡혀야 하기 때문에 슬로건, 주제 등을 바탕으로 마련되어야 한다. 이는 현재의 축제가 대개 도시이미지 마케팅이나 아트 마케팅 차원[2]에서 기획되기 때문이다.

2006 광명음악밸리축제 마스터플랜 요약

○ **축제 개요**

1) 명칭: 2006 광명음악밸리축제
2) 날짜: 2006년 9월 22(금)~24일(일)[3]
3) 장소: 광명시민운동장 및 광명시 일대
4) 주최: 광명시
5) 주관: 광명음악밸리축제 조직위원회, 광명문화원
6) 후원: 광명시의회, 예총 광명지부, KM-TV, 서울프린지네트워크, 클럽문화협회, 라이브음악문화발전협회, 네이버, 농협중앙회, 한국철도공사
7) 협찬: 향뮤직, 립톤, 아웃백, CGV 광명, SilverFox, 스파게띠아

○ **축제슬로건**[4]

---

2 도시이미지 마케팅(지자체)이나 아트 마케팅(기업) 차원의 축제를 기획하는지 여부는 축제기획과 단순 공연기획을 가르는 분기점이다. 영미권 축제기획의 발전 사례를 보면 알겠지만, 적어도 대개 1960년대 이후 현재까지의 예술축제는 이러한 개념들이 녹아 있다. 그래서 이러한 개념으로는 단순히 며칠간 음악 공연을 한다고 해서 음악축제라고 말하기는 어렵다. 그때는 그저 장시간의 음악 공연을 했다고 보면 될 것이다.

• 전 세계 대중음악 네트워크[5]

"Worldwide Music Network in GwangMyeong Music Festival"

○ **축제주제**[6]

• 현재의 노래, 희망의 노래

○ **축제기획 요점**[7]

1) 시대 조류(트렌드) 반영
2) 새로운 한류(인디뮤직의 해외 진출)에 대한 가능성 탐색
3) 대중음악계(음악산업)에 도움이 되는 방향 모색
4) 광명시의 자산(콘텐츠)으로 남을 수 있는 것 고려
5) 향후 광명음악밸리축제의 방향성을 2006년 축제에서 제시

○ **뮤지션 선별 기준**

• 훌륭한 음악창작자

○ **네트워크의 지향점**

1) 단기적인 목표
   • 언론을 통한 축제성격 부각, 홍보
   • '음악도시' 기획에 맞는 새로운 음악마케팅 방안 제시
2) 장기적인 목표
   • 광명시(음악밸리축제)가 아시아 인디음악 시장의 거점이 되는 것

○ **'음악도시' 안에서의 광명음악밸리축제 개념**

1) 임무(Mission)
   • 음악축제를 통해서 광명시의 '음악밸리' 사업을 전 세계적으로 홍보
2) 비전(Vision)
   • 음반 기획 · 생산 · 유통 · 소비, 공연, 전시, 인재 양성 등의 다양한 기능을 소화할 '음악산업도시정책'하에서 음악축제 진행
3) 대상(Object)

- 광명음악밸리축제는 음악밸리사업을 '전 세계적으로 홍보'하기 위해 기획한 대중음악전문축제이므로 광명시민만을 대상으로 하는 지역축제를 뛰어넘어야 함. 즉, 영미권과 아시아의 음악마니아들까지도 이 축제에 관심을 가질 수 있도록 '동시대의 음악트렌드'를 반영하는 축제를 기획해야 함

4) 목표(Goal)
   - '광명은 음악도시'라는 이미지를 전 세계에 널리 알린다

○ 광명음악밸리축제의 장기적인 비전[8]

1) 아티스트 중심의 음악축제
   - '음악창작자'를 핵심 키워드로, 아티스트가 주인공이 되는 전문음악축제
2) 전 세계 대중음악 네트워크
   - 아시아 음악 시장의 중심이 되어 전 세계 대중음악산업이 교류하는 축제
3) 음악도시 광명, 3일간의 음악축제
   - 광명시 내 첨단음악밸리 조성과 함께 세계적인 음악도시로 성장

○ 광명음악밸리축제 기획의 방향성

1) '음악산업도시(음악밸리)' 이미지 강화
2) 음악도시 광명 건설을 위한 기초 작업 진행
3) 새로운 대중음악축제를 통한 대중음악창작 · 유통 활성화
4) '대중음악산업'으로 지역경제 활성화
5) 광명시민의 자부심 및 시민의식 고취
6) 광명시 당면 과제(음악산업클러스터 지정 문제)에 대한 점진적인 해결방안 모색

○ 광명음악밸리축제의 기획 포인트

1) 내용을 가지면서도 참신한 기획
2) 광명시의 국제적인 위상 점유
3) 광명시의 지속적인 '콘텐츠 확보'

○ '음악밸리'와 관련한 '광명음악밸리축제' 기획 요점

1) 축제기획

• 음악밸리 조성에 따른 총괄적인 콘텐츠 기획 · 홍보 방안(마스터플랜) 모색
• 음악밸리 기획에서의 시민들과의 공감대 형성 방안 모색
• 또 하나의 지방자치단체 음악 페스티벌이 되지 않기 위해 '광명음악밸리축제'만의 축제콘텐츠 창출[9]

2) 축제운영

• 기획과 내용을 동시에 충족시키는 축제: 기존의 일부 축제들이 좋은 기획에 반해 내용적으로 불만족스럽다는 것을 염두에 두고 내용과 운영을 중시
• 음악콘텐츠산업에 대한 새로운 규정: 음악콘텐츠산업의 핵심을 '콘텐츠의 질' 여부로 규정
• 새로운 트렌드에 대한 반영: 젊은 음악마니아들의 감성을 따라가지 못할 뿐 아니라 현재 음악트렌드를 반영하지 못하는 프로그램에서 탈피

○ 궁극적으로 광명음악밸리축제를 통해 얻고자 하는 것

• '광명은 음악도시다'라는 음악도시이미지를 창출[10]

---

3 시기에 대한 고려는 매우 중요하다. 2006년의 경우 추석이 10월 5~7일, 부산영화제가 10월 초여서 일정을 9월 말로 잡았다. 더 이르면 태풍의 영향으로 피해를 볼 우려가 있어 피했다.

4 슬로건은 대중의 행동을 조작하는 선전에 쓰이는 짧은 문구로 본래 스코틀랜드에서 위급할 때 집합신호로 외치는 소리(Sluagh-Ghairm)를 슬로건이라고 한 데서 나온 말이다. 슬로건이란 일반적으로 긴 문장의 글이나 함축된 단어, 또는 도형 및 상징적 요소들의 결합물로 표현된 브랜드의 한 요소를 말한다.

5 여기서 네트워크(Network)란 '음악산업적인 관점에서의 인프라 구축'을 의미한다.

6 축제에서 주제는 보통 그 해의 축제프로그램 방향성을 나타낸다. 이때 주제에 개념어(키워드)를 담는데, 2006 광명음악밸리축제 프로그램에서의 개념어는 '현재'이다. 이는 기획에서의 '동시대성'을 강조하는 것이고, 동시대성은 대중음악·문화 평론에서 가장 중요한 개념이기도 하다. 즉, 2006 광명음악밸리축제는 '현재 트렌드의 음악축제, 현재의 음악창작자를 조명하자'라는 것을 내세우고 있고, 이는 '현재의 노래들을 중시하는 것이 한국 대중음악의 희망'임을 암시한다.

7 축제를 기획함에 있어 명확한 행사 의의와 목적이 요구된다. 행사의 사회적인 명분도 고려해야겠지만 행사의 당위성에 대해 명쾌하게 밝혀줘야 한다.

8 21세기는 '문화의 시대'이다. 이미 1990년대 이후 굴뚝산업을 대체해 '문화콘텐츠산업'이 차세대 성장동력산업으로 자리 매김되고 있다. 그래서 각 지자체마다 특성화된 문화산업을 유치하고 있다. 예컨대 부산은 영화, 광주는 영상, 전주는 영화·전통문화, 부천은 애니메이션, 춘천은 마임·인형극 등을 도시특성에 맞는 문화산업으로 결정했다. 이에 광명시도 대중음악을 선택해 '음악도시'를 선언했는데, 현재 한국에서 음악산업이 성장 일로에 있는 것을 감안한다면 적절한 선택이었고, 대중음악 쪽에 종사하고 있는 사람으로서 대단히 반가운 결정이다.

※ CI

CI(Corporate Identity)는 전체 이미지 통합을 말한다. 행사의 이미지를 일관성 있게 통합·운영·관리하기 위한 전략적인 시각 커뮤니케이션이라고 할 수 있다. CI는 다음과 같은 목적을 갖고 만들어진다.

첫째, 행사의 목적과 의의를 표출한다.

둘째, 행사의 모든 이미지를 시각적으로 체계화한다.

셋째, 구성원 간의 자긍심을 형성한다.

넷째, 합리적인 마케팅 경영을 형성한다.

2005 광명음악밸리축제 CI

2005 광명음악밸리축제의 CI를 공개합니다. 광명의 이니셜인 'GM'을 높은음자리표로 형상화한 심벌과 음표처럼 물결치는 로고가 결합된 2005 광명음악밸리축제의 CI는 '음악도시 광명'에서 열리는 대중음악축제의 흥겨운 기운을 표현하고 있습니다.

03 | 월별로드맵

월별로드맵은 축제 사무국이 월별로 진행할 일들에 대한 간략한 '실행계획' 예시이다. 이는 사전준비기간, 축제준비기간, 축제제작기간, 축제진행기간, 축제정리기간

---

9 독창성과 내용을 담보한 축제콘텐츠여야 한다는 의미이다.

10 흔히 지자체가 행하는 지역축제에서의 사후평가 시 핵심을 '집객' 수준으로 보는데, 이는 지역축제를 지역주민과 지역예술가들을 위한 행사로 보는 관점 때문이다. 하지만 광명음악밸리축제와 같이 광명시의 '음악도시정책'하에서 탄생된 축제는 일반적인 지역축제와는 다른 기획 요점을 갖기 때문에 당연히 평가도 '기획 요점에 따른 성과'로 측정되어야 타당하다.

등으로 나눠볼 수 있다.

○ 사전준비기간 마스터플랜을 작성하고 기본 기획인력을 확보한다.

○ 축제준비기간 실무인력들을 확보하고 월별 업무와 예산안이 포함된 축제의 매뉴얼을 마련하며, 뮤지션을 확정하고 홍보에 돌입한다.

○ 축제제작기간 실제 축제의 구체적인 사항들을 준비하는 기간이다. 앞에서 확정한 뮤지션과의 계약과 본격적인 홍보가 이뤄지며, 공연 장비 등 다양한 설비를 마련하고 최종적으로 축제 진행에 이상이 없게 점검한다.

○ 축제진행기간 축제가 시작되면 추가 홍보를 진행하면서 행사 진행에 만전을 기한다.

○ 축제정리기간 축제의 종료와 함께 결산작업을 벌이게 된다. 이후 정산과 보고서 작성 작업을 마무리하고, 다음 해의 축제기획 초안을 마련하는 것으로 전체 일정이 마무리된다.

2006 광명음악밸리축제 사무국 월별로드맵

1) 축제준비기간

기간	주요 업무 내용
1~2월	• 2006년 축제 사업 계획서 제출 및 승인 • 사무국 인력 확보, 사무국 사무실 구축, 고용계약 • 사무국 인력 역할 분담, 업무 분장 • 메인무대 · 거리무대 · 부대행사 · 전야제 프로그램 기획 시작
3월	• 홈페이지 기획, 웹진 콘텐츠 기획 • 홍보 책자 · 텍스트 기획 • 뮤지션 선정 후 일정 · 개런티 타진 • 월별 예산집행 계획서 작성 · 인준 • 집행위원회: 집행위원 위촉장 수여
4월	• 홈페이지 업체 계약 • 출판디자인 업체 공모

	• 메인무대 · 거리무대 · 부대행사 · 전야제 프로그램 기획(구성 완료) • 공모 행사(SXSW 참여 뮤지션 선정) 기획 • 홍보 기획 • 후원 · 협찬 · 제휴 업체 작업, 각종 외부 네트워킹
5월	• 메인무대 · 거리무대 · 부대행사 · 전야제 프로그램 세부 기획 • 출판디자인업체 공모 · 계약 • 무대(음향 · 조명 등 포함) 업체 공모 · 계약 • 후원 · 협찬 · 제휴 업체 작업, 각종 외부 네트워킹 • 뮤지션 계약(메인무대), 뮤지션 계약금 지급

2) 축제제작기간

기간	주요 업무 내용
6월	• 홈페이지 오픈 • 웹진 콘텐츠(전체 프로그램, 홍보 텍스트) 기획 · 제작 • 공모 행사(SXSW 참여 뮤지션 선정) 진행 • 후원방송사 확정: 방송사 협의 · 계약(녹화방영 관련) • 홍보 시작(축제사이트 중심) • 뮤지션 계약(거리무대)
7월	• 포스터 등 디자인 업무 • 전체 부대행사 준비 시작 • 홍보용 책자 텍스트 완성, 디자인 · 제작 • 월간지부터 홍보 시작 • 웹진 제작 • 각종 축제기념품 기획 · 디자인 • 후원 · 협찬 · 제휴 업체 작업, 각종 외부 네트워킹
8월	• 전체 부대행사 진행 • 홍보용 브로셔 · 책자 배포 • SXSW 공모팀 선정 • 사전 공연: 기자 간담회(8월 31일 예정) • 메인무대 공연 프로그램별 동선 기획(역할 분담) • 메인무대 공연 세트리스트 · 큐시트 완성 • 부대행사 세트리스트 · 큐시트 완성 • 부대행사장 스태프 선발 · 교육 • 자원봉사자 교육

3) 축제진행기간

기간	주요 업무 내용
9월	• 최종 준비 작업 • 사전 공연: 거리무대(2회) • 최종 홍보 작업: 홍보용 브로셔 · 책자 배포 • 방송 · 신문 · 잡지 · 인터넷 홍보 강화, 포스터 배포 • 2006 광명음악밸리축제 진행

4) 축제정리기간

기간	주요 업무 내용
10~12월	• 사무국 축제업무 정리 • 결산작업 • 축제 완료 보고서 제작 • 축제평가 보고서 제작 • 축제 동영상 · 사진 기록물 보존 작업 • 축제 완료 보고회 · 평가 토론회 • 2007년 축제기획예산안 논의 • 2007년 축제 사업 계획서 작성

04 | 축제콘셉트

1) 축제기획의 타당성

축제에서 공연 콘셉트의 적절성은 기본적으로 축제기획의 타당성에서 나온다. 그러므로 사람들이 납득할 만한 기획 타당성이 설정되어 있지 않으면 공연 콘셉트 자체가 힘을 얻지 못한다.

광명음악밸리축제 기획 타당성

- '음악도시'를 선언한 광명시가 한국 대중음악산업에서의 인프라 조성을 위해서 기획한 전문음악축제
- 음악축제를 통해서 광명시의 '음악밸리' 사업을 널리 알리려는 목적에서 기획한 축제이기도 하지만, 향후 음악밸리사업에서 핵심 콘텐츠로서 역할을 하게끔 매년 음악축제를 가꿔나갈 예정임
- 지자체 성격에 맞는 문화예술축제를 선택해서 전국(전 세계) 규모로 잘 운영하는 것은 필요하다는 인식하에서 '대중음악전문축제'를 기획함

2) 축제 개요

먼저 전체 축제프로그램을 압축적으로 설명할 문장을 만들어야 한다. 이는 음악공연 기획이 전체 축제 안에서 어떻게 이뤄졌는지를 설명할 필요가 있기 때문이다.

광명음악밸리축제 개요

광명음악밸리축제는 대중음악전문축제로서 한국 대중음악을 예술로 유지시키고 있는 창작자 중심의 음악축제, 한국 대중음악의 미래를 개척하며 발전시켜 갈 젊은 음악인을 키워나가는 음악축제로 성장하고자 합니다. 아울러 음악비즈니스가 건강하게 성장해나가는 데 도움이 되도록 해외 음악 시장과의 네트워크 역할을 하려고 합니다. 모든 음악애호가와 일반 관객이 함께 어우러져 '현재의 음악'을 즐기는 자리가 되기를 바랍니다.

3) 축제슬로건

슬로건이란 일반적으로 긴 문장의 글이나 함축된 단어, 또는 도형 및 상징적 요소들의 결합물로 표현된 브랜드의 한 요소를 말한다. 보통 축제슬로건은 (그 해의) 축제주제와 달리 항상성을 유지한다.

광명음악밸리축제 슬로건

○ **전 세계 대중음악 네트워크**(Worldwide Music Network in GwangMyeong)

전 세계 대중음악 네트워크는 두 가지 관점에서 현 시기 한국 음악산업에서 중요한 역할을 할 것이다.

- 첫째, 환경의 변화로 굴곡을 겪고 있는 한국 대중음악산업의 출구 역할이다. 이는 음악축제가 세계시장과 교류하는 콘텐츠를 생산함으로써 대중음악산업 인프라의 하나로 음악산업 발전에 기여할 것이다. 동시에 국내 아티스트가 해외에 진출하는 기회가 될 것이다.
- 둘째, '음악도시'를 선언한 광명시에서 전 세계 대중음악 네트워크를 구현하는 음악축제를 실현해 국가적인 차원의 문화콘텐츠를 만들어내는 역할이다. 이는 광명시의 자산일 뿐만 아니라 세계적으로 국가의 문화수준을 높이는 계기가 될 것이다.

4) 축제주제

축제주제(키워드)는 대개 매년 새롭게 설정하는데, 시기적·사회적으로 그 해에 가장 어울리는 프로그램을 구성하기 위해서이다. 이는 전체 축제기간의 프로그램 구성뿐만 아니라 뮤지션 선정에 이르기까지, 또한 포스터 시안에서부터 각종 홍보물, 축제소개 책자 등을 기획하는 데 근간이 된다.

광명음악밸리축제 주제

- 2005년: 한국 음악창작자의 역사
- 2006년: 현재의 노래, 희망의 노래

제6장

축제조직

01 축제조직 구성
02 축제 사무국 운영

01 | 축제조직 구성

축제운영에서 무엇보다 선행되어야 할 점은 명확한 축제결과를 얻기 위해 축제를 만드는 조직 구조를 합리적으로 만드는 것이다. 특히 축제 사무국의 독립은 꼭 필요하고, 축제 사무국의 책임자에게는 조직 운영과 프로그램 기획에서 전권을 부여해야 한다. 축제조직은 축제예산과 함께 축제를 제대로 만들기 위한 제반 여건에 해당한다. 아무리 뛰어난 축제기획자라고 해도 독립된 축제 사무국을 확보하지 못한다면 원활하게 축제를 기획하기란 불가능하다. 그래서 책임과 권한을 중시하는 축제기획자라면 주최 측에 프로그램 기획과 사무국 운영에 대한 전권을 요구하기 마련이다.

보통 지자체 축제조직은 다음과 같이 구성되고, 조직을 안정화시키기 위해서는 지자체 조례로 이를 규정해야 한다.

1) 축제조직

- 추진위원회(또는 조직위원회) 추진위원장,[1] 추진부위원장,[2] 추진위원[3]
- 집행위원회 집행위원장, 집행위원
- 축제 사무국 예술감독(또는 총감독), 사무국장, 기획, 기술, 홍보, 행정

2) 집행위원회 운영

축제를 만들어가는 실질적인 의사결정 기구이다. 집행위원들은 정기적인 모임을 통해서 축제 사무국의 진행 사항들을 인준한다. 광명음악밸리축제 집행위원회의 경우 격주로 모임을 가졌다. 그리고 보통 축제 사무국 책임자가 집행위원을 겸한다.

---

1 지자체 축제의 경우 지자체장이 위원장을 겸한다.

2 보통 주관 단체장이 이 직위를 맡는다.

3 관련 지역인사와 외부 인사들이 위원으로 참여한다.

2005 광명음악밸리축제 집행위원회

1) 모임 주기

- 일시: 매월 두 번째, 네 번째 화요일
- 장소: 축제 사무국

2) 보고 · 인준

- 예술감독이 축제 진행 사항 보고
- 위원들이 진행된 업무 인준

3) 모임 의제

- 예산집행 사항, 예산변동 사항
- 축제 진행의 문제점

3) 축제 사무국 운영

단순 '공연이벤트' 수준이 아니라 '도시이미지 마케팅' 차원으로 축제기획을 바라본다면 축제조직은 상설조직이 되어야 바람직하고, 축제 사무국에서는 해당 도시 사업의 외연을 넓힐 수 있는 작업을 모색하는 것이 필요하다. 즉, 영국의 에든버러 프린지 페스티벌, 미국의 SXSW 페스티벌을 참고하지 않고 국내의 부산영화제 등의 운영 사례를 살펴보더라도, 9월에 열리는 축제를 준비하려면 1~2월부터 시작하는 것이 바람직하다. 또한 해외 뮤지션들은 일정상 적어도 6개월의 섭외 기간을 생각해야 한다.

광명에서 2년 동안 축제를 운영하면서 축제 사무국 인력과 관련해 끊임없이 들었던 얘기들 중에 "예산 대비 인건비의 비중이 크지 않은가?"라는 질문이 있다. 아마 이는 거의 모든 지자체 축제기획자들이 듣는 얘기일 것이고, 현재도 해결하기 어려운 문제이다.[4] 하지만 문화예술 관련 콘텐츠 기획과 예술축제는 그 특성상 전체 예산에서

---

4 암묵적으로 보통 총예산의 20% 이하로 인건비를 조정한다.

인건비가 차지하는 비중이 클 수밖에 없다.[5] 왜냐하면 이들 결과물의 품질은 인적자원의 기획력·운영능력에 의해서 결정되기 때문이다. 단순히 일반 행사나 상품생산의 경우와 비교하는 것은 적당하지 않다. 문제는 축제에서 소기의 성과를 얻어낼 수 있는지 여부이지, 예산 대비 인건비의 비중이 아니다.

02 | 축제 사무국 운영

축제 사무국 업무는 종합적인 업무 형태이다. 이는 공연·행사 기획, 매체·무대 제작, 홍보, 행정 등 총괄적인 업무 형태이다. 그래서 축제기획은 문화기획의 꽃이자, 종합 문화기획이라고 할 수 있다.

1) 인력 구성

축제 사무국의 운영은 일반 회사와 비슷한 수준이다. 보통 일반 회사에서 사장, 전략기획부, 상품개발부, 총무부, 홍보부가 최소 조직이듯, 축제 사무국에서도 이런 형태의 조직은 필요하다. 그리고 3일간의 메인공연 프로그램과 거리무대 3~4곳, 각종 부대행사, 홍보물·기록물들을 자체적으로 기획 및 제작해야 하고, 홍보마케팅 업무를 하기 위해서는 이와 관련해 최소한의 인력 구성이 필요하다. 광명음악밸리축제의 경우는 한국의 이전 음악 페스티벌들(특별한 거리무대·부대행사·홍보물·기록물 제작 없이 저녁에 공연만 하는 형태)과는 다른 관점에서 볼 필요가 있다.

---

5 예산 대비 인건비 책정 사례는 다음과 같다. 프랑스 아비뇽 예술축제(1996년) 46%, 한국 부천영화제(2001년) 23.4%.

2006 광명음악밸리축제 사무국[6]

직책	담당 업무
예술감독	축제기획 및 운영 총괄, 사무국 운영
기술 운영	무대 H/W(음향, 조명, 무대 등), 메인무대 뮤지션 섭외
매체 제작	홍보기록물 기획 · 진행, 홈페이지, 메인무대 뮤지션 섭외, 백스테이지 관리
행사 기획	거리무대 · 부대행사 진행, 출판물 및 옥외 홍보물 제작
홍보	홍보, 협찬
부대행사	부대행사, SXSW 담당
행정	행정, 각종 업무 보조

2) 인력 업무 분장

2006 광명음악밸리축제 사무국 인력 업무 분장

직책	업무 분장 내용
예술감독	• 광명시 음악도시사업 내에서 명확한 음악축제정체성 설정 • 정체성에 맞는 축제프로그램 구성(전체 프로그램 조율) • 메인무대 · 거리무대 공연, 부대행사, 기록물, 축제사이트, 홍보, 후원 · 협찬 · 제휴 등에 관한 전체 일정, 콘텐츠 기획 · 제작 진행 사항 확인 • 축제기획예산안 작업, 축제사업 계획서 작업 • 축제 설명회 · 보고회 등 진행 • 외부 네트워크(관련 공식행사 참가) • 음악밸리축제 관련 외부 인터뷰
기술 운영	• 메인무대 무대감독(메인무대 리허설부터 본공연까지 진행) • 전체 공연(메인공연, 거리공연, 사전 공연) H/W 담당 • 음향 · 영상 · 조명 관련 업체 계약 • 메인무대 뮤지션 섭외

6 여기서 거론되는 인력은 정규직 기준이다.

매체 제작	• 축제기록물 텍스트 기획 · 제작 • 축제홈페이지 개발 · 운영 • 웹에서 공모전(SXSW 등), 홍보 이벤트, 음악 · 동영상콘텐츠 운영 • 일부 부대행사(SXSW 참여 뮤지션 공모전 등) 기획 · 진행 • 메인무대 뮤지션 섭외 • 백스테이지 관리
행사 기획	• 거리무대, 부대행사 기획 · 진행 • 거리무대 뮤지션 섭외 • 출판홍보물(홍보 브로셔 · 책자 등), 옥외 홍보물(현수막 · 거리배너 등) 제작 진행
홍보	• 홍보 진행 • 후원 · 협찬 작업(지역)
부대행사	• 노천카페 진행 • 자원봉사자 운영 • SXSW 관련 업무
행정	• 총무, 회계 등 행정 업무 • 사무국 각 파트 업무 보조

3) 예술감독의 역할

축제에서 예술감독의 역할은 단순히 축제프로그램을 기획하는 데 그치지 않는다. 지자체 주최 축제의 경우 다음과 같은 역할을 예술감독이 맡는다.

○ 지자체의 도시정책에 유익한 축제방향성 제시[7]
○ 적절한 축제조직 방안 제시
○ 현실적인 축제운영 방안 제시[8]

7 광명음악밸리축제의 경우 음악도시정책에 근거한 음악축제를 기획했다. 또한 과거 '음반밸리' 이미지에서 벗어나 '음악밸리'로 다시 이미지 메이킹했다.

8 축제에서 운영 방향성은 축제가 필요한 이유를 먼저 설정하는 것이다. 그 이유가 공감대를 형성하면 이를 축제기획에서 구체화시키면 된다.

○ 해당 축제가 성공한 '지자체 축제모델'로 성장할 수 있도록 조언

4) 사무국 인력들이 고려하고 지켜야 할 사항

○ 축제 사무국은 일반 회사의 조직·운영과 동일함
- 조직 내에서의 자신의 위치와 할 일을 명확히 인지할 것
- 책임과 권한에 대한 설정—예술감독과 논의
- 기획이 확정되어 자신의 고유 업무로 떨어지기 전까지는 기획회의 또는 개별 면담을 통해서 모든 것을 상의할 것(정보 공유)

○ '기획회의' 프로세스
- 기획회의에서 난상토론을 가급적 피하고, 회의 시간과 횟수를 줄이기 위해서 각자 회의 준비를 충실히 할 것(이것이 다른 사람들의 시간을 빼앗지 않는 방법임)
- 회의에서 말할 의제는 반드시 서면으로 작성하고, 사람 수만큼 복사해 돌릴 것

○ '기획' 프로세스
- 프로기획자라면 상대방에게 제안할 때, 반드시 다음 내용들을 포함해 얘기해야 한다. 이를 지키지 않으면 보통 '한담'으로 받아들여지고, 기획자로서의 '신뢰'를 잃게 된다
- 절대로 쉽게 얘기하지 말고 구체적으로 따져본 다음 얘기한다. 설득 방법을 면밀히 검토한다.
- 그래서 기획회의에서 자신이 맡은 행사 기획안을 제시할 때, 또는 일반적인 기획안을 제출할 때 다음과 같은 요건을 담을 것: 제목, 날짜, 작성자, 내용 요약, 인력안(구체적으로 사람·역할 명기), 예산안(구체적으로 항목·예산 명기. 예산이 없을 경우 예산 확보 방안 명기), 진행 계획(시작·과정·마감일 명기), SWOT(강점·약점·기회·위협 요소 명기) 등

○ 마감에 대한 준수

- 무슨 일이 있더라도 일정이 정해지면 마감일을 준수하고 결과물은 예상한 수준에 도달하게 할 것
- 만약 지킬 수 없다면 기획회의를 통해서 사전에 재조정하는 과정을 공식적으로 거쳐야 함(절대로 혼자서 끙끙 앓다가 대책 없는 상태로 전락시키지 말 것)

○ 출근시간 엄수

- 아침에 업무가 있는 경우는 전날 상급자와 협의

○ 당부

- 모든 일은 내부에서 가급적이면 조용히 해결함(외부적으로 분란의 모습으로 비춰지면 손해인데다가 조직의 신뢰를 잃음)
- 외부 인사가 있을 경우는 민감한 사항을 논의하지 말 것
- 사무국의 모든 사람들은 대외적으로 한 목소리를 내는 것이 중요함. 그래서 정보를 공유하고, 처리 방안에 공감해야 함
- 개인적으로 동의하지 않는 사안이라도 일단 내부에서 결정되면, 대외적으로 같은 목소리를 내야 함

제7장

축제예산

01 축제예산 수립
02 사업 계획서 수립

01 | 축제예산 수립

지자체 축제의 경우 축제예산 수립 작업은 전년도 8월경부터 시작한다. 축제 관련 주무 부서에서는 이때부터 차기 연도 축제의 기초적인 기획예산안을 축제 사무국에서 받는다. 왜냐하면 지자체 의회는 대략 10월부터 차기 연도 예산심의 작업을 시작하기 때문이다. 그 뒤 지자체 의회가 12월에 예산을 확정하면, 해당 축제가 지자체 보조금 사업인 경우 당해 연도 1월부터 보조금 신청 작업(사업 계획서 작성 및 제출)을 시작해서 대략 2월 정도에 보조금을 받는다. 이때부터 축제예산을 쓸 수 있다. 그래서 축제예산 수립이라 함은 전년도 8월부터 당해 연도 2월까지의 전 기간에 걸친 예산 작업을 의미한다.

초기에 확정된 예산안은 축제가 진행되면서 어쩔 수 없이 변경될 수밖에 없다. 왜냐하면 초기 예산안을 세울 때 모든 부분에 대한 정확한 경비 산출 작업을 한다는 것이 사실상 불가능하기 때문이다. 그래서 보통 중간에 집행위원회의 인준하에 '예산안 변경 작업'을 하는 것이 타당하다. 하지만 이는 지자체마다 허용 여부와 변경 수준이 다르다. 이를 허용하지 않는 지자체의 경우에는 편법을 쓰는 경우가 종종 있고, 주무 부서에서도 이를 묵인하는 경우가 적지 않다.

2005 광명음악밸리축제 예산안

초기 예산: ______원
자부담: ______원
총액: ______원

○ 무대 · 공연 장비

1) 공연 장비
- 무대, 트러스, 음향, 조명, 영상(LED), 악기 대여

• 특수 효과, 불꽃놀이
• 발전차(3대)

2) 대여 · 제작
• 객석 의자, 몽골텐트
• 생수, 테이블 등
• 무전기 임대(3일간 40대 임대)
• 애드벌룬
• 이동식 화장실(현대식)

○ **제작진 인건비**

1) 초기: 8명
2) 추가 인원: 5명

○ **출연료**

1) 〈하나뮤직 스페셜〉: ______원
2) 〈밸리 초이스〉: ______원
3) 〈인디뮤직 10년사〉: ______원
4) 〈민중음악 30년〉: ______원
5) 〈뉴커런츠〉: ______원
6) 〈Pre-Stage 2〉: ______원
7) 광고음원 사용료: ______원

○ **부대행사비**

1) 〈Free Stage(거리공연)〉: ______원
2) 〈나도 예술가〉: ______원
3) 〈우리는 음악가!〉: ______원
4) 음반 전시 및 판매: ______원
5) 〈노천카페〉: ______원
6) 〈실용음악강좌〉: ______원
7) 〈실용음악과 난장〉, 〈실용음악과 마당〉: ______원

8) 사전 행사

- 〈Pre-Stage 1〉: ______원
- 〈Pre-Stage 2〉: ______원
- 대림역 전시 이벤트: ______원

○ 홍보

1) 옥외 홍보물 제작비

- CD 제작: ______원
- 원고료: ______원
- 걸개 · 현수막 · 배너: ______원
- 부대행사 플래카드: ______원
- 기념품: ______원

2) 디자인 및 인쇄 비용

- CI(엠블럼) 제작: ______원
- 홍보음반: ______원
- 메인홍보책자: ______원
- 각종 홍보물 제작: 포스터(메인 1종, 공모전 2종), 리플릿 4종, 옥외 홍보물(현수막 4종, 무대걸개 19종), 기타 인쇄홍보물: ______원
- 대봉투, 홀더, 커버: ______원
- 명함: ______원

3) 행사 공식 촬영비: ______원

4) 일반 홍보비

- 일반홍보, 후원 · 협찬 · 광고 진행비: ______원
- 해외홍보 진행비: ______원
- 광고비: ______원

5) 방송 홍보 스폿광고 제작비: ______원

○ 진행비

1) 개막식 비용: ______원

2) 자원봉사자 운영: ______원

3) 비상근인력 업무 추진비: ______원
4) 집행위원회 정기모임 진행비: ______원
5) 추진위원회 위촉식 비용: ______원
6) 사무국 업무 진행비: ______원
7) 축제보고서: ______원
8) 축제 사무국 사무집기, 장비: ______원
9) 행사 진행비: ______원

○ 기타

1) 보험
  • 행사종합보험: ______원
  • 제작진 상해보험: ______원
2) 일반 식대
  • 노점상 단속 공무원, 행사장 파견요원(경찰), 교통통제 및 안전요원: ______원
  • 출연자 및 스태프: ______원
3) 축제설명회 비용: ______원
4) 기타
  • 개막식 초청장 제작 및 발송: ______원
  • 전체 스태프 휴식을 위한 야간 찜질방 이용(목~토요일): ______원

○ **방송중계비: ______원**

○ **예비비: ______원**

02 | 사업 계획서 수립

전년도에 지자체 의회에서 축제예산을 확정하더라도 축제 사무국에서 실질적으로 예산을 가져다 쓰려면 지자체에 사업 계획서를 제출해야 한다. 광명음악밸리축제

사무국의 경우에는 임의단체여서 광명문화원을 경유해 예산을 받았다. 형식적으로는 광명문화원 산하에 축제 사무국이 있는 형태였다.

2006 광명음악밸리축제 사업 계획서 및 세부집행계획서

○ 사업 계획서

<table>
<tr><td>기관명</td><td colspan="3">광명문화원</td><td>대표자</td><td></td></tr>
<tr><td>소재지</td><td colspan="3">경기도 광명시 하안2동 산 22번지</td><td>전화번호</td><td></td></tr>
<tr><td>보조사업명</td><td colspan="5">2006 광명음악밸리축제</td></tr>
<tr><td>보조사업목적</td><td colspan="5">• '광명은 음악도시이다'라는 이미지를 전국에 홍보
• 지역축제를 뛰어넘어 전국·세계적 규모의 축제를 지향
• '전 세계 대중음악 네트워크'라는 2006년 축제의 키워드를 통해 아시아 음악 시장의 거점 지향</td></tr>
<tr><td>보조사업내용</td><td colspan="5">2006 광명음악밸리축제 사업 계획 준비</td></tr>
<tr><td>보조신청액</td><td colspan="5">_____원</td></tr>
<tr><td>총소요액</td><td>국비</td><td>도비</td><td>시비</td><td>자체부담금</td><td>기타</td></tr>
<tr><td>_____원</td><td></td><td></td><td></td><td></td><td></td></tr>
<tr><td>보조사업기간</td><td colspan="5">2006년 2월 1일~12월 31일</td></tr>
<tr><td colspan="6">광명시 보조금 관리조례 제5조 규정에 의거 보조금 교부를 신청합니다.

2006년 1월 24일

사회단체장 광명문화원 대표자 (인)

광 명 시 장 귀하</td></tr>
</table>

○ 세부집행계획서

• 소요 예산

- 소요 예산: _____원
- 보조금: _____원
- 자부담: _____원

— 하단 표 —

항목	금액	산출 내역	비고
메인무대 장비, 공연 장비		• 무대, 조명, 음향, 악기, 특수 효과, 발전차 • 객석 의자 · 텐트 • 무대 철제가드 • 이동식 화장실 • 무전기 임대 • 애드벌룬 임대	3일 공연
메인무대 출연료		• 국내 뮤지션 출연료 • 해외 뮤지션 출연료	해외 뮤지션 체재비 포함
거리무대		• 무대비용 • 개런티	무대 3곳 운영
부대행사		• 전일행사(컨퍼런스 · 리셉션) • 사전 홍보 행사 • 시민 참여 프로그램 • 노천카페	사전 홍보 4회
해외음악 교류사업		• 미국 SXSW 사전 축제 · 컨퍼런스 참관 • 미국 SXSW 참여 뮤지션 선발 · 현지 공연 경비 • 항공료 • 체재비	2006년 참관 2007년 참여
제작진 인건비			
기록물 제작		• 후원방송사 비용(방송중계) • 행사 공식 촬영 • 광고 제작 • 축제보고서 제작 • 축제평가서 제작 • 외부 기고료(책자, 홈페이지)	
홍보		• 디자인 외주, 출판, 옥외 홍보물 제작 • 웹사이트 신규 제작 · 운영 • 지역매체 광고비 • 초청장 제작 · 발송 등	
진행비			
예비비			

제8장

축제프로그램 기획

01 전체 프로그램 구성

02 메인공연

03 서브공연

04 사전 공연 · 행사

05 부대행사

06 공모 행사

07 축제 전체 일정

01 | 전체 프로그램 구성

축제에서 공연을 기획하기 전에 먼저 할 일은 축제마스터플랜(개요, 슬로건, 주제, 기획 요점 등)에 의거해 전체 프로그램 '코너'들을 개발하는 일이다. 그러고 나서 각 코너들을 시간적·공간적으로 구성하고, 마지막에 각 코너에 맞는 뮤지션을 선정한다.

아직까지도 한국에서는 축제마스터플랜과 무관하게 공연을 기획하는 경우가 많고, 뮤지션을 선정하고 나서 구성 코너를 정하는 '역순 기획'을 하는 경우도 적지 않다. 이럴 경우 일관성과 완성도를 담보하는 축제프로그램을 갖기는 사실상 어렵다.

보통 축제기획자가 '역순 기획'을 하는 이유는 두 가지 때문이다. 첫 번째는 축제기획자가 전문성이 없는 탓이다. 일례로 한국 뮤지션들을 소스로 역사성 있는 공연을 기획하게 되었다면, 적어도 축제기획자가 1970년대부터 2007년 현재까지 한국 대중음악 뮤지션·음반에 정통해야만 제대로 된 공연 프로그램을 만들 수 있다. 두 번째는 주최 측이 해당 축제를 단순 이벤트('시민의 날' 행사 같은)로 보기 때문에 축제프로그램이 갖는 의미보다는 집객을 최우선시해서 축제기획자를 압박했기 때문이다.

일반적으로 지자체가 축제를 만들 때는 분명히 해당 지자체의 정책하에서 축제 개요를 만들지만, 지자체 조직 하부의 축제 주무 담당자는 자신의 업무 성과를 인정받기 위해서 당장 눈에 보이는 집객에 매달리는 경우가 상당히 많다. 그래서 결국 축제를 의뢰받은 축제기획자가 프로그램 기획에 대한 전권을 갖지 못하고 주무 담당자의 눈치를 살펴야 하는 경우, 단순 집객을 위해 당시 가장 이벤트 효과가 높은 적절한 개런티의 뮤지션들을 선정하게 된다. 그렇기 때문에 현재 한국에서 특정 시기에 벌어지는 축제, 행사를 보면 같은 뮤지션들이 겹쳐서 나오는 것이다. 앞에서도 축제가 제대로 만들어지려면 축제 사무국이 독립되어야 하고, 거기에 전문성을 갖춘 예술감독 등 축제기획자가 있어야 한다고 했는데, 바로 이런 이유 때문이다.

1) 축제 전체 구성

2005 광명음악밸리축제 초기 구성 개요

- **3일 동안 음악과 관련된 콘텐츠를 연이어서 배치한다.**
  - 60 Hours Music Festival in GwangMyeong

2) 시간적인 배치

광명음악밸리축제 초기 기획안을 만들 때 공연 시간과 비용에 관해 다음과 같은 우려 사항들이 제기되었다.

○ 평일인 금요일에 오후 6시 공연 시작은 너무 이르지 않는가? 오후 8시가 적당해 보인다.

이에 다음과 같이 답변했다.

○ 공연 종료시각(오후 11시)을 감안한다면 요구하는 대로 오후 8시 공연은 너무 늦다. 일반적인 음악콘서트가 아닌 음악축제인 경우, '특정 주제'를 갖고 진행하는 것이 일반적이고 그러려면 보통 5시간이 소요된다. 해외의 경우에는 오후 2~3시부터 하는 경우도 많고, 부산 록 페스티벌(8월 공연)은 오후 5~6시에 시작한다.

○ 대안으로 평일인 금요일의 경우 시작을 오후 7시로 1시간 늦춘다(대신 금요일은 두 가지 프로그램만 공연한다). 그리고 토요일과 일요일은 이르게 시작해도 관객 운집에 큰 영향을 미치지 않으므로 그대로 진행한다.

2005 광명음악밸리축제 초기 시간 배치안

1) 1일차 금요일

- 오후 2시: 각종 부대행사, 거리무대 공연, 노천카페
- 오후 4시: 포럼
- 오후 6시: 지하철 공연
- 오후 7시: 개막식(시장 축사, 홍보대사 인사말, 지역인사 소개, 광명음악밸리 소개 영상)
- 오후 7시 30분: MP(Main Performance) 1
- 오후 9시: MP2
- 오후 11시: 공연 종료

2) 2일차 토요일

- 오후 12시: 각종 부대행사, 거리무대 공연, 노천카페
- 오후 2시: 포럼
- 오후 4시: 지하철 공연
- 오후 5시: MP3, MP4, MP5
- 오후 11시: 공연 종료

3) 3일차 일요일

- 오전 10시: 각종 부대행사
- 오후 12시: 거리무대 공연, 노천카페
- 오후 2시: 포럼
- 오후 4시: 지하철 공연
- 오후 5시: MP6(150분 특별 공연)
- 오후 7시 30분: MP7, MP8
- 오후 10시 30분: 공연 종료

02 | 메인공연

2006 광명음악밸리축제에서는 고정 프로그램 <밸리 초이스>, 신인발굴 프로그램 <뉴커런츠> 외에 대중음악의 새로운 물결을 상징한 <뉴웨이브스(New Waves in GwangMyeong)>를 중심으로 프로그램을 구성했다. 또한 작품의 질을 가장 중시해 음악성 있는 뮤지션들만 엄선해 섭외했다. 진정한 의미의 대중성이 무엇인지를 확인시키는 밀도 높은 프로그램을 통해 축제의 독자성을 확립하고자 했다.

1) 공연 기획 방향성

공연 기획의 방향성은 축제마스터플랜 안에 담겨 있고, 이는 공연 기획의 시작점이다. 하지만 지자체 축제에서는 정치적인 이유로 애초에 세웠던 계획이 중도에 수정되는 경우가 왕왕 있다. 2006 광명음악밸리축제도 그 해 5월 지자체 선거 이후 축제예산이 삭감되면서, 초기에 세웠던 공연 기획 방향성을 일부 수정할 수밖에 없었다.

2006 광명음악밸리축제 초기 기획 방향성

1) **전 세계 대중음악 네트워크(Worldwide Music Network)**
   - 한국, 일본, 영국, 미국 등 뮤지션들 간의 교류 차원의 공연
   - 한국 뮤지션들의 해외 진출 모색
   - 광명시가 '음악도시'로서 '음악마케팅'에서 아시아의 거점이 되도록 모색
2) **트리뷰트(헌정) 등을 포함한 기획 공연**
3) **장르가 아니라 음악 신 차원의 기획**

2) 공연 콘셉트

좀 더 구체적으로 공연을 기획하기 위해서 음악적인 부분으로 기획을 집중한다.

2006 광명음악밸리축제 공연 콘셉트

1) 주제는 '현재의 노래, 희망의 노래'임
2) 조명할 만한 '현재 트렌드'의 뮤지션들을 음악스타일별로 한무대에 세움
3) 선별 기준은 '훌륭한 앨범'을 발표했는지 여부임

3) 프로그램 구성

공연 콘셉트가 정해지면 거기에 맞는 프로그램을 구성해야 한다. 한국에서는 아직도 공연 콘셉트가 없는 상태에서 프로그램을 구성하는 경우도 적지 않고, 반대로 공연 콘셉트는 근사한데 엉뚱한 프로그램으로 구성되는 경우도 종종 있다. 그리고 기획자는 대중음악전문축제 공연을 기획할 때, 반드시 '동시대성'과 '트렌드'라는 개념을 공연 프로그램과 뮤지션 선정에 반영해야 한다는 점을 명심해야 한다. 동시대성은 '2007년 현재 한국에서' 공연을 기획한다는 것을 의미하고, 트렌드는 현재의 음악 흐름에 대한 고려를 말한다.

2005 광명음악밸리축제 메인무대 프로그램 초기 구성 기획안(3월)

- 제1회, 제2회 각 90분, 제3회 120분 공연(3일 동안 총 9개의 프로그램)
- 프로그램당 뮤지션 3~4명(팀) 출연 – 한 뮤지션당 20~30분 공연
- 제3회 마지막 뮤지션에게만 앙코르 허용
- 1회당 ______원 내외의 개런티 책정

• 제1회, 제2회, 제3회 막간에 3분(총 2회) 정도의 음악밸리 홍보영상물 상영(내용이 다른 것 2개 준비)

• 공연 막간

- 광명음악밸리 소개 동영상
- 뮤지션 나오기 전에 뮤지션 소개 동영상

○ 1일차 – 새로운 미래로

1) 실험음악

• 후보 1: 롤러코스터, Where The Story Ends, 못, 잠

• 후보 2: east4a, 포츈쿠키

• 후보 3: 클래지콰이, 카프카, 모그, 전제덕, 레이 정, 임인건, 재즈오테크, 남예지, 이주한, 정원영, 제이에스 컬처(JS Culture), 레이지 먼데이(Lazy Monday), 이정식

2) 힙합 · B-BOY

• 후보 1: DJ DOC, 데프콘, 다이나믹 듀오, 주석+B-BOY

• 후보 2: 리쌍, 피타입, 킵루츠, 타프카 부다

3) 메인스트림

• 후보 1: 이현우, 이소라, 자우림, 더더

• 후보 2: 거미, 휘성, 바비킴, 이승철

○ 2일차 – 한국 음악창작자의 역사

1) 하나뮤직 스페셜

• 조동진, 조동익, 장필순, 김창기, 더 클래식, 이다오, 오소영

2) 민중음악(1)

• 후보 1: 정태춘, 안치환, 장사익, 노찾사

• 후보 2: 꽃다지, 이지상, 김현성

3) 평생창작

• 후보 1: 한대수(김도균, 이우창), 이상은, 이승열, 한상원밴드(& 이현도)

• 후보 2: 이정선 및 신촌블루스, 김두수

○ **3일차 – 한국 인디뮤직 10년사**

1) 민중음악(2)

- 후보 1: 연영석, 손병휘, 천지인, 손현숙
- 후보 2: 박창근, 소리타래, 프리다칼로

2) 펑크, 하드코어 · 헤비메탈

- 후보 1: 크래쉬, 시나위, 럭스, 바세린
- 후보 2: 13스텝스, 글램, 해머
- 후보 3: 49몰핀스, 언루트, 껌엑스, 블랙신드롬, 데드포인트, 피아, 힙포켓

3) 모던록

- 후보 1: 허클베리핀, 마이언트메리, 코코어, 언니네 이발관
- 후보 2: 이장혁, 비행선, 코스모스, 스위트피
- 후보 3: 3호선 버터플라이, 스웨터, 플라스틱 피플, 슬로우 쥰, 푸른새벽, 소규모 아카시아 밴드

4) 뮤지션 선정

뮤지션 선정 원칙에는 축제의 '방향성'과 기획자들의 축제에 대한 '철학'이 반영된다.

광명음악밸리축제 뮤지션 선정 원칙

○ **메인무대**

- 주목할 만한 음악창작자: 음악이 주는 '감동'을 관객에게 전달
- 발굴과 재평가, 선택과 배제: 한국 유일의 대중음악전문축제로 '먼저, 꼭' 대중들에게 알릴 뮤지션들을 선택해서 조명. 뮤지션들 측면에서나 관객 입장에서나 이런 기회는 흔치 않으니 기획자로서의 소명의식이 필요

1) 밸리 초이스

- 한국 대중음악사의 '거장'들에 대한 재평가 및 조명: 여기서의 '거장'은 미래에 대한 예측도 포함되어 있고, 이를 광명음악밸리축제에서 지목하는 의미임

2) 뉴커런츠

- 미완의 대기(신인), 새로운 조류의 음악을 하는 뮤지션(기성)에 대한 발굴 및 조명
- 대상: 제1집까지만 음반을 낸 뮤지션 중 신선한 느낌의 뮤지션

3) SXSW 참여 뮤지션

- 미국 SXSW에서 한국을 대표해 한국의 음악 신을 알릴 역량을 가진 뮤지션
- 미국 SXSW에서도 통할 음악적인 스타일과 역량을 가진 뮤지션
- 해외 진출에 적극적인 관심을 갖고 있고, 광명음악밸리축제의 방향성에 동의해서 이를 널리 알릴 마음을 가진 뮤지션

4) 기획 공연

- 헌정 공연: 2006년의 경우, 정태춘 헌정 공연 추진
- 한국 대중음악계에 선배로서 공헌한 바 있는 노장 뮤지션
- 음악적으로도 반드시 조명해줘야 할 뮤지션
- 당해 연도와 맞물려 기획 공연했을 때 의미가 있는 뮤지션

○ 거리무대

1) 신인 발굴

- 한국 대중음악 신을 활성화시킬 '신인 발굴'에 대한 의지를 보여주는 것이기 때문에 축제프로그램 기획에서의 중요한 방향성으로 잡을 필요가 있음. 그래서 이에 대한 기획을 체계화할 필요가 있음
- 쌈지사운드 페스티벌에 〈숨은 고수〉라는 프로그램이 있지만, 초기 기획과는 달리 지금은 쌈지의 아트 마케팅 차원에서 뮤지션을 선정하는 경향이 있고, 공연의 양념 성격으로 전락한 측면이 있음. 그래서 광명음악밸리축제의 〈뉴커런츠〉 기획은 차별화 전략('선정 기준'을 명확히 공지하는 것도 한 방법)을 꾀하는 것이 바람직함

2) 개성

- 메인무대가 '음악창작'을 가장 중요한 선정 기준으로 잡은 것과는 달리 거리무대는 음악적인 '스타일'을 중시
- 다만, 무대 규모가 작아서 기성 뮤지션을 거리무대에 세우기에 적합하지 않은 측면이 있다. 향후 별도의 준메인급 무대를 만들어서 이런 문제점을 보완할 필요가 있음

3) 기획 공연의 적합성

- 기획 공연할 때 참여가 적합한 뮤지션

5) 공연 구성표

선정 작업이 끝났으면 코너에 맞게 뮤지션들을 넣어서 전체적인 시간표를 만든다.

2005 광명음악밸리축제 메인무대 구성표

1) 타이틀: 오픈스테이지(광명음악밸리축제 메인무대)

2) 개요

- 키워드는 '한국 음악창작자의 역사'임
- 조명할 만한 '음악창작자'들을 동시에 한무대에 세움
- 선별 기준은 '훌륭한 앨범'을 발표했는지 여부

3) 장소: 광명시민운동장

4) 내용: 금~일요일 매일 오후 4~11시 공연

5) 오픈스테이지 프로그램

	프로그램 1	프로그램 2	프로그램 3
1일차(금)	• 〈개막식〉(18:50): 개막식, 시립합창단	• 〈하나뮤직 스페셜〉(19: 30): 조동진, 조동익, 장필순, 한동준, 오소영, 이다오, 버드	• 〈밸리 초이스〉(21:00): 한대수, 이병우, 이상은, 이승열
2일차(토)	• 〈인디뮤직 10년사〉(17:00): 델리스파이스, 허클베리핀, 마이언트메리, 이장혁, 푸른새벽, 코스모스, 스웨터, 몽구스, 페퍼톤스, 슬로우 쥰, 바세린, 49몰핀스, 카프카, 소규모 아카시아 밴드		
3일차(일)	• 〈실용음악과 난장〉(16:00): 전국실용음악과 학생 8팀	• 〈뉴커런츠〉(18:30): 미스티 블루, 13스텝스	• 〈민중음악 30년〉(19: 30): 안치환, 연영석, 노찾사, 꽃다지, 손병휘

6) 프로그램 설명

공연 구성표를 만든 후에 할 일은 공연 구성표를 설명하는 텍스트 작업이다. 지자체 관계자들에게 프로그램 내용을 설명하고, 사무국에서 선정한 프로그램과 출연진들의 타당성을 알리기 위해 되도록이면 전문성을 가지면서도 이해하기 쉽게 내용을 구성한다. 즉, 프로그램과 출연진에 대한 '명분'이 담겨야 한다. 이는 기본적으로 축제홈페이지의 일차 공개 자료에 속한다.

2005 광명음악밸리축제 메인무대 프로그램 설명

○ 〈하나뮤직 스페셜〉

10월 7일(금) 1일차 오후 7시 30분~9시

하나뮤직은 한국 대중음악계에 생기를 불어넣고 있는 조동진, 조동익, 장필순, 한동준, 오소영, 이다오, 버드 등 소중한 싱어송라이터들의 공동체이다. 포크를 중심으로 한 향기로운 음악으로 나이를 초월한 공감대를 형성해온 하나뮤직 음악인들을 위한 프로그램이 〈하나뮤직 스페셜〉이다. 조용하지만 가슴 깊은 곳을 건드리며 끊임없이 흘러온 진정한 성인대중음악의 진수를 음미할 수 있는 아름다운 무대를 하나뮤직의 가인들이 그려낸다.

○ 〈밸리 초이스〉

10월 7일(금) 1일차 오후 9~11시

한국 대중음악의 역사는 음악창작자들의 역사이다. 한국 대중음악의 역사적 궤적을 정리하며 과거부터 지금까지 가장 뛰어난 창작 작업을 펼치고 있는 음악인을 선별해 무대에 올리는 것은 한국 대중음악창작자를 진정한 아티스트로 인정하는 일이며 대중음악을 예술적 가치로 바라보는 일이다. 한국 대중음악사에 창작자의 길을 연 한대수와 기타리스트의 영역을 넓혀가고 있는 이병우, 가장 활발한 여성 싱어송라이터로 활동 중인 이상은, 그리고 독특한 창작으로 한국 대중음악을 풍성하게 하고 있는 이승열의 무대는 광명음악밸리축제에서만 경험할 수 있는 한국 대중음악의 성찬이다.

○ 〈인디뮤직 10년사〉

10월 8일(토) 2일차 오후 5~11시

한국 대중음악의 자산인 인디음악이 태동한 지 10년이 흘렀다. 그동안 음악창작의 다양한 출구이자 공간이 된 인디 신이 배출한 스타들과 엄선된 실력파들이 한자리에 모여 인디 10년의 역사를 결산하는 공연이다. 작품성과 의미가 있는 앨범을 발표한 뮤지션들로 구성된 '인디 드림팀'이 에너지 넘치고 조화로운 무대를 꾸미게 된다. 음악인들에게 경의를 표하고, 음악애호가들과 일반인들에게는 현재의 음악, 즉 한동안 왜곡된 이미지로 전해졌던 인디음악의 실체와 대중성, 실험성, 다양성 등의 가치를 확인한 프로그램이다.

○ 〈민중음악 30년〉

10월 9일(일) 3일차 오후 8시~10시 30분

민중음악은 한국 대중음악의 영역 속에서 진보적 가치와 음악적 미학을 통일시켜 의미 있는 음악적 실천을 진행해온 소중한 음악들이다. 민중음악은 한국 민주화운동의 소중한 버팀목이었을 뿐만 아니라 한국 대중음악의 다양성을 담보하는 중요한 역할을 해왔다. 김민기의 〈아침이슬〉 이후 약 30년 동안 다양한 방식으로 발언해온 한국의 민중가요를 총정리하며 꽃다지, 노래를 찾는 사람들, 안치환과 자유, 연영석, 손병휘 등과 함께하는 시간은 민중가요의 아름다움을 만끽하며 음악의 의미에 대해 생각해보는 소중한 시간이다.

○ 〈뉴커런츠〉(2005 광명음악밸리축제의 주목하는 시선)

10월 9일(일) 3일차 오후 6시 30분~7시 30분

2005 광명음악밸리 축제는 〈뉴커런츠〉를 통해 국내 대중음악의 미래를 조명한다. 〈뉴커런츠〉는 새로운 비전을 제시하는 신인 뮤지션을 선정해 국내 대중음악의 새로운 기운이 어떻게 일어나고 있는지 주목하고 대중과의 교감이 일어날 수 있는 기회를 마련하는 기획이다.

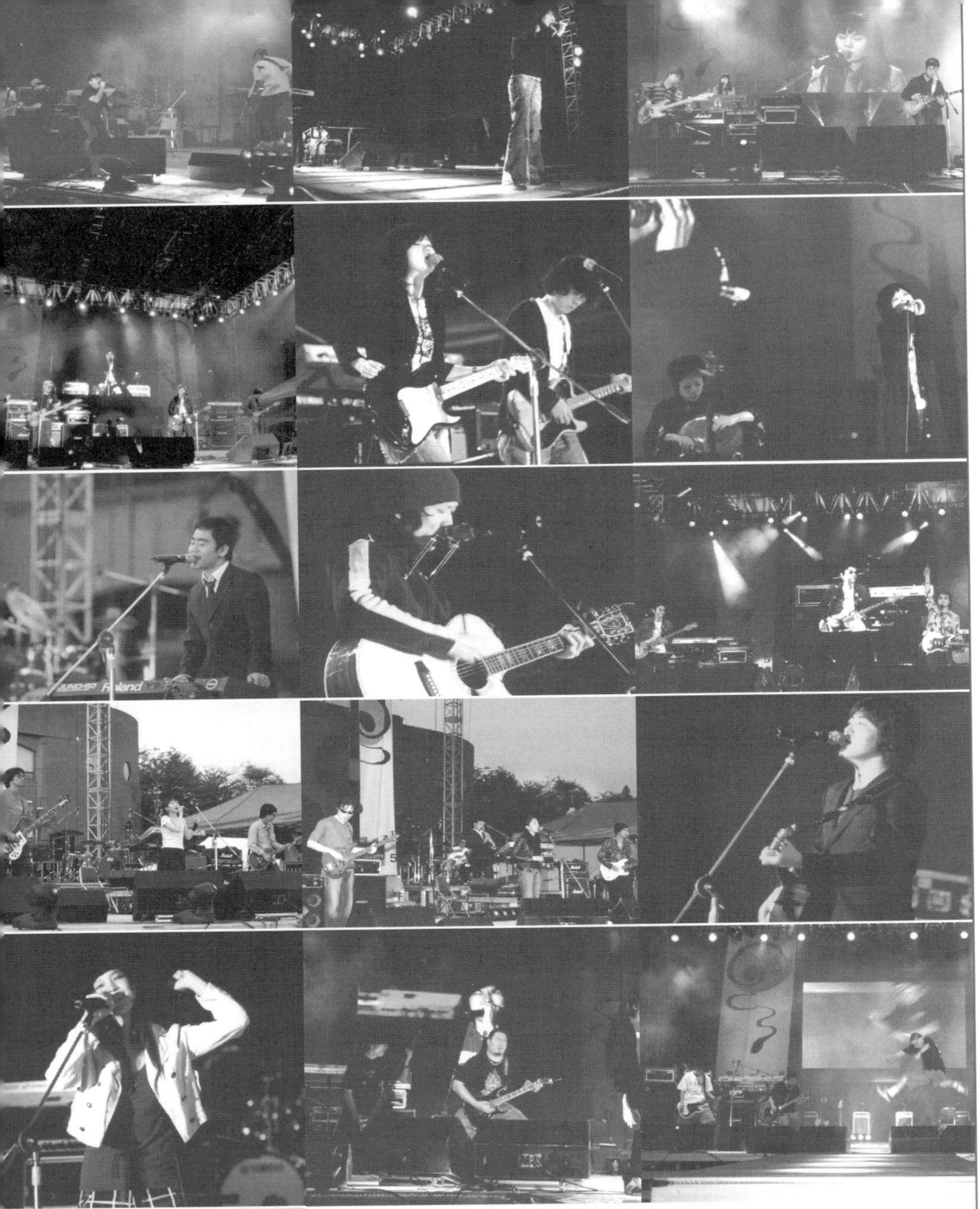

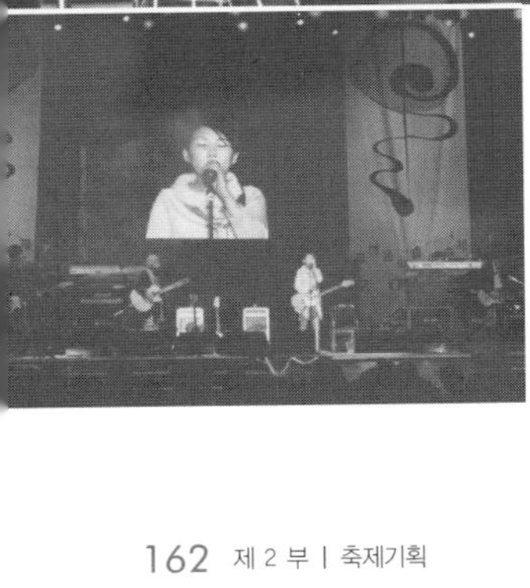

〈인디뮤직 10년사〉의 공연 모습. 49몰핀스, 푸른 새벽, 코스모스, 델리스파이스, 허클베리 핀, 카프카, 몽구스, 이장혁, 마이언트 메리, 페퍼톤스, 소규모 아카시아 밴드, 슬로우 쥰, 스웨터, 바세린, 13스텝스, 미스티 블루(윗줄 왼쪽부터 차례대로).

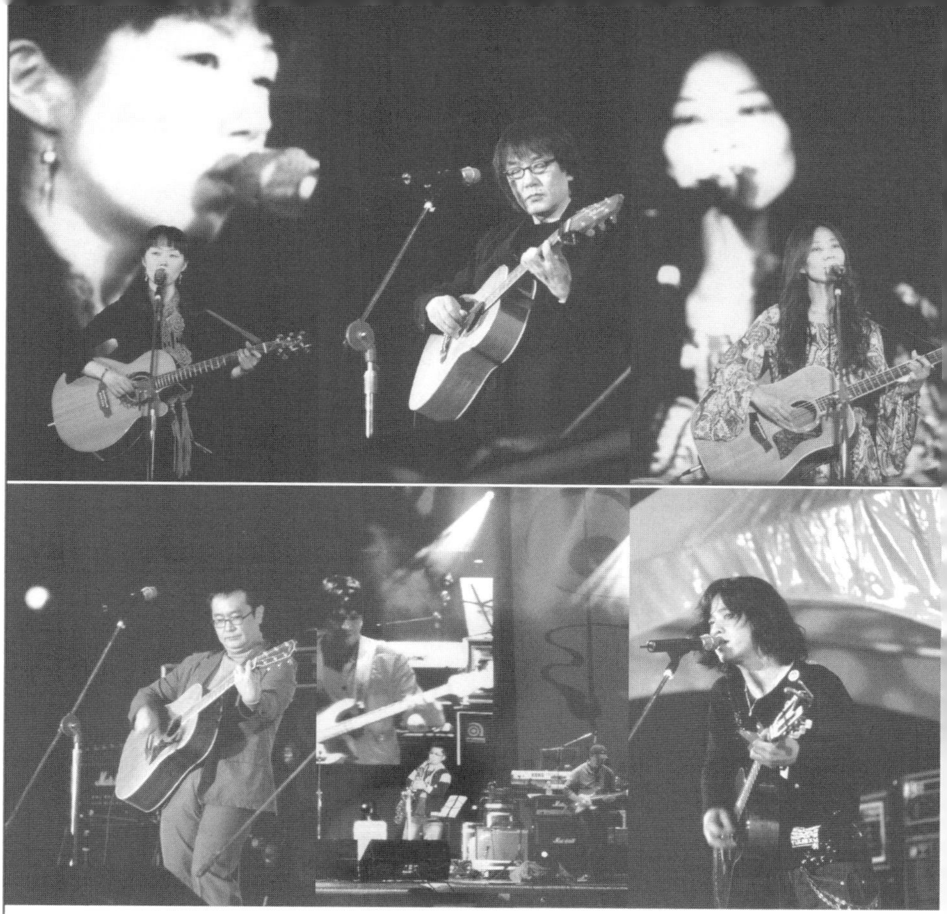

〈하나뮤직 스페셜〉의 공연 모습. 오소영, 조동진, 장필순, 한동준, 버드, 이다오 (윗줄 왼쪽부터 차례대로).

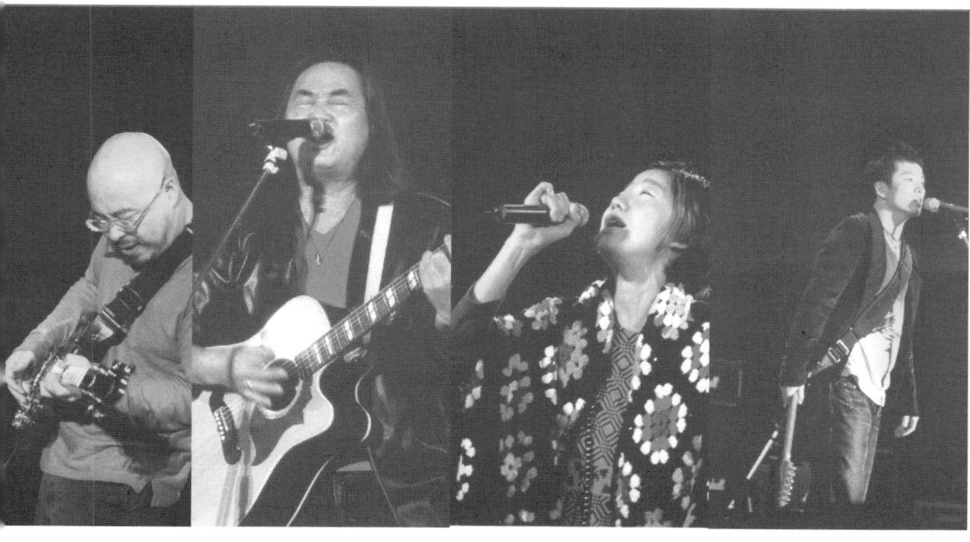

〈밸리 초이스〉의 공연 모습. 이병우, 한대수, 이상은, 이승열(왼쪽부터).

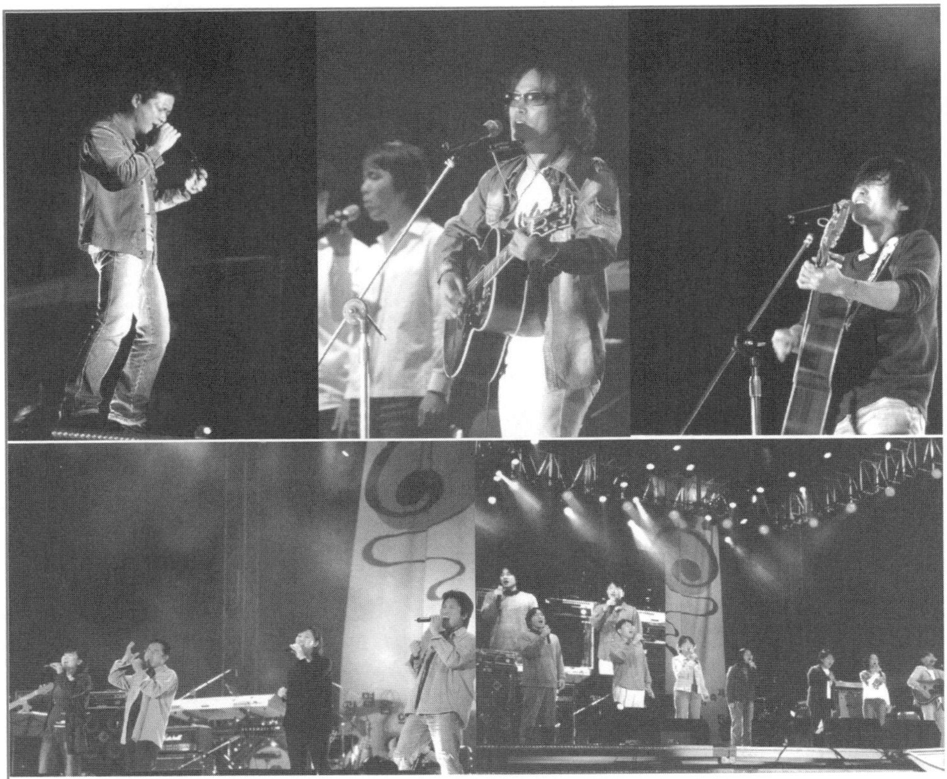

〈민중음악 30년〉의 공연 모습. 안치환, 손병휘, 연영석, 꽃다지, 노래를 찾는 사람들(윗줄 왼쪽부터 차례대로).

03 | 서브공연

큰 규모의 해외 음악축제의 경우 보통 여러 개의 무대를 만들어서 동시에 운영한다. 이유는 정해진 시간에 좀 더 다양한 뮤지션들을 무대에 올리려는 측면도 있지만 폭넓은 관중 동원과 재원 조성(마케팅)을 위해서 필요하기 때문이다. 2005 광명음악밸리축제에서도 메인무대(광명시민운동장) 1개와 거리무대 4개를 축제기간 3일 동안 운영했고, 그래서 80여 뮤지션들이 참여하는 공연 기획이 가능했다.

1) 거리공연

(1) 거리공연의 의의

거리공연은 일반 대중에게 가깝게 다가갈 수 있는 공연이었다. 거리, 지하철, 커피숍 등에서 열리는 작은 규모의 공연은 일상의 색채를 바꿔 음악을 하는 이와 듣는 이 모두에게 특별한 순간을 만들곤 한다. 그래서 평소에 듣기 어려운 음악을 우연히 길거리에서 만나 관심이 생겨나는 과정은 보편의 틀에서 벗어나기 어려운 일상의 즐거운 틈새이기도 하다. 국내에서도 1997년 이후 조금씩 시도되고 있는 거리공연은 자유로운 문화가 익숙한 나라에서는 쉽게 볼 수 있는 문화 행위이다.

2005 광명음악밸리축제에서 기획한 거리공연은 음악축제가 '큰 규모의 공연'으로 대치되지 않고, 축제가 열리는 도시 전체가 음악으로 가득하게 만들기 위함이었다. 그래서 거리에서 하기에 부담 없는 규모의 무대와 음향을 계획했다. 내용적으로는 국내 대중음악에서 가장 활발한 창작이 일어나고 있는 인디레이블을 주인공으로 내세웠다. 거리의 관객에게는 평소에 듣지 못하던 낯선 음악을 가까이에서 듣는 경험이었고, 인디레이블에는 평소의 무대를 벗어나 낯선 공간에서 관객을 만나는 경험이었다. 이러한 낯선 경험의 부딪힘이 거리공연의 가장 큰 매력이자 목적이었다.

(2) 거리공연의 목적

대중음악의 경향은 하위문화의 무브먼트로 발인한 경우가 많다. 영국의 펑크 무브먼트가 그랬고, 2000년대 대중문화를 지배한 힙합 역시 마찬가지이다. 거리공연의 궁극적인 목표는 광명이 한국 대중음악 문화의 선구적인 역할을 하기 위해서 꼭 갖춰야 할 기반 시스템을 마련하는 것이다. 거리공연에 있어 시민들의 관심과 애정이 전제되어야 함은 물론이다. 자연스럽게 공연이 이뤄지고 관객과 아티스트의 거리가 좁혀지는 친근한 기획이 되어야 한다.

2006 광명음악밸리축제의 경우 철산역 주변 번화가인 문화의거리 한복판에서 벌어지는 게릴라성 콘서트는 물론이고, 504번 버스정류장 벤치에 앉아 듣는 영국 인디뮤지션의 공연 등 광명음악밸리축제 <거리무대>는 주목할 만한 인디레이블을 조망하

는 프로그램으로 마련했다. 새로운 힙합 무브먼트를 만들어내고 있는 소울컴퍼니, 한국 펑크의 현재를 바라보는 스컹크레이블, 이웃집 소녀소년들의 무서운 창작론을 확인할 수 있는 튠테이블 무브먼트의 공연, 그리고 영국 인디록의 대부로 일컬어지는 나이스맨과 일본의 파워팝 밴드 플렉트럼의 공연으로 기획되었다.

(3) 거리공연의 사례

○ 해외 미국과 유럽, 그리고 일본 등 음악 시장이 활발하게 움직이는 국가의 경우 대부분 거리공연과 클럽공연이 일상화되어 있다. 물론 큰 규모의 공연 역시 성황을 이룬다. 이는 대중에게 음악이 일상에서 멀리 떨어지지 않은 경험인 것이 큰 힘이기 때문이다. 일본의 로컬 신이 해외에 영향력을 미친 예인 시부야의 경우 지하철을 나서자마자 주말 클럽공연을 홍보하기 위한 거리공연이 곳곳에서 펼쳐진다. 밴드는 아주 조그만 앰프를 가지고 드럼도 없이 열심히 연주하고 노래한다. 클럽이 가까운 거리에 들어서면 다양한 스타일의 음악을 연주하는 젊은이들이 눈에 띈다. 이러한 문화가 해외의 관심을 끌어 1990년대 후반 가장 주목받는 음악 신이 되었다. 이는 세계 음반 시장 2위인 일본의 주류음악계에서도 하지 못했던 성과였다. 프랑스의 지하철 연주인들은 너무 유명해서 굳이 예를 들지 않아도 좋을 것이다.

○ 국내 국내의 거리공연은 아직 낯설다. 이벤트로 거리에서 공연이 열리기는 했지만 대부분 일회성이었고, 스스로 악기를 짊어지고 거리로 나와 공연하는 경우는 드물었다. 종교단체에서 선교를 위해 거리에서 공연하는 경우나 자선모금을 위한 공연이 있는 정도였다. 홍대를 중심으로 개별 밴드 또는 레이블에 의해 단발적으로 시도된 것이 1997년 이후였다. 아소토 유니언의 경우 앨범 발매 이전 비정기적인 거리공연을 벌였고, 오! 부라더스의 경우 여름마다 거리공연을 계속 벌였다. 2003년 홍대 앞 놀이터에서 토요일마다 열리는 프리마켓에서 정기적인 공연이 기획되었고, 2004년 전주영화제에서도 부대행사의 하나로 거리공연이 기획되었다. 그리고 2005년 10월

22~23일 홍대 앞 거리에서 인디음악 페스티벌이 벌어졌다.

○ 광명 2005 광명음악밸리축제에서는 처음으로 <거리무대>를 운영했다. 여기서는 한국 대중음악의 중요한 축으로 성장하고 있는 인디레이블을 집중 조명했고, 3일간에 걸쳐 광명시 거리에 설치된 4개의 야외무대에서 동시다발로 열렸으며 40여 개 팀, 10개 레이블이 참여했다.

2005 광명음악밸리축제 〈거리무대(Free Stage)〉

1) **타이틀**: Free Stage(**광명음악밸리축제 야외무대**)

2) **개요**
- 광명음악밸리축제의 스타일을 주도하는 동시다발의 거리공연
- 4개의 거리무대에서 펼쳐지는 인디레이블의 향연
- 다양한 음악스타일을 거리에서 즐기는 열린 공간의 축제

3) **의미**
- 광명음악밸리축제의 주요 콘텐츠
- 관객과 직접 소통하는 거리공연
- 옹골찬 음반 레이블을 지지하고 다양한 무대를 마련하는 문화기획
- 월드와이드네트워크의 슬로건에 의한 해외 뮤지션의 거리공연

4) **장소**
- 〈Free Stage 1〉: 문화의거리 맥도날드 앞
- 〈Free Stage 2〉: 크로앙스 백화점 앞
- 〈Free Stage 3〉: 철산역 3번 출구 근처
- 〈Free Stage 4〉: 시민운동장 옆 공원 노천카페

5) **내용**: **축제 3일간 메인무대 공연 시간을 제외한 시간에 동시다발적으로 공연 진행**
- 1일차(금) 오후 4~7시 진행
- 2일차(토), 3일차(일) 오후 1~5시 진행

※ 1회당 90분 공연 진행(3~4팀)

6) 〈Free Stage〉 프로그램

	Free Stage 1	Free Stage 2	Free Stage 3 (달리는 놀이터)	Free Stage 4 (노천카페)
1일차(금)	• 파스텔뮤직 • 튜브앰프	• 재즈		
2일차(토)	• 카바레사운드 • 비트볼레코드	• 재즈 • 나는 음악가!	• 핑퐁사운드	• 롤리팝
3일차(일)	• 12몽키스	• 재즈	• 빵	• 프리마켓 • 아티스트

○ 〈Free Stage 1〉

1) 장소: 철산역 문화의거리 내 맥도날드 앞마당

2) 공연 스케줄

	시간	공연 팀	레이블
1일차(금)	16:30~18:30	티어라이너, 스노드롭, 하일라이츠, 식스틴 등	파스텔뮤직 · 튜브앰프
2일차(토)	13:00~14:30	몽구스, 눈뜨고 코베인, 머스탱스, 피들밤비, 스트로베리TV쇼	비트볼레코드
	15:00~17:00	오! 부라더스, 캐비닛 싱얼롱스, 메리고라운드, 넘버원코리안	카바레사운드
3일차(일)	15:30~17:00	로튼애플, 제이콥스 래더	12몽키스

○ 〈Free Stage 2〉

1) 장소: 광명사거리역 부근 크로앙스 백화점 앞

2) 공연 스케줄

	시간	공연 팀	비고
1일차(금)	16:30~18:30	모이다, 얼스	
2일차(토)	13:00~15:00	파워 플라워, 서영도 트리오	
	15:30~16:30	시민 참여 무대	
3일차(일)	13:00~16:00	하타 · 란, 모노타입, 한현우트리오	

○ 〈Free Stage 3〉(달리는 놀이터)

1) 장소: 철산역 3번 출구 부근

2) 공연 스케줄

	시간	공연 팀	비고
2일차(토)	15:00~17:00	머머스룸, 데이드림, 스타리 아이드, 아마추어 증폭기	핑퐁사운드
3일차(일)	15:00~17:00	페일 슈, 데미안 등	빵

○ 〈Free Stage 4〉(노천카페)

1) 장소: 야외공원 노천카페

2) 공연 스케줄

	시간	공연 팀	비고
2일차(토)	15:30~17:00	소히, 하도	프리마켓
3일차(일)	15:30~17:00	캔버스, 멜로우 이어, 슬로우 쥰	롤리팝

2) 거리공연 프로그램 설명

메인무대 프로그램을 완성한 후 이를 설명하는 텍스트 작업을 한 것처럼 <거리무대> 프로그램에 대한 텍스트 작업도 필요하다.

2005 광명음악밸리축제 거리무대 프로그램 설명

○ 〈Free Stage 1〉

- 장소: 철산역 문화의거리 내 맥도날드 앞마당
- 공연 프로그램(하단)

1) 〈Free Stage 1〉 1일차(금) 오후 5시~6시 30분

- 파스텔뮤직(Pastel Music | www.pastelmusic.com): 파스텔뮤직은 3호선 버터플라이, 우리는 속옷도 생겼고 여자도 늘었다네, 허밍 어반 스테레오, 티어라이너 등 국내 뮤지션의 음반 발매와, 정성어린 패키지로 정평이 난

아케이드 파이어, 스완 다이브, 맥시밀리언 해커, 차르 등 해외 인디레이블의 국내 라이선스 발매로 알려진 색깔 있는 레이블이다. 9월 7일 늦은 5시 프리스테이지(철산역 문화의거리 내 맥도날드 앞마당)에서 열리는 파스텔뮤직 레이블 공연에는 허밍 어반 스테레오, 티어라이너 등이 참여한다.

- **티어라이너(Tearliner)** 2004년 나오미 앤 고로의 국내 라이선스반 보너스 CD에 참여하며 처음 알려진 티어라이너는 정서적으로 접근하는 기타팝, 슬로코어 밴드이다. 후니(박성훈, 보컬 · 기타)의 1인 프로젝트로 올해 발표한 티어라이너의 데뷔 앨범 [작은 방, 다이어리]와 [Letter from Nowhere]는 한국과 일본에서 녹음된 두 버전으로 발표됐다. 비와 추억, 멜로디의 세 가지 키워드의 두 음반에는 아련한 추억의 정서가 일관되게 담겨 있다.
- **미스티 블루**
- **올드피쉬**
- **하일라이츠**

• 튜브앰프(Tubeamp | www.tubeamprecords.com): 메인스트림과 인디신을 자유롭게 넘나드는 에너자이저 이한철이 설립한 튜브앰프는 흥겹게 즐길 줄 아는 멋쟁이 레이블이다. 불독맨션의 데뷔 EP를 필두로 노이즈캣, 식스틴, 프랙탈, 빅 브라더 패밀리 등의 음반을 발매한 튜브앰프는 레이블 공연명이자 컴필레이션 음반 타이틀이었던 [Funnyday Funkyday]가 어울리는 이미지를 표현하고 있다.

- **식스틴(Sixteen_** www.sixteen16.com) 은희의 노을 출신의 박정준과 틈 출신의 최도원이 결성한 2인조 밴드. 1980년대 팝 사운드와 뚜렷한 멜로디로 다른 록밴드와 변별성을 두고 있는 식스틴은 최도원의 맑은 목소리와 박정준의 멜랑콜리한 악기 운용이 돋보이는 팀이다. 데뷔 EP [Giggle Giggle]에 이어 올해 두 번째 EP [Fine]을 발표했다.

2) 〈Free Stage 1〉 2일차(토) 오후 1시 30분~3시

• 비트볼레코드(Beatball Records | www.beatballrecords.com): 영화 〈사랑도 리콜이 되나요?〉의 한국판 버전인 비트볼레코드는 인생이 음악과 농담으로 점철된 영화의 등장인물처럼 자신만의 레이블을 꿈꾸고 실행 중이다. 라운더스(Rounders) 카탈로그 재발매, 국내 복각음반, 어드밴티지 루시, 마마 기타 등 일본 인디즈 음반 라이선스, 몽구스, 줄리아 하트, 싸지타 등 국내 뮤지션 음반을 발매하는 등 '전천후 글로벌 음반사'다운 면모를 보인다.

- **몽구스**(Mongoose) 로-파이와 뉴웨이브에 대한 골방소년들의 로망, 2004년 제1집 [Early Hits of the Mongoose]를 발표한 몽구스는 기타가 없는 3인조 밴드이다. 댄서블한 리듬과 서정적인 노이즈가 공존하는 몽구스는 올해 발표한 제2집을 통해 더욱더 간결하고 적극적인 표현을 보이고 있다. 10월 8일(토) 〈인디뮤직 10년사〉에도 출연한다.
- **눈뜨고 코베인**(Nunco_ www.nunco.net) 2004년 데뷔 EP [파는 물건]을 발표한 눈뜨고 코베인은 산울림, 송골매를 좋아하는 펑크 · 모던록 밴드이다. 다소 냉소적인 위트와 열정적인 무대매너를 가진 눈뜨고 코베인은 색다른 어법의 록을 선보인다. 현재 제1집 발표를 위해 열혈 녹음 중.
- **마리화나**(Marihuana_ www.bandmarihuana.com) 2001년 대학로 살에서 에이프릴조크, 이어리스와 함께 '겁 프로젝트'를 시작한 마리화나는 사이키델릭에 대해 진지하게 접근하는 얼터-모던 밴드이다. 2002년 첫 싱글 CD [마리화나]를 발표한 후 현재 제1집 발표를 앞두고 있다.
- **피들밤비**(Fiddle Bombi_ www.fiddlebombi.com) 피들밤비는 일상의 소소한 소재에 대해 색다른 상상력을 부가하는 독특한 어법을 지닌 밴드이다. 바셀린, B-52's를 연상시키는 스트레이트함과 아기자기한 감성을 동시에 표현하는 비트볼의 숨은 병기이다. 현재 제1집 발표를 앞두고 있다.

3) 〈Free Stage 1〉 2일차(토) 오후 3시 30분~5시

- 카바레사운드(Cavare Sound | www.cavare.co.kr): 2004년 대중음악상 레이블 부문 수상에 빛나는 인디레이블 카바레사운드! 1996년부터 23장의 음반을 발매하며 개성 있는 스타일을 선보이는 인디레이블의 명가. 지금까지 오! 부라더스, 플라스틱 피플, 푸른새벽, 잠, 다방밴드, 은희의 노을, 곤충스님 윤키, 이성문 등의 음반이 나왔다. 〈Free Stage 1〉 공연에는 오! 부라더스, 캐비닛 싱얼롱스, 해파리 소년, 메리고라운드, 넘버원코리안 등이 참여한다.
- **오! 부라더스**(Oh! Brothers_ www.ohbrothers.com) 국내 유일무이의 정통 로큰롤 밴드 오! 부라더스는 언제 어디서나 유쾌한 공연을 이끄는 '절정의 인도자'이다. 길거리공연을 필두로 각종 파티와 영화제, 페스티벌 등에 초대받았던 오! 부라더스는 작년 제3집 [One & Two & Rock & Roll]을 발표했다. 올해 후지 록 페스티벌에 한국 대표로 참여한다.
- **캐비닛 싱얼롱스**(Cabinet Singalongs_ cabinet.cyworld.com) 지하철, 공원, 클럽 등 장소에 구애받지 않는 아코디언, 어쿠스틱 기타, 우크렐레,

트럼펫 등을 연주하며 여행하는 '21세기 집시 밴드'. 프리마켓, 문화연대의 달리는 놀이터 등에서 맹활약 중인 캐비닛 싱얼롱스는 올해 '카바레사운드 싱글즈 클럽'에 참여 2곡의 디지털 싱글을 발표했다.

- **해파리 소년**(Jelly Boy_ blog.naver.com/jelly_boy.do) '카바레사운드 싱글즈 클럽'을 통해 데뷔한 해파리 소년은 포크와 록의 감성을 지닌 일렉트로니카 뮤지션이다. 여러 밴드에서 기타리스트로 활동했던 경력을 바탕으로 짙은 감수성의 일렉트로니카를 구사하고 있다. '카바레사운드 싱글즈 클럽'에 발표된 [I Like To Smile]은 어쿠스틱 기타와 해파리 소년의 보컬이 어우러지는 밴드 시절의 기억이 담긴 싱글이다.
- **메리고라운드**(The Merry-Go-Round_ cafe.daum.net/merrygoroundmusic) 상쾌한 멜로디, 모던한 감성의 팝을 노래하는 여성 듀오 메리고라운드. 2003년 '밍'과 '유'가 결성한 메리고라운드는 라이브 공연과 콘서트 게스트, 컴필레이션 음반 참여 등 많은 활동으로 실력을 쌓고 있는 신인 팀이다. 2005년 가을 데뷔 앨범 발표 예정.
- **넘버원코리안**(No.1 Korean) 거리에 울려 퍼지는 흥겨운 스카의 리듬. 그 음악만큼이나 유쾌한 성격의 8인조로 구성된 '넘버원코리안'은 지하철 예술무대와 프리버드, 스컹크레이블 파티 등에서 활동해온 스카밴드다. 처음에는 좀 더 펑크의 성격이 강한 연주를 선보였으나 브라스 파트를 한층 강화하고 정통에 가까운 스카를 연마하기 위해 멤버 구성을 새로 정비하는 등 많은 변화를 거듭했다. 스카에 어울리는 공연은 단연 거리공연이라는 신념으로 'Summer Circus'라는 이름의 신나는 연주여행을 구상하고 있다.

4) 〈Free Stage 1〉 3일차(일) 오후 2시~3시 30분

- 롤리팝 뮤직(Lollipop Music | www.lollipopmusic.net): 줄리아 하트의 [가벼운 숨결]로 등장한 롤리팝 뮤직은 볼빨간의 서준호와 스웨터의 신세철이 함께 운영하는 인디레이블. 한동안 개점휴업이었던 롤리팝은 2004년 말 슬로우 쥰의 [Grand A.M]을 필두로 오소영, 멜로우 이어 등의 음반을 준비하며 오랜만에 기지개를 펴고 있다. 레이블 옴니버스 음반이 곧 발매될 예정.
- **오소영** 유재하 음악경연대회 출신으로 하나뮤직에 합류한 오소영은 2001년 데뷔 앨범 [기억상실]을 발표했다. 조동익, 박용준, 이한철, 고찬용 등 하나뮤직 사단이 참여한 [기억상실] 이후 [바다], [꿈] 두 장의 옴니버스 음반에 참여했다. 올해 롤리팝 뮤직으로 이적, 제2집을 발매할 예정이며 롤리팝

옴니버스 음반에 〈그리움〉이란 곡으로 참여한다.

- **슬로우 쥰**(Slow June) 조 쿨, 오! 부라더스의 멤버였던 주현철이 백비트를 거쳐 안착한 슬로우 쥰은 산뜻한 팝 성향의 데뷔 앨범 [Grand A.M]을 발표했다. [Grand A.M]에는 '햇볕이 따사로운 봄날 담벼락에 기대앉아 고양이나 강아지를 쓰다듬으며 들으면 어울릴 만한' 노래들이 가득하다. 10월 8일(토) 메인무대에도 출연한다.
- **멜로우 이어**(Mellow Year) 스웨터의 리더이자 롤리팝의 공동 운영자인 신세철의 솔로 프로젝트 멜로우 이어는 롤리팝 스타일의 일부분인 편안하고 개인적인 사유의 음악을 보여준다. 소박한 여행길의 느낌을 담고 싶다는 멜로우 이어는 올해 음반 발매를 계획하고 있다.
- **무진**

○ 〈Free Stage 2, 3, 4〉

— 내용 생략 —

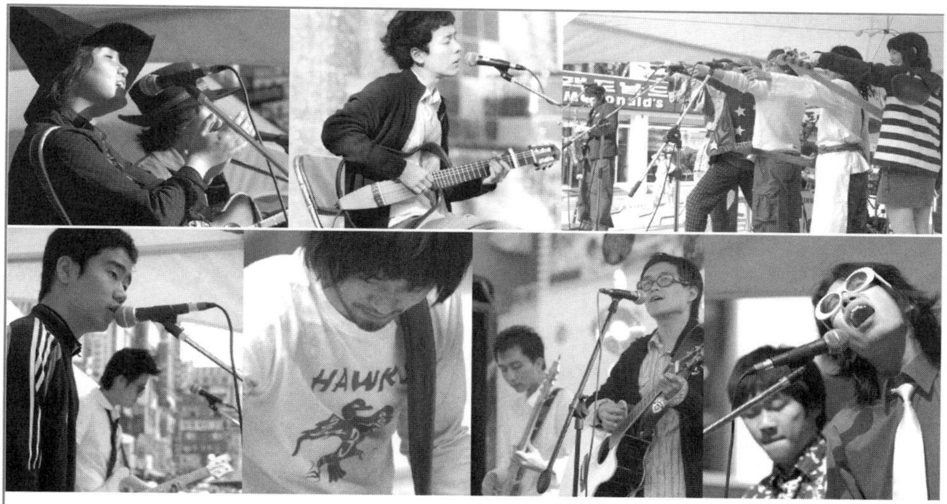

〈Free Stage〉의 공연 모습. 캐비닛 싱얼롱스, 하도, 넘버원코리안, 스타리 아이드, 머스탱스, 페일 슈, 눈뜨고 코베인(왼쪽 윗줄부터 차례대로).

04 | 사전 공연 · 행사

본 축제에 앞서 사전 행사를 기획하는 것도 홍보를 위해 좋은 방안이다. 광명음악밸리축제는 2005년이 제1회였던 데다가 내용적으로도 생소한 대중음악전문축제였기 때문에, 사전에 소규모 음악 공연들을 기획함으로써 사람들에게 축제의 일정과 성격을 알 수 있도록 했다.

1) 사전 공연

광명음악밸리축제의 본령이라면 창작자와 라이브 중심의 음악축제라는 것이다. 이런 특색은 홍대 부근 문화생산집단의 분위기와 일맥상통하는 부분이다. 때문에 홍대라는 지역은 광명음악밸리축제의 지지층을 공유하고 있으며, 지정학상으로도 광명과 매우 가까운 위치에 있다. 광명음악밸리축제의 기자 간담회를 겸한 첫 번째 사전 공연의 장소로 홍대를 선택한 이유도 거기에 있다.

첫 번째 사전 공연이 이처럼 개념적·지정학적으로 판단되었다면 두 번째와 세 번째 사전 공연은 축제가 벌어지는 광명에서 축제 붐업을 위한 공연으로 기획되었다. 광명시민들에게 좀 더 가까이에서 좋은 음악 공연이 벌어질 수 있음을 상기시키기 위한 목적이 가장 크다. 때문에 거리공연이라는 한계가 있었는데도 광명음악밸리에 참여하는 걸출한 뮤지션들을 선정했다. 특히 2006년 축제의 두 번째 사전 공연, 즉 SXSW 참여팀 축하 공연은 2007년 3월 미국 오스틴에서 열리는 SXSW 미디어·음반 컨퍼런스에 참여하는 서울전자음악단을 축하하기 위한 기획이었기에 더욱 의미가 있다.

광명에서의 사전 공연은 두 가지 의미를 포착해내야 했다. 첫 번째가 광명시민들의 축제에 대한 관심 고양이라면, 두 번째는 홍대를 위시해 서울을 중심으로 형성되어 있는 음악 문화를 광명이라는 공간으로 끌어들여 시너지를 일으키는 것이다.

2005 광명음악밸리축제 사전 공연 프로그램

○ 행사 개요

타이틀	일시	장소	프로그램
〈Pre-Stage 1〉	9월 8일(목)	사운드홀릭	기자 간담회, 뉴커런츠 공연
〈실용음악과 난장〉 중 간결선 공연	9월 24일(토)	광명문화원 소극장	15팀의 예선 공연
〈Pre-Stage 2〉	10월 1일(토)	철산역 문화의거리	3팀의 거리공연

○ 프로그램

1) 〈Pre-Stage 1 — 뉴커런츠, 기자 간담회〉

- 일시: 2005년 9월 8일(목) 오후 7시
- 장소: 사운드홀릭(www.soundholic.co.kr)
- 출연진
  - 소규모 아카시아 밴드(Sogyumo Akasia Band)
  - 미스티 블루(Misty Blue)
  - 13스텝스(13Steps)
- 프로그램
  - 19:00 행사 시작
  - 19:02 시장, 집행위원장, 홍보대사 인사
  - 19:15 축제소개영상 상영
  - 19:20 공연 1(소규모 아카시아 밴드)
  - 19:50 공연 2(미스티 블루)
  - 20:20 공연 3(13스텝스)
  - 20:50 정리

음악도시 광명의 3일간의 대중음악축제인 2005 광명음악밸리축제를 미리 엿볼 수 있는 사전 행사 〈Pre-Stage 1— 뉴커런츠, 기자 간담회〉가 오는 9월 8일(목) 홍대 앞 클럽 사운드홀릭에서 열립니다.

〈Pre-Stage 1〉에서는 2005 광명음악밸리축제가 선정한 〈뉴커런츠〉 두 팀인 미스티 블루와 13스텝스, 그리고 인상적인 데뷔 앨범으로 인디 신의 주목을 받고 있는 소규모 아카시아 밴드의 공연이 열립니다.

〈뉴커런츠〉는 새로운 비전을 제시하는 신인 뮤지션을 선정해 국내 대중음악의 새로운 기운이 어떻게 일어나고 있는지 주목하고 대중과의 교감이 일어날 수 있는 기회를 마련하는 기획입니다. 2005 광명음악밸리축제와 함께 우리 대중음악의 미래를 주목해봅시다!

2) 〈실용음악과 난장〉 중간 결선 공연

- 일시: 2005년 9월 24일(토) 오후 2시
- 장소: 광명문화원 공연장
- 출연: 〈실용음악과 난장〉 지원팀 중 1차 심사 통과한 15개 팀
- 기획 및 진행: 축제 사무국

3) 〈Pre-Stage 2 — 거리공연〉

- 일시: 2005년 10월 1일(토) 오후 4시
- 장소: 철산역 상업지구 문화의거리 내 야외무대
- 출연: 허클베리핀, 몽구스, 13스텝스
- 기획 및 진행: 축제 사무국

메인무대인 오픈스테이지와 함께 2005 광명음악밸리축제의 한 축을 이룰 거리공연을 일주일 먼저 즐겨보는 기회, 〈Pre-Stage 2 — 거리공연〉은 축제 기간 〈Free Stage 1〉 무대가 위치할 철산역 상업지구 문화의거리 내 야외무대에서 13스텝스, 몽구스, 허클베리핀의 에너제틱한 공연으로 진행되었습니다.

확고한 마인드의 에너자이저, 2005 광명음악밸리축제에서 '뉴커런츠'로 주목하는 하드코어 밴드 13스텝스, 화제의 뉴웨이브 로큰롤러, [Dancing Zoo]의 주인공 몽구스, 홍대 신을 대표하며 한국 대중음악의 현재이기도 한 허클베리핀.

2005 광명음악밸리축제는 3일간의 〈Main Stage〉 공연과 4개 거리무대의 〈Free Stage〉 공연을 통해 국내 대중음악의 역사와 현재, 그리고 주목하는 미래를 조명하는 음악축제입니다. 국내 대중음악의 걸출한 창작자의 무대 〈밸리 초이스〉(창작자 스페셜), 색깔 있는 스타일을 견지하는 창작자 집단 하나뮤직의 〈하나뮤직 스페셜〉, 1990년대 중반 이후 한국 대중음악의 한 축으로 성장하고 있는 인디 신을 조명하는 〈한국 인디뮤직 10년사〉, 음악의 진보적인 가치와 음악적 미학을 실현하는 〈민중음악의 현재와 미래〉, 거리에서 벌어지는 인디레이블의 공연 〈Free Stage〉 등의 프로그램은 국내 대중음악의 역사와 현재, 그리고 미래를 조명하는 공연이 될 것입니다.

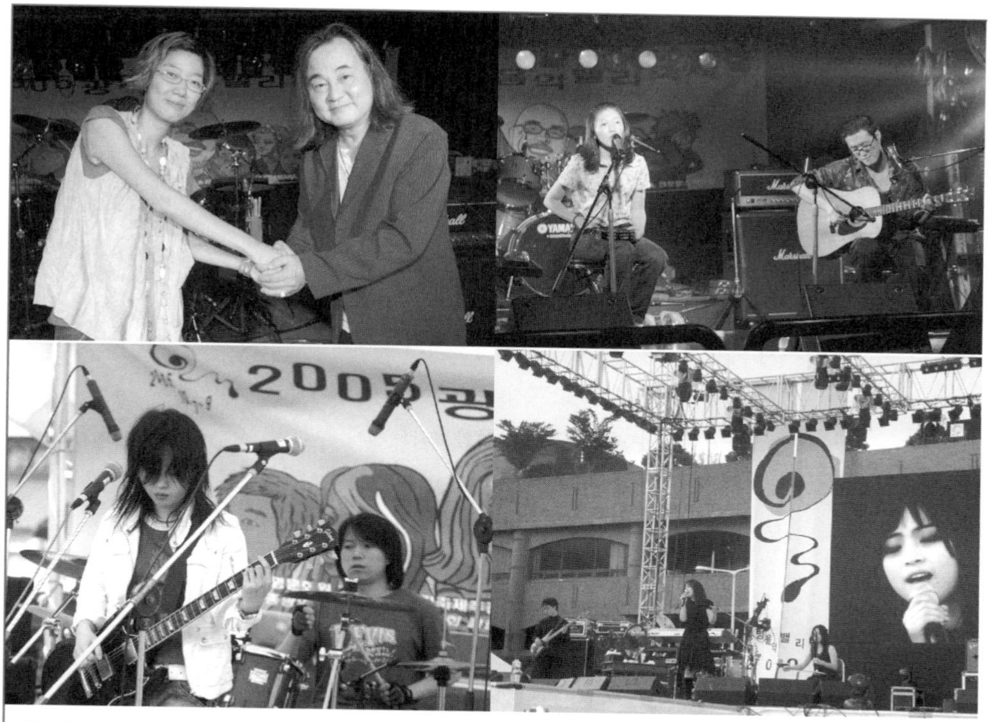

〈Pre-Stage 1 – 뉴커런츠, 기자 간담회〉에는 홍보대사인 이상은과 한대수, 인상적인 공연을 보여준 소규모 아카시아 밴드(윗줄 왼쪽부터 차례대로) 등이 자리를 빛냈다. 〈Pre-Stage 2 – 거리공연〉의 출연진이었던 허클베리핀과 〈실용음악과 난장〉 중간 결선 공연의 한 장면(아랫줄 왼쪽부터 차례대로).

2) 사전 행사

사전 공연과 함께 축제를 홍보할 수 있는 사전 행사를 기획해본다.

2005 광명음악밸리축제 사전 전시 프로그램

1) 타이틀: 대림역 전시 〈우리 대중음악 나무 키우기〉
2) 기획 의도

광명음악밸리축제는 한국 대중음악에 대해 깊이 있는 접근을 시도하고 있습니다.

한대수, 조동진, 이상은, 안치환 등 한국 대중음악을 대표하는 '음악창작자'를 중심으로 꾸며지는 2005 광명음악밸리축제는 전문적인 대중음악축제로 자리 매김할 것입니다.

그리고 2005 광명음악밸리축제가 한국 대중음악의 활성화로 이어질 수 있도록 깊이 있는 내용을 갖추려고 노력했습니다. 그 일환으로 한국 대중음악의 흐름을 나무로 형상화해 전시했습니다. 전시물은 한국 대중음악사를 나무로 형상화하고 중요하게 언급되는 인물들을 열매로 표시해 대중적인 인지를 높이고자 했습니다.

3) 전시 개요

- 축제 내용을 나무로 형상화한 전시물 제작
- 광명시 환승역인 대림역에서 10일간 전시
- 전시물, 포스터, 플래카드 부착

4) 전시 내용

- 나무 형상
  - 합판에 유성페인트로 칠해 나무를 표현하고 지지대를 이용해 세운다.
  - 재료: 합판, 유성페인트, 강목(지지대로 이용)
  - 크기: 3m×2m
- 열매
  - 색지에 음악인의 필모그래피를 프린트, 코팅한 후 철사를 이용해 나무형상의 합판과 연결한다.
  - 재료: 색지, 철사, 코팅지
  - 크기: 0.3m×0.3m

5) 전시 기간: 2005년 9월 20일~10월 1일

6) 전시 장소: 7호선 대림역 환승통로

05 | 부대행사

부대행사는 축제의 보조적인 콘텐츠로 축제관람객들에게 또 다른 볼거리를 제공하는 차원에서 기획된다. 한국에서는 특히 1995년 민선지자체 이후 축제가 우후죽순처럼 늘어나면서 축제를 '지역문화'의 관점에서 보는 경향이 강했고, 또한 '시민 참여(시민체험)' 프로그램들이 거의 모든 축제에 등장했다. 축제에 시민 참여 프로그램이 본격적으로 도입된 배경에는 지역 시민단체들의 요구와 지자체장들이 정치적인 목적으로 축제를 활용하려는 의도가 맞아떨어진 결과가 아닌가라고 추측한다. 그래서 이제는 시민 참여 프로그램이 부대행사 차원을 넘어서서 메인 프로그램과 결합해야 한다고 자연스럽게 요구하는 상황에까지 이른 것 같다.

하지만 '모든' 축제에서 시민 참여 프로그램이 반드시 필요할까? 특히 지자체의 특정 목적하에서 기획된 예술축제에서도 이런 프로그램이 필요할까? 보통 웬만한 지자체들은 현재 '시민의 날'과 같은 행사를 포함해서 지역축제를 1년에 10개 정도는 열 것이다. 그런데 모두 똑같은 방식으로 축제를 만들어야 한다는 것은 (사실 대부분 그렇게 하고 있는 것은) 납득이 가지 않는다. 그리고 우리가 흔히 알고 있는 외국의 예술축제에서 한국에서와 같은 방식의 시민 참여 프로그램은 없다고 보면 된다.

1) 프로그램 구성

2006 광명음악밸리축제에서 부대행사를 기획한 이유는 다음과 같았다.

- 축제 이미지를 높이는 국제구호, 이웃사랑 업체를 선정해 프로그램 구성
- 축제 관람객에게 식음료 제공
- 세계적인 음악축제의 이미지를 구축하기 위해 국제적 구호 단체와 협력
- 수익금을 자선행사에 사용함으로써 광명음악밸리의 사회적 위상을 높임
- 음반 판매를 통한 음악산업적인 고려
- 협찬사를 통해 축제기념품 받음
- 다양한 프로그램과 편의 시설로 기능

2005 광명음악밸리축제 부대행사 구성

행사명	일시	장소	프로그램 내용
당신도 예술가!	10월 8~9일 14:00~17:00	시민회관 분수광장	• 세상에서 가장 아름다운 노래 • 높은음자리표 핸드폰 고리 만들기
나는 음악가	10월 8일 15:30~16:30	크로앙스 백화점 앞 야외무대	• 광명시 중고교 학생밴드 공연
노천카페	10월 7~9일 13:00~23:00	시민운동장 인공폭포공원	• 〈Free Stage 4〉 공연 • 음반 전시 · 판매 • 기념품 · 음료 판매
실용음악강좌	10월 9일 14:00~17:00	시민회관 소강당	• 한국 대중음악의 이해 • 컴퓨터음악의 세계 • 대중음악 작곡의 키워드
실용음악과 마당	10월 9일 14:00~17:00	시민회관 앞마당	• 실용음악학과 부스 • 실용음악학과 밴드 공연

2) 프로그램 설명

2005 광명음악밸리축제 부대행사 설명

○ **부대행사 1 〈당신도 예술가!〉(URART 기획 시민 참여 프로그램)**

1) 행사 개요

- 일시: 10월 8~9일 오후 2~5시
- 장소: 광명시민회관 분수광장
- 기획 및 진행: 공공문화개발센터 URART
- 참가 방법: 프로그램 당일 현장 접수

2) 시민과 함께하는 참여예술 창작 한마당

〈당신도 예술가!〉는 지난 1998년부터 모든 사람이 함께 공유하고 향유할 수 있는 문화예술 프로그램으로 출발했다. 정형화된 예술, 학습된 표현 방식을 지양하고 개개인의 본성 그대로 창의적인 창작력을 발현할 수 있는 프로그램으로 구성되어, 참여 가능한 곳 어디에서나 모든 시민을 만나기 위해, 모두가 자신 안에서 예술가 기질을 꺼내 발견하는 기쁨의 순간을 같이 경험하고, 삶에서 실천하는 예술가가 되기를 소망하는 프로젝트로 지속하고 있다. 광명음악밸리축제에서 만나는 〈당신도 예술가!〉는 행사 당일, 현장에서 참가비 없이 무료로 접수하고, 접수 시작은 프로그램 시작 시각과 같다.

3) 프로그램

- 공동 참여 프로그램 '세상에서 가장 아름다운 노래': 누구에게나 살면서 오래 흥얼거렸던 그만의 애창곡이 있다. 그리고 그 흥얼거림은 대개 삶의 단편적인 추억들과 고리 지어져 있기 마련이다. 세상에서 가장 아름다운 노래는 어떤 노래일까? 아마도 내게 가장 사랑받았던 노래일 게다. 나만의 특별한 느낌이 묻어나는 각자의 노래일 게다. 그 노래를 기억해보자. 자연스러움이 배어나는 고운 한지를 음표처럼 찢어오려 그 위에 내가 사랑한 노래 한 소절과 추억들, 느낌들을 적어본다. 친숙하고, 또 친숙해질 노래들이 춤추는 광명음악밸리축제 마당 한쪽에 오색 음표와 노래들이 하늘에 매달려 거대한 음악책처럼, 노래처럼 흔들린다.
- 개인(가족) 참여 프로그램 '높은음자리표 핸드폰 고리 만들기': 축제에 참가한 기념을 작품으로 남겨보자. 축제의 감동, 음악이 주는 감동을 작품으로 빚어낼 수 있는 당신은 예술가임에 틀림없다. 지점토를 음표 모양으로 빚어 말려 채색한 후, 광명음악밸리를 상징할 높은음자리표도 풀어보고, 느낌도 한마디 적어 지금의 느낌을 추억으로 가져간다. 내년 이맘때 즈음 다시 벌어질 축제의 장을 기대하는 마음이 솟아날 테지. 음악의 주체는 만드는 사람뿐이 아닌 것을, 음악을 듣는 모든 사람에게서 음표는 새로 태어나는 것임을 잊지 말자.

○ 부대행사 2 〈노천카페〉

1) 행사 개요

- 일시: 10월 7(금)~9일(일) 오후 1~11시
- 장소: 운동장 옆 야외공원
- 진행: 축제 사무국, 항뮤직, 하이! 순천

2) 내용

메인무대인 광명시민운동장 옆 공원에 위치한 노천카페는 관객들의 휴식을 위한 공간으로 음료 판매와 어쿠스틱 공연, 기념품 판매, 음반 전시 · 판매 등이 이뤄지는 복합 문화공간이었다. 3개의 텐트 동으로 구성된 노천카페의 왼쪽 동에서는 음료 및 기념품 판매가, 텐트 중앙에서는 〈Free Stage 4〉 공연, 그리고 오른쪽 텐트에서는 음반 전시와 판매가 이뤄졌다.

3) 프로그램

- 〈Free Stage 4〉(어쿠스틱 공연)

	시간	공연 팀	비고
2일차(토)	16:00~17:00	소히, 하도	프리마켓 아티스트
3일차(일)	16:00~17:00	멜로우 이어, 캔버스, 슬로우 쥰	롤리팝

- 음반 전시 · 판매
  - 온라인에서 전시 중인 '인디음반 1,000장'의 대표작 전시
  - 출연진 및 인디음반 판매(진행: 향뮤직)
- 음료 및 기념품 판매
  - 축제 기념품(책자, 수첩, 배지 등) 판매(진행: 축제 사무국)
  - 동티모르 기금 모금을 위한 커피 및 음료 판매(진행: 하이! 순천 사무국)

○ 부대행사 3 〈우리는 음악가! – 시민 참여 무대〉

1) 행사 개요

- 일시: 10월 8일(토) 오후 3시 30분~4시 30분
- 장소: 프리스테이지 2(크로앙스 백화점 앞 야외무대)
- 기획 및 진행: 축제 사무국, 문화원

2) 내용

〈우리는 음악가! – 시민 참여 무대〉는 2005 광명음악밸리축제가 열리는 음악 도시 광명의 아마추어 학생들이 참여하는 무대였다. 현재 광명시에서 이뤄지고 있는 학생들의 음악활동의 모습을 담은 〈우리는 음악가! – 시민 참여 무대〉는 학교, 문화단체 등에서 활동하고 있는 학생 밴드의 공연이다.

3) 프로그램

오리문화제에 참여한 고등학교 밴드 2팀(몬스터 트리, 비포장)과 광명중학교에서 진행되는 프로그램 '지역축제 빵빵하게 즐기기'에 참여하는 중학교 밴드 2팀의

공연이다.

○ **부대행사 4 〈실용음악강좌〉**

1) 행사 개요

- 일시: 2005년 10월 9일(일) 오후 2~5시
- 장소: 광명시민회관 소강당
- 기획 및 진행: 축제 사무국

2) 내용

2005 광명음악밸리축제에서 마련한 국내 유수 실용음악학과 교수의 강의는 뮤지션 지망생과 실용음악학과 지망생, 악기를 배우는 일반인 등을 위한 특별한 강좌였다. 대중음악전문가들의 생생하고 깊이 있는 강의는 대중음악에 대한 지식과 감각을 업그레이드할 수 있는 절호의 찬스를 제공했다. 모든 강의는 누구나 무료로 들을 수 있었다.

3) 프로그램

시간	내용	담당자	주요 경력
13:00~13:50	한국 대중음악의 이해	대불대학교 박기영 교수	그룹 '동물원' 활동 중
14:00~14:50	컴퓨터 음악의 세계	청운대학교 최영준 교수	MBC TV 프로그램 밴드 활동
15:00~15:50	대중음악 작곡의 키워드	서울예술대학교 장기호 교수	그룹 '사랑과 평화', '빛과 소금' 활동

06 | 공모 행사

축제프로그램에 공모 행사를 넣는 경우가 있다. 이는 축제콘텐츠로 만들려는 의도이거나 홍보 이벤트 성격으로 기획된다. 광명음악밸리축제에서도 2005년에는 <실용음악과 난장> 참가 공모, 2006년에는 SXSW 페스티벌 참가 공모를 열었다. 이는 축제 3~4개월 전부터 진행한 것이라 홍보 이벤트 의미도 있었지만, 둘 다 축제의 고정 콘텐츠로 만들 의도가 있었기 때문에 그 해의 메인무대 프로그램에 반영했다.

특히 실력 있는 한국 뮤지션들의 해외 진출 모색 차원에서 기획된 'SXSW 페스티벌 참가 공모'의 경우는 두 가지 시사점을 준다고 할 수 있다. 첫째, '한류'가 일부 '아이돌 스타'들만의 전유물이 아니라는 것이다. 흔히 말하는 '국익' 차원에서 말한다면, 실력 있는 뮤지션들이 해외로 진출하는 것이 장기적으로 한국 음악산업을 위해서 바람직하다. 우리도 해외의 실력 있는 뮤지션들이 와야 그 나라의 음악 신에 관심을 갖지 않는가?

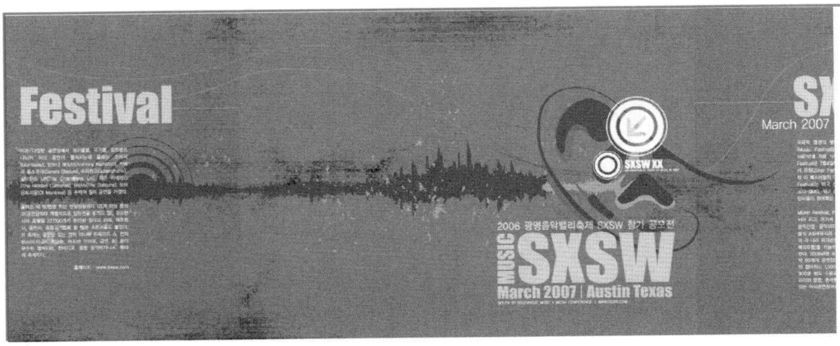

2006 광명음악밸리축제 SXSW 페스티벌 참가 공모전 리플릿.

둘째, 한류가 '아시아권 진출'만을 의미하지 않는다는 점이다. 만약 현재 한류스타들의 진출 범위를 아시아권으로 한정짓는다고 생각한다면 그건 그들이 아시아권을 넘어서기가 어렵다고 단정하는 것임과 동시에, 그들의 실력으로는 영미권에 진출하기 어렵다는 것으로 파악한다는 것이다. 하지만 단언컨대 지금 여기의 뮤지션들 중에는 시스템만 갖춰지면 영미권에 진출할 수 있는 실력 있는 뮤지션들이 적지 않다. 그들 대부분이 인디 신에 있어서 일반인들이 잘 모를 뿐이고, 영화에서 감독의 위치와도 같은, 대중음악에서 음악창작자가 갖는 위치를 인식하지 못하기 때문이다. 2007 SXSW 참가 공모전 기획 의도는 다음과 같다.

- 광명음악밸리축제는 한국 뮤지션들의 '해외 진출'에 관심을 갖고 있다. 현재 국내 대중음악산업 환경은 왜곡되어 있고, 특히 대중예술로서의 음악 활동을 하고 싶어하는 뮤지션들에게는 매우 불리한 음악 시장 환경이 조성

되어 있기 때문이다. 지금의 환경은 예술성을 지닌 앨범을 발표하려는 뮤지션들이 홍보, 유통 측면에서 어려움을 겪을 수밖에 없는 구조적인 문제점을 갖고 있다. 이에 대한 돌파구로 '해외 진출', '해외 유통' 가능성을 모색할 수밖에 없기 때문에, 광명음악밸리축제는 수익 창출뿐만 아니라 '한류'라는 기획 아이템을 통해서 대중매체와 문화정책 관련자들의 관심을 환기하려는 의도를 갖고 있다. 이에 제3세계 뮤지션들의 미국 진출뿐만 아니라 전 세계 유통에 대한 가능성을 타진할 수 있는 행사인 SXSW 페스티벌에 한국의 뮤지션들도 참여하는 계획이 현재로서는 '해외 진출'을 위한 대안들 중 하나라고 여긴다.

SXSW 페스티벌 참가 공모전 개요

음악밸리사업을 추진 중이며, '전 세계 대중음악 네트워크'를 슬로건으로 한 광명음악밸리축제를 매년 개최하는 광명시에서 자매도시인 미국 텍사스 주 오스틴에서 열리는 세계적인 음악 · 미디어 컨퍼런스 SXSW(South by Southwest) 페스티벌에 참가할 팀을 공모한다. 한국 대중음악계의 가능성 있는 음악인을 지원하고, 해외에 한국 문화콘텐츠를 적극적으로 소개하는 사업이다. 소정의 절차를 통해 엄선된 뮤지션은 2006 광명음악밸리축제의 메인무대에서 공연하게 되며, 차기 SXSW 페스티벌(2007년 3월 예정) 참가에 필요한 경비(항공비, 체재비)를 광명시에서 지원한다.

1) 2007 SXSW 참가 공모 개요
- 공모 기간: 2006년 7월 1~31일
- 심사 기간: 2006년 8월 1~21일(3차 심사 진행)
- 공모 내용: 창작곡이 담긴 음반 및 공모신청서

2) 심사 방법
- 1차 심사
  - 심사 기간: 2006년 7월 1일~8월 3일
  - 심사 내용: 2차 심사 후보 15팀 선정

- 2차 심사
  - 후보 15팀의 음원 및 뮤지션 자료 발송
  - 심사 기간: 2006년 8월 8~16일
  - 심사 장소: 미국 현지 SXSW 조직위원회
  - 심사 위원: 브렌트 그룩(Brent Grulke, SXSW Creative Director)외 4인
  - 심사 내용: 2007 SXSW 공연 참가 가능 확인 및 심사평
  - 심사 결과: 2007 SXSW 공연 참가 확인 및 후보 5팀 압축
- 3차 심사
  - 심사 기간: 2006년 8월 15~21일
  - 심사 방법: 위촉심사 위원단 구성
  - 채점표 점수 합산, 순위 점수 합산 취합
  - 최종 선발팀 결정
- 결과 발표: 2006년 8월 26일

07 | 축제 전체 일정

축제 전체 일정표는 관계자들에게 축제를 한눈에 볼 수 있게 설명하는 표이다. 여기에는 행사명, 일시, 장소와 같은 가장 기본적인 정보를 담는다.

2005 광명음악밸리축제 전체 일정표

행사명		날짜	장소	시간
사전 행사	〈Pre-Stage 1〉(기자 간담회)	9월 8일(목)	홍대 앞 사운드홀릭	19:00~21:00
	〈실용음악과 난장〉 예선공연	9월 24일(토)	광명문화원 소극장	14:00~19:00
	〈Pre-Stage 2〉(거리공연)	10월 1일(토)	철산역 문화의거리	15:00~17:00

〈Open-Stage〉(메인공연)		10월 7(금)~9일(일)	광명시민운동장	17:00~23:00
거리 공연	〈Free Stage 1〉	10월 7(금)~9일(일)	철산역 문화의거리	13:00~18:00
	〈Free Stage 2〉	10월 7(금)~9일(일)	크로앙스 야외무대	13:00~18:00
	〈Free Stage 3〉	10월 8(토)~9일(일)	철산역 3번 출구 또는 시민회관 앞마당	13:00~18:00
	〈Free Stage 4〉	10월 8(토)~9일(일)	운동장 옆 공원 노천카페	13:00~18:00
부대 행사	〈실용음악과 마당〉 야외무대	10월 9일(일)	시민회관 앞마당	13:00~18:00
	〈노천카페〉(음반 판매)	10월 7(금)~9일(일)	시민운동장 옆 공원	13:00~23:00
	〈나도 예술가〉	10월 8(토)~9일(일)	시민회관 분수마당	14:00~17:00
	〈실용음악강좌〉	10월 9일(일)	시민회관 소강당	13:00~18:00

제9장

축제실행계획

01 공연 무대 운영 계획

02 무대 시설업체 공모

03 부대행사 운영 계획

04 사전 공연 · 행사 운영 계획

05 텍스트콘텐츠 기획

06 동영상콘텐츠 기획

07 경연대회 운영 계획

08 공모 프로그램 운영 계획

09 안내부스 · 주차장 운영 계획

10 안전 및 질서유지 요원 배치 계획

11 교통정리 요원 배치 계획

12 식사 계획

13 재해 대처 계획

14 후원방송사 섭외

15 장소 섭외

16 전체 행사 진행표 작성

17 전체 행사장 인원 배치표 작성

18 전체 행사장 행사용품 배치표 작성

19 행사 결과 보고

20 사무국 업무 점검 회의

21 무대 관련 스태프 회의

01 | 공연 무대 운영 계획

공연 기획에서 뮤지션 선정 작업까지 끝나면 뮤지션 섭외와 계약에 들어간다. 그리고 메인무대와 서브무대 운영에 대한 계획을 세우는데, 여기서는 무대, 음향, 조명, 악기, 미술 등 무대 설계와 그에 따른 예산 계획이 중요하다. 특히 음악축제에서 공연 무대 예산은 축제제작비에서 가장 큰 비중을 차지하므로 빠른 시일 내에 확정해야 원활하고 안전하게 축제를 진행할 수 있다.

세부적으로 들어가면 무대의 기본적인 악기 세팅이나 뮤지션에 따른 테크니컬 라이더(Technical Rider) 요청 작업을 사전에 치밀하게 해야 한다. 그러고 나서 최종적으로 세트리스트(Setlist)와 체크리스트(Checklist)를 작성한다.

1) 뮤지션 섭외 · 계약

공연 프로그램이 확정되면 가능한 5개월 전에는 뮤지션 섭외에 들어가야 한다. 그리고 해외 뮤지션을 생각한다면 그들의 공연 일정상 6~8개월 전에는 섭외에 들어가야 한다. 아직까지 국내 음악축제의 경우에는 축제 사무국 체제로 기획·운영되는 곳이 거의 없기 때문에 이런 원칙이 지켜지지 않고 행사날이 닥쳐야 뮤지션 섭외가 이뤄지는데, 이렇게 해서는 체계적인 공연 준비·홍보·마케팅을 할 수가 없다. 일례로 홍보를 위해서는 적어도 3~4개월 전에는 홈페이지 오픈(리뉴얼)이 이뤄져야 하고, 이때 대략의 전체 디자인 콘셉트가 나와야 한다. 그리고 이를 바탕으로 포스터 시안도 제작되어야 함을 생각한다면 홈페이지 오픈 전에 뮤지션 계약이 완료되는 것이 '효율'적일 뿐만 아니라 '안전'하다.

또한 축제·뮤지션 소개책자를 충실히 만들려면 5개월 전에는 섭외에 들어가야 차질을 빚지 않는다. 뮤지션 섭외도 계약에 필요한 기간을 1개월로 잡아야 하기 때문에 텍스트 기획 및 책자 제작 일정 2~3개월을 감안하면 결코 넉넉지 않은 시간이다.

2005 광명음악밸리축제 출연계약서

출연계약서

광명문화원(이하 '갑'이라 칭함)과 ____________(이하 '을'이라 칭함)는 2005 광명음악밸리축제에 공연자로 ____________팀(이하 '병'이라 칭함)의 출연에 관해 다음과 같이 계약을 체결한다.

제1조 (계약의 목적)

'을'은 '갑'의 행사를 수행하기로 하고, 이에 '병'의 출연에 대해 '갑'이 '을'에게 그 대가를 지급하기로 함에 있어 '을'은 필요한 제반 사항을 갖춰 '병'의 출연에 지장이 없도록 정함에 있다.

제2조 (행사 개요)

2-1. 행사명: 2005 광명음악밸리축제

2-2. 행사일: 2005년 10월 ____일

2-3. 행사 장소: 광명시민운동장

2-4. 출연시간: ___________시

제3조 (업무 내용)

'을'이 수행해야 할 업무는 다음과 같다.

3-1. '병'의 출연에 대해 책임을 지며 '갑'과 정하는 시간에 출연할 수 있도록 책임을 다한다.

3-2. '을'은 '병'의 출연진을 ____명으로 구성한다.

3-3. '병'의 출연 시 사전에 약속한 출연자 및 ___________을 준비한다.

제4조 (의무)

4-1. '갑'과 '을'이 합의해 작성한 계약서상의 내용을 기본으로 하되 필요시 '갑'은 '을'과 협의 후 업무 내용 변경을 요청할 수 있다.

4-2. '갑'은 '을'이 공연을 원활히 할 수 있도록 지원하고 이와 관련된 '을'의 업무에 대해 관리 · 감독할 권리를 지닌다.

제5조 (계약금 및 지급 방법)

6-1. '갑'이 '을'에게 '병'의 출연을 대가로 '을'에게 지급해야 할 금액은 금 __________원(₩ __________)으로 한다.

6-2. '갑'은 계약 후 7일 이내에 '을'에게 금 __________원(₩ __________)을 지급하고 행사 종료 후 7일 이내에 잔액금 __________원(₩ __________)을 지급한다.

6-3. 출연료 지급 방법은 온라인 송금으로 한다.

6-4. 부가세는 별도로 지급한다.

제6조 (계약의 해지)

'갑'은 '을'이 본 계약을 성실하게 수행하지 않을 경우 '을'의 동의 없이 계약의 전부 또는 일부를 해지할 수 있다.

제7조 (손해배상)

7-1. 제6조의 사항의 경우 '을'은 '갑'에게 받은 계약금의 전부를 7일 이내에 반환해야 한다.

7-2. '갑'은 '을'에게 '병'이 아래 제8조에 해당하는 사유 없이 출연에 응하지 않을 경우 출연료의 두 배 이상의 위약금을 청구할 수 있다.

제8조 (계약의 무효)

8-1. 다음 각 사항에 의거, 해당되는 사유가 발생해 계약 이행이 불가능할 경우 본 계약은 자동으로 무효가 되는 것으로 한다.

가. 정부 지시에 의거, 해당되는 사유가 발생해 계약 이행이 불가능

하다고 판단될 경우

나. 국가 비상사태 및 천재지변으로 계약 이행이 불가능할 경우

다. 기타 불가항력으로 계약 이행이 불가능하다고 '갑'과 '을'이 공동으로 판단했을 때

8-2. 위 8-1의 이유로 계약의 무효 시 '갑'은 '을'에게 지급을 예정한 출연료를 지급하지 않는다.

제9조 (양도 금지)

'을'은 '갑'의 사전 승인 없이 본 계약의 권리, 의무를 제3자에게 양도할 수 없다.

제10조 (계약의 해석)

본 계약에 명시되지 아니한 사항 및 계약의 해석에 대해 이의 발생 시 상관례에 따라 쌍방의 합의로 정한다.

제11조 (합의 관할)

본 계약에 명시되지 아니한 사항 및 해석상의 이의가 있을 시는 일차적으로 쌍방 합의 및 일반 상관례에 준하며 이로 인해 소송이 발생될 경우 본 계약문서에 관한 소송 관할은 '갑'의 관할법원으로 한다.

제12조 (기타)

업무에 관한 세부 사항은 첨부해 그 내용을 본 계약에 포함한다(마지막 페이지 별첨).

본 계약은 계약 체결일로부터 성립되며, 이를 증명하기 위해 계약서 2부를 작성해 '갑'과 '을'이 서명 날인하고 각 1부씩 보관한다.

2005 년 ____월 ____일

'갑' 광명문화원 대표 ___________(인)
경기도 광명시 철산동 ○○○ - ○ (고유번호: ○○○ - ○○ - ○○○○)
'을' ________ 대표 ___________(인)

계약 담당자: '갑' 2005 광명음악밸리축제 사무국 ○○○
'을'

2) 메인무대 운영

메인무대에서 무대, 음향, 조명, 악기, 미술 등 무대 설계와 그에 따른 예산 계획이 끝나면 전체적으로 정확한 견적을 내는 작업을 한다. 이때는 사무국에서 직접 여러 업체들로부터 견적서를 받아서 무대, 음향, 조명, 악기 등의 업체를 결정하는 방법이 있고, 무대 시설업체 공모를 통해서 해당 업체를 결정하는 방법이 있다.

3) 서브무대 운영

2005 광명음악밸리축제에서는 축제 3일간 메인무대 공연 시간을 제외한 시간에 동시다발로 공연을 진행하기 위해서 거리무대 4곳을 추가로 운영했다. 그래서 고정 야외무대 2곳과 이동무대(문화연대 '달리는 놀이터'), 노천카페 간이무대를 설치했다.

2005 광명음악밸리축제 거리무대 계획

	〈Free Stage 1〉	〈Free Stage 2〉	〈Free Stage 3〉	〈Free Stage 4〉
1일차(금)	파스텔 · 튜브앰프	재즈		
2일차(토)	비트볼레코드	재즈	핑퐁사운드	핑퐁사운드

	카바레사운드	시민 참여 무대		
3일차(일)	롤리팝	재즈	빵	프리마켓

○ **예산안**

1) 악기 대여
   - 무대 1 · 2: ______원×2 = ______원(PA, 악기 풀세트)
   - 무대 3: ______원(악기 풀세트)
   - 무대 4: ______원(PA, 마이크)
2) 무대 설치: 6평×2개 = ______원
3) 천막 부스 렌트 3개 ______원×9 = ______원
4) 파라솔 4개, 의자 60개: ______원
5) 플래카드
   - 무대용 걸개 ______원×3 = ______원
   - 이동배너 ______원×4 = ______원
6) 진행비: ______원(음료 및 식대)
7) 리플릿: ______원(1P, 3단)
8) 개런티
   - 레이블별 ______원
   - 무대 2(재즈) ______원
     - CGV 가설무대 사용 시 약 ______원 절약
     - 진행요원 4명

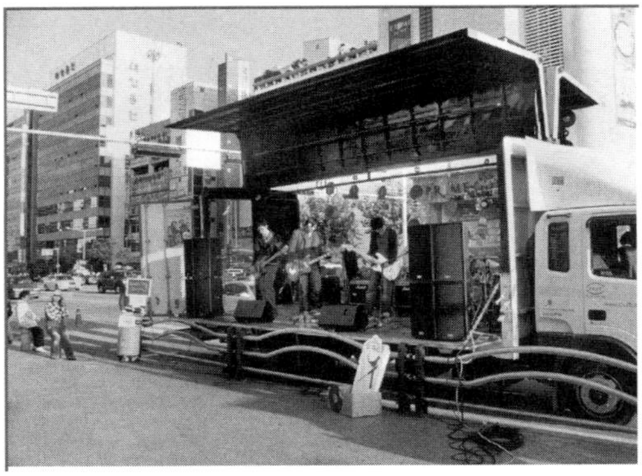
이동무대였던 '달리는 놀이터'의 모습.

4) 악기 내역

> **2006 광명음악밸리축제 기본 악기 내역(무대시설업체 계약사항)**
>
> - Drum: Yamaha Maple Custom 5기통, DW Collector's series 5기통
> - Bass amp: EDEN WT800, SWR SM900
> - Guitar amp: Marshall JCM2000 DSL(1906A cabinet), Marshall JCM2000 TSL(1906A cabinet)
> - Keyboards: PC2X, TRITON, PC88, MOTIF7

5) 테크니컬 라이더

뮤지션이 음향감독에게 요청하는 악기 세팅에 관한 세세한 지침서이다. 여기에는 특정 앰프, 악기 등의 세팅에 관한 요청이 들어 있다. 보통 해외 뮤지션들은 악기 추가 내역서(Backline Requirements)를 보낸다.

> **2006 광명음악밸리축제 해외 아티스트 악기 추가 내역서**
>
> ○ **다크 크랭퀄리티 악기 추가 내역서**
>
> 1) Drums(Yamaha 9000 → Maple Custom)
>   - 1 YAMAHA 9000 22″ Bd
>   - 1 YAMAHA 9000 10″ Rt
>   - 1 YAMAHA 9000 12″ Rt
>   - 1 YAMAHA 9000 13″ Rt → 14″ F.TOM
>   - 1 YAMAHA 9000 16″ Ft
>   - 1 YAMAHA Steel 14″ ×6 1/2 Sd → Wood SN
>   - 3 YAMAHA Floortom leg

- 1 YAMAHA Tomholder+clamp
- 1 YAMAHA Double tomholder
- 1 YAMAHA HS-830 Hihat stand
- 1 YAMAHA SS-830 Snare stand
- 1 YAMAHA CS-830 Straight stand
- 7 YAMAHA CS-835 Boom stand
- 1 YAMAHA DFP-880 Double kickpedal+DW 5000 Double pedal
- 1 GIBRALTAR Stool
- 1 Drum rug Carpet

2) Bass →OK!

- 1 AMPEG SVT II Pro Head
- 1 AMPEG 810E Cab, 8×10″

3) Guitar

- 2 PEAVEY 5150 Head →JCM 2000
- 4 PEAVEY 6505 Cab, 4×12″ →Marshall 4×12″

4) Keyboards →OK!

- 1 ULTIMATE Apex 2-tier Keyboard stand

5) Extra(사무국 별도 준비)

- 2 HONEYWELL 14″ Fan

○ 디 사운드 악기 추가 내역서

1) DRUMS – Pearl Master Custom

- Kick 20″
- Tam 8″, 10″ & 13″
- Snare 14″ ×6″
- Snare 14″ ×8″
- Zildjian
- Cymbals 16″
- Crash 20″
- Ride 14″

- Hi-hat 2
- Snare stands, 1 Hi-hat stand, 1 drum stool

※ A drum carpet and all necessary hardware.

※ The smallest Tam should be mounted on the kick drum or on one of the cymbal stands, the other should be mounted one of the cymbal stands.

※ All drums must have new ambassador batter coated drum heads!

※ Please also fill the kick drum 2/3 full(67%) with molton or similar clothing!

2) BASS

- 1×Trace Elliott 8×10″ cabinet or two 4×10″ cabinets→Trace Elliott 1408
- 1×SWR SM900 or SM400 amplifier, with cable to bridge the cabs
- 1×Korg Digital tuner

3) GUITAR

- 1×Vox AC-30 w/footswitch→Fender TwinReverb
- 1×Fender Telecaster American Deluxe or similar Fender Telecaster
- 1×Martin OM acoustic guitar(or triple-O or D-28)

4) KEYBOARD

- 1×Fender Rhodes in good condition→OK!
- 1×Yamaha 01V digital mixer→Mackie 1402 VLZ
- 1×Roland Jazz Chorus amplifier→JC120
- 1×Kurzweil 2600x/2500x w/ 128mb RAM, KDFX, P-RAM and Piano card
- 2×Sustain pedels for the Kurzweil→OK!
- 2×heavy-duty x-lock keyboard stands, where one has to be double
- 1×single keyboard stand
- 1×keyboard chair with height control
- 4×1m jack cable
- 9×3m jack cable
- 2×6m jack cable

- 1×10m jack cable
- 12 power outlets 220v

5) MISC

- 4×guitar stands and 2×acoustic guitar stands

○ 스트레이라이트 런 악기 추가 내역서

1) DRUMS

- pearl masters custom→Pearl Masterworks
- 14×24 kick→22″
- 9×13 rack→12″
- 16×16 floor
- 6.5×14 snare
- Zildjian cymbals
- 14″ new beat Hihats
- 18″ medium Crash
- 20″ medium Crash
- 20″ medium Ride
- tama hardware
- throne
- snare stand
- 3 cymbal boom stands
- iron cobra Hi-hat stand
- iron cobra kick pedal

2) BASS

- 5 string fender jazz bass
- ampeg SVT classic tube head
- ampeg SVT 8×10 cabinet

3) GUITAR

- Gibson les paul
- fender telecaster(thinline model, w/ humbucking pickups)
- Marshall jcm 800 head(50 watts)

- Marshall 1960 4×12 cabinet
- Yamaha P-90 keyboard(or comparable keyboard with 88 weighted keys)
- adjustable Keyboard stand
- adjustable Keyboard bench
- sustain pedal

〈서울전자음악단 테크니컬 라이더〉

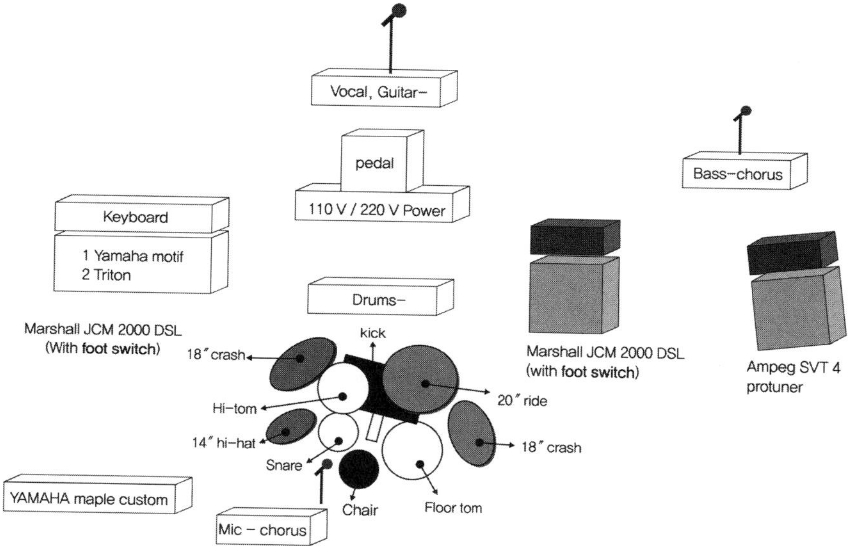

6) 세트리스트 작성

큐시트라고도 한다. 그 날 출연하는 뮤지션들과 그들이 공연에서 부를 노래 및 악기 세팅에 관한 사항들이 시간대별로 적혀 있다. 공연의 원활한 진행을 위해서는 리허설부터 실제 공연에 이르기까지 전체 시간 스케줄과 준비 사항 등이 담긴 세트리스트를 작성해야 하고, 사전에 관계자 모두가 내용을 공유해야 한다.

2005 광명음악밸리축제 메인무대 세트리스트

10월 7일 메인무대(리허설)

시간	출연 아티스트	진행	음향, 악기	조명, 영상, 방송	비고
09:00		자체 장비 점검, 방송 장비 세팅	자체 장비 점검	방송 장비 세팅	
10:00		유기적 점검	유기적 점검	유기적 점검	
11:00		방송 · 영상 점검(하나음악 도착 확인)	리허설 세팅 준비(하나음악)	방송 · 영상 점검	
12:00	식사	식사 1h	식사 1h		
	하나음악	하나음악 리허설 3h(180분)	테크니션 교대 식사, 음향 보조 교대 식사 (하나음악 리허설)	식사 1h	
13:00	하나음악	리허설(하나음악 엔지니어 3인) 2h(120분)	테크니션 대기(악기 세팅 확정, 정리)	동영상 및 조명 위치 확정, 정리	
		이승열 도착 확인(14:30)	Sax, EG, BS, KB, DR, AG(VO), PERC	카메라 리허설	
15:00	이승열	리허설 20분	테크니션 대기(악기 세팅 확정 및 정리)	동영상 및 조명 위치 확정, 정리	
		이상은 도착 확인(15:00)	EG×2, BS, KB, DR	카메라 리허설	
15:20	이상은	리허설 20분	테크니션 대기(악기 세팅 확정 및 정리)	동영상 및 조명 위치 확정, 정리	
		이병우 도착 확인(15:20)	AG&EG, Contra BS, KB, DR+DJ(노트북), 드럼, PERC용 Mic	카메라 리허설	
15:40	이병우	리허설 20분	테크니션 대기(악기 세팅 확정 및 정리)	동영상 및 조명 위치 확정, 정리	
		한대수 도착 확인(15:40)	Guitar Synth+AG, 전기 110/220, GT Stand 3	카메라 리허설	

16:00	한대수	리허설 30분	테크니션 대기(악기 세팅 확정 및 정리)	동영상 및 조명 위치 확정, 정리	
		합창단 도착 확인(16:00)	AG, EG×2(AG×2), KB, BS, DR, Cho×2	카메라 리허설	
16:30	시립 합창단	리허설 30분	테크니션 대기(마이크 위치 및 배열 확인)	현장 중계	
		이다오 밴드 협주 리허설	Mic×6~10(위치 파악 필요)	카메라 리허설	
17:00	식사	식사 30분	식사 30분	식사 30분	
17:30	전체 점검	전체 점검 30분(위험 요소 확인)	전체 점검(위험 요소 확인)	전체 점검(위험 요소 확인)	
		타악그룹 광명 도착 확인(18:00)			
18:30	타악그룹 광명	리허설 20분	테크니션 대기(마이크 위치 및 배열 확인)	조명 · 영상 확인, 현장 중계 점검	
		사회자 대기, 동영상 대기, 시장님 도착 확인	Mic×6~10(위치 파악 필요)		

10월 7일 메인무대(공연)

시간	출연 아티스트	진행	음향, 악기	조명, 영상, 방송	비고
18:50	타악그룹 광명 10분	타악 6인조		현장 영상 중계	식전 행사
19:00	동영상 4분	축제 홍보 동영상 4분	동영상 음향	축제 동영상(스폿영상+네이버 영상)	개막식
19:05	개막식	사회자 입장	내빈 소개→홍보대사 소개→홍보대사 인사말(Mic×3)	현상 영상 중계(내빈 소개 주의 요망)	
19:10	동영상 30초	시장님 입장		시장님 인사말 동영상 30분	
19:11	시장님 개회 선언	불꽃놀이 준비	개회 선언(Mic×1)	현상 영상 중계	

19:13	불꽃놀이 2분	합창단 입장	Mic×6~12(위치 파악 필요)	현장 영상 중계	불꽃놀이
19:15	시립 합창단 10분	소년소녀 40명, 어머니 20명	어떤날(하늘)	현장 중계	개막 공연
		이다오 밴드 입장	이다오(뻔뻔한 물루) – 이다오 밴드 2절부터 협주		
19:25	이다오 10분(2곡)	이다오 밴드(5인조)	AG, EG, EB, KB, DR+Conga 1조(드럼 옆 세팅)	현장 영상 중계	하나음악
			낡은 여관방, 작은새 나비 벌레 파리		
19:40	동영상 3분	오소영 동영상 3분	AG+Oboe(Flute)	이다오+오소영 동영상 3분	하나음악
	오소영 15분(3곡)	2인조	기억상실, 끝없는 날들, 부질없어	현장 영상 중계	
19:55	동영상 3분	하나음악 전체 동영상 3분	Sax, EG, EB, KB, DR	하나음악 전체 동영상 3분	하나음악
	버드 10분	5인조	아프리카를 날다, Buddy	현장 영상 중계	
20:05	스틸 20초		상동+AG	한동준 스틸 20초	하나음악
	한동준 10분	5인조(반주 버드)	너를 사랑해, 사랑의 서약, 사랑의 마음 가득히	현장 영상 중계	
20:15	스틸 20초		상동+AG	장필순 스틸 20초	하나음악
	장필순 20분	5인조(반주 버드)	어느새, 혼자만의 여행, 나의 외로움이 널 부를 때	현장 영상 중계	
20:35	스틸 20초		상동+AG+Mic×4~6	조동진 스틸 20초	하나음악
	조동진 20분	5인조(반주 버드)	행복한 사람, 나뭇잎 사이로, 제비꽃	현장 영상 중계	
21:00	동영상 3분		EG×2, BS, KB, DR	이승열 동영상 3분	밸리 초이스
	이승렬 30분	이승렬 밴드(5인조)	Secret, Southern cow, 5AM, Mo Better Blues, 비상, 기다림	현장 영상 중계	
21:30	동영상 3분		AG&EG, Contra BS, KB, Dr+MR, DR PERC용 Mic	이상은 동영상 3분	밸리 초이스

	이상은 30분	이상은 밴드(5인조)	둥글게, 비밀의 화원, 사막, 언젠가는, 어기여디어라, 새	현장 영상 중계	
22:00	동영상 3분		Guitar Synth+AG, 전기 110/220, GT Stand 3	이병우 동영상 3분	밸리 초이스
	이병우 30분	1인조	기타신스연주(10분), 새, 흡수, 달려, 앵콜곡	현장 영상 중계	
22:30	동영상 3분		AG, EG×2(AG×2), KB, BS, DR, Cho×4	한대수 동영상 3분	밸리 초이스
	한대수 30분	10인조	호치민, Never Chance, One Day, 바람과 나, 행복의 나라	현장 영상 중계	
23:00	정리				
	종합	5인조 편성+PERC×1set +Cho×4~6	• GT Amp – Marchall, Fender Twin Reverb Fender Dual Deluxe • BS Amp – SWR, Ampeg SVT-5 • PERC – Conga 1조, Timbal 3기통, Cymbal Stand 2		

2005 광명음악밸리축제 거리무대 세트리스트

10월 8일 〈Free Stage 4〉

시간	진행	밴드	악기	비고
12:00	무대 · 악기 설치			무대 · 텐트 · 악기 세팅
13:00	리허설	소히	AG 1, Vocal Mic 1	
		하도	AG 1, Vocal Mic 1	
15:30	공연	소히	AG 1, Vocal Mic 1	공연 순서 미정
		하도	AG 1, Vocal Mic 1	
17:00	정리			

10월 9일 〈Free Stage 4〉

시간	진행	밴드	악기	비고
12:00	무대 · 악기 설치			무대 · 텐트 · 악기 세팅
13:00	리허설	멜로우 이어	AG 1, EG 1, KB, Vocal Mic 2	
		캔버스	AG 1, EG 1, Vocal Mic 2	
		슬로우 쥰	AG 1, KB 1, Vocal Mic 2	
15:00	공연	멜로우 이어		공연 순서 미정
		캔버스		
		슬로우 쥰		
17:30	정리			

7) 체크리스트 작성

특정 프로그램과 코너에 대한 전반적인 준비 사항이 적혀 있다. 담당자들의 책임 소재와 할 일들이 시간대별로 적혀 있다. 예를 들면 어떤 코너에서, 어떤 담당자가 언제 어느 곳에서 무엇을 하고, 총괄 책임자하고는 어떻게 연락을 취하고, 비상사태가 발생하면 무엇을 하고, 일이 끝나면 어떻게 마무리하며 어떤 보고 절차를 거쳐야 하는지에 대한 세밀한 작업 지시가 담겨 있다. 또한 사전 준비물은 무엇이고, 예산은 어떻게 쓸 것이며, 하다못해 교대 근무에 관한 사항과, 도시락은 언제 어떻게 받아서 먹는지에 대한 사항까지 적혀 있다.

2005 광명음악밸리축제 체크리스트(본 행사)

■ 메인무대 백스테이지 체크리스트

○ 인원 배치

인원 배치	• ○○○ 프로그래머(책임자) • 사무국 ○○○ • 서포터 2명 ○○○(금~토), ○○○(금) • 1일 로드매니저	**역할 분담**	

○ 장소 배치(운동장)

스태프 하우스 | 대기실 | 대기실 | 프레스룸 | 스태프 하우스 | 스태프 하우스

- 대기실 텐트(5m×5m) 3면 2동, 프레스룸(5m×5m) 3면 1동, 스태프 하우스(5m×5m) 3면 3동
- 탁자 4개, 차단봉 30개, 의자 2,000개

- 주차: 시청 행사주차장
- 화장실: 시민운동장 화장실
- 창고: 본부석 아래 창고
- 상황실: 시민회관 3층
- 식사: 놀부 부대찌개

○ 준비물 체크리스트

구분	수량	방법
스태프용 티셔츠	30벌	제작
스태프용 명찰	30개	제작
몽골텐트(5m×5m) 3면	6세트	대여
탁자(1.8m×0.9m)	4개	대여
의자	2,000개	대여
조명(등)	5개	
현수막	5개	제작
도시락	40개×3일	
물	100개×3일	
식권	120장+150장+110장	
전기릴선	6개	
리드선(3구 5m)	6개	
리플릿	4,000부×3종	
무료 담요	30장	

○ 큐시트

10월 7~9일	행사장	체크리스트
09:00	• 시민운동장 도착	• 물품은 본부석 아래 창고와 임시 사무국에 있습니다.
	• 행사 진행 및 필요 물품 체크	• 체크리스트를 보며 필요 물품을 체크하고, 반출된 물품을 주어진 양식에 적습니다.
10:00	• 행사장(운동장 · 백스테이지) 세팅	• 행사장은 주어진 그림대로 배치합니다.
11:00	• 리허설 시작	• ○○○ 프로그래머의 지시에 따라 뮤지션의 리허설 진행을 보조합니다.
		• 쉬는 동안 마실 음료와 다과를 관리합니다.
12:00	• 점심 식사(교대로 도시락)	• 대기 텐트에 외부인 출입을 금지합니다.
13:00		• 뮤지션의 소지품과 악기를 잘 관리합니다.
14:00		• 뮤지션이 요청하는 것을 해결하고 책임자에게 전달합니다.
15:00		• 뮤지션에게 행사품 · 식권 · 생수 등을 보급합니다.
16:00		• 냉 · 온수기 물을 수시로 확인 · 보충합니다.
17:00		• 프레스룸에서는 냉 · 온수기물과 차를 수시로 확인 · 보충합니다.
18:00	• 저녁 식사(교대로 식권)	
19:00		
20:00		
21:00		
22:00		
23:00	• 행사 마감 · 정리	• 행사 마감 전 주변을 청소하고 함께 쓰레기를 한 곳에 모읍니다.
		• 텐트 · 탁자 · 의자 등 행사 물품을 정리하고 수량을 확인합니다.
		• 정리 후 반납할 물건을 가지고 운동장 스태프 하우스로 모입니다.

■ 〈Free Stage 1〉 체크리스트

○ 인원 배치

인원 배치	• ○○○ 행사팀장(책임자) • 진행 1명 ○○○ • 서포터 2명 ○○○, ○○○ • 엔지니어 2명	**역할 분담**	

○ 장소 배치(문화의거리 맥도날드 앞)

- 무대
- 무대 텐트(5m×5m) 1동
- 대기실 텐트(3m×3m) 3면 1동
- 파라솔 1세트, 의자 15개, 차단봉 4개

- 주차: 문화의거리 공영주차장(주차비 지급), 공연 종료 후 시청 주차장
- 화장실: 맥도날드 2층 화장실
- 대기실: 대기 텐트
- 창고: 본부석 아래 창고
- 상황실: 시민회관 3층
- 식사: 낙동강 숯불갈비

○ 준비물 체크리스트

구분	수량	방법	책임자
스태프용 티셔츠	6벌	제작	
스태프용 명찰	6개	제작	
몽골텐트(5m×5m) 오픈형	1세트	대여	
몽골텐트(3m×3m) 3면	1세트	대여	
의자	15개	대여	
파라솔 세트	1세트	제작	
현수막	2개	제작	무대 백드롭, 프로그램 소개
도시락	6개×3일		
물	50개×3일		
식권	31장+56장+16장		
휴지통(쓰레기 봉투)	2개		
차단봉	4개		
리플릿	500부×3일		
큐시트	4장		

○ 큐시트

10월 8일	행사장	체크리스트
09:00	• 시민운동장 도착 • 필요 물품 체크	• 물품은 본부석 아래 창고와 임시 사무국에 있습니다. • 체크리스트를 보며 필요 물품을 체크하고, 반출된 물품을 주어진 양식에 적습니다.
10:00	• 공연장(문화의거리 맥도날드) 세팅, 무대 및 악기 설치 • 현수막 부착, 리플릿 배포 준비	• 행사장은 주어진 그림대로 배치합니다. • 전기는 문화의거리 내 배전반을 이용합니다.
11:00	• 리허설	• 진행자는 리허설 2시간 전 뮤지션 출발 여부를 확인합니다. • 리허설은 주어진 시간 안에 마치도록 유도합니다.
12:00		• 엔지니어와 뮤지션 또는 레이블 담당자가 원활한 소통이 가능하도록 협조합니다. • 엔지니어에게 당일 큐시트를 전달합니다.
13:00	• 비트볼레코드 공연(13:00)	
14:00		
15:00	• 카바레사운드 리허설(14:30) • 카바레사운드 공연(15:00)	• 공연 시작 후 관객 안전사고 방지와 질서 유지에 힘씁니다. • 공연 시간을 지키도록 유도합니다.
16:00		
17:00	• 공연 종료 • 행사 마감 · 정리	
18:00	• 저녁 식사	
19:00	• 운동장 스태프 하우스에 와서 물품 반납 및 보고 • 모든 상황 종료 후 안내부스에서 근무	• 야간 경비요원 도착 후 인수인계합니다.

■ 〈Free Stage 2〉 체크리스트

○ 인원 배치

인원 배치	• ○○○ 행사팀장(책임자) • 진행요원 2명 ○○○, ○○○ • 엔지니어 2명 • 서포터 ○○○, ○○○	**역할 분담**	

○ 장소 배치(광명사거리역 크로앙스 백화점 앞)

- 무대
- 무대 텐트 5m×5m 1동
- 광명사거리역 10번 출구 아래 파티션(대기실 용도)
- 의자 5개, 차단봉 4개

- 주차: 크로앙스 백화점 주차장(크로앙스 백화점 주차증 발급), 공연 종료 후 시청 주차장
- 화장실: 크로앙스 백화점 내 1층 화장실
- 대기실: 광명사거리역 10번 출구 아래 파티션
- 창고: 본부석 아래 창고
- 상황실: 시민회관 3층
- 식사: 크로앙스 백화점 식당가

○ 준비물 체크리스트

구분	수량	방법	비고
스태프용 명찰	6개	제작	
스태프용 티셔츠	6벌	제작	
몽골텐트(5m×5m) 오픈형	1세트	대여	
의자	5개	대여	
현수막	1개	제작	무대 백드롭
물	50개×3일		
식권	12장×3일		
리플릿	500부×3일		
차단봉	4개		
큐시트	4장		

○ 큐시트

10월 8일	행사장	체크리스트
09:00	• 시민운동장 도착 • 필요 물품 체크	• 물품은 본부석 아래 창고와 임시 사무국에 있습니다. • 체크리스트를 보며 필요 물품을 체크하고, 반출된 물품을 주어진 양식에 적습니다.
10:00	• 공연장(크로앙스 백화점) 세팅, 무대 및 악기 설치 • 현수막 부착, 리플릿 배포 준비	• 행사장은 주어진 그림대로 배치합니다. • 전기는 크로앙스 백화점 내 배전반을 이용합니다.
11:00	• 리허설(하타 · 란, 모노타입, 서영도 트리오)	
12:00		• 진행자는 리허설 2시간 전 뮤지션 출발 여부를 확인합니다. • 리허설은 주어진 시간 안에 마치도록 유도합니다. • 엔지니어와 뮤지션 또는 레이블 담당자가 원활한 소통이 가능하도록 협조합니다.
13:00	• 공연(13:00) (하타 · 란, 모노타입, 서영도 트리오)	• 엔지니어에게 당일 큐시트를 전달합니다.
14:00		
15:00	• 리허설(광명 스쿨밴드)	• 공연 시작 후 관객 안전사고 방지와 질서 유지에 힘씁니다.
15:30	• 공연 시작(몬스터 트리, 비포장, 1st)	• 공연 시간을 지키도록 유도합니다.
16:00		
17:00	• 공연 종료 • 행사 마감 · 정리	
18:00	• 저녁 식사	
19:00	• 운동장 스태프 하우스에 와서 물품 반납 및 보고 • 모든 상황 종료 후 안내부스에서 근무	• 야간 경비요원 도착 후 인수인계

■ 〈Free Stage 3〉(달리는 놀이터) 체크리스트

○ 인원 배치

인원 배치	• ○○○ 행사팀장(책임자) • 진행자 2명 ○○○ 외 1명 • 진행요원 1명 ○○○ • 엔지니어 1명	**역할 분담**	

○ 장소 배치(철산역 삼성생명 광명빌딩 앞 무대)

- 무대
- 대기실 텐트 (3m×3m) 3면 1동
- 탁자 1개
- 의자 15개

- 주차: 시청 주차장
- 화장실: 삼성생명 빌딩 화장실
- 대기실: 대기 텐트
- 창고: 본부석 아래 창고
- 상황실: 시민회관 3층
- 식사: 낙동강 숯불갈비

○ 준비물 체크리스트

구분	수량	방법	책임자
스태프용 명찰	6개	제작	
스태프용 티셔츠	6벌	제작	
몽골텐트(3m×3m) 3면형	1세트	대여	
탁자(1.8m×0.9m)	1개	대여	
플라스틱 의자	15개	대여	
현수막	1개	제작	무대 백드롭
도시락	6개×3일		
물	50개×3일		
식권	52장		
휴지통(쓰레기 봉투)	2개		
리플릿	300부×3일		

○ 큐시트

10월 8일	행사장	체크리스트
09:00	• 시민운동장 도착 • 필요 물품 체크	• 물품은 본부석 아래 창고와 임시 사무국에 있습니다. • 체크리스트를 보며 필요 물품을 체크하고, 반출된 물품을 주어진 양식에 적습니다.
10:00	• 공연장(철산역 3번 출구 삼성생명 빌딩) 세팅, 무대 및 악기 설치 • 현수막 부착, 리플릿 배포 준비	• 행사장은 주어진 그림대로 배치합니다. • 전기는 삼성생명 빌딩 내 배전반을 이용합니다.
11:00		
12:00		• 진행자는 리허설 2시간 전 뮤지션 출발 여부를 확인합니다. • 리허설은 주어진 시간 안에 마치도록 유도합니다.
13:00	• 리허설(핑퐁사운드)	• 엔지니어와 뮤지션 또는 레이블 담당자가 원활한 소통이 가능하도록 협조합니다. • 엔지니어에게 해당일 큐시트를 전달합니다.
14:00		
15:00	• 공연 시작(머머스룸, 스타리 아이드, 데이드림, 아마추어 증폭기)	• 공연 시작 후 관객 안전사고 방지와 질서 유지에 힘씁니다. • 공연 시간을 지키도록 유도합니다.
16:00	• 공연 종료	
17:00	• 행사 마감 · 정리 • 저녁 식사	
18:00	• 운동장 스태프 하우스에 와서 물품 반납 및 보고	
19:00	• 모든 상황 종료 후 안내부스에서 근무	

02 | 무대 시설업체 공모

공모를 통해서 무대 시설업체를 결정하는 방법은 사무국에서 특정 업체와 수의계약할 때의 문제점을 방지하는 효과는 있지만, 사실 일의 진행만을 본다면 오히려 불합리하고 비효율적인 부분이 있다. 사무국의 무대 관련 담당자가 경력과 경험이 충분하다면 무대 시설업체를 직접 결정하는 것이 비용이나 작업 면에서 효율적일 수 있다. 2006 광명음악밸리축제에서 무대 시설업체 선정 절차는 다음과 같았다.

○ 일정

- 공고 시기: 5월 1~15일
- 공고 방법: 축제홈페이지 인터넷 공고, 각 업체별 견적 제안서 받음
- 사무국 논의: 5월 16일
- 상임 집행위 논의: 5월 20일까지
- 선정 후보업체와 세부 협의: 5월 26일까지
- 선정 공고: 5월 29일 축제홈페이지 공고
- 계약: 6월 2일

○ 진행

- 1차: 부가세 포함 ______원 미만(공시하지 않음)
  2005년 축제 기본 사양 수용
  축제 전체 음원 트랙별 녹음
  각 아티스트별(외국 아티스트 포함) 추가 장비에 대한 수용 여부
- 2차: 입찰 제안서에 대해 축제 사무국, 상임 집행위에서 검토, 입찰 선정 업체 비교 검토
- 3차: 상임 집행위 회의 후 입찰 중 유리한 쪽으로 최종 확정
- 4차: 최종 업체 선정 후 세부 내용 협의
- 5차: 계약

○ 메인무대 계획

• 9월 19~20일: 설치
• 9월 21일: 리허설 1
• 9월 22일: 리허설 2(축제 1일차)
• 9월 23일: 리허설 3(축제 2일차)
• 9월 24일: 리허설 4(축제 3일차)
• 9월 25~26일: 장비 철수

○ 고려 사항

• 거리무대 장비 계약의 포함 사항
• 방송사 선정과 관련된 각종 협의 사항
• 불꽃놀이 규모(무대 비용 중 특수 효과 부분)

2006 광명음악밸리축제무대 시설업체 공모

광명음악밸리축제 조직위원회에서는 '전 세계 대중음악 네트워크'를 지향하는 2006 광명음악밸리축제를 개최함에 따라 축제 시설업체를 다음과 같이 공모합니다.

1) 행사 개요

• 일시: 2006년 9월 22(금)~24일(일)
• 장소: 광명시 일대
• 내용: 현 대중음악을 대표하는 국내외 아티스트들의 음악축제

2) 공모 내용

• 공모명: 2006 광명음악밸리축제 시설업체 공모
• 공모 기간: 5월 1~15일 오후 5시까지
• 공모 내용: 아래 세부 사항 참조

○ **시설업체 공모 세부 사항**

1) 행사 기간: 2006년 9월 22(금)~24일(일)

2) 행사 장소: 광명시민운동장

3) 무대

- 메인무대 평면(W 18m, D 12m, H 1.5m 이상)
- 드럼 슬라이드 단상(바퀴 고정식 무대 상하수 2개)
- 키보드 단상×2개
- 무대 상하수 장비 교체 공간(W 6m, D 6m, H 1.5m×2개)
- 모니터 하우스(W 6m, D 6m, H 1.5m)
- 메인 하우스(W 9m, D 3.6m, H 0.6m)
- 방송중계용 카메라 단상×3개(사이즈는 방송사 협의 후 결정)

4) 트러스

- W 18m, D 12m, H 13m
- Speaker Wing 3m 2개
- 트러스 액세서리 디자인별 추가 가능

5) 음향

- Main System: Line – Array System(130kw 이상, 필수 사항)
- Sub Sytem: Center Fill, Front Side Fill(사각지대 보강용 필요 수량)
- Main Console: 아날로그 또는 디지털 48ch, Sub Console 24ch
- Monitor System: Digital Console(필수 사항)
- Live Recording System: 48tr 이상(필수 사항)
- Monitor System: 연주자별 1조 이상 Side Fill(모니터 사각지대 보강용 필요 수량)

6) 조명

- 기본 방송조명 및 객석 전면 화이트
- Fog Machine×3개 이상
- PIN×2개 이상(PIN Tower 포함)
- Moving Search×30개 이상
- Moving Wish×12개 이상

7) 발전기

- 4대(350kw×1개, 200kw×2개, 150kw×1개)

8) 특수 효과

- 불꽃놀이(개막식 3′ 및 폐막식 5′)

9) 영상

- LED 250인치×1개(무대 중앙)
- Projector 300인치×2개(12,000ANSI 이상, 무대 좌우)
- Projector Screen 포함
- Playback System

10) 악기

- Drum×2개(Cymbal 포함)
- Guitar Amp×4개
- Bass Amp×2개
- Keyboard×4개
- 테크니션 필수(1~2명)
- 해외 뮤지션 요구에 의한 스펙 변경 가능(필수 사항)

※ 상기 스펙은 2005 광명음악밸리축제 기준의 권장 사항입니다.

※ 각 세부 사항은 축제 진행 시 담당자와 협의에 의해 추가 · 변동될 수 있습니다.

※ 필수 사항은 업체 선정 시 일차 고려 대상이 됩니다.

3) 공모 및 접수

- 기간: 5월 1~15일 오후 5시까지

  ※ 우편 접수는 5월 15일(월) 소인분까지 한함
- 제출 서류
  - 사업자등록증 1부
  - 업체 견적서 1부(세부 사항 포함)
  - 업체 경력서(포트폴리오) 1부
  - 무대 시안, 조명 시안 각 1부[컬러프린트 또는 파일(jpg) 제출 가능]
- 접수 방법: 방문, 우편 및 이메일 접수

• 문의 및 접수처
- 주소: 423-702 경기도 광명시 철산3동 222-1 시민회관 3층 광명음악밸리축제 사무국
- 전화: (02) 2680 — ○○○○
- 이메일: event@mvalley.org

〈2006 광명음악밸리축제 배치도〉

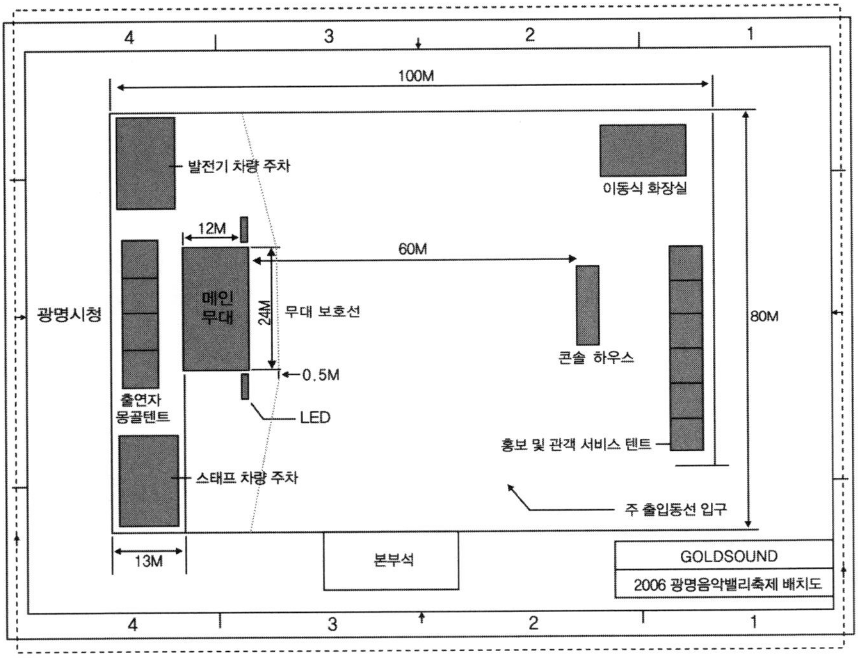

03 | 부대행사 운영 계획

여러 가지 종류의 부대행사들을 기획할 때는 축제 당일 해당 행사장 운영자에게 어떤 권한을 주고 이들을 어떻게 관리할지 미리 세심하게 생각해야 한다. 부대행사의

수가 많아지면 해당 행사장의 관리자를 축제 사무국 직원이 아닌 단기 계약직 또는 자원봉사자를 쓰고, 사무국 담당자가 이들을 총괄적으로 관리하는 방법으로 가야 하기 때문이다.

1) 프로그램 운영

(1) 〈노천카페〉

메인무대인 광명시민운동장 옆 인공폭포공원에 위치한 노천카페는 관객들의 휴식을 위한 공간과 음료 판매는 물론 공연, 뮤직비디오 상영, 뮤지션 사인회, 음반 전시와 판매 등이 이뤄지는 복합문화공간이다. 3개의 텐트 동으로 구성된 노천카페의 왼쪽 동에서는 음료 및 기념품 판매가, 텐트 중앙에서는 <Free Stage 4> 공연과 뮤직비디오 상영이 8일과 9일 양일간 이뤄진다. 그리고 오른쪽 텐트에서는 음반 전시와 판매가 이뤄진다.

2005 광명음악밸리축제 〈노천카페〉 계획

1) 타이틀: 노천카페
2) 일시: 10월 7~9일
3) 장소: 운동장 옆 야외공원
4) 예산: ______원
5) 주관: 축제 사무국
6) 내용: 2개의 텐트에 식음료 판매 코너와 공연장 운영
   • 식음료 · 기념품 판매 코너
     - 부녀회 진행
     - 식음료 · 기념품 판매
     - 휴식 공간(의자, 테이블) 확보
   • 공연 텐트
     - 사무국 진행

- 뮤직비디오 상영, 공연, 뮤지션 사인회, 팬미팅 등 진행
- 인테리어 필요

- 〈Free Stage 4〉
  - 장소: 야외공원 노천카페
  - 공연 프로그램

	시간	공연 팀	비고
2일차(토)	15:30~17:00	멜로우 이어, 캔버스, 슬로우 쥰	롤리팝
3일차(일)	15:30~17:00	소히, 도경만	프리마켓

- 음반 전시 · 판매
  - 온라인에서 전시 중인 '인디음반 1,000장'의 대표작 전시
  - 출연진 및 인디음반 판매

7) 예산안

- 텐트, 파라솔, 의자 대여: ______원
- 악기 대여: ______원
- 인테리어 및 차음: ______원

8) 운영

- 진행요원: 2명
- 노천카페 텐트 구성안

노천카페 (식음료 판매)	**공연 텐트 (공연, 뮤직비디오 상영)**	**음반 전시 텐트 (음반 전시 및 판매)**

(2) 〈실용음악강좌〉

국내 유수 실용음악학과 교수의 강의는 뮤지션 지망생과 실용음악학과 지망생, 악기를 배우는 일반인 등을 위한 특별한 강좌이다.

2005 광명음악밸리축제 〈실용음악강좌〉 계획

1) 타이틀: 실용음악강좌
2) 일시: 10월 9일(일)
3) 장소: 시민회관 소강당 오후 2~5시
4) 예산: ______원
6) 내용: 페스티벌 참가자 및 광명시민 대상 음악 관련 강좌 및 세미나
7) 담당: 프로그래머 ○○○
8) 예산안
- 강사료: ______원×4명 = ______원
- 진행비: ______원
- 인쇄물 · 플래카드: ______원

(3) 〈당신도 예술가!〉

<당신도 예술가!>는 지난 1998년부터 모든 사람이 함께 공유하고 향유할 수 있는 문화예술 프로그램으로 시작했다. 정형화된 예술, 학습된 표현 방식을 지양하고 개개인의 본성 그대로의 창의적인 창작력을 발현할 수 있는 프로그램으로 구성되어, 참여할 수 있는 곳 어디에서나 모든 시민을 만나기 위해, 모두가 자신 안에서 예술가 기질을 꺼내 발견하는 기쁨의 순간을 같이 경험하고 삶에서 실천하는 예술가가 되기를 소망하는 프로젝트로 지속되고 있다. 광명음악밸리축제에서 만나는 <당신도 예술가!> 프로그램은 행사 당일, 현장에서 참가비 없이 무료로 접수하며, 접수 시작은 프로그램 시작 시각과 동일하다.

2005 광명음악밸리축제 〈당신도 예술가! 〉 계획

1) 타이틀: 당신도 예술가! 시민과 함께하는 참여예술 창작 한마당
2) 일시: 10월 8일(토) 오후 1~6시
3) 장소: 문화원 앞마당, 시민회관 앞마당(예정)

4) 예산: ______원

5) 주관: 축제 사무국, 공공개발센터 URART

6) 내용

- 매듭으로 묶는 인형
- 몸과 마음을 씻는 천연비누
- 보자기에 담긴 천연염색 등

7) 공공문화개발센터 URART(www.urart.org)

※ 진행요원 2명

(4) 〈우리는 음악가!〉

<우리는 음악가! — 시민 참여 무대>는 아마추어 학생들이 참여하는 무대이다. 현재 광명시에서 이뤄지고 있는 학생들의 음악활동의 모습을 담은 <우리는 음악가!>는 학교, 문화단체 등에서 활동하는 학생 밴드의 공연을 담을 예정이다.

2005 광명음악밸리축제 〈우리는 음악가!〉 계획

1) 타이틀: 우리는 음악가! — 시민 참여 무대

2) 일시: 10월 8일(토) 오후 3시 30분~4시 30분

3) 장소: 프리스테이지 2

4) 예산: ______원

5) 내용: 광명시 내 문화단체, 문화학교, 학생의 참여 무대

6) 예산안

- 악기 대여: ______원
- 개런티: ______원(기념품 증정)

7) 협력단체: 광명문화원, 광명청소년문화의집

2) 예산 계획

2005 광명음악밸리축제 부대행사 예산안

프로그램	세부 항목	개런티	악기 대여	무대 설치	인쇄물	디자인	플래카드	기념품	천막 · 파라솔 대여	진행비	계
Free Stage(거리공연)											
시민참여 · 체험 프로그램	URART 기획 프로그램										
	예술시장 프리마켓										
	음악관련업체 시연회										
	시민참여무대										
음반 전시 · 판매											
노천카페											
뮤직비디오 상영											
사진전(로모월)											
음악 강좌 · 세미나	음악클리닉										
	대중음악개론										
먹을거리 장터											
계											

3) 체크리스트 작성

2005 광명음악밸리축제 체크리스트(부대행사)

■ 〈노천카페〉 체크리스트

○ 인원 배치

인원 배치	• 행사 서포터 4명 • 향무직 2명 • 카페 티모르 2명	**역할 분담**	• 노천카페 물품 담당자: ○○○ • 행사 서포터 4명(카페 티모르 1명, 기념품, 공연 진행 1명): ○○○(공연 진행), ○○○(카페 티모르), ○○○(기념품), ○○○(공연 보조) • 향무직 2명(CD 판매) • 카페 티모르 2명(커피 판매)

○ 장소 배치(인공폭포공원)

- 무대
- 무대 텐트 3m×3m 1동(오픈)
- 대기 텐트 3m×3m 1동(3면)
- 행사텐트 3m×3m 3동(오픈)
- 파라솔 6세트(관객용)
- 탁자(1.8m×0.6m) 6개(카페 티모르 1개, 기념품 1개, 향무직 4개)
- 의자 15개(행사용)

- 주차: 시청 행사주차장
- 화장실: 시민운동장 화장실
- 창고: 본부석 아래 창고
- 상황실: 시민회관 3층

○ 준비물 체크리스트

구분	수량	비고
스태프용 티셔츠	8벌	
스태프용 명찰	8개	
게스트용 명찰	10개	
몽골텐트(3m×3m) 오픈형	4세트	무대 텐트 1세트, 카페 티모르 1세트, 음반 판매 1세트, 기념품 1세트
몽골텐트(3m×3m) 3막형	1세트	대기실
조명(등)	3개	카페 티모르 1개, 음반 판매 1개, 기념품 1개
탁자(1.8m×0.9m)	6개	카페 티모르 1개, 음반 판매 4개, 기념품 1개
파라솔	6조	
의자	12개	카페 티모르 4개, 음반 판매 4개, 기념품 2개, 무대 2개
현수막	7개	노천카페, 기념품 판매, 카페 티모르, 음반 판매, 무대걸개, 프로그램 소개
도시락	8개×3일(점심)	
물	30개×3일, 카페용 식수 20통	

식권	15장×3일(저녁)	
휴지통(쓰레기 봉투)	2개	
행사장 안내판	1개	
리플릿	300부×3일	
무료 담요	8장	
기념품	500세트	홍보책자, 수첩, 화장품 샘플, 비닐봉투
거스름돈	10만 원(1,000원권으로)	기념품
전기릴선	4개	카페 티모르 1개, 음반 판매 1개, 기념품 1개, 무대 1개
리드선(3구 5m)	4개	카페 티모르 1개, 음반 판매 1개, 기념품 1개, 무대 1개

○ 큐시트

10월 8일	행사장	비고
09:00	• 시민운동장 도착 • 행사 진행 및 필요 물품 체크	• 물품은 본부석 아래 창고와 임시 사무국에 있습니다. • 체크리스트를 보며 필요 물품을 체크하고, 반출된 물품을 주어진 양식에 적습니다.
10:00	• 행사장(운동장 옆 인공폭포공원) · 공연장 세팅	• 행사장은 주어진 그림대로 배치합니다.
11:00	• 행사 진행 준비(기념품 및 커피 판매 준비)	• 전기는 인공폭포공원 내 배전반을 이용합니다. • 배포, 판매 물품을 확인하고 주어진 장소에 세팅합니다.
12:00	• 점심 식사(도시락)	• 공연 진행(○○○)은 공연 팀 도착을 전화로 확인합니다.
13:00	• 행사 시작	
14:00	• 리허설	• 기념품 판매는 판매 수량을 체크해 매일 결산해야 합니다.

15:00 16:00 17:00 18:00 19:00 20:00 21:00	• 공연 • 저녁 식사(식권) • 행사 마감 · 정리	• 리허설을 시작합니다. • 공연 시 행사 텐트는 관객의 공연 관람을 유도합니다(큰 소음 금지). • 공연 보조(○○○)는 참가팀에게 기념품 1세트, 게스트카드, 식권을 지급합니다. • 서포터는 교대로 식사합니다. • 행사 마감 전 주변을 청소하고 쓰레기를 한 곳에 모읍니다. • 텐트 · 탁자 · 의자 등 행사 물품을 정리하고 수량을 확인합니다. • 정리 후 반납할 물건을 가지고 운동장 스태프 하우스로 모입니다.

■ 〈당신도 예술가!〉 체크리스트

○ 인원 배치

인원 배치	• URART 진행요원 10~12명 • 행사 서포터 4명: ○○○, ○○○, ○○○, ○○○	**역할 분담**	• 진행 책임자: ○○○(URART) • 행사 서포터 4명: ○○○, ○○○, ○○○, ○○○ • 물품 담당자: ○○○

○ 장소 배치(시민회관 분수마당)

'세상에서 가장 아름다운 노래'		'높은음자리표 핸드폰 고리 만들기'
텐트(3m×3m 몽골텐트) 1세트 탁자 4개 의자 4개	의자 12개	텐트(3m×3m 몽골텐트) 1세트 탁자 4개 의자 4개

- 주차: 시청 행사주차장
- 화장실: 시민회관 화장실
- 창고: 본부석 아래 창고
- 상황실: 시민회관 3층

○ 준비물 체크리스트

구분	수량	방법	비고
스태프용 티셔츠	16벌	제작	
스태프용 명찰	16개	제작	
몽골텐트(3m×3m) 오픈형	2세트	대여	
탁자(1.8m×0.9m)	8개	대여	
플라스틱 의자	20개	대여	
현수막	1개	제작	0.9m×7m

도시락	16개×2일(점심)		8~9일
물	40개×2일		8~9일
식권	16장×2일(저녁, 크로앙스)		8~9일
휴지통(쓰레기 봉투)	4개×2일		8~9일
리플릿	300부×2일		
전기릴선	1개		
리드선(3구 5m)	1개		

○ 큐시트

10월 8~9일	행사장	비고
09:00	• 필요 물품 체크	• 물품은 본부석 아래 창고와 임시 사무국에 있습니다. • 체크리스트를 보며 필요 물품을 체크하고, 반출된 물품을 주어진 양식에 적습니다. • 행사장은 주어진 그림대로 배치합니다. • 전기는 시민회관 전시실을 이용합니다. • 화장실은 운동장 본부석 옆에 있습니다. • URART 선생님들에게 교육받고 진행을 돕습니다. • 행사 참여를 위해 기다려야 하는 경우가 많으므로 질서유지에 신경을 씁니다.
10:00	• 행사장 세팅	
11:00		
12:00	• 점심 식사	
13:00	• 행사 준비	
14:00	• 행사 시작	

15:00 16:00 17:00 18:00 19:00	• 행사 마감 • 정리 • 저녁 식사	• 행사 종료 후 주변을 청소하고 쓰레기를 한 곳에 모읍니다. • 텐트 · 탁자 · 의자 등 행사 물품을 정리하고 수량을 확인합니다. • 정리 후 반납할 물건을 가지고 운동장 스태프 하우스로 모입니다. • URART 스태프와 저녁 식사 후 스태프 하우스에서 결과를 알립니다.

■ 〈우리는 음악가!〉 체크리스트

○ 인원 배치

인원 배치	• 행사 서포터 2명 • 엔지니어 1명 • 청소년문화의집 2명	**역할 분담**	

○ 장소 배치(크로앙스 백화점 앞 야외무대)

- 무대(가설무대)
- 대기 텐트 1동
- 안내데스크용 파라솔 1조
- 탁자(1.8m×0.6m) 1개, 플라스틱 의자 10개

○ 준비물 체크리스트

구분	수량	방법	비고
스태프용 명찰	5개	제작	
게스트용 명찰	15개	제작	
몽골텐트(3m×3m) 오픈형	1세트	대여	프리스테이지 2 함께 사용
탁자 (1.8m×0.6m)	1개	대여	프리스테이지 2 함께 사용
파라솔	1세트	대여	프리스테이지 2 함께 사용
플라스틱 의자	10개	대여	프리스테이지 2 함께 사용
이동 배너	1개	제작	
도시락	5개×1일		
물	20개×1일		
식권	25장×1일		
참여장	4장	제작	
상품권	○○만 원권×4장		
쓰레기 봉투	1개		

04 | 사전 공연 · 행사 운영 계획

본 축제에 앞서 홍보 이벤트의 의미가 담긴 사전 공연·행사는 언론 홍보를 위해서도 필요하다. 한 차례 정도는 외부에서 진행하고, 나머지는 실제로 축제에서 행사를 펼칠 장소들을 이용하는 것이 효과적이다. 전자는 광명처럼 '음악도시' 이미지와 전혀 무관했던 도시에서 본격적인 음악축제를 한다는 것이 외부 사람들에게 낯설기 때문에 음악 신이 밀집되어 있는 홍대 같은 곳을 선택해서 홍보하는 방안이 필요하고, 후자의 경우에는 광명시의 사람들에게 축제가 펼쳐질 때와 장소를 사전에 인지시키는 차원에서 필요하다.

1) 프로그램 운영

(1) 〈프레스테이지 1: 뉴커런츠, 기자 간담회〉

<프레스테이지(Pre-Stage) 1>에서는 2005 광명음악밸리축제가 선정한 <뉴커런츠—주목하는 시선>의 두 팀인 미스티 블루와 13스텝스, 그리고 인상적인 데뷔 앨범으로 인디 신의 주목을 받았던 소규모 아카시아 밴드의 공연이 열렸다. <뉴커런츠>는 새로운 비전을 제시하는 신인 뮤지션을 선정해 국내 대중음악의 새로운 기운이 어떻게 일어나고 있는지 주목하고 대중과의 교감이 일어날 수 있는 기회를 마련하는 기획이었다.

2005 광명음악밸리축제 〈Pre-Stage 1: 뉴커런츠, 기자 간담회〉 계획

1) 일시: 2005년 9월 8일(목) 오후 7시
2) 장소: 사운드홀릭(www.soundholic.co.kr)
3) 출연진

- 소규모 아카시아 밴드(Sogyumo Akasia Band)
- 미스티 블루(Misty Blue)
- 13스텝스(13Steps)

4) 프로그램

- 19:00 행사 시작
- 19:02 시장, 집행위원장, 홍보대사 인사
- 19:15 영상 상영
- 19:20 공연 1(소규모 아카시아 밴드)
- 19:50 공연 2(미스티 블루)
- 20:20 공연 3(13스텝스)
- 20:50 정리

5) 초대 명단

- 이벤트: 벅스(50명), 뮤즈(50명), 멜론(50명), 출연자 팬클럽(60명) 등의 이벤트를 통해 210명 초대
- 매체 기자 및 관련 인사: 일간지, 월간지, 인터넷 매체, 주간지, 웹진 등 방문 및 우편 발송
- 축제 관련 단체 및 음악계 인사: 문화연대, 민음협, 민예총, 라문협, 클문협, 네이버, 야마하, EBS, 한국 문화콘텐츠진흥원
- 시 관계자: 시장 이하 시청 직원
- 집행위원: 집행위원회 8명
- 문화원, 청소년문화의집
- 국회의원, 시의원

6) 행사장 배치

- 공연은 스탠딩으로 진행
- 컨트롤룸 부근 바에 기자석 및 귀빈석 준비
- 공연 밴드는 대기실
- 공연장 입구에 티케팅 데스크 준비(초대권, 홍보물 배포)

7) 준비 내역

- 플래카드: 백드롭, 이동배너
- 배포물: 홍보 CD, 엽서, 전단, 포스터
- 다과, 음료

- 초대권

8) **예산안**

- 장소 대여: ______원
- 개런티: ______원
- 음료 · 다과: ______원
- 인쇄물 · 플래카드: ______원
- 진행비: ______원

9) **홍보 · 이벤트 스케줄**

- 네이버 초대권 이벤트: 100장(배너, 이벤트 페이지 제작)
- 출연진 팬클럽 초대권 배포: 60장
- 벅스 초대권 이벤트: 50장(배너, 이벤트 페이지 제작)
- 매체 홍보 및 기자 초대
- 홈페이지 홍보
- 웹 게시판 홍보(배너, 이벤트 페이지 제작)

(2) 〈프레스테이지 2: 거리공연〉

<프레스테이지(Pre-Stage) 2>는 메인무대인 오픈스테이지와 함께 2005 광명음악밸리축제의 한 축을 이룰 거리공연을 1주일 먼저 즐겨보는 기회로 기획했다. <프레스테이지 2>는 축제 기간에 <프리스테이지 1>의 무대가 위치할 철산역 상업지구 문화의거리 내 야외무대에서 13스텝스, 몽구스, 허클베리핀의 에너제틱한 공연으로 진행되었다.

2005 광명음악밸리축제 〈Pre-Stage 2: 거리공연〉 계획

1) **일시: 2005년 10월 1일(토) 오후 3시**

2) **장소: 광명시 철산역 상업지구 문화의거리 내 야외무대**

3) **출연진**

- 13스텝스(13Steps)
- 몽구스(Mongoose)

- 허클베리핀(Huckleberry Finn)

4) 프로그램

- 11:00 무대 설치 및 악기 세팅
- 13:00 허클베리핀 리허설
- 13:30 몽구스 리허설
- 14:00 13스텝스 리허설
- 15:00 공연 1(13스텝스)
- 15:30 공연 2(몽구스)
- 16:00 공연 2(허클베리핀)
- 16:30 정리

5) 무대 배치

- 무대는 맥도날드 앞 설치
- 무대 옆 대기실 텐트(3m×3m) 설치
- 무대 앞 홍보부스(파라솔) 설치

6) 인원 배치

- 전체 진행: 행사팀장
- 무대 진행: 기획팀장
- 홍보부스: 홍보팀장, 홍보팀원, 아르바이트, 프로그래머 A
- 밴드 · 대기실: 프로그래머 B
- 영상: 영상 담당, 행사팀원
- 사진: 웹 담당

7) 준비 내역

- 무대 · 악기 대여 완료
- 텐트(3m×3m) 1동 및 텐트(5m×5m) 1동, 파라솔 1세트, 책상 1개 및 의자 15개(대여), 벨트형 차단봉 5개
- 캠코더, 디지털 카메라, 6mm 필름
- 홍보물(리플릿, 포스터, 스티커)
- 백드롭(재활용), 배너 1개
- 안내 표시(철산역에서 공연장까지), 안내판 2개 제작
- 문화의거리 현수막(1개) 부착

8) 예산안

- 개런티: ______원
- 무대: ______원
- 악기 대여: ______원
- 물품 대여비: ______원
- 인쇄물 · 현수막: ______원
- 식사 · 음료: ______원
- 진행비: ______원

2) 예산 계획

2006 광명음악밸리축제 사전 공연 견적서

Professional Audio Rental Team

견적 명세서

• 거래 일자: 2006년 8월 23일	(공급자)
• 거래처: 광명음악밸리축제 사무국	상호: 대표자:
• 건명: 음악축제 사전 공연시스템	
아래와 같이 견적합니다.	사업자등록번호:
금 ____________원정(₩ ____________)	사업장 주소:
– 부가세 포함 –	업태: 서비스 종목: 음향장비대여 외

– 세부 견적 내역 –

No.	품목	규격	수량	단가	금액
1	음향 및 악기 시스템	메인 음향 20kw	1		
2		모니터 및 ALL 시스템	1		
3		악기 기본 세트	1		
1	무대 시스템	무대	1		

– 세부 장비 현황 –

1	음향 시스템	MAIN SPEAKER	12		
2		MONITOR SPEAKER	6		
3		MAIN AMPLIFIER	16		
4		MONI, AMPLIFIER	4		
5		MIXING CONSOLE	1		
6		MICROPHONE SET	1		
7		EFFECTOR	2		
8		DYNAMIC PROSSECOR	2		
9		음향 배선 및 잡자 제외	1		
1	악기 시스템	DRUM SET	1		
2		BASS AMP	1		
3		GUITAR AMP	1		
4		KEYBOARD	1		
5		기타 잡자제	1		
1	무대 시스템	평면 바닥 약 8~10평	1		
2		마감제	1		
별첨 사항: • 무대 평면 바닥(백드롭 없음) • 전기 주최 측 공급					
시스템 총액		₩ ____________			

3) 체크리스트 작성

2005 광명음악밸리축제 체크리스트(기자간담회)

○ 리허설 세트리스트

구분	무대	음향	조명(영상)	체크리스트
12:00	• 준비물 체크			• 무대용 현수막(백드롭) 1개, 이동 배너 1개(공연장 입구), 포스터 100장, 전단지 300장, 기자용 보도자료(홍보CD, 전단지, 보도자료), 음료, 초대 리스트, 기자 리스트, 관계자 리스트, 큐시트, 영상물
14:00	• 공연장 도착 • 무대 세팅(행사팀장) • 포스터 부착(행사팀원)			• 입구 안내석 설치(홍보팀장)
15:30	• 리허설(동영상) • 안내 데스크 설치, 위촉장 세팅		• 영상 진행(영상 담당)	• 음료 · 다과 세팅 • BGM CD(출연진 · 홍보CD)
16:00	• 리허설 1(13스텝스)	• 밴드 리허설 진행(프로그래머 B)		
16:30	• 리허설 2(미스티 블루)			
17:00	• 리허설 3(소규모 아카시아 밴드)			
18:00	• 입장 • 관계자 안내(행정팀장, 홍보팀장, 홍보팀원, 행사팀원) • 안내데스크(웹 담당, 프로그래머 A)	• BGM		

○ 본행사 세트리스트

구분	무대	음향	조명	체크리스트
19:00	• 행사 시작 • 예술감독 행사 소개 • 시장 인사 • 한대수, 이상은 홍보대사 인사			
19:15	• 영상 상영			
19:20	• 공연 1(소규모 아카시아 밴드)			
19:50	• 공연 2(미스티 블루)			
20:20	• 공연 3(13스텝스)			
20:50	• 행사 종료 • 관계자 인사 • 정리			

○ 인원 배치

인원 배치	• 안내데스크 2명(웹 담당, 프로그래머 B): 초대자 리스트, 전단지 배포 • 관계자 안내(홍보팀장, 홍보팀원, 행정팀장) • 밴드 리허설 진행(프로그래머 A) • 음향 · 영상(기획팀장, 영상 담당) • 전체 진행(행사팀장)	**역할 분담**	• 전체 진행: 행사팀장 • 무대 세팅: 행사팀원 • 포스터 부착: 행사팀원 • 음향 및 악기: 기획팀장 • 관계자 행사 안내: 홍보팀장, 행사팀장 • 사진 촬영: 프로그래머 B

○ 준비물 체크리스트

구분	수량	방법
스태프용 명찰	20개	공보과
명패(안내 데스크용)	4개	자체 제작
플래카드	2개	구입
프레젠테이션 자료	1개	자체 제작
노트북	1개	기획팀장
포스터, 엽서, 홍보CD		제작 완료
카메라, 캠코더, 6mm 테이프		영상 담당
큐시트		자체 제작
청테이프		구매
음료		

05 | 텍스트콘텐츠 기획

축제에서 텍스트콘텐츠 기획은 매우 중요하다. 이는 단순히 홍보물을 만들기 위한 수단이 아니라 '축제기록물' 차원에서 기획되는 것이 바람직하다. 특히 한국처럼 음악 전문축제가 드물었던 현실에서 매체 담당자들을 이해시키려면 필요한 작업이고, 축제가 연례적으로 진행될 것임을 감안한다면 기록물 제작 차원에서도 필요하다. 무엇보다도 출연자들의 음악적인 역량을 알림으로써 이 축제가 이들을 선택한 이유를 알리는 것이고, 사전에 음악마니아들을 포함한 일반인들에게 진행될 축제 내용을 알리는 중요한 역할을 한다. 음악축제의 핵심 내용은 바로 출연진 자체를 의미하기 때문이다.

1) 뮤지션 소개책자

공연 프로그램과 참여한 뮤지션들을 소개하기 위해 정보(바이오그래피, 디스코그래피 등)와 비평이 들어간 책자를 제작하면 매체 소개에 유리하고, 일반인들에게 공연 프로그램의 내용과 의미를 정확히 알릴 수 있다. 이는 축제기록물로도 좋은 역할을 한다.

2005 광명음악밸리축제 뮤지션 소개책자

1) **타이틀:** 2005 **광명음악밸리축제 밸리레코드** 1 · 2 · 3

2) **구성 내용**

- 『1권』 한국 음악창작자의 역사+샘플러 CD
  - 한대수, 조동진, 조동익, 장필순, 이병우, 김창기, 이상은, 이승열 등
- 『2권』 한국 인디뮤직 10년사+샘플러 CD
  - 델리스파이스, 허클베리핀, 코코어, 언니네 이발관, 마이언트메리, 럭스, 바세린, 코스모스, 스웨터, 이장혁 등
- 『3권』 한국 민중음악 30년+샘플러 CD

- 메아리, 노래를 찾는 사람들, 꽃다지, 안치환, 연영석, 손병휘 등

3) **편집**

• 편집장: 예술감독

• 기획: 행사팀장

• 필진: ○○○

• 아트디렉터: ○○○

4) **밸리레코드 제작 지원: 대중음악비평웹진 가슴**(www.gaseum.co.kr)

2) 축제소개책자

축제와 프로그램 전반을 소개할 축제소개책자를 제작한다. 기획할 때 텍스트 구성과 축제이미지 공유 등을 세심하게 고려한다. 2006년 광명음악밸리축제에서는 공식적인 축제소개책자 이외에 '밸리페이퍼(Valley Paper)'라는 비공식 홍보물을 만들었다. 이는 기획사·레이블·출연팀이 스스로 홍보하는 자체 제작 자료(보도자료, 출연팀 인터뷰, 카탈로그)를 취합해 염가 재질로 제작해 당일 현장에서 배포했다.

2006 광명음악밸리축제 축제소개책자 — Valley Book

1) **성격: 단행본 음악잡지 특별호+축제책자**

2) **슬로건: 축제를 만들어가는, 뮤지션과 함께 만드는 음악전문지**

3) **구성**

• 화보: 사진으로 보는 2005 광명음악밸리축제

• 축제 소개

- 광명음악밸리

- 프로그램 구성

- 출연진 소개

• 커버스토리

- 〈밸리 초이스〉 뮤지션(비평문+디스코그래피)
- 포커스 1
  - 〈뉴웨이브스 6〉: 각 출연팀(국외 · 국내)
  - 〈뉴커런츠〉
- 포커스 2: 틈새를 비집어보는 다섯 시선
  - 2000년대의 송라이터 10
  - 1980년대 한국-팝 다시 보기
  - 지금, 펑크는 어디로 가는가
  - 한국 힙합의 시작에서 오늘까지
  - 음악과 퍼포먼스, 그 사이에 끼인 걸작들
- 스페셜
- 아티클
  - 해외 레이블 특선: 세계의 인디레이블
  - 세계의 음악축제
- 뮤지션 카툰 · 포토(deb, 원종희)
- 광고 · 맵 · 일정

3) 축제홈페이지 콘텐츠

(축제홈페이지가 단순히 홍보만 하는 곳은 아니지만) 축제를 널리 알리려면 방문자들이 꾸준히 홈페이지를 오게 하는 방안이 필요한데, 웹진 형태로 운영한다면 여러 가지 아이템들을 기획해볼 수 있다.

2006년 광명음악밸리축제 홈페이지 콘텐츠 — Valley Zine

1) News
- 내용
  - 국내외 인디레이블 · 뮤지션 뉴스

- 금년 축제의 방향성을 고려해 국내외 인디뮤지션 · 레이블의 동향과 앨범 발매 뉴스 등을 출연진과 프로그램을 일정 부분 반영하면서 친근한 브리핑 스타일로 정리 및 전달
- 뉴스의 범위를 제한하지 않고 담당자의 개성과 재량에 맡김

• 목적
- 음악마니아들의 정기 방문과 일반인들의 음악 수용의 폭을 확장시켜주는 역할, 출연진의 인지도 상승 및 이슈화를 유도하는 기획 반영

• 방식 및 구성
- 형식: 오픈형 보드, 필자가 게시판 운영
- 구성: 이미지+텍스트+(링크)
- 게시: 주 5일(월~금요일)
- 분량: 3매 내외

• 고료: 월 ______원

• 일정: 6월 5일~9월 24일(총 81건)

2) Article

• 타이틀: 연재 2 — 세계의 인디레이블(1 · 2)

• 내용 및 목적
- 세계 음악 신에서 중요한 역할을 담당하는 인디레이블들을 조명
- 향후 협력 관계를 위한 준비
- 특정 장르와 신에 치우치지 않고 가능한 한 넓은 시야로 조망

• 구성
- 협의 후 20개 레이블 선정하고 10개씩 나눠 2회로 연재
- 중요 뮤지션 · 앨범의 비평적 소개 및 링크로 구성
- 분량: 레이블당 5~10매, 총 100~200매
- 레이블 로고+원고+대표앨범커버 2~3개+홈페이지 링크

• 고료: 레이블당 ______원

• 일정
- 기획 · 집필: 5월
- 마감 · 정리: 6월 초까지
- 게시: 7월 3일, 18일

3) Focus

- 타이틀: 틈새를 비집는 다섯 시선
  - 각 스타일(경향)의 전문가들이 새로운 시각으로 중요한 앨범 10장을 소개
- 구성
  - 2000년대의 송라이터 10: 동시대 관점에서 2000년대의 중요 창작자를 조명
  - 1980년대 한국-팝 다시보기: 한국-팝의 전성기인 1980년대의 대중음악, 특히 상업가요 재평가
  - 지금, 펑크는 어디로 가는가: 현재진행형인 펑크 신의 오늘을 조명
  - 한국 힙합의 시작에서 오늘까지: 한국 힙합의 흐름과 중요한 앨범들 재조명
  - 음악과 퍼포먼스, 그 사이에 낀 걸작들: 송라이터와 싱글 중시 등 기존의 관점이 비켜간, 또는 상업성과 퍼포먼스를 의도했음에도 간과하기에 아까운 앨범들을 발굴 · 재평가
  - 분량: 각 15매, 총 75매
- 고료: 편당 _______원
- 일정
  - 기획 완료: 4월
  - 청탁 · 집필 · 마감: 6월~7월 초
  - 정리: 7월 중순까지
  - 게시: 8월 중순

4) 추진 일정

2006년 광명음악밸리축제 홈페이지 콘텐츠 제작 추진 일정

	4월	5월	6월	7월	8월	9월
홈페이지 자료			1일			
뮤지션 섭외 · 계약						
News			3일			

프로그램 · 출연진			1일	순차		
세계의 음악축제			5~19일			
세계 인디레이블				3~18일		
스페셜				1일~		
뉴웨이브스					7~21일	
밸리 초이스					1일~	

06 | 동영상콘텐츠 기획

축제 당일 현장에서 쓸 동영상콘텐츠를 미리 만들어두면 공연 시작, 막간 등에 유용하게 활용할 수 있다. 관련 동영상 없이 단순히 공연만 할 경우 뮤지션이 교체되는 시간에 관중들이 지루해할 것이다. 또한 음악 공연에서 사회자가 있는 것은 다소 어색하기 때문에 공연 막간에 다음에 출연할 뮤지션에 관한 동영상을 상영하면 사회자 역할을 대신할 수 있다. 그리고 후원방송사가 축제 공연을 촬영·편집한 자료를 다음해의 축제를 위해 홈페이지에서 볼 수 있게 하는 방안을 생각해야 한다.

1) 뮤지션 소개 동영상

2005 광명음악밸리축제 뮤지션 소개 동영상 제작 계획

1) 개요

- 날짜: 10월 7~9일
- 수량: 총 29개(메인무대 출연 뮤지션)
- 시간: 3~5분

2) 내용

- 〈하나뮤직 스페셜〉(4개): 이다오+오소영, 버드+한동준, 장필순, 조동진
- 〈밸리 초이스〉(4개): 한대수, 이병우, 이상은, 이승열
- 〈인디뮤직 10년사〉(14개): 델리스파이스, 허클베리핀, 마이언트메리, 스웨터, 슬로우 쥰, 코스모스, 푸른새벽, 이장혁, 몽구스, 페퍼톤스, 바세린, 49몰핀스, 소규모 아카시아 밴드, 카프카
- 〈뉴커런츠〉(2개): 13스텝스, 미스티 블루
- 〈민중음악 30년〉(5개): 안치환, 연영석, 손병휘, 노찾사, 꽃다지

2) 홈페이지 동영상 서비스

광명음악밸리축제 홈페이지 스트리밍 호스팅 비용 예상

1) 용량 계산법

- 동영상 300K일 때 3M(동시접속 10명일 때)
- 동영상 700K일 때 7M(동시접속 10명일 때)

2) 동시접속 인원 예상

- 축제 전(5~8월: 20명 이하)=6M
- 축제 임박(8~9월: 100명 수준)=70M

3) 스트리밍 서버 선택

- C업체 슈퍼스트리밍 기준

서비스명	슈퍼 A형	슈퍼 B형	슈퍼 C형	슈퍼 D형
세팅비	5만 5,000원	11만 원	22만 원	33만 원
월 사용료	5만 5,000원	16만 5,000원	49만 5,000원	165만 원
하드 용량	5G	10G	20G	30G
약정 네트워크	3M	10M	30M	100M
제한 네트워크	10M	30M	100M	200M
회선	KT-IDC 5Gbps 광(光) Dedicated Line			

07 | 경연대회 운영 계획

축제에서 특정 프로그램을 경연대회 방식으로 운영하는 것도 한 방법이다. 이는 사무국이 직접 선별하는 콘텐츠와 비교했을 때 각기 장단점이 있기는 하다. 장점은 이벤트 방식으로 진행하기 때문에 사전에 축제를 붐업하는 효과를 볼 수 있고, 관련 인력들이 자연스럽게 해당 축제에 관심을 갖게 하는 자연스러운 방법이라는 점이다. 하지만 콘텐츠의 질을 보장할 수 없다는 것은 단점이다.

2005 광명음악밸리축제에서는 국내 실용음악과 학생들을 대상으로 한국 대중음악의 미래를 열어나갈 차세대 음악인(Next Music Leader)을 선발하는 의미의 <실용음악과 난장> 프로그램을 마련했다. 이 행사는 국내 최초로 개최되는 실용음악과 학생 대상 대중음악 경연대회로서 소정의 절차를 거쳐 선발된 학생에게는 장학금 수여 등의 특전을 줬다. 창작과 연주에 구슬땀을 흘리는 국내의 실용음악과 학생들이 <실용음악과 난장>을 통해 끼와 재능을 마음껏 펼쳐 보이며 한국 대중음악의 미래를 열어가는 아티스트로 성장할 수 있도록 기획했다.

2005 광명음악밸리축제 경연대회 — 제1회 〈실용음악과 난장〉

1) 사업 개요
- 사업명: 제1회 〈실용음악과 난장 — NEXT MUSIC LEADER PROJECT〉
- 주최: 광명시
- 주관: 2005 광명음악밸리축제 사무국

2) 응모 자격: 현재 국내 실용음악과 대학(원) 재학생 및 휴학생

3) 응모 가능 음악: 국내에 발표된 적 없는 대중음악창작곡(장르 제한 없음)

4) 제출 서류
- 참가 신청서(광명음악밸리축제 홈페이지에서 소정 양식을 다운로드)
- 재학·재적증명서

• 1곡 이상의 창작곡이 담긴 음반 6장, 또는 음악파일(MP3 192K 이상)

5) 접수 기간: 2005년 6월 27일~9월 11일(당일 소인까지 유효)

6) 접수처

• 경기도 광명시 철산동 222-1 시민회관 3층 2005 광명음악밸리축제 사무국 담당자

7) 심사 방법

• 1차: 데모 심사(심사 결과는 9월 15일 홈페이지 발표)
• 2차: 9월 22일(목) 라이브 심사(창작 1곡, 카피 1곡) 예정(장소: 광명문화원)
• 최종: 10월 9일 〈Open Stage〉에서 프로그램 중 결선 라이브 심사

8) 심사 기준: 독창성, 연주력, 태도 등

9) 특전

• 2차 심사 통과팀 전원 광명음악밸리축제 〈Open Stage〉 출연
• 결선 후 4개 팀 선발 장학금 지급

10) 유의 사항

• 제출 서류는 돌려드리지 않습니다.
• 제출 음악은 심사 이외의 목적으로는 사용하지 않습니다.
• 음악이 표절곡이라고 확인되면 선발은 자동 취소되며 장학금도 회수합니다.
• 위의 일정은 사정에 따라 약간의 변동이 있을 수 있습니다.

11) 실용음악과 난장 참가 신청서

뮤지션(팀) 이름	한글: 영문:		곡목 (장르)	
대표자	이름	사인:	E-mail	@
	전화	자택: 이동전화:	주소	
학교 주소	□□□ - □□□			

	TEL: FAX:
라인업 (이름, 포지션, 연락처 명기)	
약력 및 경력	
나(우리)의 음악에 대한 소개	

08 | 공모 프로그램 운영 계획

경연대회와 마찬가지로 공모 방식으로 진행하지만 최종적으로 대중 앞에서 경연하지는 않는 방식이다. 왜냐하면 어떤 공모 프로그램은 경연대회를 열지 않아야 콘텐츠의 질이 보장되기 때문이다. 일례로 2006 광명음악밸리축제에서 공모로 진행한 <SXSW 페스티벌 참가 공모>는 참여자들이 경력 있는 뮤지션들이기를 바랐다. 그러나 이들은 대중 앞의 경연대회를 부담스러워할 것이기 때문에 비공개로 진행하는 공모 방식을 택했고, 최종 낙점자만 발표했다.

1) 사무국 자체 선발 공모 프로그램

2005 광명음악밸리축제는 <뉴커런츠>를 통해 국내 대중음악의 미래를 조명하고자 했다. 새로운 비전을 제시하는 신인 뮤지션을 선정해 국내 대중음악의 새로운 기운이 어떻게 일어나고 있는지 주목하고, 대중과의 교감이 일어날 수 있는 기회를 마련하는 기획이었다.

사무국 자체 선발 공모 프로그램 〈뉴커런츠〉 계획

1) 목적

- 광명음악밸리축제에서 주목할 만한 신인 아티스트를 대중에게 제시해 축제의 스타일을 외부에 적극적으로 표방하고 미래지향적인 축제임을 홍보
- 홍보대사와 함께 축제의 얼굴 역할

2) 대상

- 음반을 준비 중이거나 아직 전국적 프로모션이 진행되지 않은 아티스트
- 메인무대 또는 거리공연으로 출연하는 아티스트 가능

3) 선정

- 내부 선정(2팀)

4) 내용

- 축제 사무국에서 2팀을 선정, 소속사 · 아티스트와 논의
- 기자 간담회, 사전 부대행사, 축제기간 쇼케이스 등 공연
- 축제 사무국의 매체 홍보(인터뷰 유도)
- 홍보책자, 리플릿, 홈페이지 등에 노출
- 홈페이지 내 이벤트 페이지

5) 일정

- 7월 1일: 1차 후보 회의(후보 추천)
- 7월 15일: 2차 후보 회의(후보 추천)
- 7월 31일: 선정 회의
- 8월 15일: 소속사 · 아티스트와 만나서 논의
- 8월 말: 기자 간담회, 홍보책자에 기사
- 9월 말: 행사 리플릿에 기사
- 10월 1일: 사전 부대행사 공연
- 10월 8일: 거리공연
- 10월 9일: 노천카페 어쿠스틱 공연

6) 예산안

- 사전 부대행사: ______원
- 진행비: ______원

2) 사무국과 외부 인사의 선발 공모 프로그램

2006 광명음악밸리축제에서는 광명시의 자매도시인 미국 텍사스 주 오스틴에서 열리는 세계적인 음악·미디어 컨퍼런스인 SXSW 페스티벌에 참가할 팀을 공모했다. 한국 대중음악계의 가능성 있는 음악인을 지원하고, 해외에 한국 문화콘텐츠를 적극적으로 소개하는 사업이었다. 소정의 절차를 통해 엄선된 뮤지션은 기획 공연 및 2006 광명음악밸리축제의 메인무대에서 공연하게 되며, 차기 SXSW 페스티벌(2007년 3월 예정) 사전 심사를 통과하고 참가를 결정한 경우 광명시에서 필요한 경비(항공비, 체재비)를 전액 지원한다는 내용이었다.

사무국과 외부 인사 선발 공모 프로그램 계획

1) **타이틀**: "Road to Austin(SXSW)"

2) **내용**
- 광명음악밸리축제에서 한국 뮤지션을 미국 신인 발굴 최고의 축제인 SXSW 페스티벌과 연결
- 대중음악계에 긍정적인 역할을 하며 한국 문화콘텐츠를 수출하고 뮤지션을 지원하는 사업
- 최종 선발 1개 팀 광명음악밸리축제 참가
- 광명시에서 2007년 3월 SXSW 페스티벌 참가비 전액 지원

3) **공모 방식**
- 홈페이지를 통해 공모 내용 전달
- 음악잡지와 웹진에 기사로 홍보(취지, 내용, 특전)

4) **심사 기준**
- 창작곡이 담긴 음반 평가
- 비자 발급 등의 문제로 해외여행을 할 수 없는 멤버가 포함된 라인업으로 결선 공연에 참가해 선정된 경우 차점팀을 선정함

5) **심사표**

6) **심사 진행**

채점 \ 항목	실험성	대중성	완성도	총점
각 10점 (만점 30점)				

- 심사 위원장: 예술감독
- 담당자: 매체 제작팀장
  - 1차 심사: 음반 · 동영상 평가 5인(사무국)
  - 2차 심사: 음악평론가 5인
  - 3차 심사: SXSW 페스티벌 관계자 5인

7) 홍보(관객 동원)

- 시민 대상
  - 중앙언론보도(보도자료)를 통해 광명시민에게 관심도 고취(홍보팀 협조)
  - 효율적인 포스터 게재: 추진위원을 수락한 관내 고등학교, 기업에 집중 배부
- 음악마니아 및 밴드 팬클럽 대상
  - 음악잡지 · 문화잡지에 보도자료 발송 및 현장 취재 요청
  - 신촌 · 홍대 클럽가 포스터 부착
  - 온라인 커뮤니티 및 팬클럽에 홍보물 게시
  - 결선참가팀에 관객 동원 권유

8) 진행 일정

- 리플릿 제작(5월 1일부터), 보도자료 발송 및 리플릿 배포(5월 말)
- 사전 홍보(5월 1일부터), 공모접수 기간(6월 1일~7월 31일)
- 심사(8월 1~15일)
- 8월 17일 발표, 포스터 제작 의뢰 및 배포
- 8월 18일 자료 정리(가사는 영어로 개사)
- 8월 31일 음반과 자료를 오스틴 시에 발송

8) 웹, 홍보물

SXSW 페스티벌 참가 공모전 – "Road to Austin"

광명이 세계로 가는 문이 되어드립니다.

– 아래 공고문 별첨 –

○ **SXSW 페스티벌은?**

1) SXSW 페스티벌(South by Southwest Music Festival)은 미국 최고의 신인 발굴 축제로 평가받으며, 소니-BMG, 워너브러더스, EMI, 유니버설 등 메이저급 음반사들이 참여하는 세계적인 음악 · 미디어 컨퍼런스입니다.

2) 홈페이지: http://www.sxsw.com

○ **어떻게 응모하면 됩니까?**

1) 접수가 시작되면 음반 5장, 동영상(뮤직비디오), 신청서를 보내주세요.

2) 필수기재 사항: 뮤지션 · 밴드명, 바이오그래피, 디스코그래피, 연락처

3) 자신(들)을 표현하고 알릴 수 있는 사진 등 첨부 환영합니다!

4) 주소: 경기도 광명시 철산3동 222-1 광명시민회관 302호 광명음악밸리축제 사무국 SXSW 페스티벌 담당자 앞

※ 비자 발급 및 해외여행에 결격 사유가 없어야 합니다.

○ **진행 과정과 심사에 대해 자세히 알려주세요.**

1) 6월 1일부터 7월 31일까지 접수를 받습니다.

2) 3차에 걸쳐서 음반 심사가 진행됩니다.

3) 8월 17일 선발팀을 발표합니다.

○ **궁금한 것이 있으면?**

광명음악밸리축제 사무국: 02) 2680 — ○○○○ SXSW 페스티벌 담당자

3) 행사 참가 공모 프로그램

2005 광명음악밸리축제에서 행한 <실용음악과 마당>은 광명시가 전국의 30개 실용음악과들과 협력적 네트워크를 구축하고, 실용음악과 발전의 실질적 계기를 마련하고자 준비한 <실용음악과 난장> 행사의 부대 프로그램이다. <실용음악과 난장>이 각 실용음악과 학생들의 음악적 역량을 뽐내는 무대라면, <실용음악과 마당>은

실용음악과의 다양한 모습을 널리 알릴 수 있는 부스행사였다. 10월 9일 광명음악밸리축제를 찾을 음악팬들에게 <실용음악과 난장>에서 멋진 공연을 선보임과 동시에 <실용음악과 마당>을 통해 실용음악과의 구체적인 모습을 소개하고 홍보한다면, 실용음악과를 널리 알릴 수 있는 최적의 계기가 될 것이라고 생각했다. 특히, 수능을 앞둔 10월 9일에 행사장을 찾을 청소년들 대상의 홍보와 입학 상담은 각 학과 발전에 실질적인 도움을 줄 수 있으리라 기대했다.

행사 참가 공모 프로그램 〈실용음악과 마당〉 계획

1) 사업 개요
- 사업명: 제1회 〈실용음악과 마당〉
- 주최: 광명시
- 주관: 2005 광명음악밸리축제 사무국

2) 일시: 2005년 10월 9일 오전 10시~오후 7시

3) 장소: 광명음악밸리축제 메인무대 옆 〈실용음악과 마당〉 행사장

4) 목적
- 실용음악과 활동 소개
- 실용음악과 입학 상담
- 광명음악밸리축제와 실용음악과 간의 네트워크 구성

5) 진행 방식
- 실용음악과 부스 설치: 3m×6m 부스 10개 내외
- 실용음악과 활동 소개: 사진 전시, 영상 상영, 홍보물 배포, 즉석 공연
- 실용음악과 알림 특별 프로그램: 길거리 특강 콘서트, 팬 사인회 등
- 입학 상담 코너 운영

6) 축제 사무국 협조 사항
- 〈실용음악과 마당〉 홍보: 공식 홍보책자, 팸플릿 홍보
- 〈실용음악과 마당〉에 필요한 휘장, 부스, 책상, 의자, 이젤, 음료수 제공
- 길거리 특강 콘서트, 사인회 등을 위한 전기음향장비 제공
- 광명음악밸리축제 관계자와 실용음악과 선생님들의 만남의 장 마련

7) **실용음악과 준비 사항**

- 자체 홍보: 사진, 영상물, 영상재생장치, 배포용 인쇄물 준비, 프로그램 운영
- 진행인력 ○명 등

8) **참가 신청 기간:** 2005년 6월 13일~8월 31일

9) **기타**

- 최고 실용음악과 부스 선발: 참여 관객의 자발적인 투표로 최고의 실용음악과 부스 선발, 상품 제공

09 | 안내부스 · 주차장 운영 계획

안내부스는 축제를 찾는 사람들에게 현장에서 프로그램, 장소 등의 안내를 하는 곳이다. 또한 언론 매체 담당자들이 축제를 찾을 때 도움을 주는 프레스룸이 별로로 준비되지 않았을 경우 이곳에 같이 설치하기도 한다. 그리고 주차장은 축제프로그램과는 관계없지만 축제를 운영할 때 신경을 써야 할 곳 중 하나이다. 개인 차량이 보편화되어 이제 축제를 찾는 사람들의 상당수가 개인 차량을 이용하기 때문에, 주차장 운영 계획이 부실하면 축제 당일 운영에 혼란을 초래할 수 있다.

2005 광명음악밸리축제 체크리스트(안내부스 · 프레스룸)

○ 인원 배치

인원 배치	• ○○○ 홍보팀장(책임자) • 사무국 ○○○, ○○○ • 서포터 ○○○, ○○○, ○○○(금요일), ○○○(금요일), ○○○(금~토요일), ○○○(금~토요일)	**역할 분담**	• 운동장 안내부스: ○○○ 홍보팀장, ○○○, ○○○ • 철산역 안내부스: ○○○, ○○○(금~토요일), ○○○(일요일) • 프레스룸: ○○○(금~토요일) • 운동장 입구 파라솔: ○○○(금요일), ○○○(금~토요일)

○ 장소 배치(운동장 · 철산역)

안내부스 (운동장)	식수부스	안전요원부스 (운동장)	자율방범연합대	안내부스 (철산역)	운동장 입구 파라솔 (전단 배포)

- 부스 텐트(3m×3m) 3면 4동, 파라솔 2세트
- 탁자 5개
- 의자 20개

- 주차: 시청 행사주차장
- 화장실: 시민운동장 화장실
- 창고: 본부석 아래 창고
- 상황실: 시민회관 3층

○ 준비물 체크리스트

구분	수량	방법	비고
스태프용 티셔츠	9벌	제작	
스태프용 명찰	9개	제작	
게스트용 명찰	100개	제작	
프레스 명찰	50개	제작	
몽골텐트(3m×3m) 3면	4개	대여	
탁자(1.8m×0.9m)	5개	대여	
의자	20개	대여	
조명(등)	3개		카페 티모르 1개, 음반 판매 1개, 기념품 1개
파라솔 세트	2세트	제작	운동장 앞, 철산역
현수막	4개	제작	
이동 배너	1개	제작	철산역 안내부스
도시락	15개×3일		
물	30개×3일		
식권	15장×3일		
휴지통(쓰레기 봉투)	4개		
전기릴선	3개		

리드선(3구 5m)	4개		
행사장 안내판	1개		
리플릿	4,000부×3일		
무료 담요	10장		

○ 큐시트

10월 7~9일	행사장	체크리스트
09:00	• 시민운동장 도착 • 행사 진행 및 필요 물품 체크	• 물품은 본부석 아래 창고와 임시 사무국에 있습니다. • 체크리스트를 보며 필요 물품을 체크하고, 반출된 물품을 주어진 양식에 적습니다.
10:00	• 행사장(운동장, 철산역, 운동장 입구) 세팅	• 행사장은 주어진 그림대로 배치합니다.
11:00	• 행사 진행 준비 • 리플릿 배포	• 리플릿 배포 및 공연장 안내 • 공연장 및 주차장 위치, 프로그램 내용을 숙지합니다.
12:00	• 점심 식사(도시락) 교대로 식사	
13:00		• 프레스카드 발급(○○○ 팀장) 시 소속과 이름을 주어진 양식에 적습니다. • 이벤트(○○○ 팀장) 당첨자는 명단 확인 후 상품을 전달합니다. • 기념품을 판매합니다(거스름돈 준비).
14:00		• 미아 발생 시 우선 보호한 뒤 본부석에 명단을 전달합니다.
15:00		• 안전사고 발생 시 안전텐트에 상황을 전달합니다.
16:00		• 냉·온수기 물을 수시로 확인·보충합니다.
17:00		• 프레스룸은 냉·온수기와 차를 수시로 확인·보충합니다.
18:00		
19:00	• 저녁 식사(도시락)	• 교대로 식사합니다.

20:00 21:00 22:00 23:00	• 철산역 · 운동장 철수 • 행사 마감 · 정리	 • 행사 마감 전 주변을 청소하고 쓰레기를 한 곳에 모읍니다. • 텐트 · 탁자 · 의자 등 행사 물품을 정리하고 수량을 확인합니다. • 정리 후 반납할 물건을 가지고 운동장 스태프 하우스로 모입니다.

2005 광명음악밸리축제 체크리스트(주차장: 시청, 광명중학교 운동장)

○ 인원 배치

인원 배치	• 아르바이트 2명 • 모범운전자회	**역할 분담**	

○ 장소 배치(시청, 광명중학교 운동장)

시청 시민회관 진입하는 입구 | 광명중학교 교문

- 의자 6개(2개, 4개)
- 주차금지 표식

○ 준비물 체크리스트

구분	수량	방법
스태프용 티셔츠	2벌	제작
스태프용 명찰	2개	제작
행사차량 표식	100개	제작
행사차량 명단	1개	제작
현수막	2개	제작
도시락	2개×3일	
물	6개×3일	
식권	2장×3일	
무릎 담요	2장×3일	

○ 큐시트

10월 7~9일	행사장	체크리스트
09:00 10:00 19:00	시민회관 3층에서 행정팀장 미팅 • 시청 주차장 - 행사차량 표식, 행사차량 명단 체크 - 외부 주차차량 전화 후 이동 유도 - 시청 주차장 시민회관 진입하는 입구에서 차량 정지 후 행사차량 확인 - 진입 시 행사차량 표식 부착, 나갈 때 회수 • 광명중학교 운동장: 차량 안전하게 진·출입 유도 - 만차 시 외부 도로 주차 유도(모범운전자회와 협조)	

10 | 안전 및 질서유지 요원 배치 계획

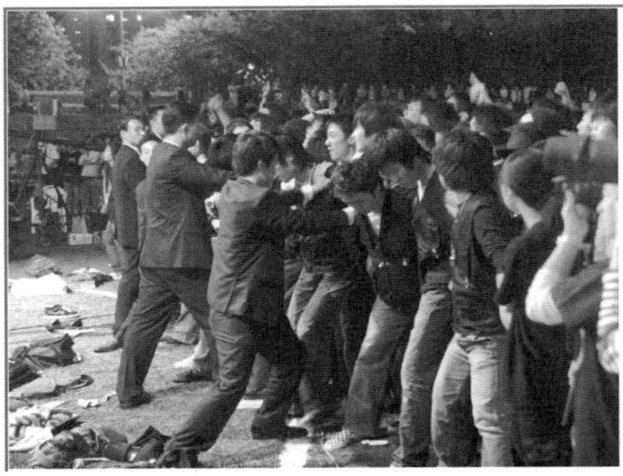
공연무대와 관람석 사이에서 보호선을 형성하고 있는 경호요원들.

축제의 안정적인 운영을 위해 예기치 못하게 발생할 수 있는 인명 사고를 대비해야 한다. 그리고 공연 무대를 운영할 때 불청객으로 인한 공연 중단을 막기 위해 무대 주변과 백스테이지의 무대 경호 운영 계획을 세밀하게 세워야 한다. 보통 경호업체와 계약해서 무대 경호 업무를 맡기지만, 외곽에 추가로 안전요원들을 배치해야 한다. 이때는 지역의 자원봉사단체에 의뢰한다.

2006 광명음악밸리축제 안전 및 질서유지 요원 배치 계획

1) 인원 구성
- 안전요원 구성
  - 경호업체(전문경호요원 10명, 진행요원 16명, 경호업체직원 4명)
- 질서유지 요원 구성
  - 광명시 자율방범대(40명), 자원봉사(20명), 문화도우미(10명)

2) 안전 및 질서유지 요원 임무
- 경호업체(안전 관리)
  - 무대 경호, 대기실 출입 관리
  - 관객 밀집 지역 안전 관리(잔디구장 내)
- 자율방범대(질서유지)
  - 공연장 외부 안전 관리(우레탄 트랙, 펜스, 운동장 주변)
  - 주 출입구 질서 관리

- 관객 비(非)밀집 지역 안전 관리(메인모니터하우스 기점 전후방)
- 비상 대기 및 안전 순찰

• 자원봉사(질서유지)
  - 관객 밀집 지역 안전 관리(무대 전면 및 센터 라인)
• 문화도우미(질서유지)
  - 관객 비밀집 지역 안전 관리(안내부스 주변)

〈안전 및 질서유지 요원 배치도〉

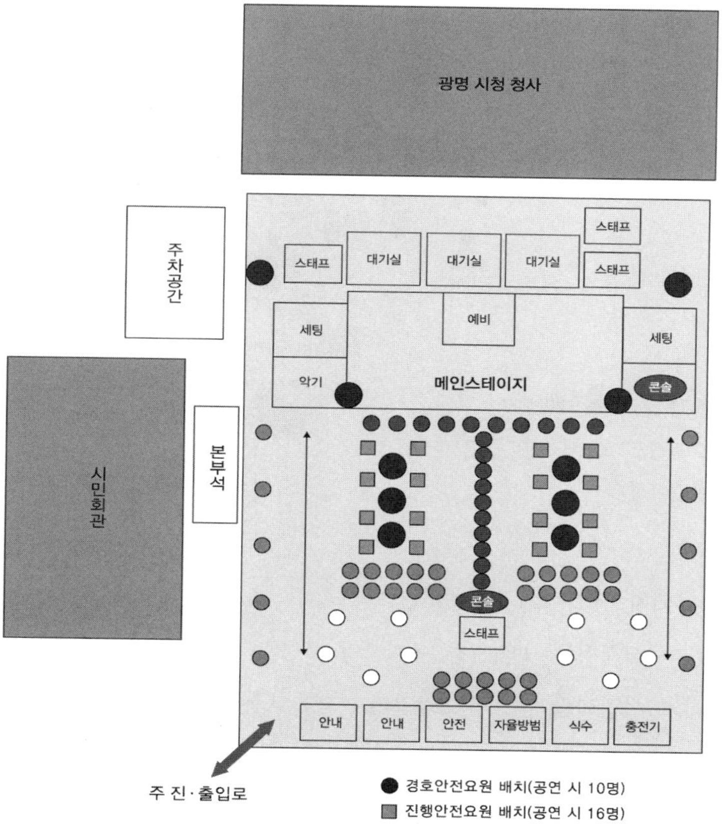

● 경호안전요원 배치(공연 시 10명)
■ 진행안전요원 배치(공연 시 16명)
● 광명시 자율방범대 배치(공연 시 40명)
○ 문화원 문화도우미 배치(공연 시 10명)
● 자원봉사(공연 시 20명)

안전 요원 총 96명, 진행 관리 4명

11 | 교통정리 요원 배치 계획

전체 축제행사장 주변의 교통 통제를 위해서 교통정리 요원 배치 계획을 세워야 한다. 그렇지 않으면 축제 진행과 축제관람을 방해하는 요인들이 생길 수 있다. 다음은 2006 광명음악밸리축제에서 교통정리요원을 배치한 것이다.

〈2006 광명음악밸리축제 교통정리요원 배치도〉

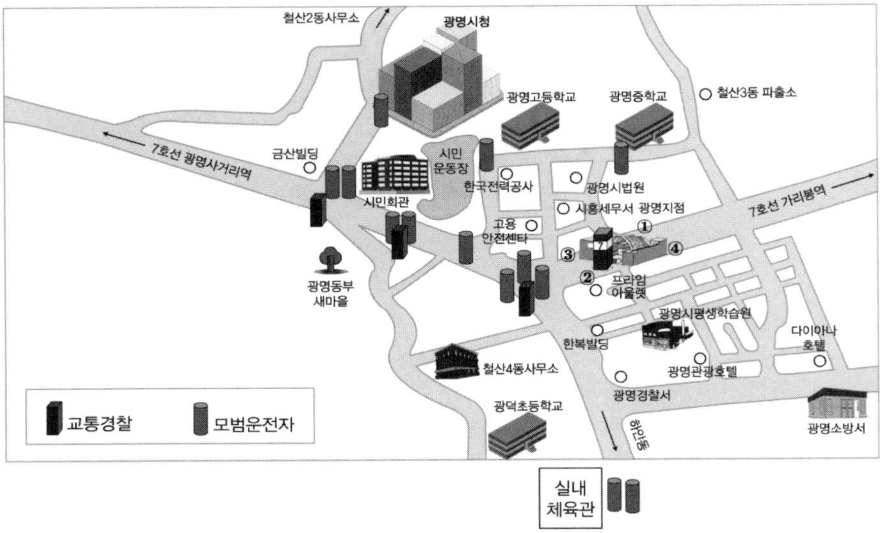

○ 배치 장소

- 시청정문: 1명(모범운전자 1명)
- 시민회관 앞: 3명(모범운전자 2명, 교통경찰 1명)
- 시민운동장(행사장입구): 3명(모범운전자 2명, 교통경찰 1명)
- 시민운동장(폭포공원 앞): 1명(모범운전자 1명)
- 파보레삼거리: 4명(모범운전자 3명, 교통경찰 1명)
- 알파문구 앞: 1명(모범운전자 1명)

- 광명고등학교 앞: 1명(모범운전자 1명)
- 광명중학교 앞: 1명(모범운전자 1명)
- 광명실내체육관(정문): 2명(모범운전자 2명)

※ 자체 근무조를 편성해 교대 근무

12 | 식사 계획

축제를 운영하려면 운영 스태프, 뮤지션·매니저, 자원봉사자, 지자체 관계자, 내·외빈, 그리고 하다못해 행사장 경비를 서는 경찰서 전경들의 식사 계획도 세워야 한다. 적어도 하루에 두 끼의 식사를 축제기간 동안 '때와 장소, 그리고 지위에 맞게' 제공해야 하므로 여간 복잡한 일이 아니다. 축제 전에 지역 협찬을 받을 경우, 종류와 질에 따라 식사 문제를 적절히 배치해야 한다.

2006 광명음악밸리축제 식사 계획

1) 축제 전체 참여인원 구분
- 뮤지션 및 아티스트: 약 200명[약 40팀(총 43팀) 중 팀당 5명 책정]
- 노천카페: 총 12명(평화나눔카페 6명, 사랑나눔카페 4명, 향뮤직 2명)
- 경호업체: 98명(3일 연인원)
- 하드웨어 스태프: 30명
- 기획팀: 20명(축제기획팀+광명문화원 파견 인원)
- 어르신 자원봉사단: 15명
- 모범운전자회: 75명
- 서포터들: 63명
- 단기 스태프: 13명

• 시 관계자
• 내 · 외빈
• 기타

2) 도시락 금액 구분

구분	인원	횟수	일수	단가	총금액
뮤지션 및 아티스트	200명	2회	1일		
노천카페	12명	2회	3일		
경호업체	98명	2회	1일		
하드웨어 스태프	30명	2회	3일		
기획팀	20명	2회	3일		
어르신 자원봉사단	15명	2회	3일		
모범운전자회	75명	2회	3일		
서포터들	63명	2회	3일		
단기 스태프	13명	2회	3일		
계					

2005 광명음악밸리축제 도시락 · 식권 필요 수량

행사일자		10월 7일					10월 8일					10월 9일				
행사장		도시락		식권		비고	도시락		식권		비고	도시락		식권		비고
메인무대	뮤지션															
	음향 스태프															
	방송 스태프															
	서포터	22	점심	22	점심	22명(크로앙스)	28	점심	28	점심	28명	25	점심			25명
	사무국	12	점심	12	점심	12명(낙동강)	12	점심	12	점심	12명(낙동강)	12	점심	12	저녁	12명(낙동강)
	시청															
	프레스															
	게스트															
	모범운전자회															
	경찰															
	소방															
	경호원															
Free Stage 1	뮤지션			25	저녁	25명(낙동강)			50	저녁	50명			10	저녁	10명
	음향 스태프			4	점심2 · 저녁2	2명(낙동강)			4	점심2 · 저녁2	2명(낙동강)			4	점심 · 저녁	2명
	서포터			8	점심4 · 저녁4	4명(낙동강)			4	점심4 · 저녁4	4명(낙동강)			4	점심 · 저녁	2명
Free Stage 2	뮤지션			10	저녁	10명(크로앙스)			15	저녁	15명			10	저녁	10명
	음향 스태프			4	점심2 · 저녁2	2명(크로앙스)			4	점심2 · 저녁2	2명(크로앙스)			4	점심 · 저녁	2명
	서포터			8	점심4 · 저녁4	4명(크로앙스)			8	점심4 · 저녁4	4명(크로앙스)			4	점심 · 저녁	2명

Free Stage 3	뮤지션								20	저녁	20명			15	저녁	15명
	음향 스태프								4	점심2 · 저녁2	2명(낙동강)			4	점심 · 저녁	2명
	서포터								8	점심4 · 저녁4	4명(낙동강)			8	점심 · 저녁	4명
Free Stage 4	뮤지션								5	저녁	5명(크로앙스)			10	저녁	10명(크로앙스)
	음향 스태프															
	서포터															
URART	행사 스태프						12	점심	12	저녁	12명(크로앙스)	12	점심	12	저녁	12명(크로앙스)
	서포터						3	점심	3	저녁	3명(크로앙스)	3	점심	3	저녁	3명(크로앙스)
노천카페	행사 스태프	4	점심	4	저녁	4명(낙동강)	4	점심	4	저녁	4명(낙동강)	4	점심	4	저녁	4명(낙동강)
	서포터	3	점심	3	저녁	3명(낙동강)	4	점심	4	저녁	4명(낙동강)	4	점심	4	저녁	4명(낙동강)
주차장	행사 스태프	2	점심	2	저녁	2명(낙동강)	2	점심	2	저녁	2명(낙동강)	2	점심	2	저녁	2명(낙동강)
	서포터															
우리는 음악가!	뮤지션								25	저녁	25명(크로앙스)					
	게스트															
실용음악강좌	행사 스태프											2	점심	2	저녁	2명(크로앙스)
	게스트															
실용음악마당	행사 스태프											1	점심	1	저녁	1명(크로앙스)
	게스트											30	점심	30	저녁	30명(크로앙스)
예비																
계			점심		오후 · 저녁			점심		오후 · 저녁			점심		오후 · 저녁	

13 | 재해 대처 계획

축제 진행 중에 발생할지 모르는 재해에 대한 대책이다. 여기에는 축제 사무국에서 보건소, 소방서, 경찰서까지 연결되는 계통이 있다.

광명음악밸리축제 재해 대책 매뉴얼

1) 재해 발생 시 관리자 임무

- 무대감독(사무국): 행사 진행 및 진행 총괄 관리, 비상시 조치 최종 확인 및 조직위 보고
- 행사팀장(사무국): 자원봉사자 관리 및 행사 전반 관리, 비상시 실무 조치 책임 및 상위 관리자 보고
- 기술감독(무대시설업체): 전 파트 스태프 운영 및 행사 기술진행, 비상시 실무 조치 책임 및 상위 관리자 보고
- 시민단체(광명시민단체)
  - 자율방범대: 행사장 질서유지
  - 자원봉사자: 행사장 질서유지 및 안내
  - 모범운전자회: 행사장 교통정리
- 경찰(광명경찰서): 질서유지 및 행사장 치안 관리
- 보건소, 소방서(광명보건소, 광명소방서)
  - 119구급대: 안전요원 배치
  - 소방서: 불꽃놀이 안전 유지
- 사설 경호업체(계약업체): 무대 및 출연자 안전 유지

2) 비상시 대처 방안

- 무대감독 → 상황 파악, 최종 조치 및 책임자, 담당 공무원에게 구두 보고(차후 서면 보고)
- 상위 관리자(조직위, 예술감독) → 상황 파악, 필요 조치 및 상위 관리자에게 구두(무전 이용) 보고(차후 서면 보고)

- 비상 상황 인지 실무자 → 필요 조치 및 상위 관리자 구두 보고(무전 이용)

3) **화재 예방 및 인명 피해 방지 조치**
- 화재 예방 조치: 소방서 대기 요청 및 소방 기구 비치 확인
- 화재 최초 인지자 → 실무자 상황 전달 → 실무자 필요 조치 및 필요시 상위 관리자 보고(무전) → 상위 관리자 상황 판단 및 최상위 관리자에게 보고(무전 이용)
- 인명 피해 방지 조치: 객석 배치를 이용
- 관객이 몰리는 현상에 대한 대책: 객석의 배치를 구획으로 나누고 진 · 출입로를 확보, 관객이 몰리는 현상 방지
- 긴급구조 상황 대처: 보건소 텐트 마련 및 119구급대 대기 요청
- 천재지변에 대한 대처
  - 무대감독: 즉시 현장 방송 및 경찰 책임자에게 현장 지휘권 위임
  - 경찰 책임자: 비상 대피 지휘
  - 자원봉사자 및 자율방범대: 관객 대피 안내 수행
  - 사설 경호업체: 출연진 대피 수행

14 | 후원방송사 섭외

음악축제인 경우 축제홍보와 영상 기록을 위해 공중파 방송국과의 후원방송사 계약이 필요하다. 후원방송사를 통해 대개 축제 1개월 전부터 스폿광고 방영이 이뤄지고, 축제 2~3주 후에 녹화방송물이 방영된다. 2005 광명음악밸리축제에서는 EBS가 후원방송사로 참여했는데 후원방송사와의 원활한 제작 협의가 이뤄지려면 사전에 편성과 홍보 조건 등에 대한 명확한 계약이 이뤄져야 하며, 중계차 스케줄과 카메라의 숫자와 기술진의 규모, 무대 디자인, 음향과 조명 등의 기술적 사항들에 대한 체크리스트를 작성해 제작 과정에서 실수가 빚어지지 않도록 확인해야 한다.

1) 후원방송사 협의 사항

2005 광명음악밸리축제 후원방송사 협의 사항

1) 일반 사항(방송 관련)

- 개요
  - 방송사: EBS
  - 방송타이틀: '○○○' 특집방송
  - 부제: 2005 광명음악밸리축제
- 편성 관련
  - 방송 편성: 10월 29일(토), 30일(일), 총 4시간
  - 방송 시간: 10시 30분
- 방송중계
  - 금~일요일 3일 녹화방송(메인무대)
  - 거리무대, 부대행사는 행사스케치
- 중계차 관련
  - 중계차(카메라 수량 · 인력)
  - ENG(수량 · 인력)
- 촬영 관련
  - 메인스테이지: 중계차
  - 서브스테이지, 부대행사: ENG
- 스폿광고 등 홍보 조건
  - ○○회 이상
  - 송출 시간은 10시 30분~11시 30분

2) 협의 사항(체크리스트 작성)

- 중계차 스케줄
  - 일자: 10월 7~9일
  - 도착 시간: 오전 9시
  - 인원: ○○명
- ENG 촬영 스케줄

- 일시, 인원
• 카메라 수량, 위치(메인무대)
- 카메라 수량, 위치
- 카메라대 수량, 크기: (24m×27m) 3개
- 핀조명
• 음향, 조명
- 방송국 실무팀과 협의: 방송국 — 음향업체
• 조명
- 방송용 조명: 일반 공연보다는 밝게
- 주피터 조명 4대(우천)
- 조명 필터(핀조명) 필요
• 음향
- 방송용 콘솔 따로 준비
- 현장음 마이크(Ambience Mic) 추가
• 악기 편성
- 악기 교체 시간 고려: 2세트 운영
• 무대디자인 관련
- LED, 프로젝터, 조명, 배경: 방송화면 고려
• 발전차 문제
- 중계차 자체 해결
• 스태프 회의
- 일시: 9월 29일(목) 오전 11시

3) 전달 자료
• 세트리스트
- 10월 7일(금): 〈하나뮤직 스페셜〉, 〈밸리 초이스〉
- 10월 8일(토): 〈인디뮤직 10년사〉
- 10월 9일(일): 〈실용음악과 난장〉, 〈뉴커런츠〉, 〈민중음악 30년〉
• 촬영 동의서
- EBS 양식 제공
- 사무국 동의서 수급(메인무대 출연자만)
• 무대 큐시트

- 세트리스트, 체크리스트 등 취합 종합본

• 음악 담은 음반

- 세트리스트 MP3

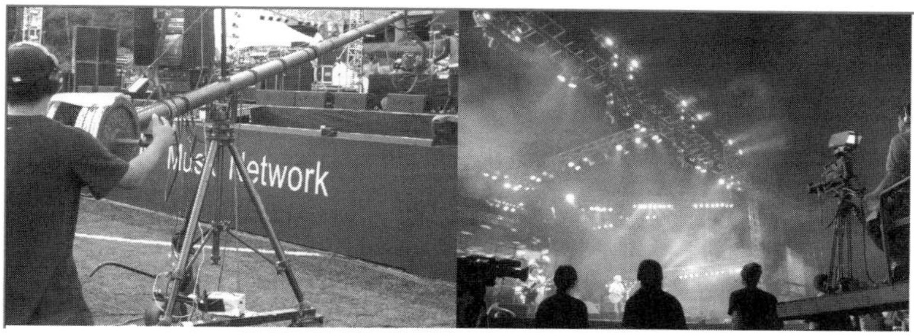

공연을 촬영하는 방송사 스태프들.

2) 스폿광고 계약 · 제작 · 방영

2005 광명음악밸리축제 스폿광고 계획

1) 개요

• 방송사: EBS

• 시간: 30초

2) 계약 절차

• 계약금: 계약 익일

• 편성 일자, 총 방송 시간, 방영 시간대, 스폿광고 관련 명기

3) 스폿광고 편성 절차

• 방송심의(문제 발생 시 수정 요구)

• 심의 통과하면 다음날이라도 방영 가능

• 1일 2회 방영

4) 제작 방안

• 방향성

- 콘티 작성
- 백그라운드 음악: 저작권 사용료 문제(미등록곡을 사용하거나 새로 제작)
- CG
- 카피(문구): 포스터 내용
- 성우 쓰는 문제: 뮤지션으로 대체?(홍보대사)
- 축제타이틀
- 일시, 장소

5) **스폿광고 제작 회의**

- 이미지 통일: 기존 네이버동영상 이용
- 출연자들이 많은 것이 우리의 강점이므로 이를 살림(3일 공연의 다양함 강조)
- 야외 공연이란 것이 확연히 드러날 수 있는 콘셉트

15 | 장소 섭외

지자체 축제인 경우 행사 장소 확정은 지자체와의 협의를 통해서 이뤄진다. 사전에 행정 절차를 통해서 장소를 확정한다.

2005 광명음악밸리축제 장소 및 일정

1) **행사 장소**

- 2005 광명음악밸리축제 메인무대공연

행사명	일시	장소
〈개막식〉, 〈하나음악 스페셜〉, 〈밸리 초이스〉	10월 7일	시민운동장
〈한국 인디뮤직 10년사〉	10월 8일	시민운동장
〈뉴커런츠〉, 〈실용음악과 난장〉, 〈민중음악의 현재와 미래〉	10월 9일	시민운동장

- 거리공연

행사명	일시	장소
〈Free Stage 1〉	10월 7~9일	철산동 상업지구 내 문화의거리
〈Free Stage 2〉	10월 7~9일	CGV 앞 거리
〈Free Stage 3〉	10월 8~9일	철산동 상업지구 내 문화의거리
〈Free Stage 4〉	10월 8~9일	시민운동장 앞 공원

- 부대행사

행사명	일시	장소
〈나도 예술가〉	10월 8~9일	시민회관 분수광장
〈실용음악과 마당〉	10월 7~9일	시민회관 앞마당
〈노천카페〉	10월 7~9일	시민운동장 앞 공원
음반 전시 · 판매	10월 7~9일	시민운동장 앞 공원
〈실용음악강좌〉	10월 8~9일	시민회관 소강당

- 사전 부대행사

타이틀	일시	장소
〈Pre-Stage 1〉	9월 10일(토)	철산동 상업지구 내 문화의거리
〈실용음악과 난장〉 결선 공연	9월 24일(토)	시민회관
〈Pre-Stage 2〉	10월 1일(토)	철산동 상업지구 내 문화의거리

2) 장소별 행사 일정

- 시민운동장
  - 대여 일정: 2005년 10월 4(화)~9일(일)
  - 행사: 메인무대공연
  - 내용: 3일간의 축제 메인무대공연, 무대 설치를 위해 3일 먼저 대여
- 시민회관 대강당
  - 대여 일정: 2005년 9월 24일(토)
  - 행사: 〈실용음악과 난장〉 예선 공연
  - 내용: 부대행사인 〈실용음악과 난장〉의 예선 공연
- 시민회관 소강당
  - 대여 일정: 2005년 10월 7(금)~9일(일)
  - 행사: 실용음악강좌

- 내용: 실용음악과 교수의 특강
- 시민회관 앞마당
  - 대여 일정: 2005년 10월 7(금)~9일(일)
  - 행사: 〈실용음악과 마당〉
  - 내용: 실용음악과의 홍보 부스와 공연
- 시민회관 분수광장
  - 대여 일정: 2005년 10월 7(금)~9일(일)
  - 행사: 〈나도 예술가〉
  - 내용: 시민과 함께하는 참여예술 창작 한마당
- 시민운동장 앞 공원
  - 대여 일정: 2005년 10월 7(금)~9일(일)
  - 행사: 노천카페 및 공연
  - 내용: 식음료 판매 및 어쿠스틱 공연, 음반 판매 · 전시
- 철산동 상업지구 내 문화의거리
  - 대여 일정: 2005년 9월 10일(토), 10월 1일(토), 10월 7(금)~9일(일)
  - 행사: 거리공연
  - 내용: 사전 부대행사 공연 및 거리공연
- 시청 주차장
  - 대여 일정: 2005년 10월 7(금)~9일(일)
  - 내용: 참여 뮤지션 및 관계자 주차장
- 광명고등학교 운동장
  - 대여 일정: 2005년 10월 7(금)~9일(일)
  - 내용: 관객용 주차장

16 | 전체 행사 진행표 작성

세부적인 공연, 행사 계획이 완료되면 전체 행사 진행표를 작성해 스태프들과 관계자들이 내용을 숙지한다. 이는 외부에 축제를 소개할 때 첫 번째로 건네는 자료이다.

2005 광명음악밸리축제 전체 행사 진행표

시간	10월 7일(금) Free Stage 1	10월 7일(금) Free Stage 2	10월 7일(금) 부대행사	10월 8일(토) Free Stage 1	10월 8일(토) Free Stage 2	10월 8일(토) Free Stage 3	10월 8일(토) Free Stage 4	10월 8일(토) 부대행사	10월 9일(일) Free Stage 1	10월 9일(일) Free Stage 2	10월 9일(일) Free Stage 3	10월 9일(일) Free Stage 4	10월 9일(일) 부대행사	시간
장소	철산역 문화의거리	크로앙스 백화점 앞		철산역 문화의거리	크로앙스 백화점 앞	철산역 삼성생명 앞	인공폭포 공원 앞		철산역 문화의거리	크로앙스 백화점 앞	철산역 삼성생명 앞	인공폭포 공원 앞		장소
13:00				비트볼레코드 (13:00~14:30)	재즈밴드 (13:00~15:00)									13:00
14:00														14:00
15:00													노천카페 음반전시 음반판매 〈URART 나도 예술가〉	15:00
16:00	파스텔뮤직, 튜브앰프 (15:30~21:00)	재즈밴드 (15:30~17:30)		카바레사운드 (15:30~17:00)	시민참여무대 〈나도 음악가!〉 (15:30~16:30)	핑퐁사운드 (15:00~17:00)	프리마켓 아티스트 (15:00~16:30)		12몽키즈 (15:30~17:00)	재즈밴드 (14:00~17:00)	b-레코드 (15:00~17:00)	롤리팝 (15:00~16:30)		16:00
17:00			노천카페 음반전시 음반판매										〈실용음악과 마당〉 (14:00~17:00)	17:00
18:00									〈실용음악과 난장〉(16:00~18:30)					18:00
19:00	개막식(19:00~19:30)								〈뉴커런츠〉 (18:30~19:30)					19:00
20:00	하나뮤직 스페셜 (19:30~21:00)			〈인디뮤직 10년사〉 (18:00~23:00)					〈민중음악 30년〉 (19:30~22:00)				〈실용음악 강좌〉 (14:00~17:00)	20:00
21:00	밸리 초이스 (21:00~23:00)													21:00
22:00														22:00
23:00	메인무대(시민운동장)			메인무대(시민운동장)					메인무대(시민운동장)					23:00

파스텔뮤직 & 튜브앰프	티어라이너, 스노우드롭, 하일라이츠, 식스틴 등	인디레이블 공연팀	롤리팝	무진, 멜로우 이어, 슬로우 쥰
비트볼레코드	몽구스, 눈뜨고 코베인, 머스탱스, 피들밤비, 스트로베리TV쇼		12몽키즈	로튼애플, 제이콥스 래더
핑퐁사운드	머머스룸, 데이드림, 스타리 아이드, 아마추어 증폭기		빵	페일 슈, 데이안 등
카바레사운드	오! 부라더스, 캐비닛 싱얼롱스, 메리고라운드, 넘버원코리안		프리마켓	소히, 하도

17 | 전체 행사장 인원 배치표 작성

축제에서 정확한 인원 소요를 파악하기 위해 전체 행사장 인원 배치표를 만든다. 이는 소요 인력에 대한 계산이자 발생 업무에 대한 정량적·정성적 파악이다.

2005 광명음악밸리축제 인원 배치

10월 9일(3일차)

장소	행사	책임자	사무국	서포터	로드매니저	무대 진행요원	EBS	음향 · 조명	행사 아르바이트	모범운전자회	자율 방범	소방	경찰	야간 경비	시청
시민운동장	오픈스테이지					10명	50명	30명			60명			2명	
	백스테이지												120명		
	EBS														
	프레스룸														
	운동장 안내부스														
	입구 안내부스														
	철산역 안내부스														
	안전관리부스											2명			
	자율방범부스										2명				
	본부석														
	상황실														
시민회관	당신도 예술가!														
	실용음악과 마당														
	실용음악강좌														
인공폭포공원	카페 티모르													1명	
	음반 판매														
	기념품 판매														
	노천카페														
문화의거리	Free Stage 1							1명	1명					1명	
	Free Stage 2							1명	1명					1명	
	우리는 음악가!														
	Free Stage 3					문화연대 3명		1명							
	Free Stage 4														
시청 주차장	행사차량 주차장								1명(정문)						
광명중학교	임시 주차장								1명(정문)						
교통지도 · 안내															
영상팀															

18 | 전체 행사장 행사용품 배치표 작성

축제 소요 인원 계획과 함께 축제 소요 물품 계획을 작성해야 한다. 이는 축제 진행을 위한 물품 대여 목록표이면서 관련 예산 계획이다.

2006 광명음악밸리축제 전체 행사장 행사용품 배치표

1) 2006 광명음악밸리축제 프레스테이지(9월 9일, 16일 총 2회)

품목		수량	일수	단가	공급액	비고
미큐 텐트	5m×5m (오픈)	1	2			무대 텐트
	3m×3m (3면)	2	2			대기실 2동
	3m×3m (오픈)	1	2			안내 및 홍보 부스
탁자	1.8m×0.9m	3	2			대기실 2개, 홍보 부스 1개
의자	플라스틱 의자	20	2			대기실 16개, 홍보 부스 4개
기타	전기, 리드선 등					전기선, 리드선, 담요 등
계						

2) 2006 광명음악밸리 오픈스테이지, 프리스테이지, 이벤트(9월 22~24일)

품목		수량	일수	단가	공급액	비고
미큐 텐트	5m×5m(4면)	3	3			
	5m×5m(오픈)	2	2			
	3m×3m(4면)	3	3			
	3m×3m(3면)	11	3			
	3m×3m(3면)	4	2			
	3m×3m(오픈)	1	3			
	3m×3m(오픈)	2	2			
탁자	1.8m×0.9m	23	3			
	1.8m×0.9m	10	2			

의자	플라스틱 의자	65	3			
	플라스틱 의자	40	2			
	접이식 의자	30	3			
	무대의자(바체어)	3	3			
조명	텐트 조명	18	3			
	텐트 조명	6	2			
	전기, 리드선 등					
기타	파라솔(의자 포함)	7	3			
	벨트형 차단봉	20	3			
	경광봉	4	3			
계						

3) 메인무대

품목		수량	일수	단가	공급액	비고
마큐 텐트	5m×5m(4면)	3	3			대기실 2동, 프레스룸 1동
	3m×3m(4면)	3	3			스태프 부스
	3m×3m(3면)	5	3			안내 · 안전 · 방범 · 식수 · 충전기 부스
탁자	1.8m×0.9m	14	3			텐트 5×5는 2개씩, 3×3은 1개씩
의자	플라스틱 의자	50	3			테이블당 의자 2개씩, 기타 20개
	접이식 의자	30	3			
	무대의자(바체어)	3	3			
조명	텐트 조명	11	3			텐트 1동당 1개씩
기타	전기, 리드선 등					전기선, 리드선, 담요 등

4) 프리스테이지 1 – 철산역 문화의거리

품목		수량	일수	단가	공급액	비고
마큐 텐트	5m×5m(오픈)	1	2			무대 텐트
	3m×3m(3면)	2	2			대기실 2동
	3m×3m(오픈)	1	2			안내 및 홍보 부스
탁자	1.8m×0.9m	5	2			대기실 2개씩, 홍보부스에 1개씩
의자	플라스틱 의자	20	2			대기실에 16개, 홍보부스 4개

조명	텐트 조명	3	2			대기실 2개, 홍보부스 1개
기타	전기, 리드선 등					전기선, 리드선, 담요 등

5) 프리스테이지 2 – 인공폭포공원

품목		수량	일수	단가	공급액	비고
마큐 텐트	5m×5m(오픈)	1	2			무대 텐트
	3m×3m(3면)	2	2			대기실 2동
	3m×3m(오픈)	1	2			안내 및 홍보 부스
탁자	1.8m×0.9m	5	2			대기실 2개씩, 홍보부스에 1개씩
의자	플라스틱 의자	20	2			대기실에 16개, 홍보부스 4개
조명	텐트 조명	3	2			대기실 2개, 홍보부스 1개
기타	전기, 리드선 등					전기선, 리드선, 담요 등

6) 노천카페 – 인공폭포공원

품목		수량	일수	단가	공급액	비고
마큐 텐트	3m×3m(3면)	6	3			향무직 2개, 나눔 2개, 광명단체 2개
	3m×3m(오픈)	1	3			철산역 3번 출구 안내부스
탁자	1.8m×0.9m	9	3			향무직 4개, 나눔 2개, 광명단체 2개, 안내 1개
의자	플라스틱 의자	15	3			향무직 4개, 나눔 4개, 광명 4개, 안내 3개
조명	텐트 조명	7	3			대기실 2개, 홍보부스 1개
기타	전기, 리드선 등					전기선, 리드선, 담요 등

7) 기타 대여 물품

품목	수량	일수	단가	공급액	비고
파라솔(의자 포함)	7	3			
벨트형 차단봉	20	3			
경광봉	4	3			임시 주차장 2곳 운영

8) 사전 공연 2회

품목		수량	일수	단가	공급액	비고
마큐 텐트	5m×5m(오픈)	1	2			무대 텐트
	3m×3m(3면)	2	2			대기실 2동

	3m×3m(오픈)	1	2			안내 및 홍보 부스
탁자	1.8m×0.9m	5	2			대기실 2개 및 홍보부스에 1개씩
의자	플라스틱 의자	20	2			대기실에 16개 및 홍보부스에 4개씩
기타	전기, 리드선 등					전기선, 리드선, 담요 등

〈메인스테이지 행사용품 배치도〉

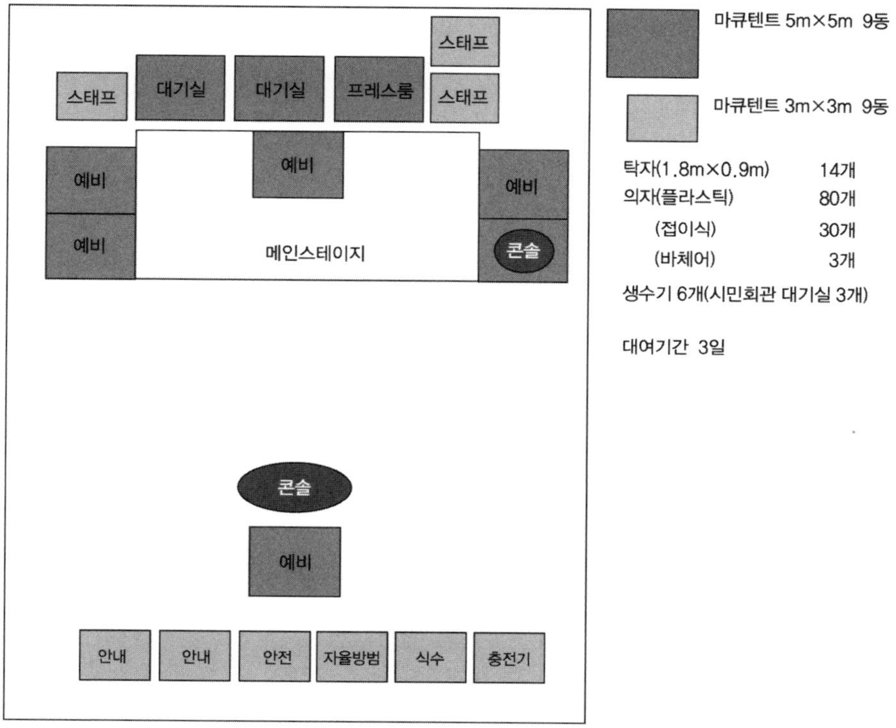

탁자(1.8m×0.9m) 14개
의자(플라스틱) 80개
(접이식) 30개
(바체어) 3개
생수기 6개(시민회관 대기실 3개)

대여기간 3일

〈보조무대 행사용품 배치도〉

철산역 문화의거리

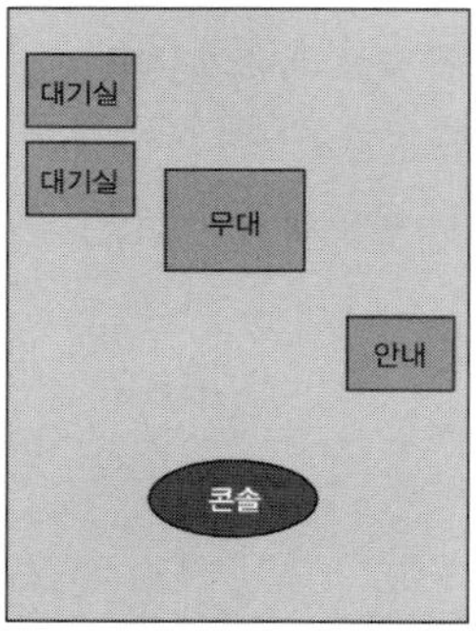

5m×5m 마큐텐트 1동
3m×3m 마큐텐트 1동
탁자 (1.8m×0.9m) 3개
의자 (플라스틱) 20개

대여기간 2일

인공폭포공원 **노천카페**

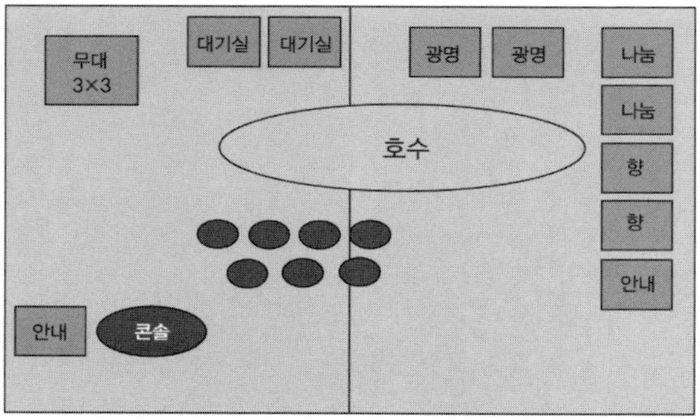

인공폭포공원

3m×3m 마큐텐트 4동
탁자 (1.8m×0.9m) 3개
의자 (플라스틱) 20개

대여기간 2일

노천카페

3m×3m 마큐텐트 7동
탁자 (1.8m×0.9m) 9개
의자 (플라스틱) 25개
파라솔 (의자 4개 포함) 7세트
생수 1개

대여기간 3일

2005 광명음악밸리축제 장소별 대여품 배치 현황

	시민운동장	철산역 상업지구	광명사거리역 크로앙스 백화점	운동장 옆 인공폭포공원	시민회관 분수마당	시민회관 앞마당	삼성생명빌딩 앞	예비	계
마큐텐트 3m×3m	4개	1개		5개		6개	1개		17개
마큐텐트 5m×5m	5개	1개							6개
의자	2,000개	15개	15개	15개	15개	50개	15개	75개	2,200개
탁자	4개			7개	8개	6개		1개	26개
파라솔 세트	1세트	2세트		6세트			1세트		10세트
차단봉	22개	4개	4개						30개

※ 추가 대여 물품

	시민운동장	철산역 상업지구	광명사거리역 크로앙스 백화점	운동장 옆 인공폭포공원	시민회관 분수마당	시민회관 앞마당	삼성생명빌딩 앞	예비	계
조명	9개			3개	2개			1개	15개
마큐텐트 3m×3m	2개								2개
차단봉	10개								10개
캠코더 Sony VX-2000	1개								1개
이동식 파티션			3개						3개
냉 · 온수기	6개								6개

가스난로	1개								1개
전기선 롤러	6개			3개	2개	2개	2개	3개	18개
리드선 5m×4m	6개	2개	2개	4개	2개	8개	2개	2개	28개

※ 구매 및 제작 목록

구매 목록		제작 목록	
품명	수량	품명	수량
흰 장갑	350개	행사장 안내도	5개
생수	100개	행사장 유도 부착물	
무릎 담요	60장	주차 금지	
상품권	3장	참가장	3장
이동릴선	15개	행사차량 표식	100개
문방구류		식권	
		ID카드	

19 | 행사 결과 보고

본 축제 전에 행해진 행사의 결과는 관계자 모두가 궁금해하는 사항이다. 이는 축제 사무국의 행사 기획력·운영능력과 함께 본 축제의 성공을 가늠할 수 있는 척도이기 때문이다. 그래서 행사 결과 보고서는 가능한 한 빨리 작성해서 관계자 회람을 하는 것이 바람직하다.

2005 광명음악밸리축제 〈Pre-Stage 1: 뉴커런츠, 기자 간담회〉 결과 보고

1) **행사 개요**
- 일시: 9월 8일(목) 오후 7시
- 장소: 클럽 사운드홀릭
- 출연: 소규모 아카시아 밴드, 미스티 블루, 13스텝스

2) **프로그램**
- 19:10 영상 상영, 축제 설명(진행: 예술감독)
- 19:15 시장, 집행위원장, 홍보대사 인사
- 19:30 공연

3) **참석자: 약 200명 참석**
- 매체: 문화일보, 한겨레신문, 서울신문, 연합뉴스, KMTV, 스포츠한국, 마이데일리, 오이뮤직, 우먼골프, 문화타임스, 브레이크뉴스, ETN 연예뉴스, 한경21, 우먼타임스, 헤럴드경제, 여성중앙, 여성조선, 레몬트리, 시사저널
- 문화단체 및 관련단체: 문화연대, 민음협, 클럽문화협회, 아마하, 파스텔뮤직
- 시청, 시의회: 시장 이하 20명
- 문화원, 청소년 문화의 집: 문화원장 이하 10명
- 홍보대사: 한대수, 이상은
- 초대자: 벅스뮤직, 뮤즈, 멜론, 출연자 팬클럽 등 약 130명

4) **매체 보도 현황**
- ≪중앙일보≫, ≪고뉴스≫, ≪문화일보≫, ≪AM7≫: 축제기사(9월 14일자,

22일자 신문)

- ≪연합뉴스≫, ≪마이데일리≫, ≪헤럴드뉴스≫, ≪헤럴드경제≫, ≪한겨레신문≫, ≪스포츠한국≫: 공연 취재(9월 9일자, 10일자 신문)
- KM-TV: 공연 취재, 홍보대사 · 출연자 인터뷰(9월 10일 〈연예뉴스〉 방송)
- ETN: 공연 취재(9월 17일)
- 기타 지역 매체: 축제기사

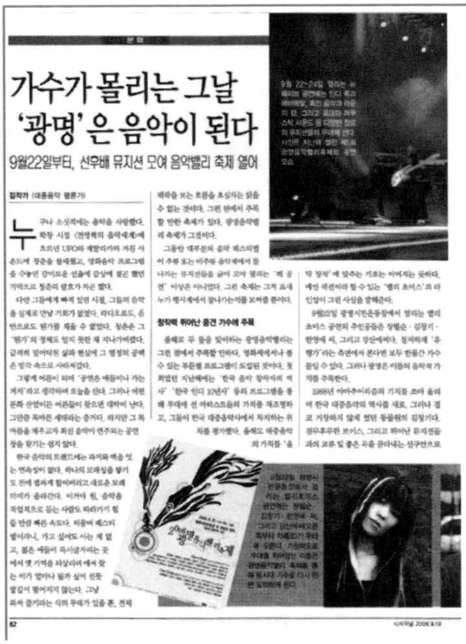

가수가 몰리는 그날
'광명'은 음악이 된다
9월22일부터, 선후배 뮤지션 모여 음악밸리 축제 열어

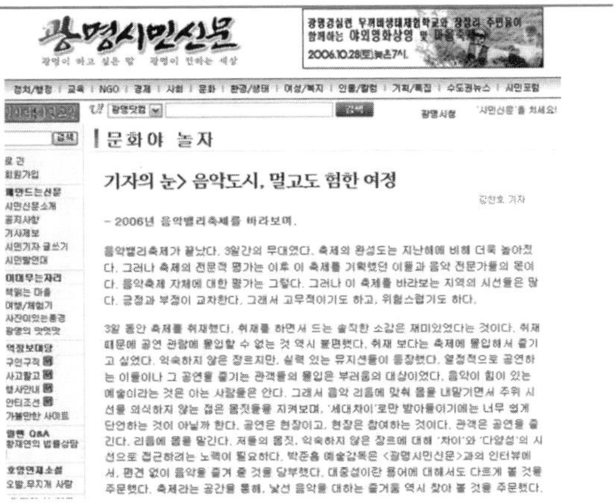

광명시민신문

기자의 눈> 음악도시, 멀고도 험한 여정

- 2006년 음악밸리축제를 바라보며.

음악밸리축제가 끝났다. 3일간의 무대였다. 축제의 완성도는 지난해에 비해 더욱 높아졌다. 그러나 축제의 전문적 평가는 이후 이 축제를 기획했던 이들과 음악 전문가들의 몫이다. 음악축제 자체에 대한 평가는 그렇다. 그러나 이 축제를 바라보는 지역의 시선들은 많다. 긍정과 부정이 교차한다. 그래서 고무적이기도 하고, 위험스럽기도 하다.

3일 동안 축제를 취재했다. 취재를 하면서 드는 솔직한 소감은 재미있었다는 것이다. 취재 때문에 공연 관람에 몰입할 수 없는 것 역시 불편했다. 취재 보다는 축제에 몰입해서 즐기고 싶었다. 익숙하지 않은 장르지만, 실력 있는 뮤지션들이 등장했다. 열정적으로 공연하는 이들이나 그 공연을 즐기는 관객들의 몰입은 부러움의 대상이었다. 음악이 힘이 있는 예술이라는 것은 아는 사람들은 안다. 그래서 음악 리듬에 맞춰 몸을 내맡기면서 주위 시선을 의식하지 않는 젊은 몸짓들을 지켜보며, '세대차이'로만 받아들이기에는 너무 쉽게 단언하는 것이 아닐까 한다. 공연은 현장이고, 현장은 참여하는 것이다. 관객은 공연을 즐긴다. 리듬에 몸을 맡긴다. 저들의 몸짓, 익숙하지 않은 장르에 대해 '차이'와 '다양성'의 시선으로 접근하려는 노력이 필요하다. 박준흠 예술감독은 <광명시민신문>과의 인터뷰에서, 편견 없이 음악을 즐겨 줄 것을 당부했다. 대중성이란 용어에 대해서도 다르게 볼 것을 주문했다. 축제라는 공간을 통해, 낯선 음악을 대하는 즐거움 역시 찾아 볼 것을 주문했다.

광명음악밸리축제는 온 · 오프라인에 구애받지 않고 여러 매체의 관심을 받았다. 사진은 〈시사저널〉(왼쪽)과 〈광명시민신문〉에 실렸던 관련 기사들.

20 | 사무국 업무 점검 회의

축제 사무국에서 예술감독이 주재하는 업무 점검 회의는 진행되는 일에 대해서 정량적·정성적 확인을 하는 것이고, 문제점에 대한 대안을 마련하는 일을 한다. 또한 전체적인 축제 진행 상황을 사무국 내부에서 공유하는 방법이기도 하다.

1) D-30: 일상적인 업무 점검

2005 광명음악밸리축제 D-30: 일상적인 업무 점검 회의

- 일자: 2005년 9월 20일
- 장소: 축제 사무국
- 참석자: 축제 사무국 직원
- 회의 주재: 예술감독

○ **예술감독**

1) **축제기간 상황별 업무 분장**
   - 예) 메인무대, 무대 대기실, 거리무대 1, 〈실용음악과 마당〉 등
   - 예) 도시락 수급, 찜질방 이용, 매체 기자 운용 등
2) **전체 일정 점검: 매일 개별 확인**
3) **2006년 축제 기획 · 예산안**
4) **메인무대 전체 연출**
   - 업체 회의 2번
   - 일시: 9월 말
5) **축제 설명회, 관계자 회의 준비**
   - 9월 22일(목) 오전 10시: 관계자 회의
     - 주관: 문화청소년과
     - 참석: 예술감독, 행정팀장
     - 내용: 축제에 따른 협조 요청 사항 전달
   - 9월 28일(수) 오전 10시: 음악밸리축제 설명회
     - 주관: 문화청소년과(축제 사무국)
     - 참석: 사무국 전체
     - 내용: 시민 시의원, 추진위원 등 대상 축제 설명회
     - 협의: 초대 범위, 초대장 등

• 9월 29일(목) 오전 10시: 음악밸리축제 추진 상황 보고회
- 주관: 문화청소년과
- 참석: 예술감독, 행정팀장
- 내용: 축제 추진 상황 점검 및 보고

6) **지역매체 광고비 문제**

7) **〈Pre-Stage 2 · 3〉 결과 보고**
• 집행위원장
• 집행위원회: 9월 21일(수), 10월 4일(화)

8) **EBS 방송 관련 협의**
• 체크리스트 작성
• 시장 인터뷰 기획
• 방송 편성 협의

○ 기획팀장

1) **〈메인무대〉 큐시트 작성**
• 하드웨어 상세 사항, 주변 제반 사항
• 개막식 문화청소년과와 협의: 내빈 소개 등

2) **메인무대 관련 업체 협의**
• 방송코디네이터(EBS 연락책): 9월 21일(수) 오후 12시 미팅
• 계약서 일습 정리: 장비 사양, 업체 연락처 등

3) **음향, 무대, 트러스, 조명, 영상, 방송 협의(회의)**
• 세트리스트 확보
• 큐시트 작성
• 음악 복사
• 1차: 9월 23일(금)
- 전체 점검: 업체별
- 우천 대책: 진행 방안, 비용 추가
• 2차: 9월 30일(금)

4) 재즈무대(Free Stage 2)
• 음료수 협찬 문제
• 공연 문제

5) 축제상황실, 프레스센터 등 설비 · 운용

- 인터넷, 집기 등

○ **행사팀장**

1) 거리무대 큐시트

- 프로그램 전단지: 리플릿으로 대체?

2) 축제소개책자 진행

- 9월 27일(화) 발행

3) 〈Pre-Stage 2〉

- 10월 1일(토) 오후 3시, 문화의거리

4) 축제 설명회

- 9월 28일(수) 오전 10시
- 문화청소년과와 협의: 초대 범위, 초대 방법(초대장 등), 책자, 준비물 등

5) 디자인 관련

- 인쇄
- 옥외

6) 자원봉사자 운영

- 행사
- 무대
- 1일 로드매니저

○ **홍보팀장**

1) EBS 스폿광고 편성 시간표: 시와 문화원에 알려줌

2) 홍보

- 매체
  - 방송
  - 일간지
  - 잡지: 주간지, 월간지
  - 인터넷: 포털 사이트, 웹진 등
  - 음악평론가

- 거리
  - 구청: 4절 포스터 부착
  - 지하철
  - 광명시 일원: 9월 23일(금)부터 부착
- 이벤트
  - 인터넷: 홈페이지, 네이버 등
- 커뮤니티
  - 인터넷: 뮤지션 홈페이지, 팬카페 등
- 홍보탑, 서울지역 홍보물 부착
  - 문화청소년과 협의
- 홍보물 발송
  - 일자?

3) **협찬사 정리**

4) **프레스센터 운용**
- 기자단 초청: 초청 대상 정리

5) **웹 디자이너 운용**

6) **시청 공보계 협의 — 시홍보실**
- 버스 광고 등

○ **<u>프로그래머</u>** A

1) **〈실용음악과 난장〉 중간 결선**
- 9월 24일(토) 오후 2시, 광명문화원
- 10월 9일(일) 최종 공연 후 식사 진행 문제

2) **〈실용음악과 마당〉**
- 신청 상황
- 공연 준비
- 부스 준비: 유인물, 자원봉사자 등

3) **〈실용음악강좌〉**
- 3개: 강사, 타이틀, 내용

4) EBS **방송 촬영 동의서(방송국 양식)**
- 〈하나뮤직 스페셜〉, 〈밸리 초이스〉, 〈민중음악 30년〉

5) 시정 홍보지

- 시정 홍보지 전면 게재
- 내용: 음악축제 전체 일정 표로 작성(일시, 장소, 행사), 음악축제의 개요, 음악축제의 의의

6) 시청 공보팀 협의

- 〈실용음악과 난장〉 사회자: 시청 공보팀 아나운서 요청

○ **프로그래머 B**

1) 후지 록 페스티벌 관계자 매체 기사화

- 후지 록 페스티벌 관계자
- 세계의 음악축제

2) EBS 방송 촬영 동의서(방송국 양식)

- 〈인디뮤직 10년사〉, 〈뉴커런츠〉

3) 시정 홍보지

- 연재 기사(5회) 기획, 5회분 글

○ **웹 담당**

1) 홈페이지 콘텐츠

- 홈페이지 커뮤니티 관리

2) 음원 확보: MP3

- 〈메인무대〉와 〈거리무대〉 세트리스트

3) 웹 홍보

○ **동영상 담당**

1) 10월 7~9일: 메인무대 뮤지션 31팀(3~5분)

- 〈하나뮤직 스페셜〉(5개): 이다오, 오소영, 버드+한동준, 장필순, 조동진
- 〈밸리 초이스〉(4개): 한대수, 이병우, 이상은, 이승열
- 〈인디뮤직 10년사〉(14개): 델리스파이스, 허클베리핀, 마이언트메리, 스웨터, 슬로우 준, 코스모스, 푸른새벽, 이장혁, 몽구스, 페퍼톤스, 바세린, 49몰핀스, 소규모 아카시아 밴드, 카프카

- 〈뉴커런츠〉(2개): 13스텝스, 미스티 블루
- 〈민중음악 30년〉(5개): 안치환, 연영석, 손병휘, 노찻사, 꽃다지

2) 메인무대 개막식 동영상 (네이버, 스폿광고)
   - 금~일요일 공연 시작 전에 상영

3) 준비 사항
   - 금~일요일별로 베타 테이프 만들 것(EBS에 전달)

4) 결정 사항
   - 인터뷰 영상을 쓰는 뮤지션 범위

○ **행정팀장**

1) 축제기간 3일간 인력 역할 표
   - 비상연락망: 사무국, 시청 담당자(문화청소년과 등 유관 기관)
   - 행사장별 정리: 담당자, 자원봉사자, 연락처, 발생 가능한 일 및 대처 방안 정리
   - 개별 업무별 담당 정리: 잡무 하나하나까지 담당자 정함

2) 자금 확보
   - 미지급 계약금 지급
   - 출연료 지급(일부는 공연 전에 지급)

2) D-3: 현안 점검 회의

2005 광명음악밸리축제 D-3: 현안 점검 회의

- 일시: 2005년 10월 4일(화)
- 장소: 축제 사무국
- 참석자: 축제 사무국 직원
- 회의 주제: 예술감독

○ **마지막 집행위원회(예술감독)**

- 10월 4일(화) 오후 5시, 광명문화원
- 예술감독 공유함의 자기 폴더에 개인 도큐멘테이션을 넣을 것: 10월 3일(월)까지

※ 최근 문서는 따로 폴더를 만들 것(예: '최근 업무' 등)

○ **상황실 설치(행정팀장)**

1) 일시: 10월 5일(수) 오전 10시

※ 문화청소년과 확인, 청소는 10월 4일

2) 장소: 시민회관 3층

※ 문화청소년과에서 차량(1톤 트럭), 기사 배당

3) 이삿짐 문제

- 책상 · 의자: 광명문화원에서 6세트 빌림
- PC 2대, 컬러프린터, 공유기(구입): 10월 6일 설치 완료
- 인터넷 신청

○ **우천 대비(기획팀장 · 행사팀장)**

- 우비: 시청(창고)에 2,000개 보유
- 우천 시 스태프, 관계자 배포(500개)
- 만약의 경우 구입을 대비해서 배달처 확보

※ 천막(6개 대여해 공연장 설치), 난로(1개 대여해 뮤지션 대기실 설치)

○ **EBS(기획팀장)**

1) LED(공연 중 LED 화면 운용 문제)

- 뮤지션 로고(60개): 1팀당 2개(파일 이름을 사람 이름으로 함), 10월 5일까지 제작

※ 현장에서 별도의 운영인력 1명 필요(노트북 이용 방영)

2) 중계녹화팀 인원 현황

- 금(50명) · 토(51명) · 일(50명)요일
- 도시락(식권), 숙소, 티셔츠 등 챙겨주는 문제

• 차량: 중계차, 대형버스, 봉고(3대)

3) 개막식 · 시상식

• 카메라 리허설 10분 필요: EBS 사전 협의

• ENG 카메라(EBS): 소개한 인사들의 얼굴을 따라가서 잡아주는 방식

4) 광명시장(축제추진위원장) 인터뷰

• 일시: 10월 8일, 9일

• 시장비서실 · EBS와 일정 협의

5) 기타

• 10월 5일: 무대 · 카메라 위치 확정

○ **개막식 큐시트(기획팀장)**

1) 개막식 인사말

• 사회자: ○○○

• 개막 선언: 시장(30초 동영상 인터뷰) → 공보계에서 자료 확보

• 인사말: 홍보대사 2명

2) 내빈 소개

• 범위: 정치인들 소개(시장 및 시의원)+기관장+단체장(문화원장, 예총지부장)+집행위원장+예술감독

• 방법: 사회자가 호명

• 사전에 문화청소년과 · 집행위원회와 협의

※ EBS에 사전 요청(ENG 카메라가 소개한 인사들의 얼굴을 따라가 잡는 방식)

○ **숙소(행사팀장)**

• 스태프(사무국, 업체 등)들 숙박(금~토요일)을 위해 근처 여관 10개가량 빌림

• 비용: ______원

○ **축제 비상연락망(행정팀장)**

• 사무국(자원봉사자 포함)

• 외부 스태프

• 시청 담당자(문화청소년과 등 유관 기관)

○ **회계(행정팀장)**

- 미지급 계약금 지급
- 출연료 지급(일부는 공연 전에 지급)

○ **단기 아르바이트 고용**

- 메인무대 2명(영상, 로고디자인)
- 행사 2~3명(3일×2명, 10월 7일)

○ **행사장 인원 배치**

- 10월 7~9일 사무국 전체 스태프 일정
- 행사장별 책임자 · 인원 확정(자원봉사자 포함)
- 동시간대 인원 · 역할 배치 고려

1) 메인무대(기획팀장)
- 무대
  - 음향, 조명, 영상 등
  - 방송(웹 담당)
- 백스테이지
  - 대기실(프로그래머 A · B)
- 본부석
- 안내부스
  - 의료, 식수 등
  - 홍보: 공연 전에는 입구에 파라솔 설치, 리플릿 배포(홍보팀장)

2) 〈거리무대 1〉: 문화의거리(행사팀장)

3) 〈거리무대 2〉: 크로앙스(행사팀장)

4) 〈거리무대 3〉: 철산역(행사팀장)

5) 〈거리무대 4〉: 노천카페(행사팀장)

6) 〈노천카페〉(행사팀원)
- 동티모르
- 판매

7) 〈실용음악과 마당〉〈프로그래머 A)

8) 〈실용음악강좌〉(프로그래머 A)

9) 〈URART〉(행사팀원)

10) 프레스룸: 매체 기자 운용(홍보팀장)

- 매체 기자 관리: 프레스카드 발급→시민운동장 안내부스
- 보도 편의: 자료 제공, 인터넷 등
- 식음료

11) 철산역 안내부스(홍보팀원)

- 입구 2~4곳: 파라솔 설치

12) 상황실(행정팀장)

- 도시락 수급: 도시락, 식권
- 생수
- 찜질방 이용자 관리
- 주차장: 시청, 광명중학교(아르바이트)
- 청소
- 운반

○ 마지막 홍보

1) 10월 4~6일(인지에 초점)

- 매체
  - 보도자료
  - 기사 확인 작업
- 인터넷
  - 음악 관련 사이트 도배
  - 메일링
- 현수막, 포스터, 리플릿
  - 제작 · 배치: 현수막 48개
  - 7호선 11개 역에 리플릿 비치
- 지하철역 외부
  - 철산역 · 광명사거리역 입구 4곳 주변에 현수막 걸기
- 지하철역 내부
  - 철산역 · 광명사거리역 개찰구 2곳 주변에 현수막 걸기

- 제작: 10월 4일(화)
- 배치 기간: 10월 5(수)~9일(일)

2) 10월 7~9일(유도에 초점)

- 지하철
  - 철산역 · 광명사거리역 입구 4곳
  - 안내: 리플릿 배포
- 광명거리
  - 거리무대 4곳
  - 부대행사장(시민회관 앞)
  - 시민운동장 앞: 공연 시작 전까지(파라솔 운영)
- 기타
  - 지하철 환승역: 대림역(2호선), 가산디지털단지역(1호선)

○ 문화청소년과 관련

1) 경호: 자율방범대(기획팀장)

- 인원 배치
  - 금요일(40명=20명×2교대)
  - 토요일(120명=40명×3교대)
  - 일요일(60명=20명×3교대)
- 라인 설정
  - 금 · 일요일: 무대 양옆 10명씩
  - 토요일: 무대 앞 40명(방송에 안 걸리게 앉음)+무대 양 옆 10명씩(전경)
  - ※ 사전에 경찰서에 전경 배치 요청
  - ※ 라인테이프 필요: 내빈석은 테이프 안으로
- 식권
  - 도시락: 250개
- 기타
  - 부스 설치
  - 현수막: "자율방범연합대지휘본부"
  - 순찰차: 2대 배치 장소 마련
  - 흰 면장갑: 300개 지급

- 무전기: 2대 지급

2) **청소(행정팀장)**
- 청소 인원
- 청소 후 밤 12시에 자원봉사자들 귀가 문제

※ 오전에도 청소 가능

※ 자원봉사자들 중에서 일부만 배치

3) **현수막, 입간판(행정팀장)**
- 대형 현수막: 시청, 시민회관 부착 → 청소년과
- 공연장 안내 입간판(소형) 행사장 주변, 시내 요소 설치 문제
- 주차장 안내 입간판 · 현수막(소형) 행사장 주변 설치 문제

4) **종합 · 공연장 안내도(행사팀장 · 행정팀장)**
- 주차장, 화장실, 식수, 충전기, 식당, 먹을거리, 부스(행사, 의료 등) 등
- 배치: 행사장 입구, 홈페이지
- 메인무대
- 거리무대
- 부대행사

5) **주차 · 정차(행정팀장)**
- 철산역에서 주차장 유도하는 문제 세심하게 고려: 여러 군데 입간판 배치
- 행사장 근처 당일 주 · 정차 단속하지 않음
- 시청 정문에 임시 주차장 유도 안내 현수막 부착
- 시청 주차안내 요원: 입간판, 명단, 비표 확인

6) **시민운동장 부스 설치운영(행정팀장)**
- 본부석
- 안내: 미아보호소 역할 포함
- 의료, 생수 공급

7) **홈페이지(웹 담당)**
- 주차장 유도 방법 많이 고려해서 올림
- 안내도 올림

8) **먹을거리(행사팀장)**
- 노천카페: 커피, 물, 청량음료(예정)

3) D-1: 최종 점검 회의

2005 광명음악밸리축제 D-1: 최종 점검 회의

- 날짜: 2006년 10월 6일(목)
- 장소: 축제 사무국
- 참석자: 축제 사무국 직원
- 회의 주재: 예술감독

○ **하루 일과표(10월 7~9일)**

1) 오전 8시
   - 사무국(스태프 회의)
   - 하루 일정 논의
2) 오전 9시
   - 시민운동장 본부석(전체 회의)
   - 하루 일정 및 주의사항 전달
   - 식권 · 물품 배포
3) 오전 10시
   - 행사 장소에서 업무 시작
   - 〈메인무대〉 스태프 회의(예술감독, 기획팀장, 프로그래머 B)
4) 오전 11시 30분, 오후 5시 30분
   - 행사 장소로 도시락 배달(행정팀장)
5) 해당 행사 장소에서 업무가 끝나면
   - 정리정돈 후 상급자에게 전화로 고지
   - 시민운동자 안내부스로 와서 보고
     - 인력이 필요한 곳이 있으면 파견 근무
     - 퇴근 등을 요청할 때는 상급자와 협의
     - 그렇지 않으면 기본적으로 전체 행사가 끝날 때까지 특정 장소에서 대기
6) 오후 11시
   - 〈메인무대〉 공연장 주변 청소

※ 집이 먼 일부 자원봉사자 퇴근

7) 밤 12시

- 간단한 점검 회의(미비 사항 점검, 대처 방안 모색)
- 익일 일정 고지
- 퇴근

4) D-0: 축제 당일 점검 회의

2005 광명음악밸리축제 D-0: 축제 당일 점검 회의

- 날짜: 2006년 10월 7일(금)
- 시간: 오전 8시
- 장소: 축제 사무국
- 참석자: 축제 사무국 직원
- 회의 주재: 예술감독

1) 무전기 배포

- 배포자 이름, 일련번호, 연락처 명기
- 전체리스트 무전기 소지자들에게 배포

2) 개막식 리허설

- 일시: 7일 오후 5시 30분
- 오후 7시: 축제홍보 동영상(4분)
- 오후 7시 5분: 사회자 입장
  - 내빈 소개
  - 홍보대사 소개(한대수, 이상은)

  ※ 사회자는 사이드로 이동
  - 홍보대사 인사말
- 오후 7시 10분: 시장 입장

※ 사회자가 사이드에서 소개말
- 동영상 인터뷰 상영(30초)
- 개회 선언
- 불꽃놀이
• 오후 7시 13분: 합창단 입장

3) 〈실용음악과 난장〉 시상식 리허설
• 일시: 9일 오후 2시 40분

4) 문화원 인력 요청
• 10월 9일(일) 오후 1~5시
• 시민운동장 앞 안내부스(파라솔) 2명

21 | 무대 관련 스태프 회의

메인무대 공연의 원활한 진행을 위해 사전에 음향, 조명, 방송 등 무대 관련 담당자들이 모여서 정확하게 협의해야 한다.

2005 광명음악밸리축제 무대 관련 스태프 회의

• 일시: 9월 29일(목) 오전 11시
• 장소: 광명시민운동장 본부석
• 참석자
- 축제 사무국: 예술감독, 기획팀장, 프로그래머 B
- 골드사운드(음향 등 전반): 기술감독
- 영상무대(무대): 기술 담당
- EBS(방송): 담당 PD, 무대감독, 카메라감독 등

○ **협의 사항**

1) **무대 큐시트 점검**

- 세트리스트
  - 10월 7일(금): 〈하나뮤직 스페셜〉, 〈밸리 초이스〉
  - 10월 8일(토): 〈인디뮤직 10년사〉
  - 10월 9일(일): (〈실용음악과 난장〉), 〈뉴커런츠〉, 〈민중음악 30년〉
- 음향, 조명, 영상, 방송 등 진행 사항
- 메인무대 출연자

2) **각 팀 인원 확인**

- 도착 일자
  - 음향 등 전반: 10월 5일(수)
  - 무대: 10월 5일(수)
  - 방송: 10월 7일(금)
- 인원
- 식사 관련(도시락 · 식권)
- 숙박 관련
  - 기본적으로 찜질방 제공(금~일요일 24시간 이용 가능)
  - 숙박 필요 인원 파악

3) **방송+음향, 조명, 무대 등**

- 방송국 실무팀과 협의: EBS — 각 업체
- EBS 무대감독

4) **방송카메라 대수, 위치(메인무대)**

5) **악기 편성**

- 2세트 운영
- 악기 교체 시각: ________

6) **EBS 요청 사항**

- 음향 관련
  - 방송용 콘솔 따로 준비: EBS 자체 장비(10개 채널 할당)
  - 현장음 마이크: EBS 자체 6개 준비(스탠드만 준비해줌)
- 조명 관련
  - 방송용 조명: 일반 공연보다는 밝게

- 주피터 조명 4대(우천)
- 조명 필터(핀조명)
- 건물조명
- 객석조명: 16개(white)
- 개막식 사회자: follow pin
- 인디: area

• 카메라 관련
- 카메라대 수량 · 크기: 아시바 3개(24m×27m) →5일 설치
- 핀조명(2대)

• 무대디자인 관련
- LED, 프로젝터, 조명, 배경: 방송화면 고려

• 발전차 문제
- 중계차 자체 해결

7) **개막식 · 시상식**

• 카메라 리허설 10분 필요

8) **무대 · 카메라 위치 확정**: 10월 5일

제10장

축제제작

01 사전 홍보 행사

02 메인무대 운영

03 메인무대 공연

04 서브무대 공연

05 부대행사

06 공모 행사

07 안내부스, 기념품

※ 이 장에서는 2006 광명음악밸리축제를 중심으로 실제 축제제작 사례를 다룬다.

01 | 사전 홍보 행사

1) 행사 개요

	〈Pre-Stage 1〉	〈Pre-Stage 2〉	〈Pre-Stage 3〉
기간	2006년 8월 31일(목) 19:30	2006년 9월 9일(토) 16:30	2006년 9월 16일(토) 16:30
장소	홍대 클럽 사운드홀릭	철산역 문화의거리	시민운동장 앞 인공폭포공원
참여인원	연인원 ______명	연인원 ______명	연인원 ______명
구성	머스탱스, 이장혁, 이한철	세임 올드 스토리, 럭스, 서울전자음악단	윈터그린, 이지형, 스왈로우
내용	• 기자 간담회 - 기자 간담회를 겸한 일차 축제 붐업 프로그램 - 시장을 비롯한 시 관계자 참석 - 일간지 기자 및 공중파 방송 촬영 - 홍보 이벤트 실시	• SXSW 참여팀 축하 공연 - SXSW 참여팀인 서울전자음악단 축하 공연 - 홍보 이벤트 실시	• 2006 광명음악밸리축제 사전 공연 - 광명시내 축제 붐업을 위한 프로그램 - 홍보 이벤트 실시
주관	2006 광명음악밸리축제 사무국		

2) 기획 배경

- 2006년 참여 뮤지션 중 뉴커런츠(신인)와 헤드라이너를 적절하게 배분한다.
- 음악성을 중심에 둔 양질의 라이브 공연이다.
- 세트리스트는 아티스트의 의견을 최대한 반영하되 전체적인 조율은 기획단에서 맡는다.
- 사전 공연에서 본 공연으로 이어지는 홍보 전략을 세운다.
- 협찬·후원 이벤트를 통해 관객들의 접근성을 높인다.
- 홍보대사를 활용한 매체 인터뷰로 미디어에 접근한다.
- 사전 공연에 참여한 관객의 리스트를 확보해 향후 광명음악밸리축제의 마케팅 자료로 활용한다.

3) 〈Pre-Stage 1〉: 홍대 쇼케이스

○ 날짜: 2006년 8월 31일

○ 시간: 오후 7시 30분~10시

○ 장소: 홍대 클럽 사운드홀릭

○ 기획 배경

- 광명음악밸리축제의 시작을 알리는 사전 공연 1탄
- 광명음악밸리축제 개최를 대외적으로 알리는 첫 번째 붐업 프로그램
- 언론 노출 및 사전 홍보 목적
- 뮤지션 중심의 기획이라는 광명음악밸리축제 기본 취지를 확인할 수 있는 선별된 캐스팅
- 홈페이지 이벤트를 통해 충성도 높은 관객 초청
- 무료 공연

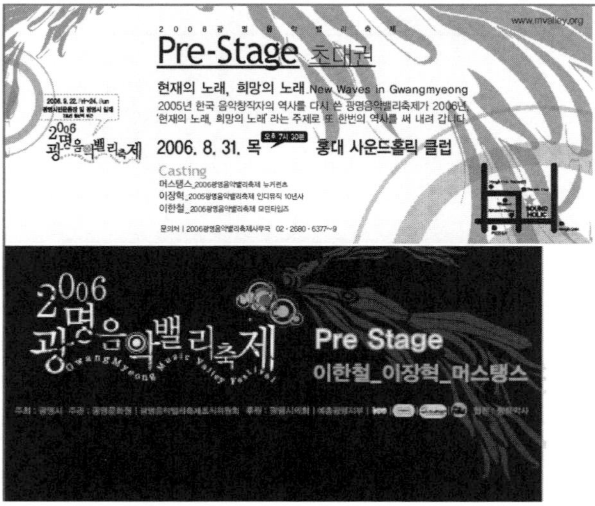

〈Pre-Stage 1〉의 초대권(위)과 백드롭.

○ 캐스팅

- 머스탱스 2006 광명음악밸리축제 〈뉴커런츠〉 21세기 초반 한국 대중음악의 다양한 스펙트럼을 온몸으로 증명할 기대주

- 이장혁 2005 광명음악밸리축제 〈인디뮤직 10년사〉 참여 기타 한 대와 진실한 목소리로 2만 관중을 녹다운시켰던 뮤지션
- 이한철 2006 광명음악밸리축제 〈모던타임스〉 오버그라운드와 언더그라운드의 공간적·음악적 경계를 허물어온 2006 광명음악밸리축제의 헤드라이너

○ 진행
- 홍보 및 티켓: 4명
- 영상 담당: 1명
- 언론 담당: 1명
- 시장 및 내빈 담당: 2명
- 사회자: 1명

○ 운영 장비
- 영상 운용 노트북 1대

○ 무대 설치
- 무대 백 설치: 현수막 4.5m×2.5m

○ 공연 구성

시간	내용	세부 내용	비고 · 멘트
15:50~	티켓 배포	무대 백 설치, 본인 확인 및 티켓 배포	1층 로비
16:00~17:30	리허설	머스탱스, 이장혁, 이한철	각 30분
17:30~18:30	프로모션	언론 인터뷰(시장), 홍보대사 기념 촬영	
18:30~19:30	관객 입장		
19:30~19:50	Introduction	1. 광명음악밸리축제 KM-스폿광고 2. 광명음악밸리축제 소개(사회자) 3. 광명시장 초대사 4. 홍보대사(이한철) 인사말 5. 출연팀 소개(사회자)	30초 3분 3분 3분 3분
20:00~20:30	영상	광명음악밸리축제 스폿영상 – 머스탱스	1분 30초
	머스탱스	1. Intro 2. c2h25n3o 3. Acid Trap 4. Paraffin 5. Sativa	밴드 소개 및 음악적 신념에 관한 이야기

20:35~21:05	영상	광명음악밸리축제 스폿영상 – 이장혁	1분 30초
	이장혁	1. 누수 2. 꿈을 꿔 3. 봄 4. 내 사랑 5. 스무 살	2005년에 대한 느낌과 관심 있어하는 사회적·개인적 주제들
21:10~21:40	영상	광명음악밸리축제 스폿영상 – 이한철	1분 30초
	이한철	1. 바티스투타 2. We All Need a Lifetime 3. El Disco Amor~O' My Sole 4. Superstar 5. Stargirl	한국 음악문화와 뮤지션으로서 바라보는 축제의 단상

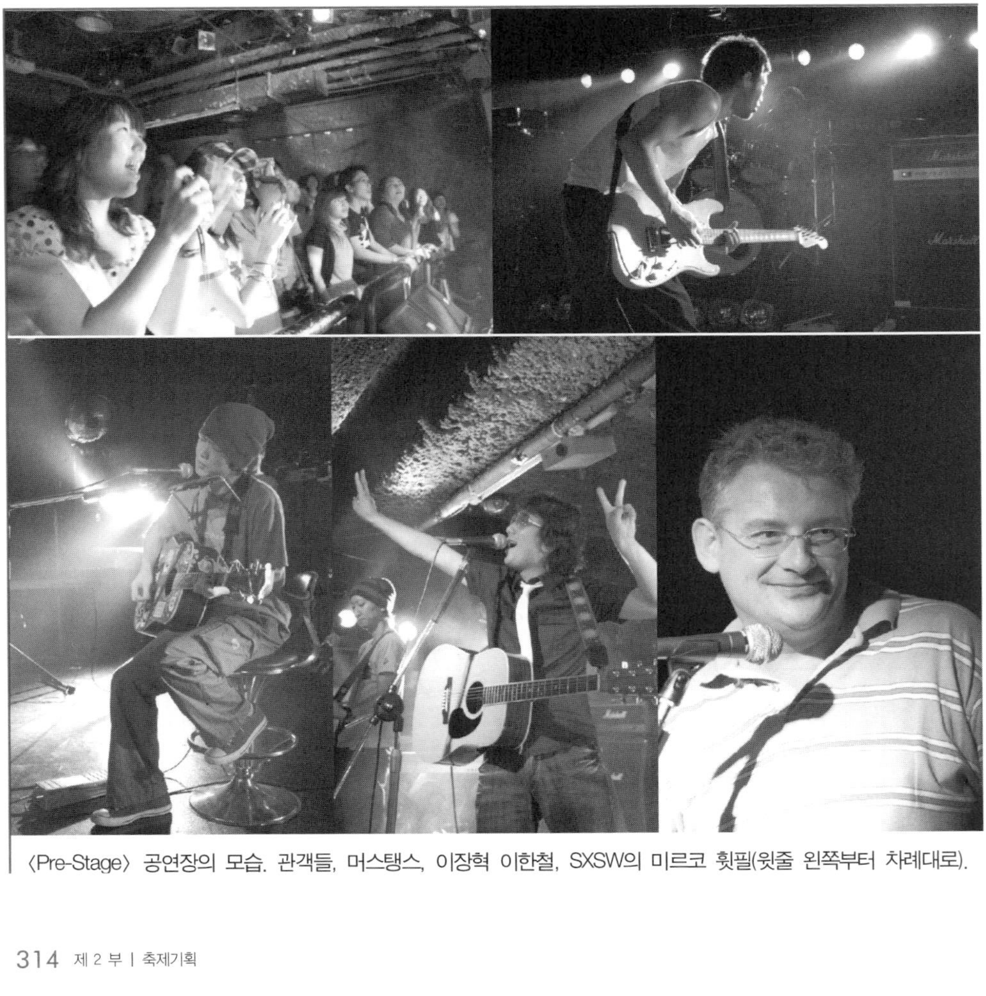

〈Pre-Stage〉 공연장의 모습. 관객들, 머스탱스, 이장혁 이한철, SXSW의 미르코 휫필(윗줄 왼쪽부터 차례대로).

○ 행사 결과 정리

잘된 점	잘못된 점	개선 방안
• 매체 홍보를 위한 공연: 30여 명의 매체 기자가 참여해 축제를 홍보하는 공연 진행 • 높은 관객 동원: 400여 명이 입추의 여지 없이 자리를 채움 • 홍보대사 이한철, 출연 뮤지션 이장혁 TV인터뷰 실시: MBC <문화지대> 프로그램 인터뷰 방영(9월 1일 07:00) • 축제홍보 이벤트 실시	• 홍보대사 이한철의 스케줄 관계로 무대 인사를 하지 않고 공연만 진행함	• 홍보대사 이한철 대신 SXSW 관계자 미르코 휫필의 무대 인사로 원활한 진행이었음

4) 〈Pre-Stage 2〉: 철산역 문화의거리

○ 날짜: 2006년 9월 9일(토)

○ 시간: 오후 4시 30분~6시

○ 장소: 철산역 문화의거리

○ 기획 배경

- 광명음악밸리축제의 시작을 알리는 사전 공연 2탄
- 광명음악밸리축제 개최를 대외적으로 알리는 두 번째 붐업 프로그램
- 광명시 내 사전 홍보 목적
- 뮤지션 중심의 기획이라는 광명음악밸리축제 기본 취지를 확인할 수 있는 선별된 캐스팅
- 홈페이지 이벤트를 통한 충성도 높은 관객 초청
- 무료 공연

○ 캐스팅

- 세임 올드 스토리 2006 광명음악밸리축제 〈뉴커런츠〉 한국 하드코어 신의 기대주
- 럭스 2006 광명음악밸리축제 〈Label Tent〉 한국 펑크의 대명사

• 서울전자음악단 2007 SXSW 참여팀 한국적인 모던록을 구사하는 밴드

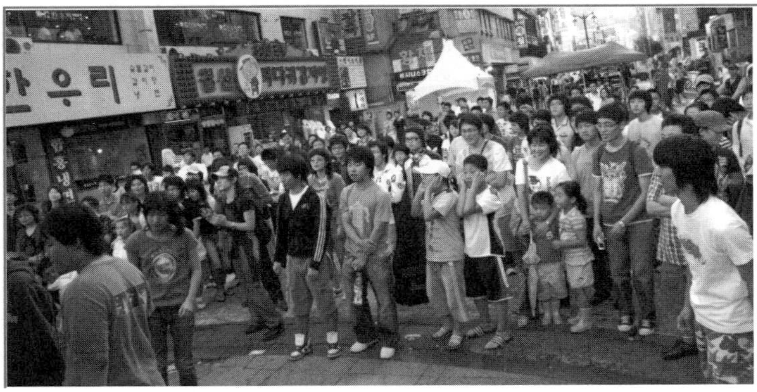

서울 등지에서 찾아온 음악 애호인들과 광명시민들이 함께 공연을 즐기는 모습.

○ 공연 구성

시간	내용	세부 내용	비고 · 장비
10:00~11:00	무대 설치	무대 및 텐트 설치	인공폭포공원
11:00~13:00	음향 세팅	음향 세팅 및 사운드 체킹	
13:00~14:00	점심 식사	음향·기획 스태프 식사	
14:00~15:30	리허설	세임 올드 스토리, 럭스, 서울전자음악단	각 30분
16:30~17:00	세임 올드 스토리	1. Sadless 2. New Flash 3. Monday 4. Same Old Story 5. Bury You 6. Power of Love 7. Zen	
17:05~17:35	럭스	1. Go away 2. 우리는 한마음 3. Addicted 4. Broken Nose 5. Carrer Opertunity(Clash cover) 6. 지금부터 끝까지 7. 언제나 이 자리에서 8. And again 9. 전진	
17:40~18:10	서울전자음악단	1. 꿈에 들어와 2. 날아 3. 드라이브 4. 작은 이야기들 5. 춘추전국시대	

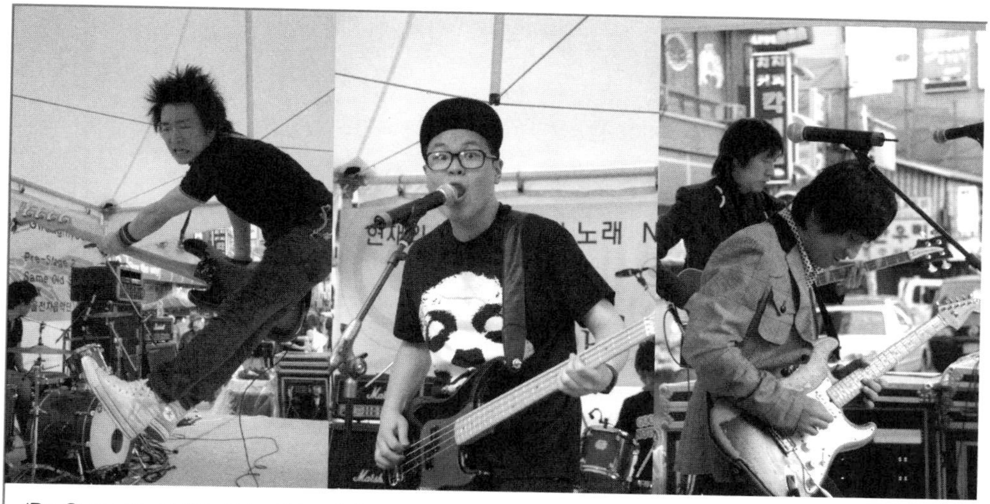

〈Pre-Stage 2〉 공연의 모습. 럭스, 세임 올드 스토리, 서울전자음악단(왼쪽부터 차례대로).

○ 행사 결과 정리

잘된 점	잘못된 점	개선 방안
• 홍보 이벤트 실시: 사전 공연 참여자 및 본 공연 참여자 이벤트 물품 증정 • 시민들에게 홍보물 배포: 리플릿 및 전단 배포 • 원활한 공연 진행: 아티스트들에게 만족스런 공연 피드백	• SXSW 축하 공연이라는 타이틀을 대외적으로 알리는 창구 부족	• SXSW 참여팀 홍보는 공연이 아닌 다른 방법의 홍보 루트를 개척해야 할 필요성 있음

5) 〈Pre-Stage 3〉: 시민운동장 앞 인공폭포공원

○ 날짜: 2006년 9월 16일(토)

○ 시간: 오후 4시 30분~6시

○ 장소: 시민운동장 앞 인공폭포공원

○ 기획 배경

- 광명음악밸리축제의 시작을 알리는 사전 공연 3탄

• 나머지는 <Pre-Stage 2> 기획 배경과 동일

○ 캐스팅

• 이지형 2006 광명음악밸리축제 〈모던타임스〉 21세기형 싱어송라이터, 뛰어난 음악창작자

• 윈터그린 2006 광명음악밸리축제 〈뉴커런츠〉 신선하고 독특한 감성으로 대중성과 음악성을 모두 소화해내는 주목할 만한 뉴커런츠

• 스왈로우 2006 광명음악밸리축제 〈어쿠스틱 웨이브스〉 허클베리핀 이기용의 어쿠스틱 프로젝트

○ 공연 구성

시간	내용	세부 내용	비고 · 장비
10:00~11:00	무대 설치	무대 및 텐트 설치	인공폭포공원
11:00~13:00	음향 세팅	음향 세팅 및 사운드 체킹	
13:00~14:00	점심 식사	음향·기획 스태프 식사	
14:00~15:30	리허설	이지형, 윈터그린, 스왈로우	각 30분
16:30~17:00	이지형	1 Nobody Likes Me 2 Radio Dayz 3 Running Man 4 푸른 자전거 5 몽상가들 6 Sleeping to Dream(커버곡) 7 Everydody's Changing(커버곡)	이지형: AG, Vocal 박상현: AG, Vocal 강민석: 잠베이, 스플래시 심벌, 코러스 AG 라인 2개, Mic 3개, AKG C418 클립형(잠베이 마이크), SM57(스플래시 마이크)
17:05~17:35	윈터그린	1 You'd Hurt Me 2 You Are So Beautiful 3 Everything 4 체념 5 Nonsense	Acoustic D.I Box 1개 Vocal Mic 4개 BS Amp 1개 GT Amp 1개
17:40~18:10	스왈로우	1 밤은 낮으로 2 Nobody Knows 3 몇 가지 오해들 4 두 형제 5 칼 6 어디에도 없는 곳	• 선호 장비 드럼: 야마하 메이플 커스텀 베이스: Ampeg SVT 4 or 5-렉형 튜너 포함 기타1: 마샬 JCM 900 Hi Gain Dual Reverb 기타2: Fender Twin Reverb 키보드: pc88, 스탠드
18:10~18:30	마무리	청소 및 장비 정리	
18:30~종료	뒤풀이	철산역 부근	25~30명

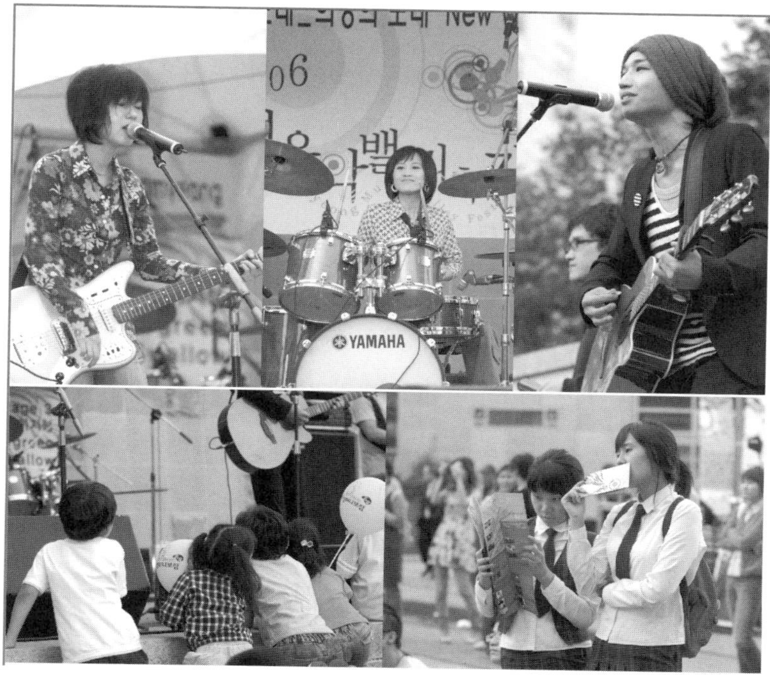

〈Pre-Stage 3〉에서 공연한 스왈로우, 윈터그린, 이지형과 그들을 지켜보는 관객들(윗줄 왼쪽부터 차례대로).

6) 결과 보고

(1) 내용

○ 높은 관객 동원율과 축제의 브랜드화　8월 31일 홍대 클럽 사운드홀릭에서 실시된 2006 광명음악밸리축제 <Pre-Stage 1>은 축제홈페이지만을 통해서 관객을 모집했는데도 클럽에 입추의 여지없이 관객이 들어서는 성황을 이뤘다. 클럽 관계자조차도 이렇게 많은 수의 관객이 찾는 것은 드물다고 할 정도였다.

이것은 광명음악밸리축제가 제2회에 접어들면서 충성도 높은 관객을 확보하고 있음을 확인할 수 있는 하나의 사건이라 하겠다. 한국 대중음악계가 주류와 비주류의 얄팍한 경계로 나뉘어 있다는 사실에 대한 하나의 도발로도 볼 수 있겠다. 그 날의 출연진인 머스탱스는 음악을 즐겨 듣는 사람조차도 낯설어하는 포스트록을 들려주는 밴드이고, 어느 정도 알려졌다고 하는 이장혁도 파괴력 있는 대중성을 보장하는 인물은 아니다. 2006 광명음악밸리 홍보대사이기도 한 이한철만이 어느 정도 관객 동원력을 가지고 있으나 그 또한 2006년 몇 개월간 변화된 양상에 불과하다. 그렇다면 이 폭발적인 관심은 대중음악전문축제인 광명음악밸리축제에 대한 믿음의 결과로 해석할 수 있다.

이를 통해서도 알 수 있듯이 광명음악밸리축제는 한국 문화계의 중요한 브랜드로 자리 잡았다. 이는 마니아들만의 기대를 넘어서서 좀 더 다양한 문화 소통의 창구로서 기능하고 있다는 이야기이다. 광명음악밸리축제는 이러한 문화적 기대와 대중들의 희망에 부응해야 하는 사명을 부여받고 있다.

○ 홈페이지를 통한 이벤트 실시　홍보의 중심 타깃이 불분명하다는 것이 사전 공연 기획 단계에서 가장 난관이었다. 무료로 진행되는 공연이었으므로 티켓 판매를 통해 관객 유입을 파악할 수도 없었다. 때문에 홈페이지를 통한 공연 관람 이벤트를 실시했다. 게시판을 통해 <Pre-Stage 1> 참여자를 신청받았고 현장에서 성명을 파악한 뒤 이를 리스트화했다. 300여 명의 리스트는 향후 광명음악밸리축제의 마케팅 자료로 재차 활용할 것이다. 최근 문화상품들의 가장 명확한 홍보는 인터넷과 입소문을 통한 전파라고 할 수 있다. 일정 정도의 브랜드 가치를 확보했다고 판단되는 광명음악밸리축제의 발전적인 홍보·마케팅을 위해 필수 불가결한 자료로 업데이트할 것이다.

○ 경품 이벤트를 통한 축제 접근성 강화　<Pre-Stage 2>와 <Pre-Stage 3>의 경우 광명시 일대에서 벌어지게 되어 접근성이 떨어졌다. 이를 보완하기 위해 경품 이벤트를 실시했다. 아웃백 철산점과 스파게띠아 등 협찬사로부터 경품을 제공받아 총 3회의 사전 공연과 총 3일간의 본 공연을 통틀어 3번의 출석을 기록하는 관객에게 경품을 제공하는 이벤트 내용이었다. 이를 통해 사전 공연에 다소 관심이 떨어지는 광명시민들에게 축제를

환기할 수 있었음은 물론이고 서울에서 오는 관객들의 접근성을 높일 수 있었다.

○ 언론보도 내용 제공　사운드홀릭에서 열린 <Pre-Stage 1>은 언론보도에 노출하는 것을 중요한 목적으로 두고 있다. 때문에 일간지 및 공중파 방송 기자·PD들에게 연락을 취해 보도를 유도했으며 홍보대사인 이한철의 인터뷰와 공연 스케치, 그리고 광명음악밸리축제의 시작이 공중파와 일간지, 인터넷 등에 보도되었다. 또한 6mm 필름으로 촬영한 영상을 편집해 YTN 보도로 제공했다.

(2) 문제점 및 개선 방안

○ 거리공연의 기획 취지 달성 미흡　철산역 문화의거리와 인공폭포공원에서 열린 <Pre-Stage 2>, <Pre-Stage 3>의 공연 내용과 기획 자체는 훌륭했다고 평가되지만, 그 기획 취지에 걸맞은 성과를 얻었는가에 대해서는 다소 부정적이다. 이 두 공연은 주로 광명시민들을 대상으로 한 축제의 붐업 프로그램이었기 때문이다. <Pre-Stage 2>, <Pre-Stage 3>에 운집한 관객의 절반가량은 서울에서 온 아티스트의 팬이었고, 나머지 절반은 길을 지나가던 광명시민들이었다. 광명시민들의 경우, 화려한 공연이 그들의 발길을 잡긴 했지만 유동 인구가 많았기 때문에 광명시내의 붐업을 위한 성과는 그리 크지 않았다고 판단된다.

○ 음악도시의 구체적인 프로그램 제시　거리공연이 성공하기 위해서는 우선 광명의 음악도시계획이 구체화되고 그에 걸맞은 프로그램들이 알차게 꾸며져야 한다. 그렇지 않으면 광명시민들은 이런 사전 공연을 그저 젊고 시끄러운 밴드가 일회적으로 공연하는 것이라고 치부할 것이다. 광명음악밸리축제의 성과에 대해 공감하는 지평 안에서 벌어지는 사전 공연은 좀 더 파급력 있는 공연으로 갈무리될 수 있으리라 생각한다.

02 | 메인무대 운영

1) 무대 구축 개요

기간	2006년 9월 22(금)~24일(일) 08:00~23:00
장소	광명시민운동장
참여인원	연인원 ______명
구성	• 운동장 중앙(시청 건물 방향): 약 120평 - 100평(높이 1.7m), 20평(높이 1.5m) 연결 무대 설치 • 트러스: 18m(가로)×15m(세로)×15m(높이) 헤비 사이즈 • 음향: 약 180kw - EAW 라인 어레이 시스템(50통) - 사이드 필 EAW 850(16통) - 모니터 EAW(30통) • 영상: 중앙 500인치 LED - 좌우 200인치 프로젝터(10,000ANSI) • 조명: 무빙 60대 및 대형 핀 2대, 파 400대, 디머 12대, 뱅크 24대 등 • 악기: 밴드 포맷 풀세트 5조(드럼 5대, 베이스앰프 4대, 기타앰프 8대, 건반 6대, 무선마이크 20대) • 발전차: 400kw 2대
내용	• 음악전문축제에 걸맞은 정갈하면서도 세련된 무대 디자인 • 바리케이드 대용의 전면과 관객에게 부담감을 주지 않는 4m 돌출 무대 • 운동장 공연에 이상적인 음향 구축을 위해 최대한의 용량 • 매머드급 공연에서 적용하는 사이드필 시스템 도입 • 방송 화면에 적합한 백색 필터 적용 • 밴드 형태를 기준으로 다양한 아티스트를 수용할 수 있도록 폭넓은 악기 구성(해외 아티스트의 요구에 의한 악기 3세트 별도 구비) • 8명의 테크니션을 배치해 원활한 공연 진행 유도 • 각 아티스트들의 영상(사진 및 뮤직비디오)을 별도로 준비·제작해 아티스트들의 전환을 자연스럽게 처리 • 각 아티스트들의 사진 및 로고를 별도로 제작해 영상의 유연함 제공 • 영상팀의 VGA 프로그램으로 무대의 비주얼 강조
주관	2006 광명음악밸리축제 사무국

2) 설치 운영

무대, 조명, 멀티비전, 프로젝터, LED, 애드벌룬 등을 설치 및 운영한다.

○ 무대 설치

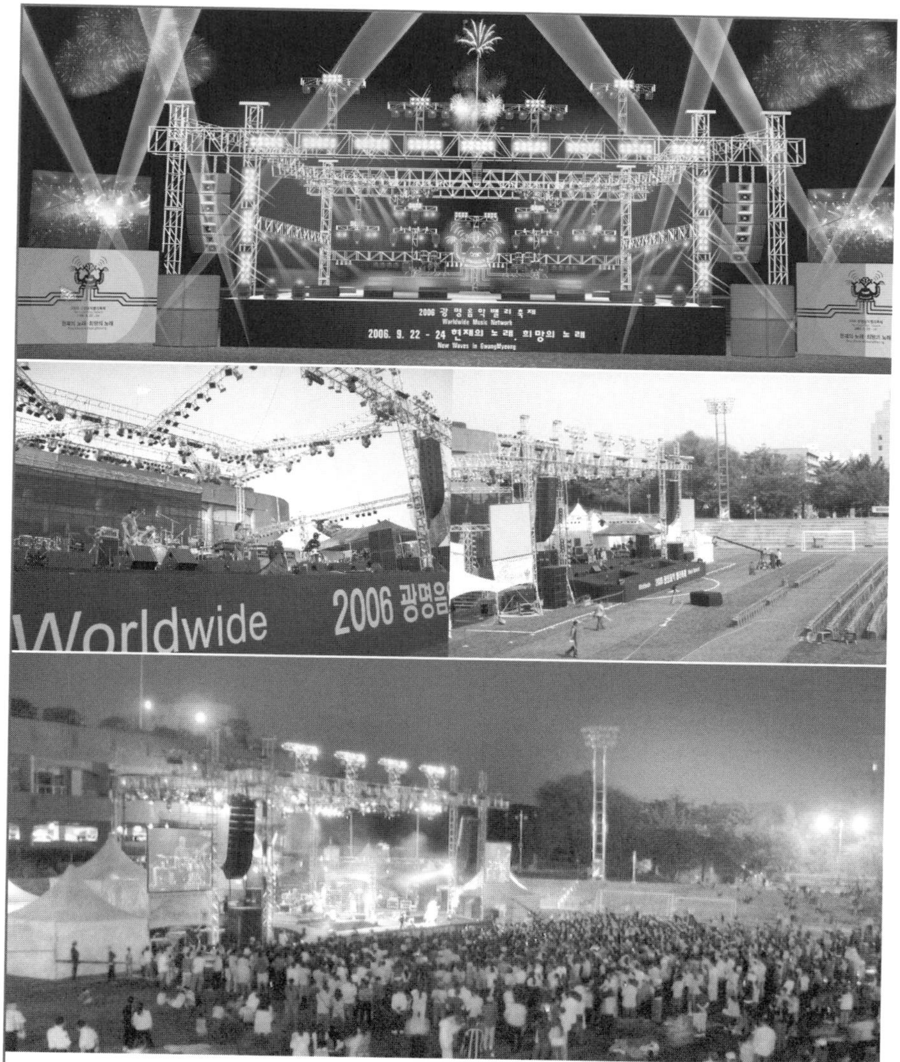

메인무대 설치 모습. 시민운동장은 무대시안(윗줄)에 기초해 설치하는 과정(가운뎃줄)을 통해, 수많은 관객들이 함께할 수 있는 공간으로 탈바꿈했다.

○ 무대조명

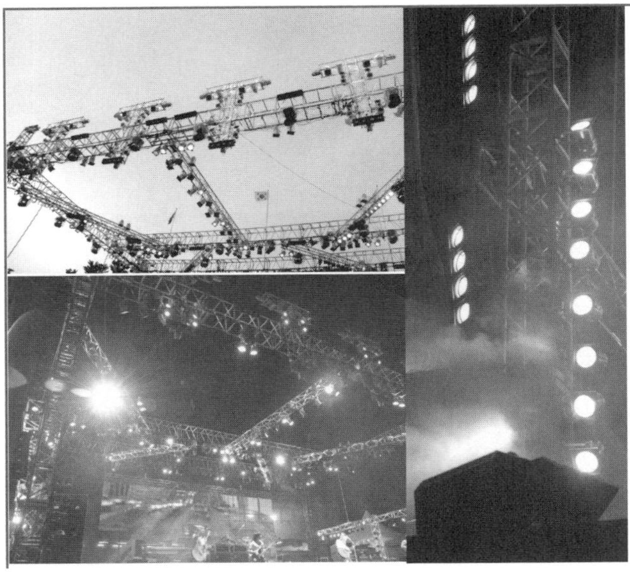

무대의 중앙 조명(왼쪽)과 측면 조명.

○ 멀티비전과 프로젝터 및 애드벌룬

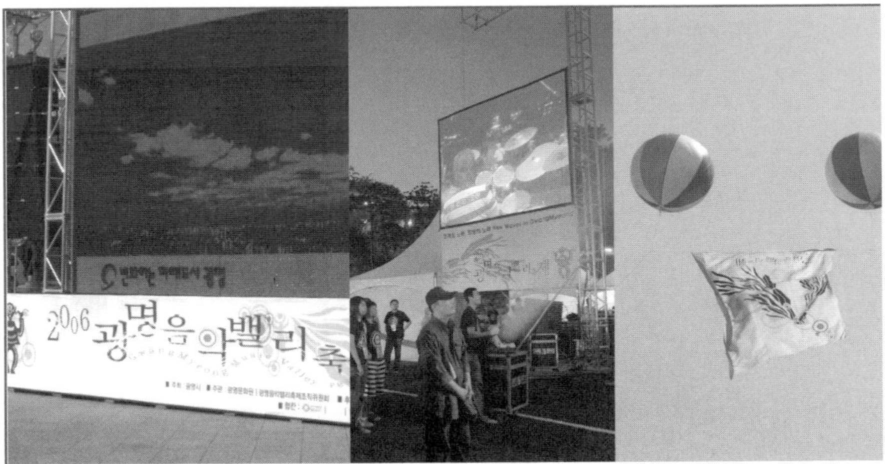

철산역 삼거리에 설치된 멀티비전을 통해 공연 실황을 중계했다(왼쪽).
무대 측면에 설치한 프로젝터를 통해 동영상 및 스폿광고가 상영되었다(가운데).
애드벌룬은 축제 분위기를 돋운다.

3) 백스테이지 관리

백스테이지(출연자 대기실 등)는 출연 뮤지션 및 기술 스태프, 진행 스태프 등 메인무대 공연을 만드는 핵심 조직과 인력이 움직이는 공간이다. 오차가 일절 허용되지 않으며, 업체 및 사무국의 업무 분담과 의사소통이 필수이다.

○ 백스테이지 업무 현장

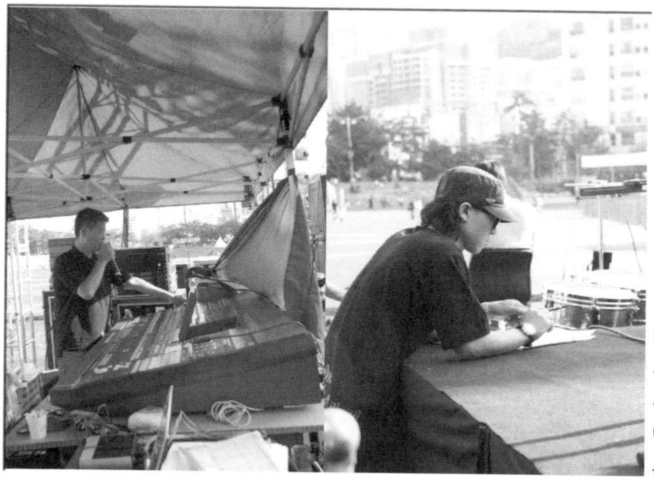

백스테이지 업무는 업체의 음향 스태프와 서포터로 구성되어 진행, 음향, 장비, 조명, 특수 효과 등의 업무를 분담하는 식으로 이뤄졌다.

4) 결과 보고

잘된 점	잘못된 점	개선 방안
• 전문적이고 유기적인 업무 분담: 각 파트의 모든 스태프들이 일사불란하게 업무에 임했다. • 출연 뮤지션에 대한 예우: 시민회관의 메인 대기실과 무대 인근 텐트 대기실의 성격을 적절히 활용해 출연 뮤지션들의 불편을 최소화했다.	• 조명 및 영상에서 조율되지 않은 실수가 두 건(22일: 무대 전환 시 조명 밝기 미조정, 24일: 스왈로우 등장 시 전제덕 소개 음악 방송) 발생했다.	• 메인콘솔 담당자와 백스테이지 담당자가 모든 사항에 대해 충분히 사전 협의한다.

• 광명음악밸리축제를 비롯해 다양한 경험을 가진 서포터 위주로 구성된 백스테이지 서포터들이 맡은 업무를 매우 적극적이고 충실하게 수행했다.		

03 | 메인무대 공연

1) 공연 개요

일시	2006년 9월 22(금)~24일(일)
장소	광명시민운동장
참여인원	연인원 ______명
구성	– 아래 <공연 시간표> 참조 –
내용	– 아래 <공연 세트리스트> 참조 –
주관	2006 광명음악밸리축제 사무국

2) 기획 배경

광명음악밸리축제의 고정 프로그램인 <밸리 초이스>, 신인 발굴 프로그램 <뉴커런츠> 외에 대중음악의 새로운 물결을 상정한 <뉴웨이브스>를 중심으로 프로그램을 구성했다. 또한 작품의 질을 가장 중시해 음악성 있는 뮤지션들만 엄선해 섭외했다. 진정한 의미의 대중성이 무엇인지를 확인시키는 밀도 있는 프로그램을 통해 광명음악밸리축제의 독자성을 확립하고자 했다.

3) 공연 시간표

일자	프로그램	아티스트 및 행사	시간
9월 22일(금)	개막식	개막 선언, 불꽃놀이	19:00~19:20
	SXSW 참가팀 공연	서울전자음악단	19:20~19:45
	밸리 초이스	장필순	19:50~20:30
		김창기	20:30~21:10
		한영애	21:10~21:50
		강산에	21:50~22:30
9월 23일(토)	뉴커런츠 1	세임 올드 스토리	16:35~16:55
		머스탱스	17:00~17:20
	모던타임스	글램	17:25~17:45
		비행선	17:50~18:15
		이지형	18:20~18:40
		이한철	18:45~19:10
		스트레이라이트 런	19:20~20:20
	헤비니스	할로우 잰	20:25~20:45
		바세린	20:50~21:10
		다크 트랭퀄리티	21:20~22:20
9월 24일(일)	뉴커런츠 2	아이 러브 제이에이치	17:05~17:25
		윈터그린	17:30~17:50
	블랙 뮤직	더 콰이엇	17:55~18:15
		가리온	18:20~18:40
		윈디시티	18:50~19:10
	일렉트로니카·라운지	에스피오네	19:10~19:25
		포춘쿠키	19:30~19:50
		디 사운드	20:00~21:10
	어쿠스틱 웨이브스	두 번째 달	21:15~21:35
		스왈로우(feat. 한대수)	21:40~22:10
		전제덕	22:20~23:00

4) 공연 세트리스트

일자	프로그램	아티스트 및 행사	세트리스트
9월 22일(금)	개막식	개막 선언, 내빈 소개, 불꽃놀이	
	SXSW 참가팀	서울전자음악단	1. 게임뮤직 2. 따라가면 좋겠네 3. 드라이브 4. 핑키의 노래 5. 서로 다른 6. 꿈에 들어와
	밸리 초이스	장필순	1. 나의 외로움이 널 부를 때 2. 제비꽃 3. 동창 4. TV, 돼지, 벌레 5. Good Bye([Sad Movie Ost] 수록곡)
		김창기	1. 너의 자유로움으로 가 2. 넌 아름다워 3. 잊혀지는 것 4. 널 사랑하겠어 5. 시청 앞 지하철역에서 6. 하강의 미학
		한영애	1. 감사의 마음(16소절 무반주) 2. 누구 없소 3. 말도 안돼 4. 코뿔소 5. 루씰 6. 조율 7. 감사의 마음(풀버전)
		강산에	1. 예쁘네 2. 넌 할 수 있어 3. 할아버지와 수박 4. 깨어나 5. 쾌지나 칭칭 6. …라구요 7. 거꾸로 강을 거슬러 오르는 저 힘찬 연어들처럼
9월 23일(토)	뉴커런츠 1	세임 올드 스토리	1. Sadless 2. New Flash 3. Monday 4. Power of Love

			5. Zen
		머스탱스	1. Nanana 2. c20h25n3o 3. Paraffine 4. Sativa
	모던타임스	글램	1. 바이러스 2. 락 앤 롤 3. 꿈 4. Who
		비행선	1. 미인 2. 비행선 3. 별 4. 옥이의 슬픔 5. 20세기 소년들
		이지형	1. Nobody Likes Me 2. Radio Dayz 3. Running Man 4. 항해
		이한철	1. 바티스투타 2. We All Need a Lifetime 3. 슈퍼스타 4. 스타걸
		스트레이라이트 런	1. It Never Gets Easier 2. Mistakes We Knew Were Making 3. Tool Sheds and Hot Tubs 4. Dignity and Money 5. Later That Year 6. Slow Descent 7. Existentialism on Prom Night 8. The Miracle 9. It's for the Best 10. Hands in the Sky(Big Shot)
	헤비니스	할로우 잰	1. Beside Oneself 2. Nachthexen 3. Empty
		바세린	1. 24 hours 2. Pure 3. Assassin of death 4. An Ode to My Friend 5. Flowers in the Sand

		다크 트랭퀼리티	1. The Treason Wall 2. Lost to Apathy 3. White Noise, Black Silence 4. The New Build 5. The Wonders at Your Feet 6. Damage Done 7. Monocheomatic Stains 8. Punish My Heaven 9. My Negation 10. Final Resistance
9월 24일(일)	뉴커런츠 2	아이 러브 제이에이치	1. Come into My Room 2. Jenny 3. No Job 4. Today 5. Don't Ask Me the Truth 6. Oh My Darling 7. Passing by
		윈터그린	1. You'd Hurt Me 2. 체념 3. 그 해 겨울 4. 넌센스
	블랙뮤직	더 콰이엇	1. 즉흥곡, 상자 속 젊음, 위대한 순간(Mix) 2. 고해 3. Get down
		가리온	1. 약속의 장소 2. 그 날 이후 3. 생명수 4. 무투
		윈디시티	1. Intro-Greeting 2. (Just Like A) Livin' It up 3. Jha Jha Chidren 4. Elnino Prodigo
	일렉트로니카·라운지	에스피오네	디제잉
		포츈쿠키	1. 일요일 아침 2. Lonely Heart Club 3. Fortune Cookie 4. 몽유도원가
		디 사운드	1. Green Eyes 2. Birthday 3. Talking Talk 4. Enjoy

			5. Do I Need a Reason 6. Good Man, Good Girl 7. Sunshine 8. Tatooed 9. I Can Get over You 10. Just Can't Wait
	어쿠스틱 웨이브스	두 번째 달	1. 트럭스 오브 보헤모어 2. 서쪽하늘에 3. The Boy from Wonderland 4. 개나리이끼 5. 여행의 시작
		스왈로우(feat. 한대수)	1. 밤은 낮으로 2. Nobody Knows 3. 어디에도 없는 곳(feat. 한대수) 4. 하루아침(한대수) 5. 칼 6. 두 형제
		전제덕	1. Simply Put(제2집 수록 예정) 2. 바람(제1집 타이틀곡) 3. 나의 하모니카(제1집 수록) 4. Cool Change(제2집 수록 예정) 5. Boogie on Reggae Woman(스티비 원더)

5) 공연 뮤지션 소개

(1) 〈밸리 초이스〉: 9월 22일 장필순, 김창기, 한영애, 강산에

한국 대중음악사에서 역사성과 동시대성을 지닌 '거장'들에 대한 조명과 재평가는 '음악창작자'의 중요성을 일깨우는 매우 가치 있는 작업이다. 여기에서의 '거장'은 단지 긴 시간을 활동해왔거나 신체적인 늙음을 겪은 선배들을 의미하지 않는다. 지금이 시간과 공간에서 의미를 갖는 노래와 앨범을 만들어낸, 그리고 앞으로 만들어갈 음악인들을 지칭하는 말이다. 2005 광명음악밸리축제에서는 '한대수, 이병우, 이상은, 이승열'을 밸리 초이스로 지목했고, 2006 광명음악밸리축제에서는 아래의 뮤지션들을 선택했다.

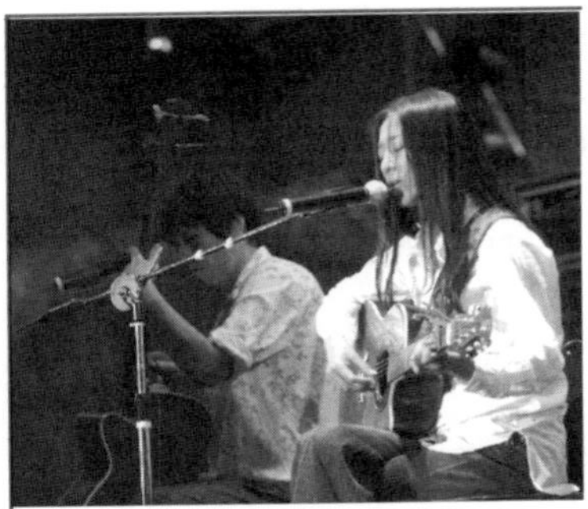

2006 광명음악밸리축제 〈밸리 초이스〉에서 공연하는 장필순의 모습.

○ 장필순　현존하는 한국 최고의 여성 싱어송라이터로 대중과 평단 모두에게 인정받고 있는 장필순은 이미 1980년대 후반부터 오장박 등의 활동과 미모, 가창력으로 대중의 인기를 끌어왔다. 더 중요한 것은 한국에서 이상은의 제5집 [이상은](1993), 한영애의 제4집 [불어오라 바람아](1995)에 이어 [나의 외로움이 널 부를 때](1997)를 발표함으로써 비로소 '여성 싱어송라이터'의 시대를 연 당사자라는 사실이다. 특히 장필순의 최근 앨범 [soony6](2002)에는 좋은 곡들이 가득해 벌써 그 해의 수작이자 명작으로 대접받고 있다. 동아기획과 하나뮤직을 관통해온 장필순은 이 시대의 소중한 음악인이다.

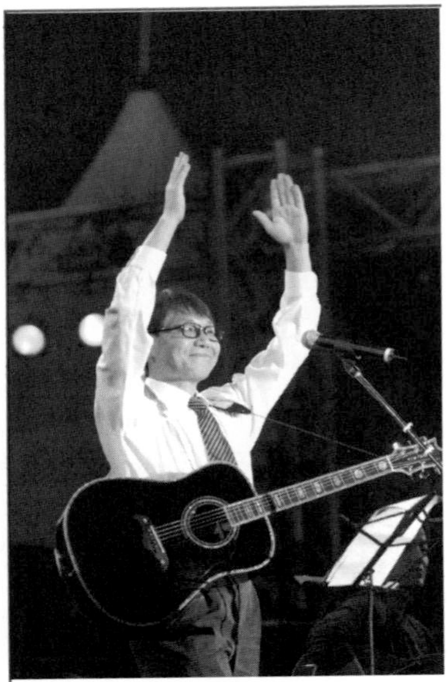

2006 광명음악밸리축제 〈밸리 초이스〉 무대에 서서 관객의 환호에 답하는 김창기의 모습.

○ 김창기　1980년대 후반에서 1990년대 전반까지, 일곱 장의 앨범과 〈거리에서〉, 〈흐린 가을 하늘에 편지를 써〉, 〈시청 앞 지하철역에서〉, 〈잊혀지는 것〉, 〈널 사랑하겠어〉, 〈변해가네〉 등 무수한 히트곡들로 대중적으로 성공하고 음악적으로도 인정받은 동물원. 이 동물원에서 가장 뛰어난 음악창작을 보여준 핵심 멤버가 바로 김창기이다. 그는 동물원 이후에도 감동적이고 뛰어난 솔로앨범들인 [창고](1997)와 [하강의 미학](2000)을 발표해왔다. 현재 자기 이름의 병원을 운영하고 있지만, 그는 여전히 한국에서 가장 뛰어난 대중음악 작곡가이자 작사가 중 한 사람이다. 광명음악밸리축제는 김창기와 같은 소중한 뮤지션을 다시, 그리고 제대로 조명코자 한다.

○ 한영애　해바라기와 함께 등장한 한영애는 긴 시간 연극계에서 활동하다 솔로 데뷔 앨범을 냈고, 또한 신촌블루스의 창단 멤버로 다시 노래를 부른다. 포크와 블루스, 록을 체화했고 여자가수에 대한 통념을 뒤엎으려는

야심까지 있었던 한영애는 이병우와 함께 [불어오라 바람애]를 만들며 비로소 한국 여성뮤지션들이 만들어온 역사에 큰 획을 그었다. 그녀는 노래와 '극'을 한데 섞는 발군의 카리스마를 보유했을 뿐 아니라, 뛰어난 뮤지션들과 함께 좋은 음악을 만들어낼 줄 아는 안목과 재능의 소유자이기도 하다.

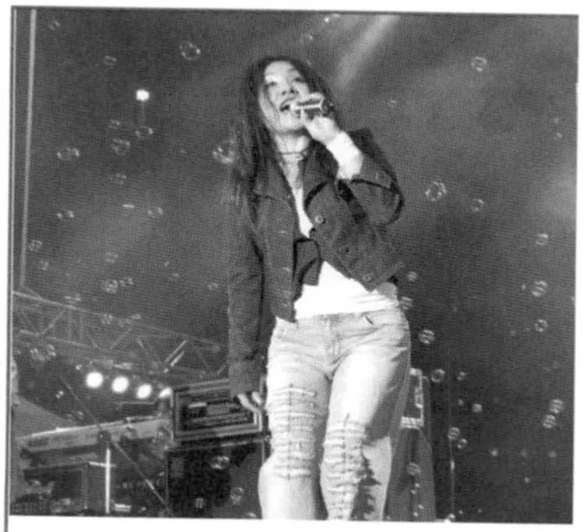
한영애가 2006 광명음악밸리축제 〈밸리 초이스〉 무대에서 열창하는 모습.

○ 강산에　얽매이지 않음. 강산에는 그런 사람이다. 예쁘장한 노래 제목과 표피적인 연애담이 판치던 세상에 난데없이 〈할아버지와 수박〉을, 그리고 〈예럴랄라〉를 들고 나왔다. 〈… 라구요〉가 실린 제1집을 발표하며 대학가와 여러 무대에서 개성과 실력을 인정받았고, 제2집 [나는 사춘기]의 〈넌 할 수 있어〉가 가요 순위 차트에까지 오르며 큰 인기도 얻는다. 사회 비판과 풍자 메시지를 담은 제3집 [삐따기]에선 〈태극기〉를, 제4집 [연어]에선 〈거꾸로 강을 거슬러 올라가는 저 힘찬 연어들처럼〉을 여러 사람들이 즐겨 부르게 한다. 포크와 블루스까지 영역을 넓혀가는 열정과 자유정신을 가진 강산에는 대중과 음악인 모두에게 사랑받는 뮤지션이다.

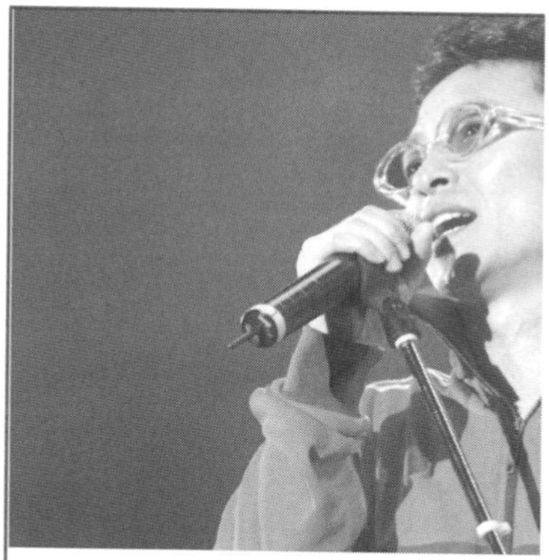
2006 광명음악밸리축제 〈밸리 초이스〉 무대에 오른 강산에의 모습.

(2) 〈뉴웨이브스 1: 모던타임스〉: 9월 23일 스트레이라이트 런, 이한철, 비행선, 이지형, 글램

<뉴웨이브스 1: 모던타임스>는 포스트 펑크 신의 후예로서의 얼터너티브·모던록과 펑크 무브먼트 이후 'DIY 애티튜드'를 간직해온 인디록에 접근한다. 다채로운 음악적 스펙트럼으로 언더그라운드 신을 통해 동시대성을 부여받았던 이들은 1990년대 대중음악의 주요한 코드로 부각되었다. 이 프로그램에서는 홍대 신 1세대인 위퍼 출신으로 대중적인 포즈의 모던록을 보여주며 솔로 데뷔한 이지형, 다양한 음악 형식

을 완성도 높게 제시하는 비행선, 오버그라운드와 언더그라운드의 틈새를 흥겹게 넘나드는 이한철, 1970년대 록의 풍요로움을 독특한 톤으로 재해석한 서울전자음악단, 그리고 글램, 또 미국을 중심으로 급부상하고 있는 스트레이라이트 런의 무대가 펼쳐졌다.

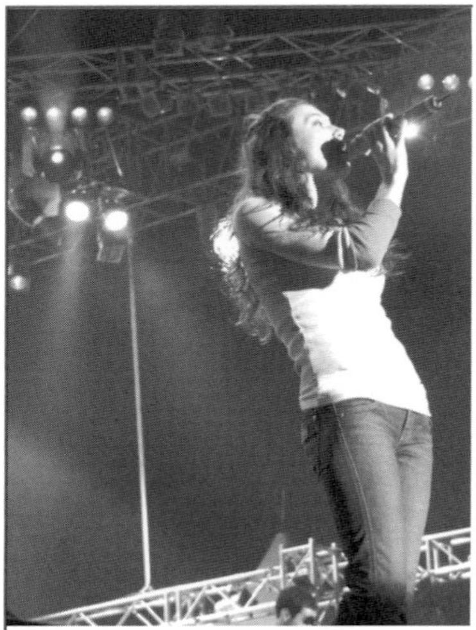
2006 광명음악밸리축제 〈뉴웨이브스 1〉 무대에 올라 공연하는 스트레이라이트 런의 모습.

○ 스트레이라이트 런(Straylight Run) 테이킹 백 선데이(Taking back Sunday)에서 나온 존 놀런(John Nolan)과 숀 쿠퍼(Shaun Cooper)에게 윌 눈(Will Noon)과 존 놀런의 여동생 미첼 놀런(Michelle Nolan)이 동반자가 되어주면서 탄생한 스트레이라이트 런. 이 뉴욕 롱아일랜드의 젊은 밴드는 존 놀런의 탁월한 송라이팅과 팝 센스, 그리고 미첼의 역할 분담, 여기에 섬세한 밴드의 조화가 시너지를 만들어내며 단숨에 북미 모던록 신의 기대주로 급부상한다. 수려한 멜로디와 피아노 선율 등을 활용해 수록곡 대부분을 인상적인 싱글들로 채운 [Straylight Run](2004)과 세심한 음향 운용을 더한 EP [Prepare to Be Wrong](2005)으로 자신들의 출신 성분(빅토리 레코드, 또는 이모코어 신과의 관계) 등은 그들에겐 그저 일기장의 몇 페이지일 뿐임을 보여준다. 상승의 각을 점점 크게 만들며 수년 안에 좀 더 강렬한 스포트라이트를 받을 것이 분명한 스트레이라이트 런은 모던록의 현재를 직시하는 이들에겐 간과할 수 없는 주목 대상이다. '넥스트 빅 싱'은 이럴 때 쓰는 말이다.

멤버: 존 놀런(보컬, 기타, 피아노), 미첼 놀런(보컬, 기타, 피아노), 숀 쿠퍼(베이스), 윌 눈(드럼)

○ 이한철 유재하 가요제에서 동상을, 강변가요제에선 대상을 받으며 등장한 이한철은 불독맨션 등의 인디밴드를 스스로 만들어 꾸려나간 독특한 이력의 소유자이다. 그는 또한 음반기획사 튜브앰프의 사장이기도 하며, 일본

등지의 뮤지션들과 활발히 교류하고 있다. 그의 발랄한 음악은 많은 이들에게 화사한 즐거움을 주고, 오버그라운드와 언더그라운드의 경계를 공간적으로나 음악적으로 허물어왔다. 발군의 팝송 라이터인 이한철은 최근에도 〈슈퍼스타〉 등을 통해 진가를 재확인시키고 있다.

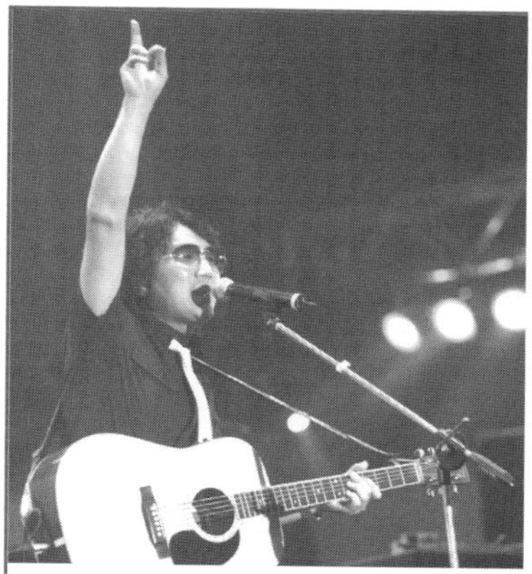

2006 광명음악밸리축제 〈뉴웨이브스 1〉에서 관객의 호응을 이끄는 이한철의 모습.

○ 비행선　1997년 결성된 이후 우용욱과 박현준, 여운진 등 한국 음악계의 젊은 실력파들이 한국과 밴쿠버에서 작업한 제1집을 통해, 록과 일렉트로니카 등 다양한 요소와 한국적인 록 밴드 사운드를 조화시키며 다양한 스펙트럼을 제시한 비행선. 이들은 마치 음악을 사랑하는 뮤지션들의 공동체와 같이 [아름다운 비행 Part 1]을 만들었고, 이 앨범은 2004년 최고의 앨범들 가운데 하나로 꼽힌다. 록에 하우스, 트랜스 등 다양한 테크노 스타일을 더해 과거와 현재, 복고와 실험을 넘나들고 있는 비행선의 음악적 시도는 뮤지션들에게 귀감이 되며, 록과 일렉트로니카의 만남에 하나의 교본을 만들어냈다.

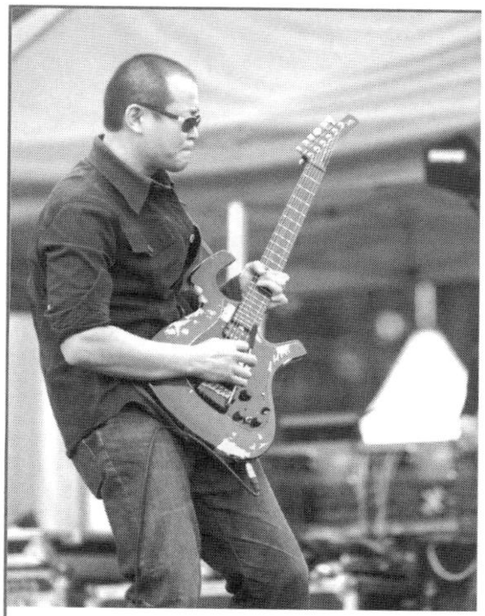

2006 광명음악밸리축제 〈뉴웨이브스 1〉에서 열정적인 공연을 선보이는 비행선.

멤버: 우용욱, 강정, 권일석, 김영준, 최승훈, 김책, 박현준, 여운진

○ 이지형　1996년부터 '드럭' 등 홍대 클럽 신에서 스타로 떠오른 밴드 위퍼(Weeper)는 한·일 합작 프로젝트 [Here We Stand], 너바나 트리뷰트 [Smells like Nirvana]에 곡을 싣고, 크라잉 넛과 옐로우 키친의 뒤를 이어 노 브레인과 스플릿 앨범 [Our Nation 2]를 발표하며 본격적으로 등장했다. [인디파워 1999]에서 박학기의 〈향기로운 추억〉을 리메이크해 폭넓은 감

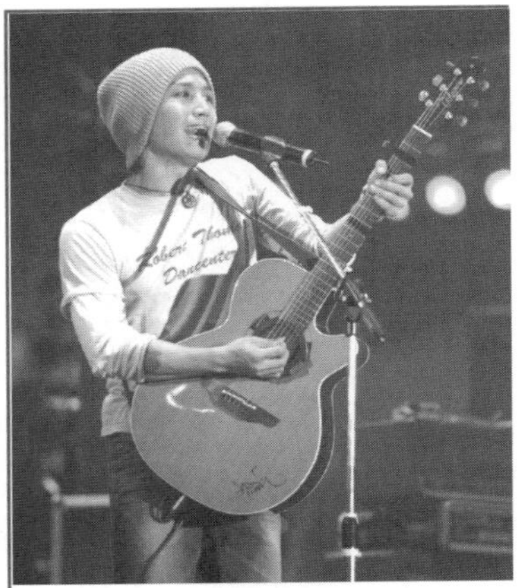

2006 광명음악밸리축제 〈뉴웨이브스 1〉에서 열창하는 이지형의 모습.

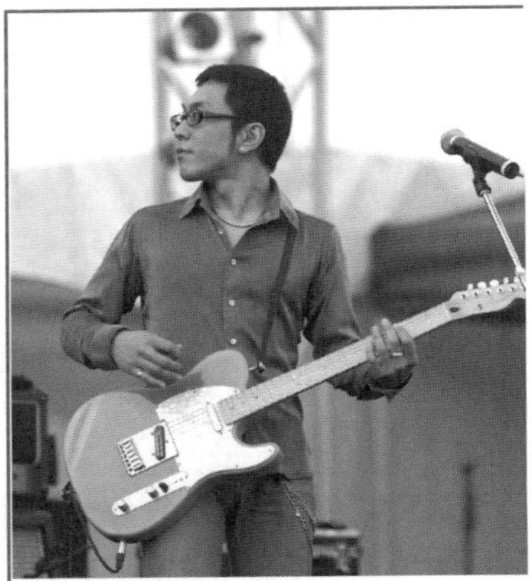

2006 광명음악밸리축제 〈뉴웨이브스 1〉 무대에 오른 글램의 모습.

수성을 인정받으며 2001년에 제1집을 발표했는데, 이후 밴드는 해산한다. 이 위퍼의 리더인 이지형이 서울전자음악단과 언니네 이발관 등에서 활동하며 5년 동안 자신을 다듬어 [Radio Dayz]를 발표했다. 전곡의 작사, 작곡, 편곡, 프로듀싱은 물론 대부분의 연주를 직접 펼쳐 차세대 싱어송라이터로서의 가능성을 발휘하고 있으며, 자신의 레이블 바리스타 뮤직(Barista Muzic)을 설립하기도 했다.

멤버: 이지형(보컬, 기타)

○ 글램(Glam)　1994년부터 노 웨이(No-Way)와 투머로우(Tomorrow)로 계속 활동해온 박용국이 주도하는 밴드이다. 긴 활동 기간에 비해 뚜렷한 작품을 내놓지 않다가 조금은 늦게 좋은 멜로디 감각과 뇌쇄적인 분위기로 [The Glam]을 발표했고, 이 앨범을 통해 귀 밝은 이들의 주목을 받았다. 하드록에 바탕을 두면서도 경쾌하고 모던한 감각과 대중적인 선율, 퇴폐적이고 우울한 이미지의 글램록이란 옷도 살짝 겹쳐 입은 글램은 오랫동안 록 신을 지켜오다 참신함을 길어 올린 귀감이다.

멤버: 박용국(보컬, 기타), 최수원(기타, 베이스, 키보드), 이주연

(3) 〈뉴웨이브스 2: 헤비니스(Heaviness)〉: 9월 23일 다크 트랭퀼리티, 바세린, 할로우 잰

1980년대에서 1990년대 초반에 이르기까지 성황을 누린 헤비메탈은 1990년대 중반 이후 표면적으로는 침체기로 들어선 것처럼 보였다. 그러나 실은 그 무렵 유럽 및 남미, 그리고 북미 언더그라운드에서 상업적인 성공에 연연하지 않고 진보적인 실험을 가속화한 일단의 신진 그룹에 의해 가히 폭발적이라 할 음악적 성취가 진행되고 있었다. 그리고 1990년대 후반을 지나면서 신에 대한 충성도는 오히려 강해지고

음악적 다양성은 확대된다. 거의 모든 전위적 시도를 수렴하며 영역을 확장해온 익스트림 뮤직, 그리고 1980년대 초부터 강한 신념과 태도를 바탕으로 원초적인 에너지와 감정을 발산해오다 표현 방식의 스펙트럼까지 넓힌 하드코어가 실질적으로, 그리고 음악적으로 현 헤비뮤직을 주도하고 있다. 또한 서로 그 뿌리를 공유하고 교류하며 포섭하는 교차로에 서 있다. 진취적인 유럽 익스트림 신, 그리고 북미와 유럽, 한국에서도 크게 성장한 하드코어 신의 단면을 경험케 한 프로그램이다.

○ 다크 트랭퀼리티(Dark Tranquillity) 2006 광명음악밸리축제 둘째 날을 뜨겁게 달군 다크 트랭퀼리티. 멤버들이 십대 중반에 불과했던 1989년에 스웨덴에서 결성된 다크 트랭퀼리티는 1990년대 이후 헤비뮤직의 전위를 장악한 유럽 익스트림 신과 1990년대 초중반 부상한 소위 '예테보리 사운드'의 산 증인이자 대표적인 밴드이다. 통념을 뒤엎고 데스메탈에 멜로디를 가미한 멜로디컬 데스메탈이 부상하면서 새로운 수용층을 만들어냈고, 이후 다양한 방법론이 수렴되면서 '멜로딕 데스'라는 '장르'로 전환하게 되는데, 여기에 다크 트랭퀼리티가 결정적인 역할을 했다. 지적이고 치밀하며 남다른 품격과 무드로 독보적인 영역을 구축한 다크 트랭퀼리티의 음악에는 과잉된 소리와 기품 있는 감성이 함께 적셔져 있으며, 거친 분노와 아련한 슬픔, 그리고 서늘한 외로움이 공존한다. 데뷔한 지 20년을 바라보지만 근작들에 건반과 일렉트로닉 요소를 첨가해 더욱더 세련된 사운드로 여전히 심화되고 응축된 덩어리들을 담아내, 2000년대의 시대적 언어까지 획득했다. 다크 트랭퀼리티는 매 앨범에 계속성과 차별성을 동시에 부여해왔고, 창의력과 표현력이 정체된 적 없는 현재진행형의

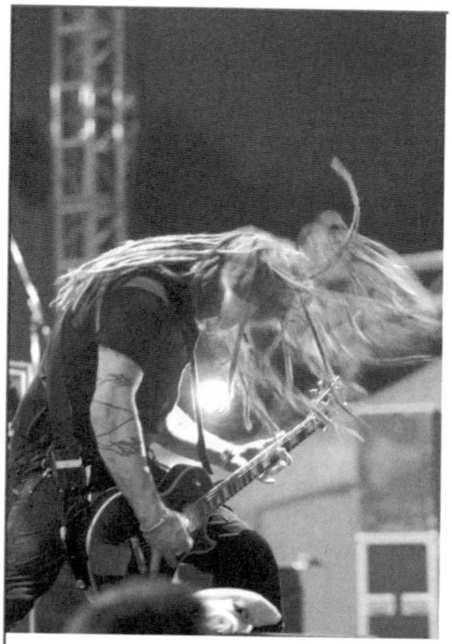
2006 광명음악밸리축제 〈뉴웨이브스 2〉에서 열광적인 무대를 만들어낸 다크 트랭퀼리티의 모습.

젊은 거장으로 전 세계 음악마니아들의 지지와 신뢰를 받고 있다.

멤버: 미카엘 스탄네(Mikael Stanne: 보컬), 마틴 헨릭슨(Martin Henriksson: 기타), 니클라스 순딘(Niklas Sundin: 기타), 안데르스 이바르프(Anders Jivarp: 드럼), 미카엘 니클라슨(Michael Niklasson: 베이스), 마틴 브뢴스트룀(Martin Bröndström: 일렉트로닉스)

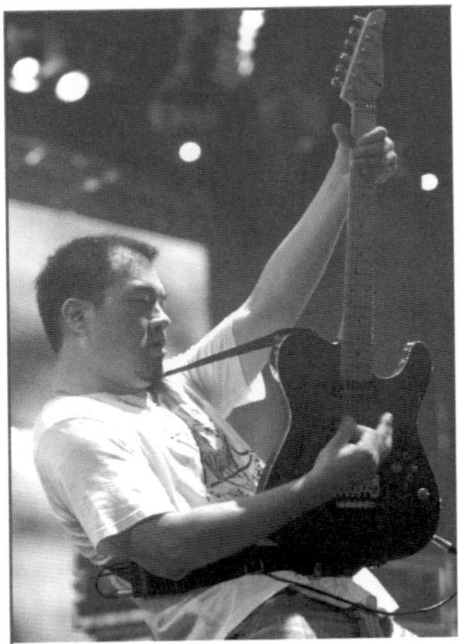
2006 광명음악밸리축제 〈뉴웨이브스 2〉에서 큰 환호를 받았던 바세린의 모습.

○ 바세린(Vassline) 1997년부터 활동을 시작한 바세린은 삼청교육대와 더불어 제1세대 한국 하드코어 밴드이다. 2000년 GMC의 첫 앨범이자 바세린의 첫 EP [Blood Thirsty] 이후 국내뿐 아니라 일본, 벨기에, 프랑스 등 해외에서도 좋은 반응을 얻었다. 점차 메탈릭 하드코어로 진화하면서 좋은 반응을 얻어낸 바세린은 더욱 세련되고 강화된 사운드로 [The Portrait of Your Funeral]을 발표했으며, 이 앨범은 2002년 인디 신에서 가장 중요한 앨범들 가운데 하나가 된다. 2004년에 발표한 [Blood of Immortality]는 더욱 강력한 반향을 불러일으켰는데, 주류·비주류를 통틀어 그 해 헤비뮤직 신에서 단연 돋보였으며 평단과 음악 애호가 모두로부터 높은 평가를 받았다. 제2회 한국 대중음악상의 '올해의 록 부문' 수상자이며, 2005 광명음악밸리축제 <인디뮤직 10년사>에서 열광적인 무대를 만든 바세린은 구멍이 숭숭 뚫려 있던 한국 음악계에서 매우 소중한 존재이다.

멤버: 신우석(보컬), 박진(기타), 조민영(기타), 이기호(베이스), 최현진(드럼)

○ 할로우 잰(Hollow Jan) 하드코어는 오랜 기간 언더그라운드를 지켜오다 뉴스쿨 하드코어·포스트-하드코어를 선봉으로 북미와 유럽, 한국의 헤비뮤직 신에서 급속히 부상했다. 한국에서도 삼청교육대, 긱스, 바세린, 13스텝스, 49몰핀스 등을 비롯해 걸출한 밴드들이 활동 중이며, GMC 외에도 도프뮤직과 드림온(Dream On) 등의 레이블을 통해서도 열정적인 앨범들이

계속 발표되고 있다. 올드스쿨 하드코어와 같은 정통파뿐 아니라 이모코어, 메탈코어 등의 조류들도 모두 포괄하면서 크지 않은 신임에도 다양성을 보유하고 있고, 일본 등지로도 활발하게 진출한다. 통상 스크리모 계열로 불리는 할로우 잰 역시 그 중 하나로 격정적인 보컬과 감성적인 선율, 그리고 지적인 리프와 곡 구성을 통해 독특한 개성과 고집이 있는 스타일을 만들어가고 있다.

멤버: 임환택(보컬), 이승민(기타), 이광재(기타), 정동진(베이스), 박상철(드럼)

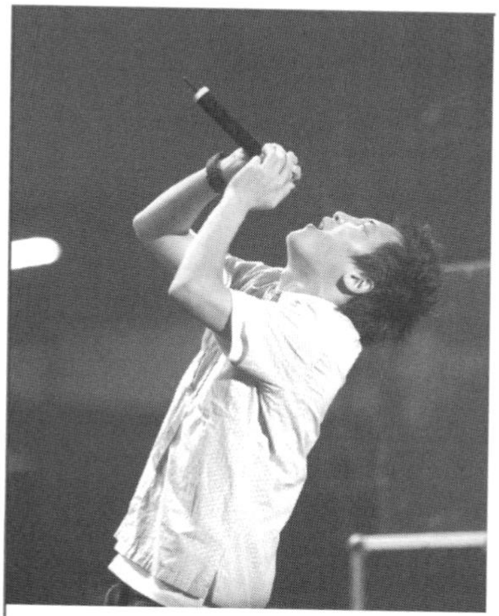

2006 광명음악밸리축제 〈뉴웨이브스 2〉에서 열창하는 할로우 잰의 모습.

(4) 〈뉴웨이브스 3: 블랙뮤직(Black Music)〉: 9월 24일 윈디시티, 가리온, 더 콰이엇

블랙뮤직은 지금까지 세계 대중음악 대부분의 뿌리를 제시해왔다고 해도 과언이 아니다. <뉴웨이브스 3: 블랙뮤직>은 국내 주류음악계를 통해 좁은 시야로 노출되고 있는 블랙뮤직이 얼마나 다양한 스펙트럼을 가지고 있는지를 보여준다. 이 프로그램은 재즈삼바와 레게소울을 보여주는 윈디시티, 한국힙합의 저력 가리온, 젊은 프로듀서의 성장세를 보여주는 더 콰이엇 등의 공연을 통해 소울, 펑크, 알앤비, 힙합, 레게 등 블랙뮤직의 다양한 경향을 조명했다.

- 윈디시티(Windycity) 아소토 유니온으로 큰 성공을 거둔 김반장이 새롭게 만든 소울 밴드이다. 윈디시티는 등장과 함께 음악마니아들의 관심을 받았으며 역시 두 장의 앨범과 흥겨운 공연을 통해 충분히 기대를 채워줬다. 일본에도 이름을 알리면서 2006년 하반기에 앨범 발매와 페스티벌 참가 등이 예정되어

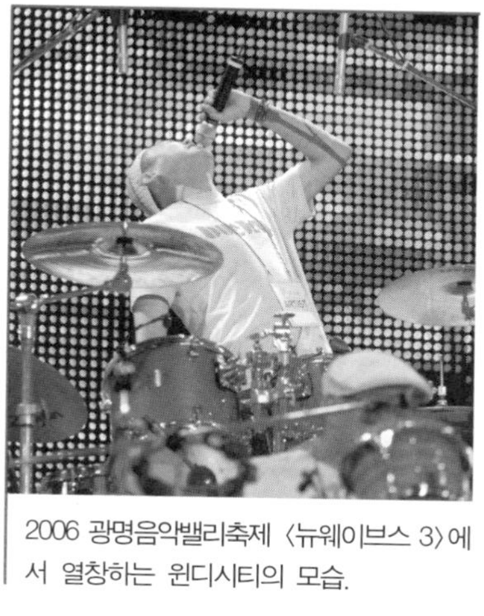

2006 광명음악밸리축제 〈뉴웨이브스 3〉에서 열창하는 윈디시티의 모습.

있을 뿐 아니라, 제3회 한국 대중음악상 2개 부문의 수상자가 되어 음악성도 인정받았다. '세계 어디에 내놓아도 부끄럽지 않을' 밴드라는 데 많은 이들이 동의하고 있다.

멤버: 김반장, 윤갑열, 김태국, 조명진, 정상권

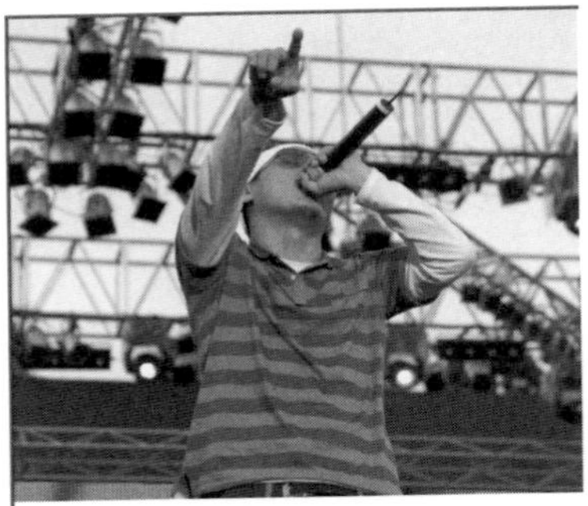

2006 광명음악밸리축제 〈뉴웨이브스 3〉 무대에 선 가리온의 모습.

○ 가리온(Garion) 평론가들과 힙합마니아들에게 '진짜' 힙합의 최고 실력자를 꼽으라고 한다면 주저 없이 가리온을 꼽을 것이다. 그래서 당당히 제3회 한국 대중음악상 힙합 싱글 부문을 수상했고, 가리온의 앨범 [Garion]은 한국 힙합 역사를 말할 때 꼭 들어갈 명반으로 인정받게 되었다. 한국 힙합 1세대로서 지금도 꾸준히 싱글을 발표하고 있는 가리온은 명성에 비해 좀처럼 라이브를 볼 수 없었던 팀이라, 이들의 라이브 자체만으로도 기대를 모으기에 부족함이 없다.

멤버: MC 메타, MC 나찰

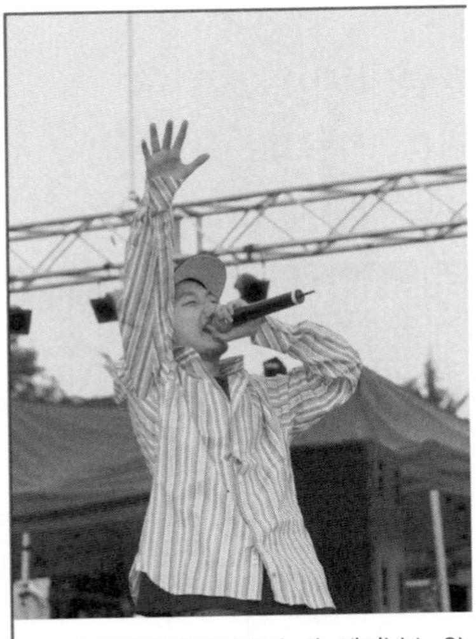

2006 광명음악밸리축제 〈뉴웨이브스 3〉 무대에 선 더 콰이엇의 모습.

○ 더 콰이엇(The Quiett) 힙합 전문 레이블 소울컴퍼니의 메인 프로듀서인 더 콰이엇은 '감상' 힙합의 경지를 개척하고 있다. 이미 소울컴퍼니의 컴필레이션 [The Bangerz]와 [Official Bootleg Vol.1]에서 중요한 역할을 했고, 수년 동안 다양한 앨범에서 비트와 라임을 들려주고 있었다. 그리고 자신의 이름으로 데뷔하면서 1960~1970년대 블랙뮤직을 연구한 비트를 창조했고, 진중하고 탄탄한 라임을 직조했다. 인스트루멘탈 힙합을 개척해가면서 힙합에 대한 대중의 선입견을 허무는 역할까지 수행하고 있다.

멤버: 더 콰이엇

(5) 〈뉴웨이브스 4: 일렉트로니카 · 라운지(Electronica · Lounge): 9월 24일 디 사운드, 포춘쿠키, 에스피오네

댄스는 대중음악에 있어 언제나 젊은이들의 주요한 코드로 제시되어왔다. 특히 혁신적인 DJ들에 의해 성장해온 일렉트로니카는 음이 아닌 비트로 접근하는, 기존의 어법과는 다른 방식의 경향이었다. 그리고 새로운 복고의 흐름인 라운지, 재즈와 펑크, 힙합 등을 함께 받아들인 애시드 재즈 등은 1990년대 새로운 경향으로 등장했다. <뉴웨이브스: 일렉트로니카·라운지>에서는 두 가지 이름으로 힙합과 라운지의 정체성을 표현하는 에스피오네(DJ 소울스케이프), 일렉트로키나·라운지 팝듀오 포춘쿠키, 노르웨이 출신의 애시드 재즈 밴드로 클러버들에게 사랑받고 있는 디 사운드 등의 무대가 펼쳐졌다.

○ 디 사운드(D'Sound) 1993년 노르웨이의 오슬로에서 결성된 세계적인 밴드 디 사운드는 멤버들이 버클리 음대 등에서 수학한 수재들이며, 유럽 및 아시아, 미국 등지에 많은 팬들을 보유하고 있다. 다양한 스타일을 접목해 음악성과 대중성이 뛰어난 애시드 재즈로 사랑받고 있다. [Spice of Life](1996)부터 첫 싱글 [Real Name]이 노르웨이 라디오 차트 정상을 차지하며 등장, 1999년엔 노르웨이의 그래미라고 할 수 있는 '스펠레만프라이저(Spellemannpriser)' 시상식에서 '최우수 팝 그룹' 부문을 수상했다. 이후 [Doublehearted]와 [My Today]에 이르기까지 크게 성공을 거두고 있으며, 2006 광명음악밸리축제를 통해 세 번째 내한 공연을 갖게 될 정도로 한국과의 인연도 깊다.

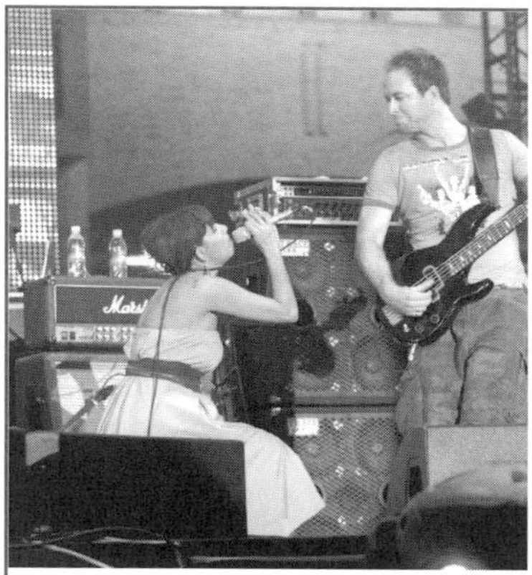
2006 광명음악밸리축제 〈뉴웨이브스 4〉에서 관객들로부터 큰 호응을 받았던 디 사운드의 모습.

멤버: 사이먼(Simon: 보컬), 조니(Johnny: 베이스), 킴(Kim: 드럼)

○ 포춘쿠키(Fortunecookie) 2004년 [행운의 시작]으로 등장한 포춘쿠키는

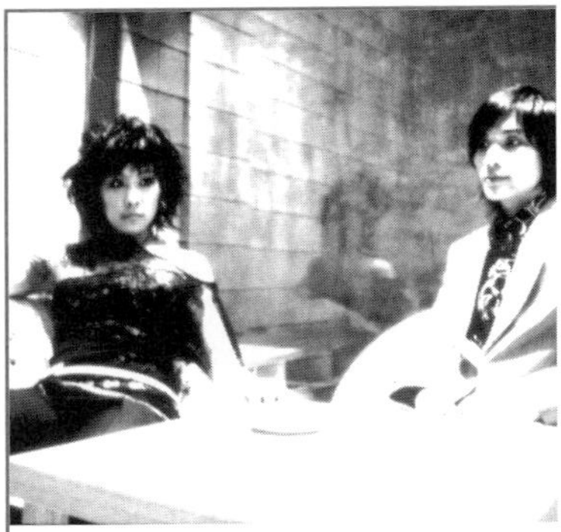

2006 광명음악밸리축제 〈뉴웨이브스 4〉에 출연했던 포춘쿠키.

라운지 음악이 생소했던 한국에서 한국적인 라운지를 선보인 혼성 듀오이다. 달파란(강기영)이 산파역을 맡아 탄생한 포춘쿠키의 데뷔작은 라운지, 프렌치팝, 일렉트로닉 등의 음악 작법을 통해 복고적 감성을 모던한 트렌드에 실어냈다. 유희종과 홍보람의 개성이 자연스레 혼합되고 시너지를 발휘해 라운지 음악을 한국에 알리는 가수로서의 역할을 해내고 있으며, 더욱 색감이 짙어질 새로운 앨범도 준비 중이다.

멤버: 유희종, 홍보람

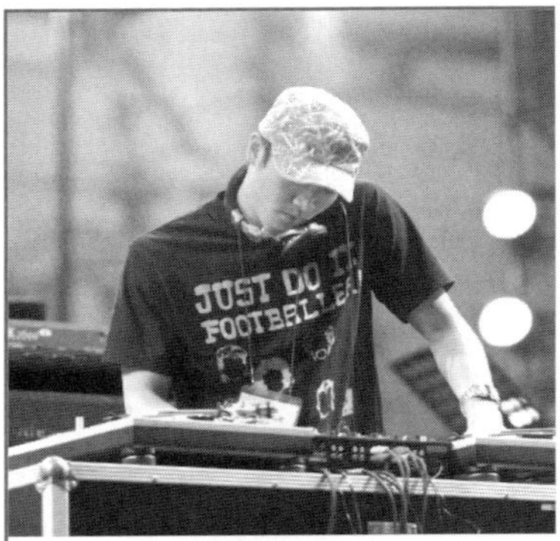

2006 광명음악밸리축제 〈뉴웨이브스 4〉에서 공연하고 있는 에스피오네의 모습.

○ 에스피오네(Espionne) 음악마니아들과 클러버들에게 인정받은 DJ 소울스케이프(DJ Soulscape)의 또 다른 이름. 레트로 뮤직, 프렌치 팝, 브라질리안 등 다양한 고전들로부터 면밀하게 선택되고 응용된 아이디어들을 녹여내는 시도를 통해 진취적이고 세련된 사운드를 만들어가고 있다. 동시에 주류뮤지션들과 교류하고, 방송 등에서도 러브콜을 받아 영역을 계속 확장하고 있다.

멤버: 에스피오네(Dj 소울스케이프)

(6) 〈뉴웨이브스 5: 어쿠스틱 웨이브스(Acoustic Waves)〉: 9월 24일 전제덕, 스왈로우, 두 번째 달

대중음악의 큰 줄기로서 포크와 루츠음악은 시대를 초월한 감동을 가져왔다. 지역에 기반한 역사를 가진 포크와 루츠는 여러 대중음악에 영향을 끼치고, 또 영향을 받으며 동시대성을 획득해왔다. <뉴웨이브스 5: 어쿠스틱 웨이브스>는 포크록의 어법에 충실하며 진지한 사유를 표현하는 스왈로우, 여러 나라의 루츠음악을 자유롭게 연주하는 두 번째 달, 재즈·팝·알앤비 등을 아우르는 크로스오버 하모니카 연주자 전제덕 등이 출연해 세대를 넘어서는 감동을 전달했다.

○ 전제덕　하모니카 뮤지션 전제덕의 등장은 대중음악계에 신선한 자극이 되고 있다. 그의 앨범은 잔잔하면서도 진한 반응을 불러왔고, 음악성도 인정받아 제2회 한국 대중음악상의 수상자가 되었다. 오랜 세션 활동으로 연주력을 인정받았던 그는 데뷔 앨범을 발표하고 작은 공연부터 시작했지만, 이제 방송의 단골 게스트이자 대규모 공연의 주인공, 그리고 CF모델 등의 분주한 활동으로 대중적인 인지도와 명성을 쌓아가고 있다. 펑크와 재즈 등에서 기량이 뛰어난 세션팀을 대동하는 전제덕의 공연은 매번 관객들의 열성적인 반응을 이끌어내는 것으로 정평이 나 있다.

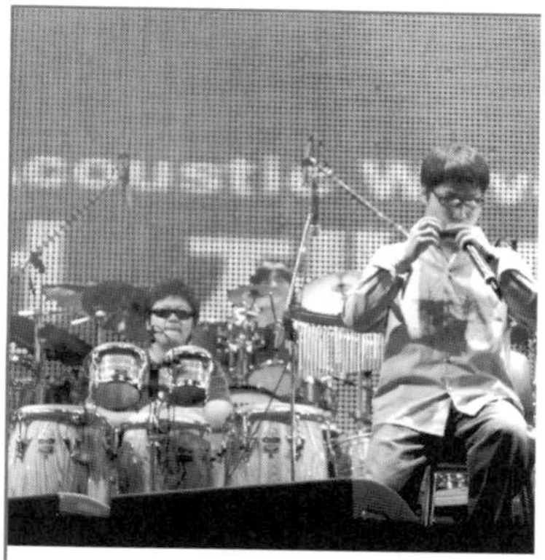

2006 광명음악밸리축제 〈뉴웨이브스 5〉에서 관객들의 탄성을 자아낸 전제덕의 공연.

멤버: 전제덕(하모니카, 보컬)

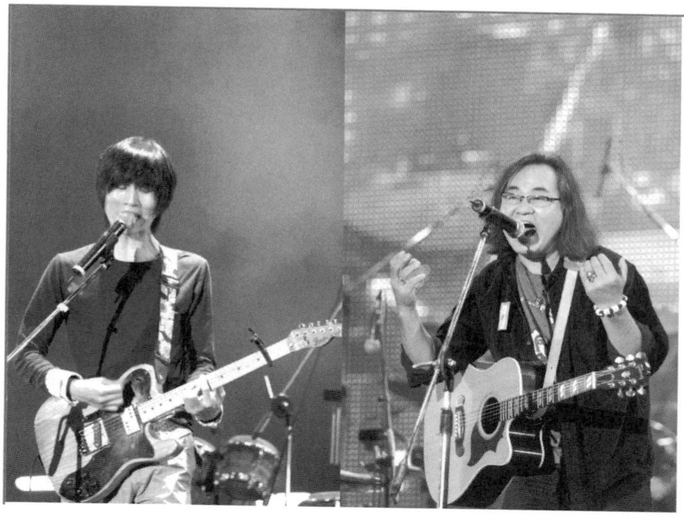

2006 광명음악밸리축제 〈뉴웨이브스 5〉에서 함께 공연한 스왈로우(왼쪽)와 한대수의 모습.

○ 스왈로우(Swallow, Feat. 한대수)　한국 인디뮤직 신의 대표적인 밴드인 허클베리핀의 리더이자 가장 뛰어난 작곡가 겸 작사가라는 데 평단의 동의를 얻고 있는 이기용의 또 다른 프로젝트 스왈로우. 허클베리핀의 앨범들뿐 아니라 이미 스왈로우가 발표한 두 장의 앨범은 각각 그 해를 대표할 만한

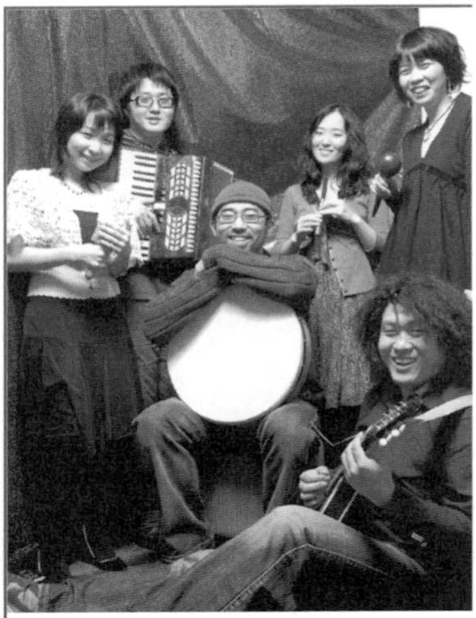

2006 광명음악밸리축제 〈뉴웨이브스 5〉에서 공연했던 두 번째 달의 모습.

작품들이며, 음악마니아들의 전폭적인 지지를 받고 있다. 제2회 한국 대중음악상 특별상 수상자인 이기용의 스왈로우는 록 밴드와 바이올린, 피아노 등을 이용해 진지한 음악성과 시적인 무드를 담아내고 있다. 2006 광명음악밸리축제에는 한국 싱어송라이터의 거목인 한대수와 함께 무대에 올라 특별한 무대를 마련하게 된다.

멤버 : 이기용(보컬, 기타)

○ 두 번째 달　영화음악 및 드라마, 뮤지컬 작업뿐 아니라 한대수밴드 등에서 세션을 해온 베테랑 연주인들로 이뤄진 두 번째 달은 켈틱 등의 요소를 도입한 소위 월드뮤직 집단이다. CF, 그리고 2004년 화제의 드라마인 <아일랜드>와 2006년의 <궁> 등에 곡을 삽입하며 대중성을 인정받고, 제3회 한국 대중음악상에서는 '올해의 앨범'과 '올해의 신인', '최우수 재즈 & 크로스오버 앨범'을 모두 석권하며 3관왕에 오르는 기염을 토했다.

멤버 : 김현보(기타, 만돌린), 박진우(베이스), 린다 컬런(Lynda Cullen: 보컬, 어쿠스틱 기타), 박혜리(피아노, 아이리시 휘슬, 글로켄슈필), 최진경(피아노, 멜로디언), 백선열(드럼, 퍼커션), 조윤정(바이올린)

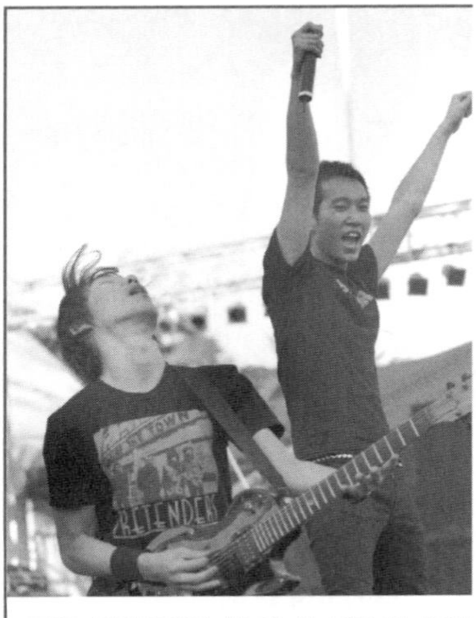

2006 광명음악밸리축제 〈뉴커런츠〉 무대에서 관객을 사로잡았던 세임 올드 스토리.

(7) 〈뉴커런츠〉: 9월 23일 세임 올드 스토리, 머스탱스 **24일** 아이 러브 제이에이치, 윈터그린

광명음악밸리축제는 <뉴커런츠>를 통해 대중음악의 미래를 조명하고 있다. 비전을 제시하는 신인 뮤지션을 선정해 새로운 기운이 어떻게 일어나고 있는지 주목하고 대중과의 교감이 일어날 수 있는 기회를 마련하고자 한다. 2005 광명음악밸리축제에서는 미스티 블루와 13스텝스를 선택한 바 있고, 그들은 지난해 저마다의

영역에서 의미 있는 음악적 성과를 거뒀다. 그리고 이제, 2006 광명음악밸리축제는 뉴커런츠로 이들을 지목하고 지지를 표하고자 한다.

○ 세임 올드 스토리(Same Old Story) 최근 이목을 집중시키며 등장한 이모코어 밴드 세임 올드 스토리는 가장 빠르게 성장하고 있는 신인들 중 하나이다. 2005년 4월에 첫 공연을 가지고 6개월 만인 11월에 EP를 발표했으며, 초판이 단 5일 만에 매진되었다. 또 재판도 단기간에 완매되는 쾌거를 거둔다. 이후 이들은 도프뮤직과 계약을 맺고 새 앨범을 준비 중이며, 또한 일본의 펑크 전문 레이블 'Kick Rock Music'을 통해 전 세계로 나갈 컴필레이션 앨범에 참여하면서 유망주로서의 이름값을 톡톡히 하고 있다.

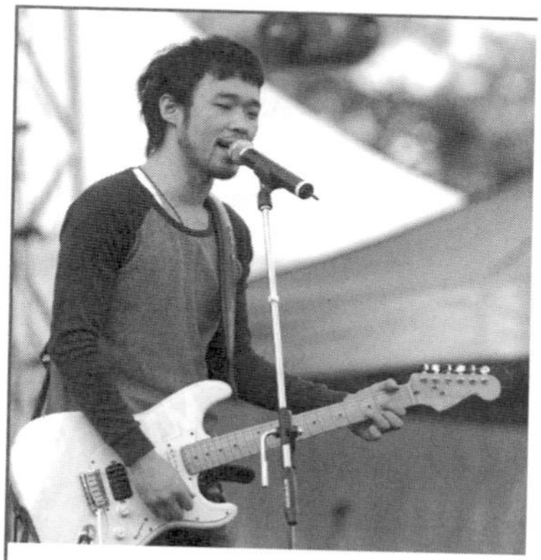
2006 광명음악밸리축제 〈뉴커런츠〉에서 열창하고 있는 머스탱스의 모습.

○ 머스탱스(Mustangs) 2001년 대학로 살에서 에이프릴조크, 이어리스와 함께 마리화나란 이름으로 '겁 프로젝트'를 시작한 머스탱스는 사이키델릭에 진지하게 접근하는 얼터-모던 밴드다. 2002년 첫 싱글 [마리화나]를 발표한 후 최근 제1집을 발표했고, 음악 관계자들과 마니아들 사이에서도 벌써부터 큰 주목을 받고 있다. 2005 광명음악밸리축제의 <Free Stage>에도 함께한 바 있다.

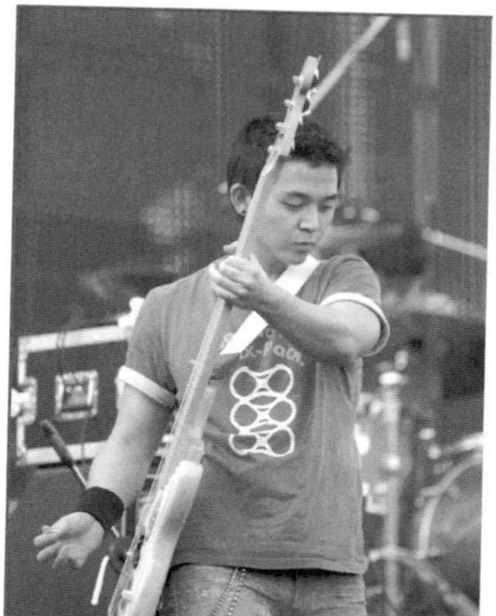
2006 광명음악밸리축제 〈뉴커런츠〉에서 연주하고 있는 아이 러브 제이에이치.

○ 아이 러브 제이에이치(I Love JH) 참신한 이모코어 밴드 아이 러브 제이에이치는 뮤지션들과 발 빠른 음악 관계자 사이에서 호평이 자자하다. 남녀 혼성으로 구성된 이들은 EP에 이어 신선한 정규 앨범을 발표했으며, 장래가 기대되는 신인으로 꼽힐 자격이 있다.

멤버 : 이지영(보컬, 기타), 김나은(기타, 보컬), 장태순(베이스, 보컬), 노정욱(드럼)

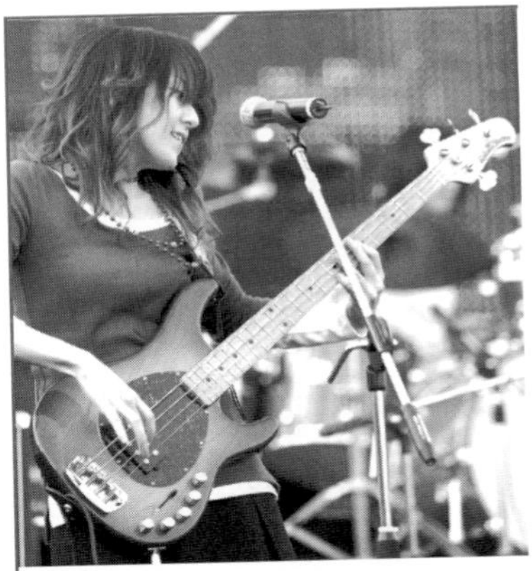

2006 광명음악밸리축제 〈뉴커런츠〉에서 공연하고 있는 윈터그린의 모습.

○ 윈터그린(Wintergreen) 2002년 가을에 결성된 혼성 모던록 밴드 윈터그린은 안정적인 송라이팅과 연주를 바탕으로 신선하면서 독특한 분위기의 노래들을 만들어내고 있다. 우울함과 발랄함을 병렬시켜버린 윈터그린은 대중성과 음악성을 겸한 데뷔 앨범을 통해 섬세한 음악적 시도들을 담아내고 있다.

멤버 : 강희찬(보컬, 어쿠스틱 기타), 함경민(기타), 정현서(베이스), 이미영(드럼)

6) 결과 보고

잘된 점	잘못된 점	개선 방안
• 공연의 질이 대체로 우수했다. • 다양한 연령대가 다양한 방식으로 축제에 참여했다. • 해외 팀을 초청해 광명음악밸리축제에 대한 인지도를 높였다. • 2005년 축제에서 배제되었던 뮤지션 및 레이블 중심으로 출연진을 구성해 지지층을 확대시켰다. • 지난해와 달리 진행 책임자가 명확했다. • 기술 스태프 및 진행 스태프, 서포터들의 행동이 일사불란했으며, 각자의 임무에 매우 충실했다. • 위험이 예상되는 돌발 상황에 빠르게 대처했다.	• 일부 해외 팀 섭외 과정에서 시간 지연이 발생했다. • 24일, 특정 해외 팀에 의해 리허설과 공연의 원활한 진행에 차질이 빚어졌다. • 26개 팀 모두를 1명이 컨트롤했다. • 10팀 이상이 출연하는 공연이 2일에 걸쳐 있어 기술 스태프 및 진행 스태프들이 과도한 노동을 감수해야 했으며, 공연 종료 시각을 지키기가 사실상 불가능했다. • 예산 문제로 영상 담당 인력을 고용하지 못해 공연 시 막간 영상이 지난해에 비해 충실하지 못했다.	• 해외 팀 초청 시 성사 가능성을 염두에 두고 선정해 섭외한다. • 팝스타로서의 자의식이 과도하거나 평판이 좋지 않은 음악인은 섭외에 신중을 기한다. • 국내 출연진 섭외 시 뮤지션과 소속사의 성실성을 고려한다. • 진행 보조 인력을 1개월 이상 단기 고용한다. • 10팀 이상이 출연하는 공연을 반드시 1일 이하로 하며, 다른 일자의 공연은 밀도 있는 프로그램으로 대체한다. • 영상 전문인력의 단기 고용이 필요하다.

04 | 서브무대 공연

1) 공연 개요

	〈Free Stage 1: Label Tent〉	〈Free Stage 2: Fall Tent〉	〈Free Stage 3: 찾아가는 음악회〉
기간	9월 23(토)~24일(일) 14:00~16:00	9월 23~24일 15:00~16:30	9월 22(금)~24일(일)
장소	철산역 문화의거리, 맥도날드 앞	시민운동장 앞 인공폭포공원	광명실내체육관
참여인원	연인원 ______명	연인원 ______명	연인원 ______명
구성	• 5m×5m 텐트 1동, 3m×3m 텐트 3동, 탁자 5개, 의자 30개 • 공연장 지도, 공연 안내도, 부스배너, 행사 현수막, 리플릿 등	• 3m×3m 텐트 4동, 탁자 3개, 의자 20개 • 공연장 지도, 공연 안내도, 부스배너, 행사 현수막, 리플릿 등	• 30평 무대 및 대기실 텐트, 탁자, 의자
내용	• 23일: 소울컴퍼니 레이블 총 7팀 • 24일: 스컹크레이블 총 4팀	• 23일: 튠테이블 무브먼트 총 4팀 • 24일: 나이스맨 & 플렉트럼	• 22일: 연예협회 광명지부 개최 대중음악 공연 • 23일: 국악협회 광명지부 개최 국악, 민요 공연 • 24일: 광명시립예술단 개최 합창, 성악 공연
주관	2006 광명음악밸리축제 사무국		

2) 기획 배경

<거리공연(Free Stage)>은 광명음악밸리축제의 가장 주요한 콘텐츠 중 하나이다. 광명음악밸리의 모토인 창작자 중심의 음악축제에 걸맞은 역동적인 무대이기 때문이다. 또한 젊은 창작 집단을 소개하고 이들의 음악이 충분히 대중과 소통 가능한 '대중음악'임을 증명하는 기획이기도 하다. 광명 거리 각지에서 벌어짐으로써 도시 전체가 음악이 가득한 명실상부한 축제로서의 모습을 보여주는 콘텐츠로 기능한다.

2006년 거리공연은 새로운 감수성의 힙합을 탄생시켰다고 평가받는 '소울컴퍼니'

와 클럽 빵을 중심으로 내밀한 상상력을 펼쳐보였던 '튠테이블 무브먼트', 한국 펑크의 참모습을 들려주는 '스컹크레이블'이 거리 한복판에서 대중들과 함께 격렬한 호흡을 토해낸다.

레이블이란 아티스트를 발굴하고 음반을 제작하는 음악산업의 한 요소이지만 공통된 음악스타일, 유사한 세계관, 공감하는 삶의 태도에 따라 모여드는 아티스트들의 집합체이기도 하다. 광명음악밸리축제는 레이블이란 이름 아래, 혹은 그보다 느슨한 개념인 무브먼트(Movement)의 형태로 창조적인 음악을 만들어온 음악창작 집단에 지속적으로 관심과 애정을 보낼 것이다.

- ○ 음악성을 중심에 둔 양질의 라이브 공연
- ○ 주목할 만한 레이블 아티스트들의 공연
- ○ 힙합, 펑크, 인디록 등 가능한 한 다양한 공연 콘텐츠 구성
- ○ 출연 레이블을 최대한 홍보할 수 있는 레이블 부스 설치
- ○ 안전 유지를 위한 차단봉 설치

3) 〈거리공연(Free Stage) 1: Label Tent〉

- ○ 날짜: 9월 23~24일
- ○ 장소: 철산역 상업지구 문화의거리

(1) 〈Free Stage 1: 소울컴퍼니 레이블〉, 9월 23일(토) 이루펀트, 더 콰이엇, 화나, 로퀜스, 플래닛 블랙, 매드 클라운, DJ 사일런트

소울컴퍼니는 'The Anthem People'이라는 크루의 몇몇 멤버들과 대안학교 하자센터에서 1999년부터 맥을 이어오던 힙합방이 결합되어 탄생되었다. 컴필레이션 앨범 [Bangerz]를 통해서 소울컴퍼니만의 특색인 일상의 심연을 들여다보는 랩과 비트메이킹으로 청취용 힙합의 새 장을 열었다고 평가받고 있다.

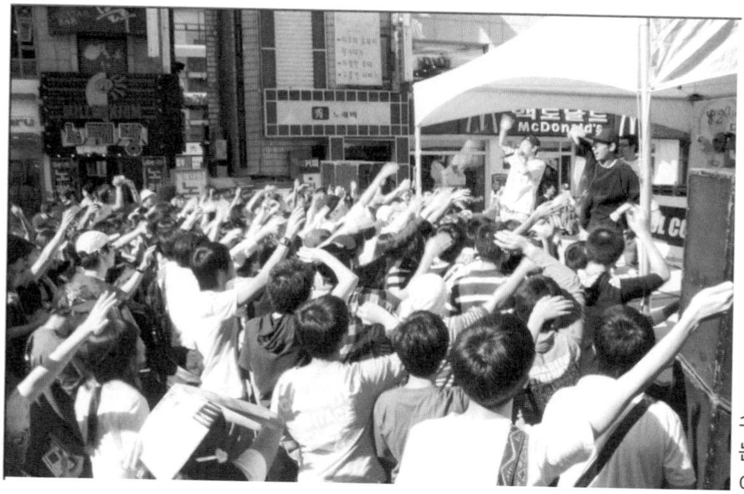

소울컴퍼니의 열정적인 무대는 관객들의 적극적인 동참을 이끌어냈다.

○ 이루펀트(Eluphant) 힙합레이블 소울컴퍼니의 뮤지션 키비(Kebee)와 바이러스(Virus)란 팀에서 활동 중인 미노스(Minos)가 만든 프로젝트 팀. 2006년 초에 발표된 첫 번째 앨범 [Eluphant Bakery]에서 보여준 다양한 스토리와 진솔한 가사로 좋은 반응을 얻어낸 바 있다. 일렉트로니카, 보사노바 등 타 장르와의 조화를 통해 힙합음악의 새로운 가능성을 발견하게 될 것이다.

○ 더 콰이엇(The Quiett) 소울컴퍼니의 메인 프로듀서이자 엔지니어로, 또 MC로 활동 중이다. 폭넓은 뮤지션들과의 협연을 통해 많은 곡을 발표해 내면서도 항상 일정 수준 이상의 퀄리티를 보여주는 비트 메이킹은 이미 언더그라운드 힙합을 넘어 대중들에게도 전해지고 있다. 최근에는 팰로앨토(Paloalto)와의 프로젝트팀 P & Q 의 [Supremacy]를 발표하며 MC로서의 재능도 인정받았다.

○ 화나(Fana) 2005년 데뷔 EP [Brainstorming]을 통해서 한층 세련되고 유연해진 한글 랩을 선보였던 소울컴퍼니의 MC. 'MCing'에서의 기본적인 표현 도구인 라임(Rhyme)을 가사 전체에 배치하는 성실함과 센스를 고루 갖춘 뮤지션이다. 무대 밖에선 늘 끊임없이 라임을 연구하고, 무대 위에서는 익살스럽게 언어폭탄을 뿜어낸다.

○ 로퀜스(Loquence) 귀에 감기는 두운라임과 매력적인 묵직한 보이스를 가진 제리 K(Jerry, K) 와 맥산(Maxan)으로 이뤄진 힙합듀오. 제리 K는 [일갈(一喝)]이라는 솔로 EP를 통해 자신만의 날카롭고 비판적인 시각이 담긴 음악 세계를 보여줬다.

○ 플래닛 블랙(Planet Black) 하드코어 스타일을 지향하는 뮤지션. 탄탄한 발성을 바탕으로 짜임새 있는 랩을 들려준다. 얼마 전 제대한 그의 파워풀한 보이스를 이제 맛볼 수 있게 되었다.

○ 매드 클라운(Mad Clown) 더 콰이엇의 [Q Train]에서 강한 억양의 인상적인 래핑으로 데뷔했던 그는 소울컴퍼니의 숨겨진 보석이다. 광명음악밸리축제 소울컴퍼니 <프리스테이지(Free Stage)>가 그의 흘러넘치는 감수성과 정열이 담긴 목소리를 처음으로 선보이게 되는 데뷔 무대이다.

○ DJ 사일런트(DJ Silent) 소울컴퍼니의 유일한 DJ로 다양한 앨범 피처링과 무대공연으로 맹활약하고 있다. 'Premium Bananas'라는 크루(Crew)를 통해 DJ 공연문화를 폭넓게 알리는 데 주도적인 역할을 하고 있다.

〈공연 세트리스트〉

시간	내용	세부 내용	비고 · 멘트
12:00~12:30	리허설	소울컴퍼니 리허설(사운드 체킹) - DJ 부스 설치(탁자)	
12:30~14:00	Stand-by	뮤지션 식사, 무대 정리	
14:00	본 공연 시작		
14:00~14:00	Introduction	광명음악밸리축제 소개(사회자) 1	30초
14:00~15:20(제1부, 80분)	DJ 사일런트		5분
	화나	악당수업	5분
		무제	
	매드 클라운	Interlude	10분
		Blues	
	D. C.	S. E. 2006	10분
		터널	
	플래닛 블랙	Planet Hell	10분
		Keep It Underground	
	제리 K	지하철을 타다	5분

	로퀜스	Disrespectin'em	10분
		무제	
	이루펀트	미스터 심드렁	10분
		코끼리 공장의 해피엔드	
	더 콰이엇	Get down	10분
		소중한 만남	
14:30~15:00 (제2부, 40분)	합동곡	Interview	20분
		상승곡선	
		커다란 실수	
		Game	
		소울컴퍼니가 왔단다	
		Freestyle Rap	20분

(2) 〈Free Stage 1: 스컹크레이블〉, 9월 24일(일) 럭스, 숀티캣, 카크래셔, 페이션츠

한국 펑크의 성지가 '드럭'이었다면 현재 한국 펑크의 수도는 '스컹크헬'이다. 홍대 극동방송 부근 예전 드럭과 같은 위치에서 매일 밤 굉음을 울려대는 스컹크헬은 "한국 펑크는 1990년대로 끝났다"라는 시니컬한 조소에 정면으로, 그리고 치밀하고도 꾸준하게 반기를 들고 있다. 이들이 의연하고도 당당할 수 있었던 것은 같은 곳을 보고 있는 펑크 공동체들과 함께였기 때문이라고 자신 있게 말할 수 있다. 거친 음악인 펑크가 그만큼 솔직하고 순수한 음악이기도 한 명백한 증거이다.

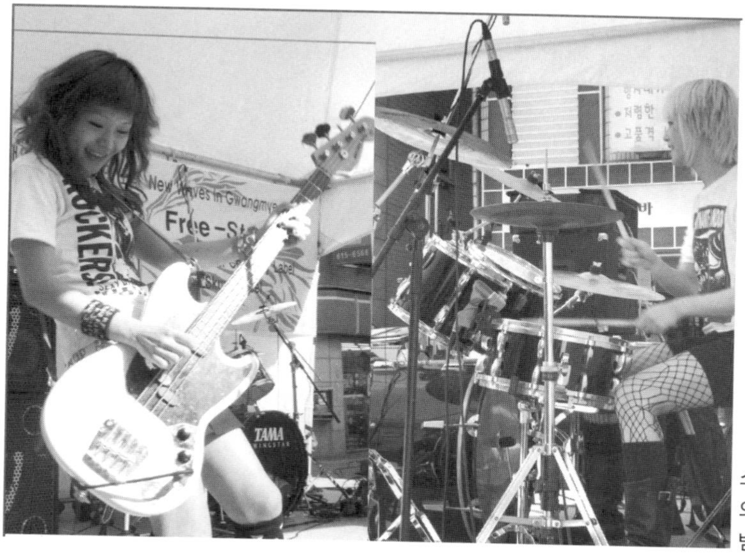

스컹크레이블의 공연은 거리의 관객들로부터 많은 환호를 받았다.

○ 럭스(Rux)　1996년 한국 펑크의 초기, 럭스라는 이름으로 공연을 시작한 이래, 그들은 주변의 부침에 상관없이 자신들의 아지트 스컹크레이블을 통해 계속 다른 펑크들의 앨범을 제작하고 공연을 만들어왔다. 럭스에게 펑크란 삶 그 자체였고 이에 동조하는 열혈 펑크 키드들도 그들과 함께해왔다. 이렇게 드럭과도, 문화사기단과도 다른 독자적인 크루 문화를 만들어 '럭스'라는 이름을 한국 펑크 역사에 작은 상징물로 자리 매기고 있다.

○ 숄티캣(Shorty Cat)　4인조 여성 펑크 밴드 숄티캣은 2005년 1월 홍대 펑크 신에서 처음으로 결성되었다. 발랄하고 경쾌한 느낌의 연주를 선보이지만 여자들이기에 내뱉을 수 있는 메시지들은 결코 경쾌하고 발랄하지만은 않다. 데뷔 앨범을 준비 중인 이들은 남성적 음악으로 인식되어온 펑크의 관념을 전복시키며 한몸에 기대를 받고 있다.

○ 카크래셔(Cockrasher)　2002년 너바나를 추종하는 음악들이 주류일 때, 더욱더 날것의 펑크를 원한 멤버들은 스컹크헬과 조우하고 본격적인 밴드 활동에 나선다. EP [The Cockrasher — Not Your Business]를 발표하고 군복무를 마친 2005년부터 본격적인 활동에 들어가 스컹크레이블 컴필레이션, 한일 오이 페스티벌에 참여하는 등 펑크 키드에서 열혈 펑크 로커로 거듭나고 있다. 2006년 9월 풀 앨범 [The Cockrasher — Kids Return Now]를 준비 중이다.

○ 페이션츠(Patients)　페이션츠는 도시의 굉음을 연주한다. 밴드는 도시에 갇혀 살고 있는 현대인들을 '환자들'이라고 규정한다. 이들은 공연 중에 종종 이렇게 말한다. "지겹고 재미없는 하루하루, 마우스 클릭질이나 하면서 방구석에 처 앉아 있지 말고, 다들 나와서 얼굴도 보고 노가리도 까고 라이딩도 즐기고 노래도 하고 춤도 추고 소리도 지르고 했으면 좋겠어요." 이는 스컹크레이블이 보여주고 들려주려는 이상과 다르지 않다.

〈공연 세트리스트〉

시간	내용	세부 내용	비고 · 멘트
12:00~13:00	리허설	카크래셔, 페이션츠, 럭스, 슐티캣	
13:00~14:00	Stand-by	뮤지션 식사, 무대 정리	
14:00~14:00	Introduction	광명음악밸리축제 소개(사회자)	
14:00~14:30	럭스	1. The Skunxs 2. 우리는 한마음 3. Go away 4. Broken Nose 5. 언제나 이 자리에서 6. 지금부터 끝까지 7. And again 8. 전진	
14:30~15:00	페이션츠	1. 오늘이 간다 2. 거리를 걷다가 3. 혼자 춤추기 4. 개목걸이 찾아 5. 밤에 우리는 6. Hanging Revolution 7. 나에게 손대지 마라 8. Common Everybody(Eddy Cochran cover)	
15:00~15:30	카크래셔	1. Real View Mirror 2. Turning Point 3. Victory 4. One Point 5. Not Your Business 6. 우리가 눈뜬 곳 7. It's Enough	
15:30~16:00	슐티캣	1. Go 2. 펑크와 함께 3. Smart Boy 4. I'm Not Gonna Make It 5. Check It out 6. Just Say Go 7. All the Time	

4) 〈거리공연(Free Stage) 2: Fall Tent〉

○ 시간: 9월 23~24일

○ 장소: 시민운동장 앞 인공폭포공원

(1) 〈Free Stage 2: **튠테이블 무브먼트**〉, 9월 23일(토) 그림자 궁전, 데미안, 굴소년단, 도란스

클럽 빵을 중심으로 활동하는 젊은 음악인들의 느슨한 공동체 튠테이블 무브먼트에는 솔직하면서도 역설적으로 일상을 이야기하는 팀들이 모여 있다. 평범하고 지루한 일상에서 기어이 도발적인 전복을 찾아내고야 마는 이들은 이야기만큼이나 독특한 사운드를 들려주기도 한다. 이웃집 소녀소년 같은 평범한 모습에 숨어 있는 놀라운 예술성을 확인할 기회가 될 것이다. 튠테이블 무브먼트는 2006년 데미안의 앨범을 시작으로 본격적으로 레이블 활동을 펼치고 있다.

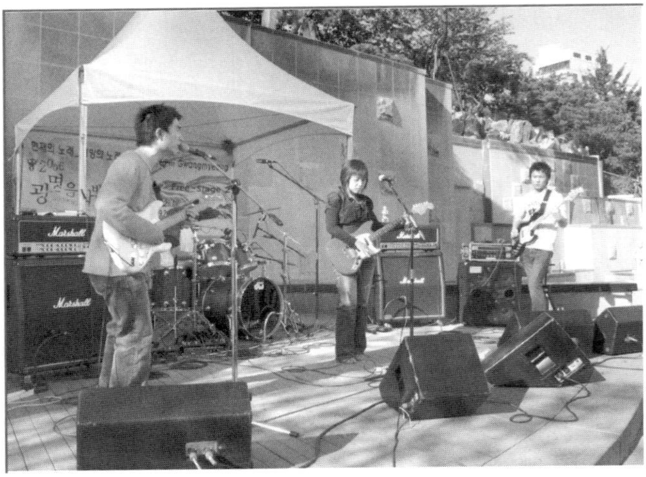

튠테이블 무브먼트의 공연 모습.

〈공연 세트리스트〉

시간	내용	세부 내용	비고 · 멘트
12:00~13:20	리허설	4팀 리허설	
15:00~15:00	Introduction	광명음악밸리축제 소개(사회자)	30초
15:00~15:20	도란스	1. Mini BN 2. 이면박 3. 못살아요 4. 막달레나알리바바 5. 바람, Sexy!	기타 키보드 드럼
15:25~15:45	데미안	1. 투명인간 2. 알 수 없는 Radio 3. 머리 4. 게스 5. 챌린저	기타 2 베이스 드럼

15:50~16:10	굴소년단	1. 해피투게더 2. 메신저 3. 오늘밤은 영원히 기억될 밤 4. 들꽃	기타 베이스 드럼
16:15~16:35	그림자궁전	1. 우주공주 2. 중화반응 3. Sister Is a Rock and Roll Star 4. 새빨간 얼굴 5. Memories about VIVA	

(2) 〈Free Stage 2: 나이스맨 & 플렉트럼〉, 9월 24일(일) 나이스맨, 플렉트럼, 연진

전 세계 대중음악의 네트워크를 슬로건으로 하는 2006 광명음악밸리축제는 총 5개국 아티스트들의 무대를 마련했다. 이 중에서 나이스맨(프랜시스 맥도널드)과 플렉트럼(다이스케)은 각각 영국과 일본의 인디뮤직을 대표하는 아티스트로서 <거리무대(Free Stage)> 협연을 통해, 전 세계 대중음악의 네트워크라는 슬로건을 생생하게 확인시켜줄 것이다.

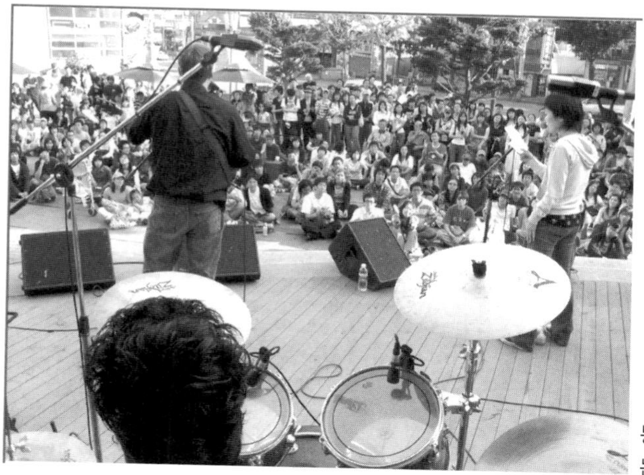

통역을 통해 관객과 이야기를 나누고 있는 나이스맨의 모습.

○ 나이스맨(Nice Man) 2004년 여름 'BMX Bandits'의 멤버로, 겨울에는 자신의 프로젝트 밴드 나이스맨으로 한국을 찾아와 많은 기타 팝 소녀소년들을 감동시켰던 프랜시스 맥도널드(Francis McDonald)가 나이스맨의 제1집

발매와 함께 광명음악밸리축제무대를 위해 또다시 한국을 찾아온다. 틴에이지 팬클럽과 'BMX Bandits'의 활동, 자신이 운영하는 'SHOESHINE' 레이블의 일과 함께 스페인에서 활동 중인 나이스맨을 비롯해 수많은 프로젝트에서도 활동하는 그는 이미 스코틀랜드 문화계에서 가장 영향력 있는 인사로 꼽히는 뮤지션이기도 하다. 틴에이지 팬클럽과 'BMX Bandits'의 음악으로 능력을 입증했을 뿐 아니라, 나이스맨이라는 솔로 프로젝트로 '찬란한' 기타 팝송을 들려주는 프랜시스 맥도널드는 '심플한 것이 가장 설득력 있다'라는 것을 단번에 입증하는 뮤지션이기도 하다. 심플하지만 한번 마음에 들면 평생 질리지 않고 좋아할 수밖에 없는 음악을 들려주는 나이스맨은 일회용품이 난무한 팝의 홍수 속에서 쉽게 만날 수 없는 꾸미지 않은 러브 송들은 물론 파워팝, 로큰롤, 컨트리 음악에 대한 애정으로 가득한 정직하고 달콤한 노래들을 들려줄 예정이다.

○ 플렉트럼(Plectrum)　스코틀랜드 인디 밴드의 선봉장이자 틴에이지 팬클럽의 리더인 노먼 블레이크가 직접 밴드 이름을 지어준 일본의 파워팝 밴드 플렉트럼은 이미 3번의 내한 공연을 통해 적지 않은 한국 팬들을 가지고 있는 팀이다. 1995년 리더인 다이스케가 오사카의 대학 친구들과 만든 플렉트럼은 지금까지 단 한 번의 멤버 변동 없이 탄탄하고 다이내믹한 파워팝, 순도 100%의 로큰롤을 들려준다. 십대들의 댄스 파티에서 연주하면 모두가 흥겹게 즐길 수 있는 그런 음악을 하고 싶다는 플렉트럼은 유난히 한국에 강한 애정을 가지고 있기도 해서 '명동 콜링'과 같은 곡으로 한국을 노래하기도 한다. 오랜 친구들이 함께하는 밴드인만큼 멤버들 각자가 가진 장점을 충분히 살리며, 부족한 부분을 서로 채워주는 이들의 무대는 가히 '매직'이라 할 정도로 강력하고 청자를 한숨에 빨아들이는 매력을 가지고 있다. 부끄러움을 많이 타는 일본 관객들과 달리 공연장에서 밴드들에게 폭발적인 반응을 숨기지 않는 한국 관객들을 좋아한다는 플렉트럼은 올가을 한국에서의 첫 음반 발매를 앞두고 있어 이번 광명음악밸리축제 무대는 이들에게 더욱 특별한 기회가 될 듯하다.

〈공연 세트리스트〉

시간	내용	세부 내용	비고 · 멘트
12:30~13:30	리허설	나이스맨 & 플렉트럼	
15:00~15:00	Introduction	광명음악밸리축제 소개(사회자) 1	30초
나이스맨 & 플렉트럼	플렉트럼	다이스케 솔로 곡 5곡	Vocal 2
	나이스맨	프랜시스 맥도널드 솔로 곡 10곡	Acoustic G(miking)
	나이스맨 & 플렉트럼	다이스케와 맥도널드 듀엣 5곡	Acoustic G(Line)
	나이스맨 & Bad Boys	다이스케, 맥도널드, 연진	Electric G, Drum

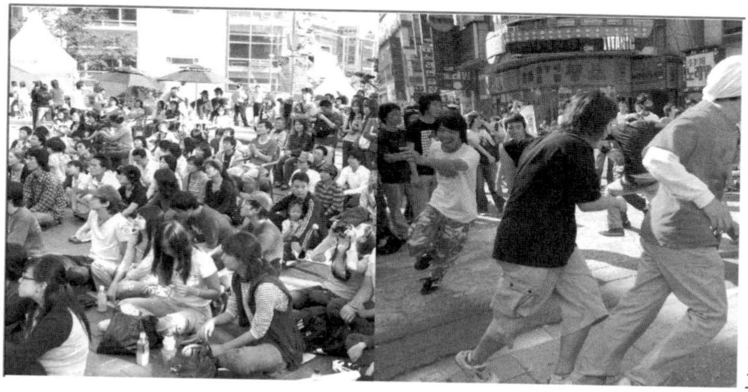

〈거리공연〉은 많은 관객들의 호응과 참여를 이끌어냈다.

5) 결과 보고

(1) 결과 보고

- 내실 있는 축제프로그램　거리공연의 기획 의도대로 역동적이면서도 관객과 친밀한 공연이 이뤄졌다. 참여하는 뮤지션과 관객 모두 만족할 만한 공연이 이뤄졌다.
- 국내 인디레이블과의 네트워크 형성　타 축제에서 실행하지 않았던 거리공연 콘텐츠를 본격적으로 실행함으로써 공연에 참여했던 아티스트 및 레이블과의 긍정적인 네트워크를 형성할 수 있었다.
- 록음악에서 벗어난 다양한 장르의 공연　그동안 광명음악밸리축제의 단점

으로 지적되어왔던, 모던록 계열의 음악인들을 선호한다는 인식을 없애고 소울컴퍼니 레이블을 조망함으로써 좀 더 다양하고 풍성한 음악 콘텐츠를 축제에서 선보일 수 있었다.

(2) 문제점 및 개선 방안

○ 전년도에 비해 줄어든 거리무대 광명음악밸리축제가 문화계의 확고한 브랜드로 자리 잡기 위해서는 <Free Stage> 같은 특색 있는 콘텐츠가 필수임에도 불구하고 전년도에 4개였던 <Free Stage>가 2개로 줄었다. 이는 관객들에게 전체적인 축제규모가 축소됐다는 인상을 줬고, 또한 본격적인 음악축제로 발전하는 데 장애 요인으로 작용한다. 광명음악밸리축제는 예산만 확보된다면 <Free Stage> 같은 자연스러운 거리공연의 비중을 높이고 다양한 음악을 소통할 수 있는 시도를 꾸준히 실시해야 한다.

○ 민원 해소를 위한 축제공청회 등 실시 <Free Stage 1>의 경우 상업지구의 중심에서 공연이 벌어져 공연장 부근의 상업인들에게서 민원이 들어왔다. 민원을 해소하기 위해 광명음악밸리축제와 거리공연의 중요성을 좀 더 인식시킬 필요가 있다.

05 | 부대행사

1) 〈노천카페〉

(1) 행사 개요

	우리 음반 전시회, 음반 판매	평화나눔카페	사랑나눔카페
기간	2006년 9월 22~24일	2006년 9월 22~24일	2006년 9월 22~24일

장소	철산역 문화의거리, 맥도날드 앞	시민운동장 앞 인공폭포공원	광명실내체육관
담당	향뮤직	나눔문화	아름다운 가게 광명 하안점
참여인원	연인원 ______명	연인원 ______명	연인원 ______명
구성	3m×3m 텐트 2동, 탁자 4개, 의자 10개	3m×3m 텐트 2동, 탁자 4개, 의자 10개	3m×3m 텐트 2동, 탁자 4개, 의자 10개
내용	음반 전시 및 판매, 광명음악밸리축제 기념품 판매	음료 및 간식을 판매해 얻은 수익금은 레바논 구호 활동으로 사용	시민들이 기증한 헌옷 등을 판매해 얻은 수익금은 아름다운 가게 구호활동 사용
주관	2006 광명음악밸리축제 사무국		

(2) 우리 음반 전시회, 음반 판매 9월 22(금)~24일(일), 시민운동장 앞 인공폭포공원

○ 우리 음반 전시회(향뮤직) 앨범 재킷은 아티스트의 정체성을 시각적으로 보여주는 한 편의 작품이라고 할 수 있다. 특히 광명음악밸리축제에서 주목하는 아티스트들의 앨범 재킷은 아티스트의 음악을 시각적으로 번역해놓은 것처럼 남다르고 독특한 것들이 많다. 광명음악밸리에 출연하는 아티스트들의 음반과 다양한 한국 인디음반 재킷을 감상하고 그 자리에서 구입할 수도 있는 부대행사이다.

1990년대 중반부터 한국 인디음악과 함께 성장해온 음반 소매점 향뮤직은 현재 음악성 있는 음반을 판매하는 음반점으로 한국 음악계에 대표성을 가지고 있다. 음반 유통을 향에서만 실시하는 밴드들도 많을 정도로 정통성을 확보하고 있는 업체이다. 또한 2006 광명음악밸리축제 공식 티셔츠와 타월 등 기념품을 협찬한 업체로서 기념품 판매 부스도 운영했다.

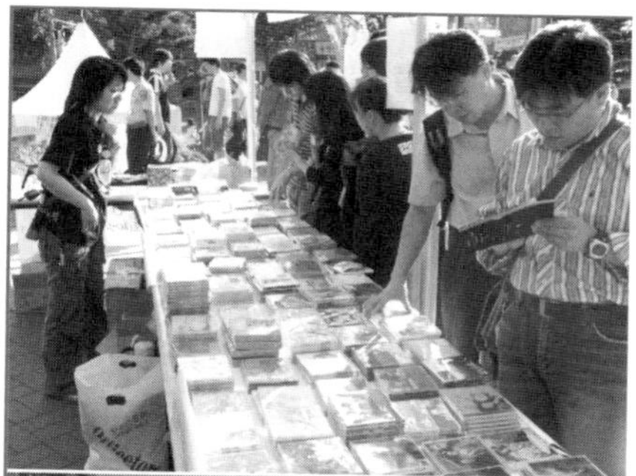
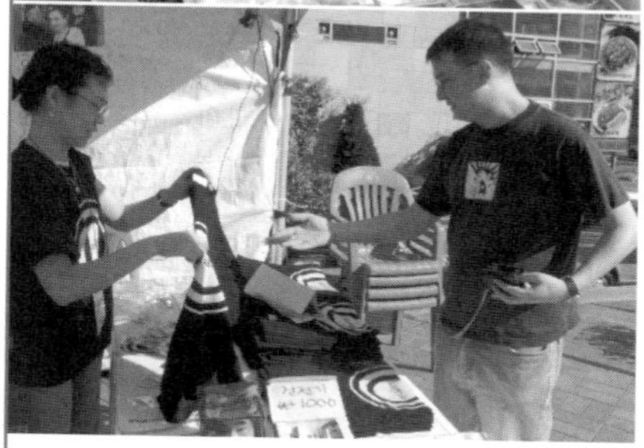
공연을 통해 만난 뮤지션의 앨범을 바로 찾아볼 수 있어서 관객들의 흥미를 끌었다(위). 부스가 모여 있으면 관객들이 모여들어 판매가 늘어나는 효과를 갖는다. 티셔츠 판매 부스의 모습(아래).

(3) 카페 Love & Peace: 레바논에 평화를(Save Lebanon!) 9월 22(금)~24일(일), 시민 운동장 앞 인공폭포공원

○ 평화나눔카페: 나눔문화　오랫동안, 그리고 여전히 대중음악의 정신은 사랑과 평화에 있다. 총구 앞에서 인간의 존엄성이 짓밟히고 양심과 정의와 아이들이 학살되고 있는 레바논에 사랑과 평화의 정신을 전하자는 구호 아래 실시된다. 관객들의 갈증을 해소하는 한 잔의 음료로 레바논에서 아무런 이유 없이 죽어가는 어린아이들을 살리는 부대행사이다.

○ 사랑나눔카페: 아름다운 가게 광명 하안점　시민들이 쓰지 않는 물건을 기증받아 이를 분류하고 깨끗하게 손질해서 저렴한 가격에 판매하는 사랑나눔카페. 판매 수익금은 삶에 지친 어려운 이웃들과 그들을 돕는 풀뿌리 단체들에 기부된다. 아름다운 가게는 2000년부터 시작된 비영리 법인이다.

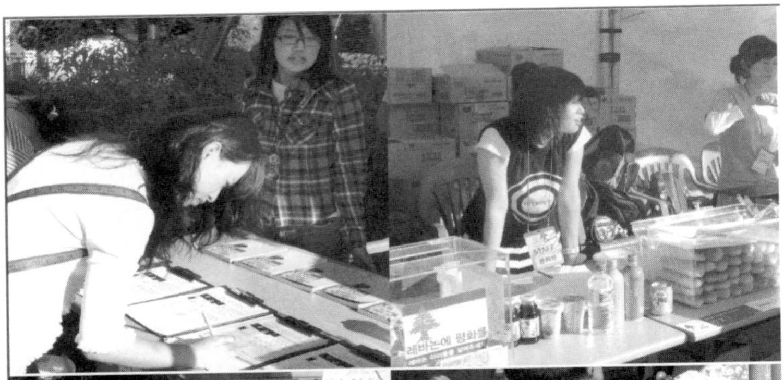

평화나눔카페에서는 레바논의 평화를 기원하는 서명 운동과 모금이 이뤄졌다(왼쪽). 또한 관객들에게 간편한 먹을거리를 제공하는 기능도 했다.

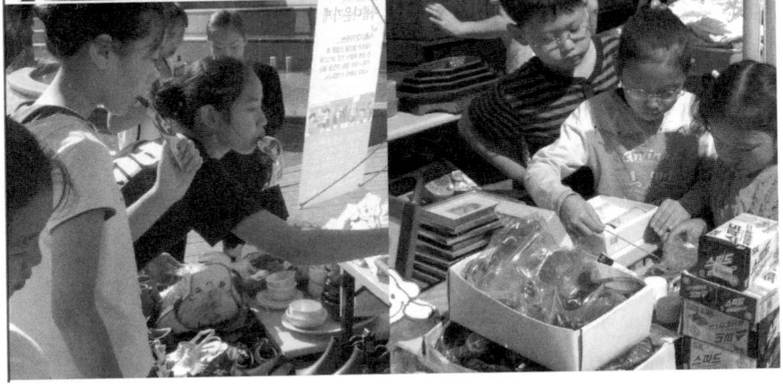

사랑나눔카페에 많은 사람들이 참여해 나눔을 실천함으로써 의미 있는 축제를 만들었다.

2) 〈실용음악과 마당〉

(1) 행사 개요

기간	2005년 10월 9일(일) 오전 10시~오후 5시
장소	광명시민회관 앞마당
참여인원	6개 학교 80여 명 연인원 _____명
구성	• 시민회관 앞 로비에 무대 설치 • 시민회관 앞 로비와 마당에 6개의 부스 설치 - 3m×3m 마큐텐트 6동, 가로 현수막 각 1장, 탁자 6개, 의자 50개 • 참여 학교: 경문대, 경희대, 대불대, 우송정보대, 청운대, 호서대 • 오후 1~4시까지 학과별 공연과 학과 홍보 및 입학 상담 진행
내용	• <실용음악과 마당> 공연(오후 1~4시) - 각 학교별로 35분씩 공연 진행: 보컬팀 공연, 밴드 공연, 댄스 공연 등 • 학과별 홍보 및 입학 상담 진행(오전 11시~오후 5시) - 각 실용음악과 홍보 영상 방영, 홍보물 배포, 입학 상담 진행
주관	2005 광명음악밸리축제 사무국

(2) 내용

현재 활발하게 활동 중인 6개 실용음악과가 준비한 <실용음악과 마당>은 가깝고 친근하게 실용음악과를 느낄 수 있는 광명음악밸리 축제만의 특별한 만남의 시간이다. 6개 실용음악과가 펼치는 다채로운 이야기와 음악 공연은 일요일 오후의 광명음악밸리축제를 새로운 활력으로 채울 비장의 히든카드이다.

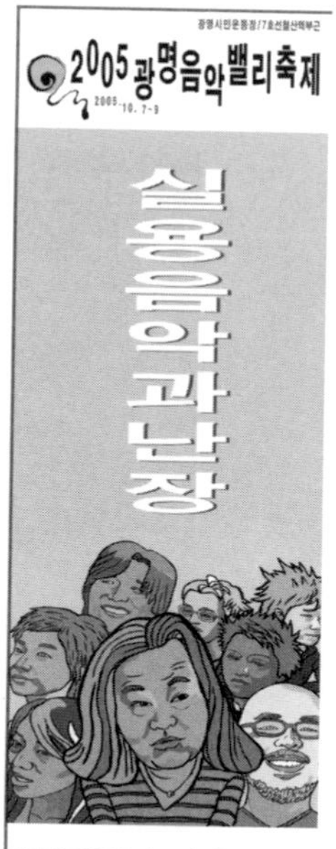

〈실용음악과 난장〉 배너.

- ○ 마당 1 경문대학 실용음악과
- ○ 마당 2 경희대학교 포스트모던음악과
- ○ 마당 3 대불대학교 실용음악과
- ○ 마당 4 우송정보대학 실용음악과
- ○ 마당 5 청운대학교 방송음악과

○ 마당 6 호서대학교 디지털음악전공

(3) 결과 보고

잘된 점	잘못된 점	개선 방안
• 각 대학 실용음악과와 광명음악밸리축제의 연계 마련: 다양한 실용음악과 대상 사업을 통해 각 대학 실용음악과와 광명음악밸리축제를 연계 • 대학 실용음악과의 자연스러운 만남의 장 마련: 각 대학에서 준비한 공연과 홍보 프로그램을 통해 서로 다른 학교의 모습을 경험하고 교류할 수 있는 계기를 마련함	• 서포터 부족: 당일 서포터 요원이 배치되지 않아 현장 세팅이 늦어졌고 마무리를 확인하지 못함 • 음향 기기의 질: 현장에 배치된 음향 기기의 질이 떨어져 공연 진행에 다소 차질이 있었으며 축제에 대한 신뢰를 떨어뜨리는 측면이 있었음 • 홍보 효과: <실용음악과 마당>에 대한 사전 홍보를 다양하게 진행했으나 실제 입학 상담 건수는 많지 않았음	• <실용음악과 마당> 행사장 이동: 행사장을 사람들의 이동이 많은 곳으로 옮길 필요가 있음 • <실용음악과 마당> 홍보 강화: 실용음악과 진학을 원하는 학생들을 대상으로 홍보를 강화할 필요가 있으나 예산 내에서 진행해야 함

3) 〈실용음악강좌〉

(1) 행사 개요

<table>
<tr><th>기간</th><td>2005년 10월 9일(일) 오후 1~4시</td></tr>
<tr><th>장소</th><td>광명시민회관 소공연장</td></tr>
<tr><th>참여인원</th><td>강사 3인
참여자 ______명</td></tr>
<tr><th>구성 · 내용</th><td>• 시민회관 소공연장을 강의장으로 세팅
• 오후 1~4시까지 3개 강좌 진행
- 각 강좌당 30~50여 명 수강
<table>
<tr><th>시간</th><th>내용</th><th>담당자</th></tr>
<tr><td>13:00~13:50</td><td>한국 대중음악의 이해</td><td>대불대학교 박기영 교수</td></tr>
<tr><td>14:00~14:50</td><td>컴퓨터 음악의 세계</td><td>청운대학교 최영준 교수</td></tr>
<tr><td>15:00~15:50</td><td>대중음악 작곡의 키워드</td><td>서울예술대학교 장기호 교수</td></tr>
</table></td></tr>
<tr><th>주관</th><td>2005 광명음악밸리축제 사무국</td></tr>
</table>

(2) 결과 보고

잘된 점	잘못된 점	개선 방안
• <실용음악강좌> 프로그램을 진행해 축제프로그램을 다양화함 • 질 높은 강의 프로그램을 기획해 대중음악에 대한 관심을 해소할 수 있는 계기를 마련함	• 서포터 부족: 당일 서포터 요원이 늦게 배치됨으로써 준비했던 사전 교육을 시키지 못하고 준비도 다소 늦어졌으나 강좌 진행에는 차질이 없었음 • 홍보 효과: <실용음악강좌>에 대한 사전 홍보를 다양하게 진행했으나 수강 인원은 많지 않았음	• 실용음악강좌 이름 변경: 친숙하지 않은 명칭을 '대중음악 특강' 등으로 개편 • <실용음악강좌> 날짜 조정: 행사 기간 내에 날마다 강좌를 진행함으로써 더 많은 인원들이 참여할 수 있도록 함 • 진행인력의 안정적 배치

4) 〈우리는 음악가!〉

(1) 행사 개요

기간	2005년 10월 8일(토) 오후 3시 30분~5시
장소	크로앙스 백화점 앞 야외무대
참여인원	연인원 ______명
구성	• 크로앙스 백화점 앞 야외무대 활용 및 추가 설치 - 무대 백드롭 1장 • 집행위원장, 문화원 사무국장, 문화청소년과 과장 등 시 관계자 참여 • 행사 서포터 4명 및 광명문화의집 간사 진행 • 광명시 고등학교팀 2팀과 광명중학교 1팀 공연
내용	• 시민 참여 무대 <우리는 음악가!> - 참가팀: 비포장(광명정산고), 몬스터 트리(학교연합), 1st(광명중학교)
주관	2005 광명음악밸리축제 사무국

(2) 내용

광명시의 학생밴드가 참여하는 <우리는 음악가! >에는 현재 광명시에서 이뤄지고 있는 학생들의 음악활동의 모습을 담았다. '오리문화제 樂落 콘서트'에 참여했던 고등학생 밴드 비포장(광명정산고), 몬스터 트리(학교연합)와 1st(광명중학교) 등의 공연이 이뤄졌다.

(3) 결과 보고

잘된 점	잘못된 점	개선 방안
• 지역 문화사업과 연계: 광명문화의집에서 진행하는 '학교문화예술교육시범사업'과 연결해 진행 • 지역축제와 연계: 지역축제 참여 학생밴드에서 선별해 공연 참가	• 프로그램 진행은 원활했으나 밴드 공연만 이뤄져 아쉬움	• 지역문화를 다양하게 수용할 수 있는 프로그램 개발

5) 〈당신도 예술가!〉

(1) 행사 개요

기간	2005년 10월 8~9일(일) 오후 2~5시
장소	시민회관 분수마당
참여인원	연인원 _____명
구성	• 시민회관 분수마당에 2개의 텐트부스 설치 - 3m×3m 마큐텐트 2동, 가로 현수막 1장, 프로그램 배너 2장, 탁자 8개 • URART 행사 진행요원과 서포터 포함 14명이 진행 • 접수데스크에서 참여 신청을 받은 후 행사 참가 • 공동 참여 프로그램의 작품을 분수마당에 전시
내용	• 공동 참여 프로그램 – 세상에서 가장 아름다운 노래: 고운 한지를 음표처럼 찢어오려 그 위에 자신이 좋아하는 노래 한 소절과 추억, 느낌을 적어 분수마당 한쪽에 오색 음표처럼 걸어두는 프로그램 • 개인(가족) 참여 프로그램 – 음악밸리 기행노트 만들기: 고운 한지를 켜켜이 묶어 멋진 공책을 만들고, 광명음악밸리에서 경험한 감상들을 기록하는 프로그램. 다양하고 풍부한 음악계곡에서의 3일간의 여행, 그 멋진 만남을 간직하는 광명음악밸리의 기행노트를 만드는 프로그램
주관	2005 광명음악밸리축제 사무국, 공공문화개발센터 URART

(2) 내용

<당신도 예술가!>는 지난 1998년부터 모든 사람이 함께 공유하고 향유할 수 있는 문화예술 프로그램으로 출발했다. 정형화된 예술, 학습된 표현 방식을 지양하고 개개인의 본성 그대로의 창작력을 발현할 수 있는 프로그램으로 구성되어, 참여 가능한 곳 어디에서나 모든 시민을 만나, 모두가 자신 안에서 예술가 기질을 발견하는

기쁨의 순간을 같이 경험하고 삶에서 실천하는 예술가가 되기를 소망하는 프로젝트로 지속하고 있다. 광명음악밸리축제에서 만나는 <당신도 예술가!>는 행사 당일, 현장에서 참가비 없이 무료로 접수하고, 접수 시작은 프로그램 시작 시각과 같다.

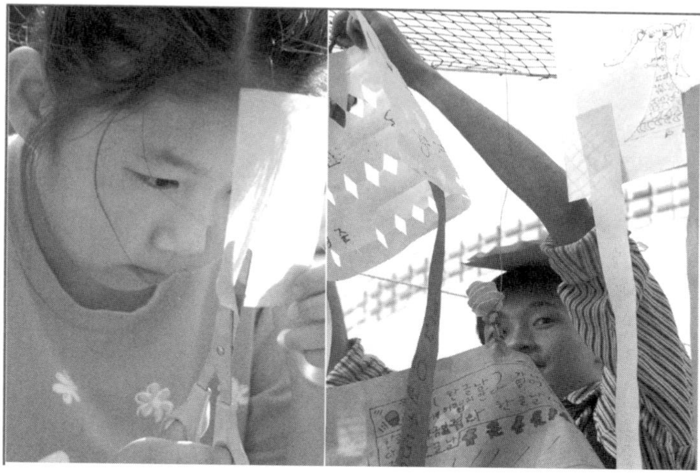

〈당신도 예술가!〉는 행사를 담당한 사람이나 참여한 사람 모두가 즐거운 시간을 보낸 프로그램이었다.

○ 공동 참여 프로그램 — 세상에서 가장 아름다운 노래　누구에게나 오랫동안 흥얼거린 나만의 애창곡이 있다. 그 흥얼거림은 대개 삶의 단편적인 추억들과 고리 지어져 있기 마련이다. 세상에서 가장 아름다운 노래는 어느 노래일까? 아마도 내게서 가장 사랑받은 노래, 나만의 특별한 느낌이 묻어나오는 노래일 게다. 그 노래를 기억해보자. 자연스러움이 배어나는 고운 한지를 음표처럼 찢어오려, 그 위에 내가 사랑한 노래 한 소절과 추억들, 느낌들을 적어본다. 친숙하고, 또 친숙해질 노래들이 춤을 추는 광명음악밸리축제 마당 한쪽에 오색 음표와 노래들이 하늘에 매달려 거대한 음악책처럼, 노래처럼 흔들린다.

○ 개인(가족) 참여 프로그램 — 음악밸리 기행노트 만들기　고운 한지를 묶어 멋진 공책을 만들고 광명음악밸리축제에서 경험한 감상을 기록해보자. 나의 18번은 무엇이 될지, 내가 반한 뮤지션은 누구였는지 ……. 혼을 춤추게 한 아름다운 음악들을 잊을 수는 없다. 다양하고 풍부한 음악계곡에서의 3일간의 여행, 그 멋진 만남을 간직하는 광명음악밸리의 기행노트를

만들어보자.

○ 참가 방법 프로그램 당일 현장 접수

(3) 결과 보고

잘된 점	잘못된 점	개선 방안
• 가족 단위 시민 참여 유도: 가족이 함께 즐길 수 있는 프로그램을 준비해 공연을 찾은 많은 시민이 가족 단위로 참여했다. • 음악과 연관된 프로그램 개발: 단순한 시민 참여 프로그램을 넘어서 음악축제와 어울리는 콘텐츠를 개발해 프로그램과 축제가 자연스럽게 연계되었다.	• 서포터의 사전교육 미비: URART 진행요원의 능숙한 진행에 비해 서포터 교육이 상대적으로 미비했다.	• 서포터의 사전교육 강화: 시민 참여 프로그램을 진행하는 서포터의 경우 진행하는 단체에서 미리 교육받을 수 있도록 조치한다.

06 | 공모 행사

1) 〈SXSW 페스티벌 참가 공모전〉

(1) 행사 개요

기간	2006년 7월 1~31일
참여인원	총 67개 팀
구성	• 공모 기간: 2006년 7월 1~31일 • 1차 심사 - 심사 기간: 2006년 7월 1일~8월 3일 - 심사 내용: 2차 심사 후보 15팀 선정 • 2차 심사 - 후보 15팀의 음원 및 뮤지션 자료 발송 - 심사 기간: 2006년 8월 8~16일 - 심사 장소: 미국 현지 SXSW 조직위원회 - 심사 위원: 브렌트 그룩(Brent Grulke: SXSW Creative Director)외 4인 - 심사 내용: 2007 SXSW 공연 참가 가능 확인 및 심사평

	- 심사 결과: 2007 SXSW 공연 참가 확인 및 후보 5팀 압축 • 3차 심사 - 심사 기간: 2006년 8월 15~21일 - 심사 방법: 위촉 심사 위원단 구성 - 채점표 점수 합산, 순위 점수 합산 취합 - 최종 선발팀 결정 • 8월 26일 결과 발표
내용	선발팀: 서울전자음악단
주관	2006 광명음악밸리축제 사무국

(2) 공모 홍보

○ 홍보 내용: 브로셔 제작 및 배포(1,000부)

○ 홍보 방법

- 온라인 및 오프라인 홍보
- 음악 관련 웹사이트, 커뮤니티 게시판 공지(100개)
- 음악잡지와 웹진에 기사 홍보
- 레이블, 클럽·바에 브로셔 배포 및 우편 전달(950매)
- 보도자료 배포(공모+SXSW+2006 광명음악밸리축제 예고)

(3) SXSW 참가 공모전 결과 발표

○ 선발팀: 서울전자음악단(개막공연, 9월 22일) 한국 록의 대부 신중현의 피를 이어받은 신윤철과 신석철 형제, 그리고 베이스 플레이어 김정욱으로 구성된 서울전자음악단은 안정적인 연주와 사운드, 송라이팅으로 복고적인 분위기와 참신한 시도를 겸한 모던록을 만들어내고 있으며, 록의 유산과 아이디어를 동시대적으로 끌어와 재해석하고 있다. 제3회 한국 대중음악상의 모던록 싱글 부문 수상자이며, 원더버드, 이상은 밴드 세션 등 다양하게 활동해온 신윤철 등의 탄탄한 연주는 공연을 통해 늘 새로운 팬을 만들어내고 있다. 록의 원형에 기반해 자연스럽게 에너지를 뿜어내는 서울전자음악단은 미국의 SXSW 심사 위원회와 한국의 심사 위원단 모두에게 호평받으며 SXSW 참가팀으로 선정되었다. 서울전자음악단은 9월 22일(금)

오후 7시 20분, 2006 광명음악밸리축제의 개막무대에서 공연한다.

멤버: 신윤철(보컬, 기타), 신석철(보컬, 드럼), 김정욱(보컬, 베이스), 정용한(보컬, 어쿠스틱 기타), 박지만(키보드)

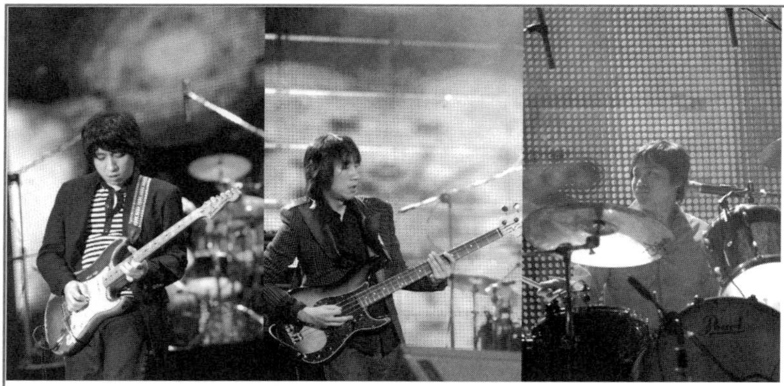

서울전자음악단의 2006 광명음악밸리축제 개막 공연 모습.

○ 심사 과정　광명시가 SXSW 페스티벌 참가에 필요한 경비를 지원하는 <SXSW 참가 공모전>에 총 66개 팀이 응모했다. 이들 중 상당수는 한국을 대표할 만한 음악성과 인지도를 갖춘 뮤지션들이었고, 이제 막 활동을 시작한 신인들 중에도 그 가능성이 큰 경우가 많았다. 경력은 물론 장르와 스타일 면에서도 매우 다양한 음악인들이 응모해줬다. 이들을 대상으로 한 심사는 면밀한 방식으로 공정한 절차에 따라 신중하게 이뤄졌으며 공식적으로는 ① 8월 1일부터 8월 21일까지 3주에 걸친 기간에, ② 한국과 미국에서, ③ 총 13인이 참여해, ④ 모두 세 차례에 걸쳐 진행되었다.

1차 심사는 광명음악밸리축제를 기획·진행하는 축제 사무국에서 이뤄졌다. 사실상 접수가 시작된 직후부터 8월까지 장기간 진행된 1차 심사는 개별 심사를 원칙으로 각자 모든 팀들에 대한 채점표를 작성하는 방식으로 진행되었다. 그리고 모든 채점표의 점수를 합산해 순위를 도출했다. SXSW 현지 심사 위원회는 사전 심사를 위해 10~15개 팀 정도의 후보자 수를 요구했기에 축제 사무국은 15개 팀을 2차 심사대상으로 정하고, 1차 심사를 통과한 15개 팀의 음반과 자료를 미국 오스틴 시로 발송했다.

2차 심사는 SXSW 현지, 즉 미국 오스틴에서 이뤄졌다. 브렌트 그룩 등 5인의 SXSW 페스티벌 심사 위원회는 한국에서 전달된 15개 팀 중 5개 팀을 SXSW 참가 후보로 낙점했다. 심사를 주관한 SXSW 페스티벌의 크리에이티브 디렉터 브렌트 그룩은 "전체적으로 매우 높아 이 중 몇 팀만을 선택하기가 아주 어려웠다"라고 평했다. 2차 심사를 통과한 5개 팀은 무순위로 추천되었다.

3차 심사는 한국의 외부 위촉 심사 위원단에 의해 진행되었다. 심사 위원의 위촉에 공정을 기하기 위해 다음의 절차를 거쳤다. 축제 사무국이 우선 10인을 추천했고, 광명시 문화청소년과의 무작위 선정을 통해 5인의 심사 위원을 결정했으며, 개별 연락을 통해 위촉 수락을 부탁했다. 이렇게 구성된 5인의 'SXSW 참가 공모전 3차 심사 위원단'은 SXSW 현지의 2차 심사가 진행되는 중에 심사를 시작했다. 1차 심사를 통과한 15개 팀 중 SXSW 참가가 불확실한 1개 팀을 제외한 14개 팀을 대상으로, 5개 항목(창작, 연주, 신뢰도, 적합도, 가능성)으로 세분된 채점표를 작성하는 방식의 심사였다. 결과 도출은 5인의 채점표 점수 합산과 함께 순위 점수 합산(심사 위원별 점수 편차를 고려한 순위별 점수 부여 방식)을 동시에 시도했으며, 또한 최고점과 최하점을 제외한 중간점수들을 합산했다. 그리고 이러한 각각의 합산 방식 모두에서 동일한 결과가 나왔다.

최종 선발팀은 2차 심사에서 선택된 5개 팀들 중 3차 심사에서 가장 높은 점수를 받은 팀으로 선정되었다. 이들은 3차 심사 대상이었던 14개 팀 전체에서도 가장 높은 점수를 받았다. 선발팀은 서울전자음악단이다.

○ 심사총평 **성우진(음악평론가, 공연 기획자)** 본심에 오른 후보 뮤지션들의 이름과 면면으로 짐작해보니 나름 수많은 후보들을 제치고 이 자리까지 오른 것임을 짐작할 수 있었다. 최종 후보 14개 팀의 음악성이나 장르, 스타일 등을 두고 살펴본 결과 각기 명실 공히 대한민국의 언더그라운드와 진지한 창작 세계, 인디 신을 충실히 지켜온 대표적인 이름임에 틀림없다. 트립합, 일렉트로니카, 모던록, 얼터너티브록, 레게, 재즈, 에스닉 사운드(월드뮤직), 힙합 등에 이르는 다양한 후보들이 눈에 띄긴 하지만 일단

'SXSW'라는 행사 내용에 얼마만큼 적합하고 어울릴 것인가에 중점을 두고 심사하기로 마음먹었다. 그 과정에서 앨범 내의 사운드 메이킹이 아니라 라이브할 때 얼마나 제대로 표현하고 보여줄 수 있는지도 고려하게 되었다. 그러면서 개인적인 견해로는 힙합이나 트립합, 일렉트로니카, 그리고 다소나마 국내(대한민국) 취향적인 모던록 사운드는 약간 문제(?!)가 있지 않을까 하는 생각을 해보게도 됐다.

다만 아쉬운 건 아직 시행 초기이기도 하겠고, 대한민국 내 음악 상황이기도 하지만 연륜과 내공을 두루 지닌 40대 이상 원로(?!)들의 참여가 눈에 띄지 않았다는 것이다. 그러다보니 블루스록이나 올드록(하드록 등 포함) 쪽의 사운드가 있었으면 좋지 않았을까 하는 아쉬움이 많이 남는 편이다. 총 14팀의 최종 후보들 가운데에서는 개인적으로 H팀, W팀, 서울전자음악단이 행사 성격에 가장 근접한 이름들일 것 같고, 약간의 스타일·장르 확대를 한다면 S팀과 D팀. 역시 충분한 가능성을 지닌 팀이라 평하고 싶다. 아울러 이런 심사를 할 수 있는 뒤늦은(?!) 현실 자체가 너무나 반갑고 기쁠 뿐이다.

(4) 결과 보고

잘된 점	잘못된 점	개선 방안
• 공모전을 널리 알려 많은 음악인들이 공모에 응했으며, 이 중 상당수가 실력과 경력을 갖춘 수준급 뮤지션들이었다. • 광명시가 한국 대중음악에 긍정적인 역할을 하고 있음을 알리는 데 효과가 있었다. • 공정하고 체계적으로 심사했고, 선발팀의 음악성을 인정해 탈락 팀들은 결과에 이의를 제기하지 않았다.	• SXSW 선발팀을 노출시키는 언론플레이가 충분치 못했다. • SXSW 선발팀이 22일에 공연함으로써 다른 출연 팀들의 음악색과 융화되지 않았다.	• SXSW 공모전에 대한 언론 홍보 비중을 강화한다. • SXSW 선발팀의 출연 일자를 선발팀의 색깔에 맞게 조정할 수 있는 여지를 둔다.

2) 〈실용음악과 난장〉

(1) 행사 개요

기간	2005년 10월 9일(일) 오후 4시~6시 30분
장소	광명시민운동장
참여인원	각 대학 실용음악과 참가팀 8개 팀, 심사 위원 4명 관객 연인원 _____명
구성	• 1차 예선 - 5월 1일~9월 11일까지 데모 접수 - 9월 15일 17개 팀 데모 선발 • 2차 예선: 라이브 심사 - 9월 24일 토요일 오후 2~6시 광명문화원 공연장 - 17개 팀 라이브 심사 후 8개 팀 선발 • 최종 결선 - 10월 9일 일요일 오후 4시~6시 30분, 광명시민운동장
내용	• 각 대학 실용음악과 참가팀: 경희대, 대불대, 동덕여대, 부산예술대, 재능대, 여주대 등 • 심사 위원: 이정선(동덕여대 실용음악전공 교수), 강호정(서울예술대 실용음악과 교수), 이우창(경희대 포스트모던음악전공 교수), 박준흠(광명음악밸리축제 예술감독), 윤철(광명음악밸리축제 집행위원장) • 시상: 백재현 광명시장, 광명시의회 부의장, 안수남 광명문화원장, 이춘목 예총지부장 • 수상 - 금상: 지구별 여행자(경희대 포스트모던음악 전공) - 은상: 진푸름 퀴텟(경희대 포스트모던음악 전공) - 동상: 제이디션(부산예술대 실용음악과), 카멜레온(동덕여대·대학원 실용음악 전공)
주관	2005 광명음악밸리축제 사무국

(2) 내용

<실용음악과 난장>은 국내 최초로 실용음악과 학생들만을 대상으로 한 대중음악 경연 페스티벌이다. <실용음악과 난장>은 한국 대중음악의 미래를 이끌어나갈 학생들이 자신들의 음악적 재능을 널리 펼치고 두루 교감할 수 있도록 열리는 프로그램이었다. 치열한 1차, 2차 예선을 거친 8팀의 결선 공연은 참여자들을 새롭고 신비로운 생기로 가득 찬 젊은 음악인들의 향연으로 안내했다. 2005 광명음악밸리축제에서 가장 새로운 에너지가 넘치는 <실용음악과 난장> 최종 결선은 한국 대중음악의 내일을 미리 느껴볼 수 있는 특별한 자리가 되었다.

○ 참여팀 및 연주곡

- 꼴라리꼰따찌뿌유라뽈라리꼰뜨라띨라 경희대학교 포스트모던음악전공 〈우리들의 이야기〉, 〈Crazy Tango〉
- Db 대불대학교 실용음악학과 〈세상의 무법자〉, 〈Africa〉(카피곡)
- 블루푸딩(Blue pudding) 여주대학 실용음악과 〈작은 기억〉, 〈Dancing Queen〉(카피곡)
- 일렉트릭 가리시(Electric garish) 재능대학 생활음악과 〈Nothing to Lose〉, 〈Roads〉(카피곡)
- 제이디션(Jedision) 부산예술대학 실용음악과 〈Let Me Go, Let You Go〉, 〈Back to Me〉
- 지구별 여행자 경희대학교 포스트모던음악전공 〈그대는 아마도 나를 잘 알겠지요〉, 〈Gloomy Sunday〉(카피곡)
- 진푸름쿼텟 경희대학교 포스트모던음악전공 〈Red Moon〉, 〈Nica's Dream〉(카피곡)
- 카멜레온(Chameleon) 동덕여자대학교·대학원 실용음악 전공 〈Return to Love〉, 〈Sweet Memory〉

(3) 결과 보고

잘된 점	잘못된 점	개선 방안
• 국내 최초로 실용음악과 학생 대상 경연대회를 순조롭게 진행함: 데모 심사 30개 팀 응모 • 음악성이라는 기준으로 엄정한 평가를 진행해 완성도 높은 음악 팀을 선발함 • <실용음악과 난장> 준비 과정에서 국내의 실용음악과들과의 연계 고리 마련 • 2005년의 행사에 참여한 학생들의 평가가 좋으므로 내년도 사업은 훨씬 용이할 것으로 예상됨	• 섭외 방법: <실용음악과 난장> 예선 공모 과정에서 교수 면담 등의 방법을 활용해 효과적으로 홍보하지 못함 • 참여: 국내 실용음악과 중 60% 정도의 실용음악과만이 참여해 실용음악과 전체가 참여한 수준 높은 행사가 되지는 못함	• 홍보와 참여: 2006년 진행 시 보다 다양한 홍보와 면담을 통해 명실상부한 <실용음악과 난장> 행사로 발전시켜야 함

07 | 안내부스, 기념품

1) 안내부스

(1) 행사 개요

기간	2005년 10월 7(금)~9일(일)
장소	광명시민운동장
구성	• 축제의 원활한 진행을 위한 안내부스와 백스테이지 설치 • 운동장 옆 안내부스와 철산역 안내부스 운영 • 출연진과 스태프, 프레스를 위한 백스테이지 운영 • 5m×5m 마큐텐트 6동, 3m×3m 마큐텐트 4동 운영
내용	• 안내부스 - 운동장 안내부스에서 홍보물 배포와 행사장 안내, 기념품 판매, 식수대 운영 - 철산역 안내부스에서 홍보물 배포와 행사장 안내 - 자율방범연합회, 안전요원 텐트 2동 운영 • 백스테이지 - 출연자 대기실 2동, 프레스룸 1동, 스태프 하우스 2동 운영 • 사무국 홍보팀과 서포터 6명, 1일 로드매니저 18명이 진행
주관	2005 광명음악밸리축제 사무국

(2) 결과 보고

잘된 점	잘못된 점	개선 방안
• 운동장 내 안내부스와 철산역 안내부스를 운영해 축제를 찾은 관객에게 홍보물 배포 및 안내 • 관객의 안전을 위한 안전요원 텐트 운영	• 안내부스의 부족	• 관객이 유입되는 곳곳에 안내부스 운영

2) 기념품

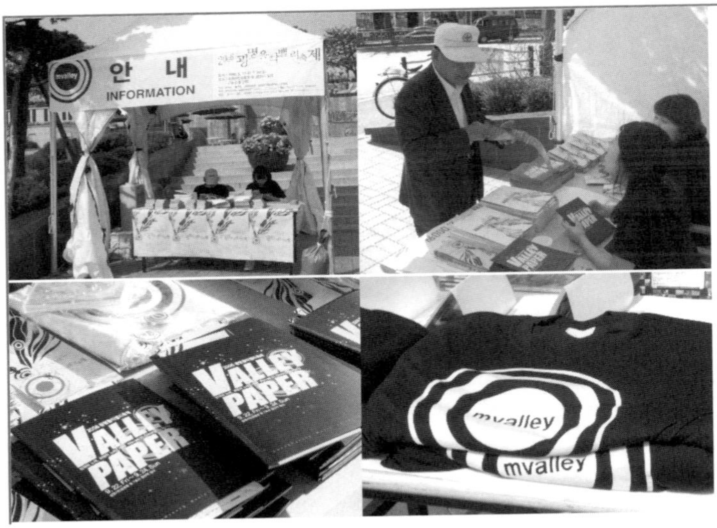

안내부스(윗줄 왼쪽)는 방문객들에게 당일 행사에 대한 정보를 제공할 뿐만 아니라, 축제 관련 자료 및 기념품을 배부하는 곳이기도 했다.

제11장

축제홈페이지

01 홈페이지 기획 · 운영 방향

02 홈페이지 제작 · 운영, 유지보수 용역

03 홈페이지 개발

01 | 홈페이지 기획 · 운영 방향

음악축제에 대한 관심과 참여는 실질적으로 음악 청취와 공연 관람에 적극적인 음악 청취자 층의 포섭 여부가 관건이며, 이를 위한 질 높은 음악 관련 텍스트콘텐츠를 제공하는 것이 축제의 출판물 및 홈페이지의 성과와 직결된다.

그래서 2006 광명음악밸리축제 매체 제작팀은 2월부터 축제 직전까지 공연 프로그램과 출연자들을 부각하는 기획물과 다양하고 비평적인 텍스트콘텐츠를 기획했다. 이를 위해 홈페이지의 웹진 역할을 할 '밸리ZINE', 축제책자인 '밸리북', 참여 뮤지션과 레이블을 관객과 연결해주는 '밸리페이퍼'를 기획하고, 경력과 실력을 검증받은 외부 필자와 인력을 섭외해 여기에 담을 각종 기사와 비평문을 생산했다.

2006 광명음악밸리축제홈페이지 기획 · 운영 방향

- 2006 광명음악밸리축제홈페이지를 공연의 성격에 맞게, 그리고 정보 전달에 용이하게 구성 · 제작 · 운영한다.
- 이를 위해 홈페이지의 웹진 역할을 할 '밸리ZINE', 축제책자인 '밸리북'을 연동해 각종 기사와 비평문을 경력과 실력을 검증받은 외부 필자와 인력을 섭외해 생산한다.
- 음악마니아들의 정기 방문과 일반인들의 음악 수용 폭을 확장시켜주는 역할을 하며, 출연진의 인지도 상승 및 이슈화를 유도하는 기획을 반영한다.
- 또한 홈페이지 접근과 이용의 편의성, 구축의 신속성을 위해 html 위주의 홈페이지를 게시판 및 블로그를 활용하는 방향으로 제작한다.

○ 기본 콘셉트

1) 사이트 구성의 타깃은 일반 (광명)시민과 음악마니아이다

- 이 둘을 동시에 만족시킬 수 있는 구성은 전문성과 친근함이다. 음악밸리축제가 전문성과 구체성을 갖는 대중음악전문축제임을 인식시켜야 한다. 그리고

신뢰감이 가는 사이트 텍스트 구성으로 일반 시민에게 음악밸리축제가 이벤트 행사와는 다르다는 점을 어필해야 한다.

- 국내 여러 음악축제들이 음악을 진지하게 듣는 음악마니아들에게 불만을 사고 있는 이유 중 하나가 전문성이 없다는 것이다. 그랬던 만큼 짧지만 진지한 텍스트 구성이 있는 축제 소개 사이트를 준비한다. 또한 다른 음악축제 사이트들처럼 단순한 뮤지션 정보만 주는 것이 아니라 음악마니아에게 다양한 읽을거리와 음악을 수단으로 놀 수 있는 놀이터를 제공해 음악밸리축제에 대한 긍정적인 이미지를 심어준다.
- 이때 만들어진 긍정적인 이미지는 음악밸리축제와 광명시에 대한 좋은 인식을 갖게 해 신뢰를 줄 수 있다. 실제 음악산업에 관련되어 가장 왕성하게 구매하고 활발하게 의견을 개진하고 활동하는 사람들이 음악마니아이기 때문이다.

2) 음악마니아들이 공감하는 감수성을 가진 사이트 디자인을 개발한다

- 각기 마니아층이 향유하는 문화의 특성에 따라 공감대가 다르다. 영화마니아와 음악마니아, 일반인과 음악마니아 사이에 감수성의 공감대가 다르다. 흰 바탕에 붉은색과 노란색 위주로 포인트를 준 웹디자인 구성으로 강렬하면서도 장기간 서핑하는 데 피로감을 주지 않도록 했다. 번잡한 메뉴 구성과 불필요한 플래시 등을 피하면서도 입체적으로 디자인해 동적인 느낌을 살렸다. 이처럼 내실에 초점을 둔 디자인은 해외 음악 사이트와 공연 관련 포스터, 티켓 디자인, 음악 관련 웹진에서는 거의 찾아볼 수 없었다.
- 이번 사이트 디자인은 국내외 영화제 관련 사이트들을 참고해 차별성에 중점을 둬 결정했다. 이러한 입체적 사이트 구성은 현재 광명음악밸리축제와 비교 대상에 있을 만한 타 음악축제, 특히 음악 관련 시설이 집중된 마포구를 중심으로 열리는 프린지 페스티벌과 쌈지가 주관해 우리나라 대표 음악 페스티벌로 여겨지고 있는 쌈지사운드 페스티벌의 발랄하고 다채로운 디자인과 차별점을 줘 그들과는 다르다는 이미지를 심어줄 수 있으리라 기대한다. 또한 펜타포트 록 페스티벌과는 달리 단순한 정보 위주가 아니라 내용을 중시함으로써 전문적인 음악축제로 차별화했다. 그리고 가독성을 위해 일반적인 기본 폰트를 사용했다. 여기에 두세 가지의 다른 폰트를 포인트로 지정했는데 이는 현재 국내영화포스터, 웹사이트, 광고 등에서 널리 사용하는 트렌드이기도 하다.

3) 메인 화면은 강력하고 심플하게 – 콘텐츠 구성은 풍성하게

- 첫 화면부터 방대한 자료 등을 나열하지 않아, 겉보기에는 단순하고 사용하기 편해 호기심을 자극하고, 안으로 들어가면 들어갈수록 읽을거리, 곧 정보가 많은 사이트가 좋은 사이트이다. 이를 통해 사이트를 방문한 사람들이 머무는 시간이 길어지게 하고 자주 찾게 할 수 있다.
- 음악밸리축제 사이트의 다양하고 꽉 찬 정보들은 음악축제에 대한 내용을 마니아와 일반인들에게 전달하는 것을 넘어 음악마니아들을 우리의 홍보 수단으로 삼을 수 있는 좋은 기회가 된다.

02 | 홈페이지 제작 · 운영, 유지보수 용역

홈페이지를 제작할 업체를 선정해서 계약하기에 앞서 축제 사무국의 홈페이지 기획안이 나와야 한다. 그 이후에 홈페이지를 제작할 업체를 선정한다.

2006 광명음악밸리축제홈페이지 제작 · 운영, 유지보수 용역 계획안

1) 사업 소개
- 2006 광명음악밸리축제홈페이지 개발 및 유지보수
- 축제의 이미지를 홍보하기 위한 디자인 개발
- 사용자 위주의 인터페이스 구성을 위한 프로그램 개발
- 자료 구축을 위한 DB 개발

2) 사업 개요
- 사업명: 2006 광명음악밸리축제홈페이지 개발 및 유지보수
- 사업 기간: 2006년 4월 1일~2007년 3월 31일
- 사업 비용: ______원
- 대상 사이트: www.mvalley.org

3) 사업 내용

- 도큐멘테이션(홈페이지 구조, DB 구조, 운영 · 백업 계획, 관리자 모드), 4월 3일 첫 화면
- 아티스트 페이지(동영상, 사진, 텍스트 통합 서비스), DB 이용 방식
- 메일링(리스트) 서비스
- 검색창+검색박스(ㄱㄴㄷㄹ / a b c d 박스)

	2006 홈페이지	2005 홈페이지
3월	• 8일: 포트폴리오, 경력, 견적 접수 • 9일: 제작업체 선정(상임 집행위) • 13일: 계약, 시안 제작 • 20일: 시안 제출, 검토, 수정(첫 페이지 제작) • 29일: 시안 확정 • 30일: 상임위원회	• DB 인수 • 6일: 2006 공지
4월	• 1일부터 제작 착수	• 3일: 메인화면 플래시(2006년 축제 공지)
5월	• 14일: 작업 완료 • 19일: 검토 • 24일: 시연회	• SXSW 공고
6월	• 1일: 오픈(7~8월 정기 업데이트)	• 교체

4) 지원업체 평가(포트폴리오 첨부)

공정	내용	지원업체 평가
사업자등록 종목	• 그래픽, 홈페이지 등록 여부	• 등록
소프트웨어산업진흥협회 등록	• 소프트웨어산업진흥협회 등록 여부	• 등록
웹 구조 설계	• 홈페이지 구조 설계 • 메뉴 및 디렉토리 설계	• 사용자 편의 위한 웹 구조 설계
DB 설계	• 2005년 자료 백업 • 아티스트 페이지 DB 설계	
웹 프로그래밍	• 페이지 자동 구현을 위한 프로그램 개발 • 게시판 및 블로그 개발 • 동영상 및 음원 재생을 위한 프로그램 개발	
디자인	• 축제 이미지 홍보를 위한 디자인 개발	
서치 엔진	• 자료 검색을 위한 검색엔진 개발	
관리자 모드	• 원활한 운영을 위한 관리자 모드 개발	
웹 운영 및 매뉴얼 작성	• 홈페이지 운영 및 관리자를 위한 매뉴얼 작성	
유지보수	• 홈페이지 유지보수(1명 배정)	

03 | 홈페이지 개발

홈페이지 기획에서 기획·운영 방향성이 나오면 그에 맞는 메뉴 개발에 들어간다. 홈페이지 디자인의 전 단계로서 메뉴표를 정확히 작성해야 하고, 디자이너에게는 원하는 레이아웃을 제시해야 한다. 아래는 2006 광명음악밸리축제 홈페이지 개발 사례이다.

1) 홈페이지 메뉴

메인메뉴	중분류	소분류
1 depth	2 depth	3 depth
• 음악밸리	• 축제 소개	
	• 음악밸리사업	• 음악도시 선언문
		• 생활 속의 음악도시
		• 음악밸리 조성 계획
	• 음악밸리축제	
	• 사무국	
• 알림	• 공지	
	• 보도	
	• 자료	
• 공연	• 오픈스테이지	• 밸리 초이스
		• New Waves 1
		• New Waves 2
		• New Waves 3
		• New Waves 4
		• New Waves 5
		• 뉴커런츠
		• SXSW
		• 공연 스케줄
	• 프리스테이지	• Free Stage 1
		• Free Stage 2
		• Free Stage 3
	• 공연 스케줄	• 공연 시간표

• 행사	• 노천카페	
	• 사전 공연	
• 밸리ZINE	• News	• 웹진형
	• Article	
	• Focus	
	• 음악창작자의 역사	
	• 인디뮤직 10년사	
	• 민중음악 30년	
	• 인디음반 가이드	
• 커뮤니티	• 게시판	• 밸리게시판
		• Q & A
	• 갤러리	• Photo
	• 블로그	• MVLOG
• 2005 축제	• 프로그램	• 하나뮤직 스페셜
		• 밸리 초이스
		• 인디뮤직 10년사
		• 민중음악 30년
		• Free Stage
		• 실용음악과 난장
	• 동영상	
	• 사진	• 오픈스테이지 1
		• 오픈스테이지 2
		• Pre·Free Stage
		• People
• 별도 메뉴	• 홈	
	• 안내	
	• 자원봉사	
	• 링크	
	• 사이트 맵	
• 별도	• 뉴스레터	
	• 관리자 모드	
• 특수 메뉴	• New Currents	
	• 2005 Media Service	
	• SXSW	

2) 메뉴별 구성

(1) 메뉴 1: 음악밸리

○ 축제 소개, 음악밸리사업, 음악밸리축제, 사무국 음악밸리축제에 대한 개요와 사무국 구성을 알려주는 첫 메뉴는 타 축제 사이트의 '축제 소개' 메뉴와 구성이 비슷하다. 하지만 음악밸리축제가 음악도시 광명을 알리는 '음악도시 선언문' 등을 배치함으로써 광명시의 도시이미지 마케팅이라는 큰 틀의 일부임을 각인시키기 위해 서브 메뉴들을 구성했다. 또한 연혁을 보여줌으로써 광명음악밸리축제의 짧지만 의미 있는 역사를 알 수 있도록 했다.

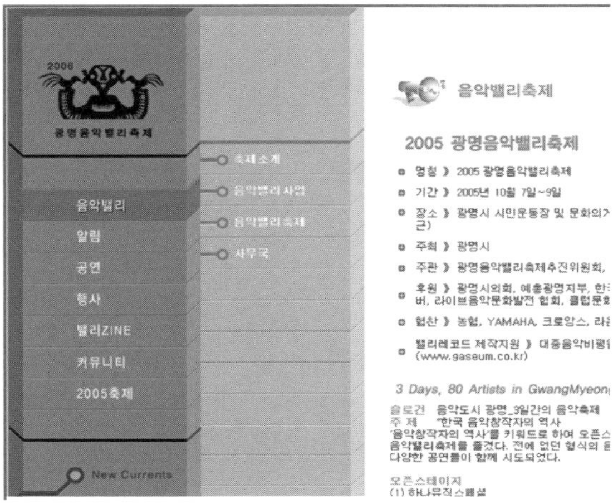

(2) 메뉴 2: 알림

○ 공지, 보도, 자료 광명음악밸리축제에서 공식적으로 알리는 사항, 매체 기자들이 이용할 수 있는 게시판, 매체에 소개된 축제의 모습 등 성격이 비슷한 세 게시판을 한꺼번에 모아 공식적인 알림창으로 이용한다. 광명음악밸리축제와 관련해 알릴 사항이 있을 경우 이용하는 공식적인 통로가 '공지'이다. 이곳을 통해 그때그때 진행하는 이벤트나 특별 행사 등을 홍보하며, 사이트에 변경 사항이 있을 때 알릴 수 있다. 또한 광명음악밸리축제에 대한 여러 매체의

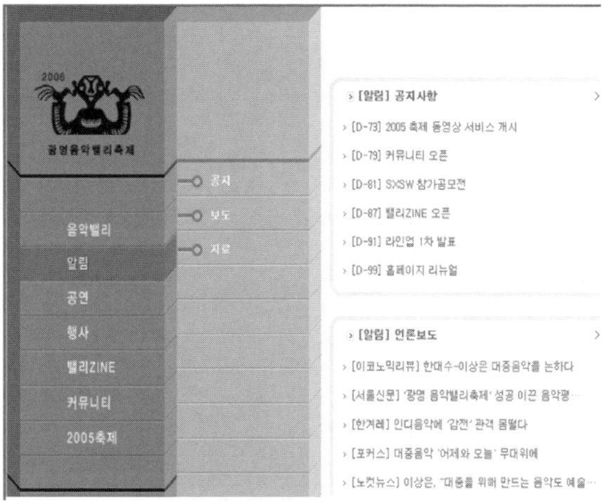

다양한 보도 현황을 알 수 있게 보도 메뉴를 뒀다. 그리고 매체 기자들이 사이트를 찾았을 때 축제 관련 활동을 알리며, 좀 더 편리하고 정확한 기사를 실을 수 있도록 제공하는 자료를 따로 모아 편리성을 고려했다.

(3) 메뉴 3: 공연

○ 오픈스테이지, 프리스테이지, 공연 스케줄 기본적으로는 모두 공연에 참가하는 출연진에 대한 소개를 담고 있다. 프로그램 소개, 뮤지션 사진 1장과 원고지 2매 분량의 글, 홈페이지 링크를 기본 구성으로 한다. 광명음악밸리축제의 가장 핵심적인 정보와 성격이 드러나는 프로그램이기에 사이트 구성에도 가장 포인트를 뒀다. 다른 행사들과 달리 출연 뮤지션에 대한 전문적이고 성의 있게 소개해 축제성격을 보여줬으며, 라인업 발표 시기를 조절해 관심을 서서히 증폭시켰다. 프로그램 소개 글은 해당 프로그램을 전문적인 어투로 소개해 그 깊이를 느끼게 했고, 관객을 정중히 초청하는 형식으로 준비해 신뢰감을 높인다.

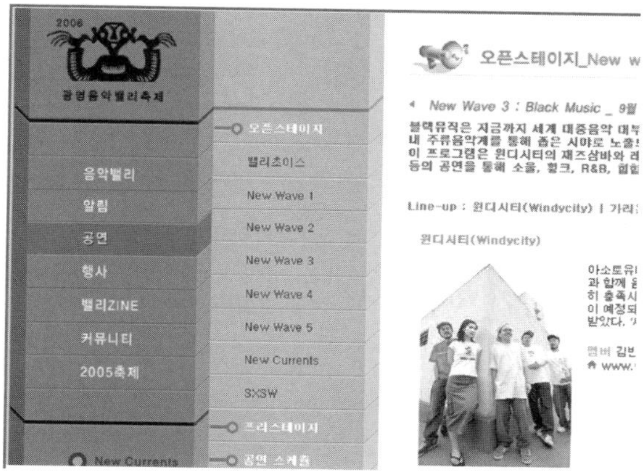

그리고 보도자료를 활용해 뮤지션을 소개하는 것이 아니라 프로그램을 기획한 이들이 직접 광명음악밸리축제가 이 뮤지션을 무대에 올리는 이유와 의미를 설명했다. 많은 텍스트와 이미지가 한 페이지에 들어가므로 나머지 레이아웃은 되도록 심플하게 해 사이트 방문자들이 필요한 정보를 쉽게 얻도록 했다. 프리스테이지의 경우 출연 뮤지션뿐 아니라 그들이 소속된 레이블과 문화단체까지 소개하는 콘텐츠를 마련해 음악과 관련해 다양한 정보를 얻을 수 있게 함으로써 축제프로그램 구성에 대한 이해를 높이고자 했다.

(4) 메뉴 5: 밸리ZINE

○ News, Article, Focus, 음악창작자의 역사, 인디뮤직 10년사, 민중음악 30년, 인디음반 가이드 다른 음악 관련 축제 사이트에서는 전혀 볼 수 없는 메뉴가 '밸리ZINE'이다. 이 코너는 기획음반 책자에 포함될 텍스트를 사용해 기자가 아닌 일반인에게도 읽을거리를 제공한다는 취지로 기획되었다. 이는 사무국이 단순히 직접 뮤지션을 소개하는 것만으로 음악밸리축제의 내용을 알리는 것이 아니라 아무도 시도하지 않은 다각적인 방법으로 축제 내용을 알리는 것이다. 사무국 내에 대중음악평론가들이 있기에 가외의 노력 없이도 구성할 수 있었던 메뉴였다. 각 분야의 전문평론가와 뮤지션들로부터 직접 기고를 받음으로써 향후 의미 있는 자료를 만들어갈 예정이다.

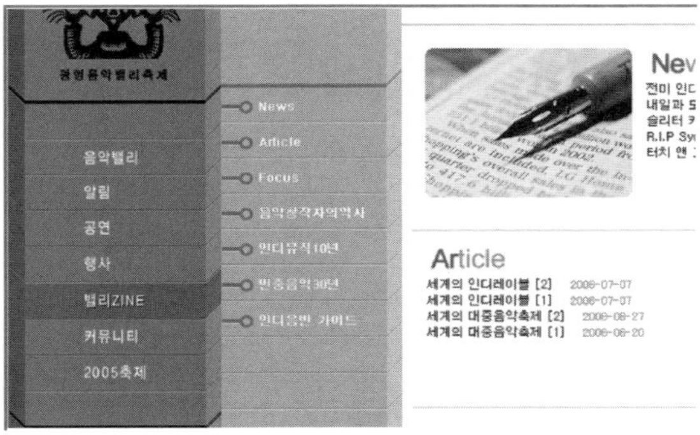

- 마니아들에게 읽을거리를 제공하는 축제 사이트 내의 웹진
- 짧은 프로그램 소개를 통해 프로그램 구성 이유를 알리는 것이 아니라 현재 한국 및 해외의 대중음악 흐름을 되짚고 의미를 재조명하는 과정을 통해 전문적인 생각을 제공한다. 이로써 자연스럽게 광명음악밸리축제프로그램 구성의 당위성도 받아들이게 해 두 가지 기능을 동시에 수행하고 있다.
- 여러 음악 관련 웹진을 참고해 구성에 맞는 레이아웃을 개발하고 그를 구현할 수 있는 프로그래밍 툴을 제작했다. 특히 현재 가장 애용되고 있으며 관리 및 운영에 용이한 블로그 시스템을 웹진에 도입했다.

(5) 메뉴 6: 커뮤니티

○ 게시판, 갤러리, 블로그(MVLOG) 커뮤니티는 음악마니아들이 음악을 매개로 놀 수 있는 '놀이터'를 만들어 음악계에 화제가 있으면 자연스레

축제 사이트에 들어와 이야기를 나눌 수 있는 사랑방으로 운영하자는 기획에 맞춰 구성되었다. 공지사항에서 다루는 내용보다 좀 더 내밀한, 그러나 사이트 방문자들에게 축제준비의 이해를 돕고 즐거움을 주는 콘텐츠를 제공할 수 있는 비공식적인 소통 창구로 이용했다. '밸리게시판'과 'Photo'를 일반에게 공개해 자유로이 참여할 수 있도록 했으며, 'Q & A'를 통해 축제에 관한 문의 사항을 소화한다. 그뿐만 아니라 현재의 트렌드를 반영해 더욱더 내밀하고 친근한 'MVLOG'를 개발해 운영한다. 'MVLOG'는 트랙백 및 스크랩 기능을 가지고 있어 향후 축제홍보 등에 유용하게 활용할 수 있다.

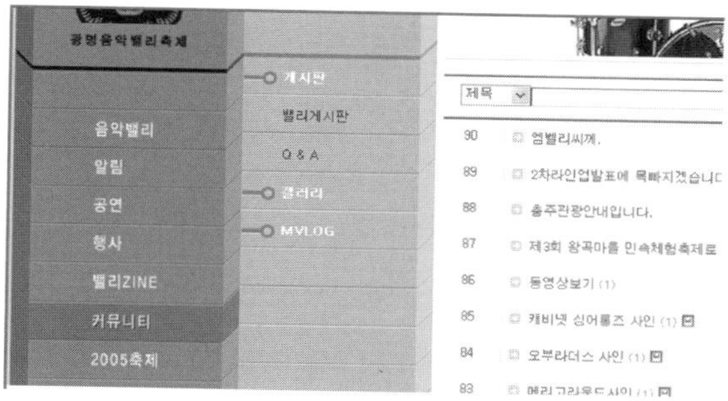

(6) 메뉴 7: 2005 축제

○ 프로그램, 동영상, 사진 '2005 축제'는 2005 광명음악밸리축제를 기록해 놓은 곳이다. 당시 프로그램들과 축제동영상, 사진 등의 메뉴가 있으며 이곳은 2005년의 축제를 한눈에 볼 수 있는 곳이다. 특히 110여 곡에 달하는 라이브 영상이 시기에 맞게 순차적으로 올라올 것이며, 이를 위해 깔끔하고 이용하기 쉬운 툴을 이용했다. 이 정도의 질과 양, 편의성을 갖춘 동영상 서비스는 국내에서는 거의 최초로 시도된다고 해도 과언이 아니다. 이 동영상은 기록물로서의 기능뿐 아니라 스크랩 등의 기능을 포함해 축제를 홍보하는 데에 매우 유용하게 이용될 수 있다.

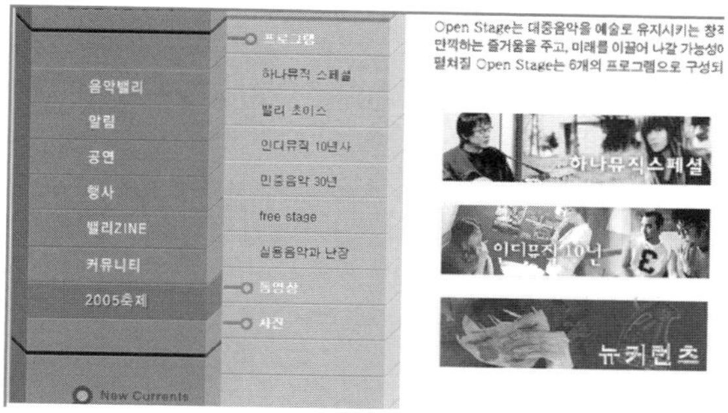

(7) 상시 메뉴

○ 바로가기 메뉴: New Currents, SXSW, 2005 Media Service 이번 사이트 디자인의 가장 큰 특징은 좌로부터의 2단 구성이다. 이를 통해 한눈에 모든 메뉴를 살펴보면서 원하는 메뉴로 이동할 수 있다. 이 방향의 연장선상에서 상시메뉴는 작은 폰트임에도 개별성을 가지고 있으며, 클릭을 유도하는 적정한 크기로 배치했다.

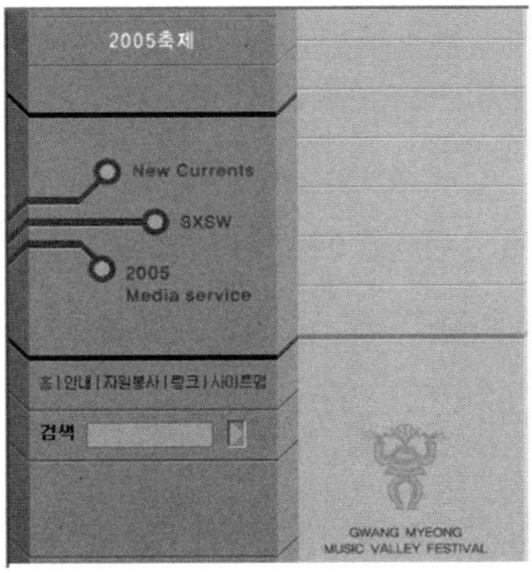

광명음악밸리축제 사이트에서 특히 중점을 두고 사람들이 주목하길 바라는 코너들은 메인 화면에서 바로 접근할 수 있게 구성했다. 또한 'New Currents'는 광명음악밸리축제가 주목하고 지지하는 신인들을 소개하는 메뉴이며, 'SXSW'는 해외 페스티벌 참가 공모전을 알리는 메뉴이고, '2005 Media Service'는 2005 광명음악밸리축제 동영상을 좀 더 부각시키기 위해 따로 내놓은 바로가기 메뉴이다.

3) 결과 보고

잘된 점	잘못된 점	개선 방안
• 이용의 편리성을 갖췄다. • 동영상 및 웹진 등의 콘텐츠 질이 우수했다. • 게시판 운영이 원활했다. • 2005년 동영상, 뉴커런츠, SXSW는 이중으로 노출시켰다. • 게시판의 수를 줄여 사장되는 공간을 최소화했다. • 사전 공연을 별도 메뉴로 둬 지난해 홍보의 어려움을 만회했다.	• 사이트 구축 및 1년간 유지보수에 비해 제작비가 비현실적으로 책정되어 향후 유지보수 작업에 제한이 예상된다. • 1인 관리 시스템이라 메일링 및 블로그의 활성화에 한계가 있다.	• 사이트 구축 및 1년간 유지보수에 적정한 예산을 책정한다. • 사이트 관리를 보조하며 이벤트를 개발할 보조 인력을 배치한다.

제12장

축제홍보기록물

01 홍보기록물 기획

02 홍보기록물 제작 계획

03 홍보기록물 디자인업체 공모

04 축제홍보물

05 축제기록물

01 | 홍보기록물 기획

축제홍보물과 축제기록물은 성격이 다르다. 그렇지만 예술축제에서는 축제콘텐츠를 이용해서 홍보기록물 하나로 통합해서 기획할 수 있다. 단순히 홍보물만을 만드는 것보다는 '축제기록물' 차원에서 기획되는 것이 바람직하다. 특히 한국에서처럼 음악전문축제가 드물었던 현실에서는 매체 담당자들을 이해시키기 위해서도 필요한 작업이고, 축제가 연례적으로 진행될 것임을 감안한다면 기록물 차원에서도 필요하다. 그러기 위해서는 축제 사무국에 축제콘텐츠와 관련해서 전문적인 텍스트를 쓸 수 있는 사람들이 있어야 하고, 매체 기획을 해본 경험이 있는 사람이 필요하다.

2005 광명음악밸리축제 대외 소개책자

1) 목적
- 2005 광명음악밸리축제의 성과를 정리해서 대외적으로 홍보함과 동시에 2006년 축제를 준비함에 있어 공신력 있는 자료로 활용

2) 제작 방식
- 국문판 · 영문판 2종 제작

3) 제작 양식
- 판형: 4×6배판(188mm×257mm)
- 페이지 수: 48면
- 부수: 각 500부
- 발행일: 12월 23일

4) 배포처
- 정부 유관 기관(문화관광부, 한국문화예술위원회, 문화콘텐츠진흥원 등)
- 광명시 관내 유관 기관 · 단체
- 해외 음악축제 사무국
- 국내외 음반사

- 후원 · 협상 대상

5) **예산:** ______원

6) **내용**

- 광명음악밸리축제 개요
- 2005 광명음악밸리축제 개요
- 전체 프로그램 소개
- 2006 광명음악밸리축제 개요
- 예정 프로그램 소개
- 2006 광명음악밸리축제의 비전

02 | 홍보기록물 제작 계획

홍보기록물 제작은 엠블렘(CI) 제작에 따른 로고, 심벌, 봉투(대·중·소), 홀더, 편지지, 스티커, 명함, 서류 양식 작업으로부터 시작한다.

1) 제작 종류

2005 광명음악밸리축제 홍보기록물 제작 종류

1) 인쇄물

- 축제 메인 책자 1종: (A4, 100P)×2,000부
- 홍보용 CD 3종: (CD 크기 부클릿 200P×3종)×1,000부
- 메인 포스터 1종: 반절×5,000장
- 프로그램 카탈로그 1종: (A5, 64P)×1만 부
- 리플릿 6종
  - 거리공연 3,000부

- URART 기획 프로그램 1,000부
- 뮤직비디오 · 로모월 1,000부
- 음악클리닉 · 대중음악개론 1,000부
- SXSW · 난장 2,000부
- 음반 전시 1,000부

• 행사 포스터 2종
- 〈실용음악과 난장〉 2,000부
- SXSW 500부

2) 옥외 홍보물

• 걸개
- 메인무대 걸개(10m×10m)×1종
- 거리공연 걸개(4m×3m)×4종
- 부대행사 걸개(3m×3m)×3종
- 홍보 걸개(5m×5m)×1종(백화점 같은 건물 옥외광고)

• 플래카드
- 소형 배너(가로등 부착용) 1종
- 가로 현수막 1종
- 세로 현수막 1종
- 거치형 배너(거치대) 11종

• 육교 현판, 홍보 아치탑, 시내 현수막

3) 기념품

• 티셔츠: 스태프용
• ID: 스태프용
• 배지
• 스티커
• 엽서

4) CI 제작

• 로고
• 심벌
• 봉투(대 · 중 · 소)
• 홀더

- 편지지
- 스티커
- 명함
- 서류 양식

〈2005 광명음악밸리축제 홍보인쇄물 제작 내역 및 계획〉

인쇄물명	수량	결과	용도
위촉장	258부	제작 완료	추진위원회 발대식
초대장	500부	제작 완료	추진위원회 발대식
초대장 봉투	500부	제작 완료	추진위원회 발대식
행사 개요 리플릿	1,000부	제작 완료	추진위원회 발대식
실용음악 리플릿	2,000부	제작 완료	<실용음악과 난장> 및 SWSX 홍보
프로그램 카탈로그	2,000부×2	제작 완료	축제 상세 개요 설명, 클럽 및 관계자 배포
프로모션용 홀더	500부	제작 완료	외부 관계자 자료 배포
프로모션용 커버	500부	제작 완료	외부 관계자 자료 배포
대봉투	500부	제작 완료	외부 관계자 자료 배포
스티커	500부	제작 완료	외부 관계자 자료 배포
포스터	3,000부	7,000부 추가 제작 예정	광명 및 서울 전역 부착
홍보용 엽서	3,000부	제작 완료	광명시내 및 서울지역 배포
홍보 음반(3종, 200쪽)	1,000부×3	9월 8일	축제홍보 관계자 배포
홍보 책자	2,000부	9월 25일	축제홍보 관계자 배포 및 일반 판매
<Pre-Stage 1> 초대권	900부	제작 완료	기자 간담회 이벤트 및 일반인 배포
개막식 초청장	2,000부	9월 25일	지역인사 및 음악 관계자 배포
전단지	1만 부	9월 25일	행사 당일 배포
ABS현수막	2개	제작 완료 부착	업체(마포 지역) 부착
서울 지역 현수막	90개	제작 완료 부착 중	서울 전역 부착
광명 지역 현수막	20개	지역 협찬 완료 후 제작 및 부착	광명 전역 부착
기념품	1,000세트	9월 25일	일반 판매
티셔츠	300장	9월 25일	진행요원
총 22종			

2) 제작 일정

〈2005 광명음악밸리축제 홍보기록물 제작 일정〉

제작 마감	행사명	제작물	예산	비고
6월 10일	메인행사	CI		
6월 15일	SXSW, 난장	리플릿 1종, 엽서 2종		리플릿 2,000부 엽서 1,000부씩
7월 20일	SXSW, 난장	포스터 2종		포스터 500부씩
8월 10일	메인행사	홍보용 음반 3종		음반 1종당 1,000부
8월 10일	메인행사	1차 카탈로그		16p 3,000부
8월 20일	메인행사	옥외 홍보용 가로 현수막 1종		제작비 제외
8월 20일	메인행사	옥외 홍보용 세로 현수막 1종		제작비 제외
8월 20일	메인행사	옥외 홍보용 가로등 배너 1종		제작비 제외
8월 20일	메인행사	옥외 홍보용 현수막 1종		제작비 제외
9월 1일	메인행사	메인 포스터		5,000부
9월 1일	메인행사	홍보책자		100p 5,000부
9월 7일	메인행사	초대장		1,000장
9월 20일	메인행사	2차 카탈로그		32p 1만 부
9월 20일	부대행사	거리공연 리플릿		5,000부
9월 20일	부대행사	<URART>, 프리마켓 리플릿		3,000부
9월 25일	메인행사	메인무대 걸개 1종		제작비 제외
9월 25일	메인행사	거리무대 걸개 4종		제작비 제외
9월 25일	부대행사	부대행사 걸개 3종		제작비 제외
9월 25일	부대행사	부대행사 거치형 배너 11종		제작비 제외
10월 2일	부대행사	뮤직비디오·로모월 리플릿		3,000부
10월 2일	부대행사	음악클리닉·대중음악개론 리플릿		2,000부
10월 2일	부대행사	음반 전시 리플릿		3,000부
10월 2일	기념품	티셔츠, 배지, ID 카드, 엽서, 스티커 등		제작비 제외
합계				

〈2006 광명음악밸리축제 현수막 제작 일정〉

구분	규격	수량	납품 및 설치	비고
가로 현수막	7m×0.9m	50장	9월 1일, 4일, 11일, 18일 총 4회	시공·철거
가로등 배너(본염)	0.6m×1.8m	600장	8월 28일	시공·철거
입간판(삼각유도)	0.9m×1.8m	15개	9월 18일	시공·철거
행사 안내 유도 현수막	7m×0.9m	5장	9월 18일	시공·철거
시민회관 대형 현수막	1.5m×10m	1장	8월 28일	시공·철거
시청 대형 현수막	1.5m× 10m	1장	8월 28일	시공·철거
크로앙스 대형 현수막	4m× 17m	1장	추후 통보	시공·철거
지하철 현수막	2.5m×2.5m	4장	추후 통보	대림·철산(2)·광명사거리역
KTX 광명역 현수막	실측 게시	2장	추후 통보	시공·철거
메인무대 스크린 하단	5.4m×1.8m	2장	9월 21일 오후 12시	시공
사운드홀릭 백	2.5m×2.5m	1장	8월 31일 홍대 오후 2시	시공
거리무대 백	5m×1.2m	3장	9월 9일 오전 11시	시공
사전 공연 현수막	7m×0.9m	2장	9월 1~16일	문화의거리, 인공폭포
프레스룸 백	5m×1.2m	1장	9월 21일 오후	시공
공연장 지도	1.2m×1.2m	4개	9월 21일 오후	거리무대 3곳
공연 안내	5m×3m	3개	9월 21일 오후	거리무대 2곳, 메인무대 1곳
각종 부스 배너	3m×0.7m	10장	9월 20일 오후	
오픈스테이지 대기실	5m×0.7m	3장	9월 20일 오후	
오픈스테이지 스태프실	5m×0.7m	3장	9월 20일 오후	
주차 안내 배너	7m×0.9m	2장	9월 18일	시공·철거
임시 주차장 배너	7m×0.9m	2장	9월 18일	시공·철거

〈2006 광명음악밸리축제 현수막 제작 계획〉

구분		규격	수량	2006년 예상 견적			사용처 및 게시 방법	디자인
				단가	공급액	세액		
옥외 홍보	가로 현수막	7m×0.9m	52장				보수 및 철거 현수막 재게시	완료
	가로등 배너(본염)	0.6m×1.8m	600장 300세트				보수 및 철거 현수막 재게시	완료
	지하철 현수막	텍스트파일	4장				제작 · 게시 완료	완료
	입간판(삼각유도)	0.9m×1.8m	12개				9월 18일(월) 게시 완료, 장소는 시청에서 확인	업체
	주차장 입간판	0.9m×1.8m	2개				2006 광명음악밸리축제 행사주차장, 출연진 및 스태프 주차장	

	입간판(시민운동장 앞)	0.9m×1.8m	1개				양면으로 도로 중앙선 위에 설치	
	행사 안내 유도 현수막	6m×0.9m	5장				9월 18일(월) 게시 완료, 장소는 시청에서 확인	업체
	시민회관 대형 현수막	1.5m×10m	1장				제작, 게시 완료	완료
	시청 대형 현수막	1.5m×10m	1장				제작, 게시 완료	완료
무대 장치	메인무대 스크린 하단	5.4m×1.8m	2장				9월 21일(목) 오전 설치	사무국
	사운드홀릭 백	2.5m×2.5m	1장				제작 완료	완료
	거리무대 백	5m×1.2m	2장				제작 완료	완료
	거리무대 백	3m×1.2m	1장				9월 16일(토) 오전 설치	완료
	사전 공연 현수막	7m×0.9m	2장				9월 6일(수), 11일(월) 게시	완료
	Free Stage 백	5m×1.2m	1장				9월 23일(토) 오전 설치	완료
	Free Stage 백	3m×1.2m	1장				9월 23일(토) 오전 설치	완료
	지도	2.5m×2m	3개				9월 21일(목) 오전 설치, 3곳	사무국
	공연 안내	2.5m×2m	3개				9월 21일(목) 오전 설치, 3곳	사무국
행사 배너	평화나눔카페	3m×0.7m	1장				9월 21일(목) 오전 설치	업체
	사랑나눔카페	3m×0.7m	1장				9월 21일(목) 오전 설치	업체
	음반 전시회	3m×0.7m	1장				9월 21일(목) 오전 설치	업체
	축제기념품 판매	3m×0.7m	1장				9월 21일(목) 오전 설치	업체
	안내	3m×0.7m	4개				9월 21일(목) 오전 설치	업체
	찾아가는 음악회 무대치마	추후 통보	1장				9월 22일(금) 오전 1시 설치: 광명실내체육관 야외무대	업체
	오픈스테이지 대기실	5m×0.7m	4장				9월 21일(목) 오전 설치	업체
	프리스테이지 대기실	3m×0.7m	2장				9월 21일(목) 오전 설치	업체
	상황실	5m×0.7m	3장				9월 21일(목) 오전 설치	업체
	자율방범대 지휘본부	3m×0.7m	1장				9월 21일(목) 오전 설치	업체
	안전요원 배너	3m×0.7m	1장				9월 21일(목) 오전 설치	업체
	문화도우미 배너	5m×0.7m	1장				9월 21일(목) 오전 설치	업체
	주차 안내 배너	7m×0.9m	3장				2개 제작 완료, 1개 18일 설치	사무국
	협찬사 현수막	7m×0.9m	1장				9월 22일(금) 설치(협찬사 크게)	사무국
	홍보부스물통배너	물통 포함	1장				9월 21일(목) 오전 설치	업체
	음식물 반입 금지 물통배너	물통 포함	6장				9월 21일(목) 오전 설치	사무국
	흡연구역 현수막	7m×0.9m	3장				9월 21일(목) 오전 설치	사무국
	식수 및 핸드폰 충전기 배너	3m×0.7m	1장				9월 21일(목) 오전 설치	업체
계								

03 | 홍보기록물 디자인업체 공모

홍보기록물 디자인 작업은 축제 사무국에서 직접 주관해 진행할 수도 있지만, 무대 시설업체를 선택할 때처럼 공모 방식을 채택할 수도 있다. 2006 광명음악밸리축제에서는 다음과 같이 디자인업체 선정 절차를 가졌다.

○ 일정

- 모집 공고: 3월 28일(축제홈페이지)
- 모집 마감: 4월 10일 오후 5시까지
- 사무국 논의: 4월 12일
- 상임 집행위 논의: 4월 13일
- 선정 공고(축제홈페이지): 4월 14일
- 계약: 4월 17일

2006 광명음악밸리축제 인쇄물 제작업체 공모안

광명음악밸리축제 조직위원회는 '전 세계 대중음악 네트워크'를 지향하는 2006 광명음악밸리축제를 개최함에 따라 인쇄물 제작업체를 다음과 같이 공모합니다.

1) 행사 개요

- 일시: 2006년 9월 22(금)~24일(일)
- 장소: 광명시 일대
- 내용: 현 대중음악을 대표하는 국내외 아티스트들의 음악축제

2) 공모 내용

- 공모명: 2006 광명음악밸리축제 인쇄 · 디자인 공모
- 공모 기간: 4월 17~28일 오후 5시까지

• 공모 내용

구분	규격	수량(부)	제작	인쇄	배포처	비고
전단	A4	15,000	7월	4도 양면	광명시, 서울 전역	일정 · 이미지 홍보
리플릿	2절	30,000	8월	4도 양면	광명시, 서울 전역	프로그램 가이드
밸리ZINE	A4	3,000	8월	4도 양면, 200p	매체 관계자, 축제 참여자	소개책자
포스터	2절	10,000	7월	4도 단면	광명시, 서울 전역	일정 · 이미지 홍보
밸리페이퍼	A4	10,000	9월	1도 양면, 48p	매체 관계자, 축제 참여자	뮤지션 소개 · 홍보
게재 내용	2006 광명음악밸리축제 2006 GwangMyeong Music Valley Festival World-wide Music Network • 일시: 2006년 9월 22(금)~24일(일) • 장소: 광명시 일대 • 주최: 광명시 • 주관: 광명문화원 · 광명음악밸리축제조직위원회					

※ 수량, 형태 및 크기는 제작 시 변동될 수 있음

3) 공모 및 접수

• 기간: 4월 17~28일 오후 5시까지(우편 접수는 4월 28일 소인분까지 한함)

• 제출 서류

- 사업자등록증 사본 1부
- 업체 경력서(포트폴리오) 1부
- 포스터 시안 1부
- 견적서 1부(총괄 및 개별 견적, 부가세 포함)

• 접수 방법: 방문 및 우편 접수

• 문의 및 접수처

- 주소: 경기도 광명시 철산3동 222-1 시민회관 3층
- 전화: (02) 2680 – ○○○○, 이메일: event@mvalley.org

4) 심사 및 선정 발표

• 모집 마감: 2006년 4월 28일 오후 5시

• 선정 공고: 2006년 5월 8일(홈페이지 공고), 계약: 2006년 5월 11일

04 | 축제홍보물

1) 포스터

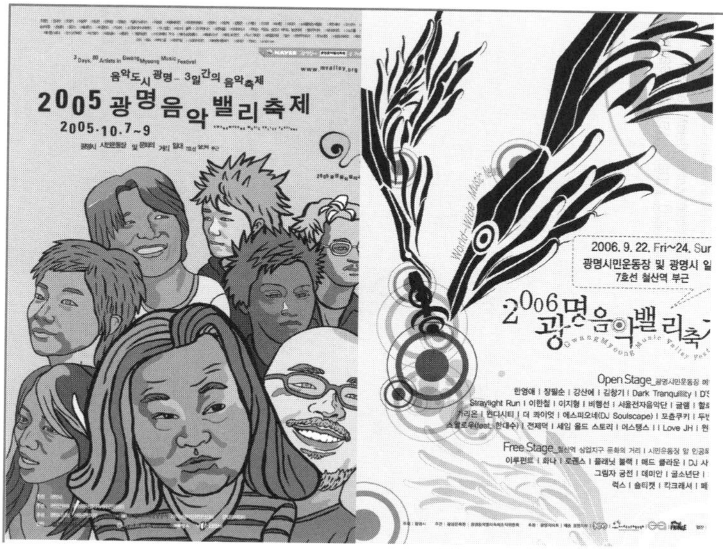

2005 광명음악밸리축제 포스터(왼쪽)와 2006 광명음악밸리축제 포스터.

2) 리플릿

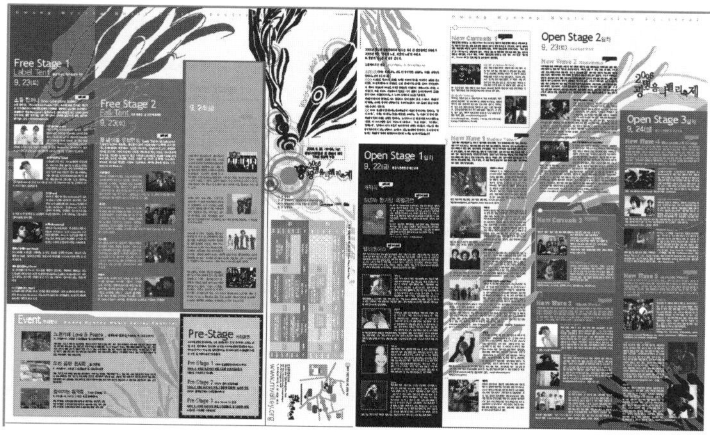

2006 광명음악밸리축제의 리플릿 앞면(왼쪽)과 뒷면.

3) 웹메일

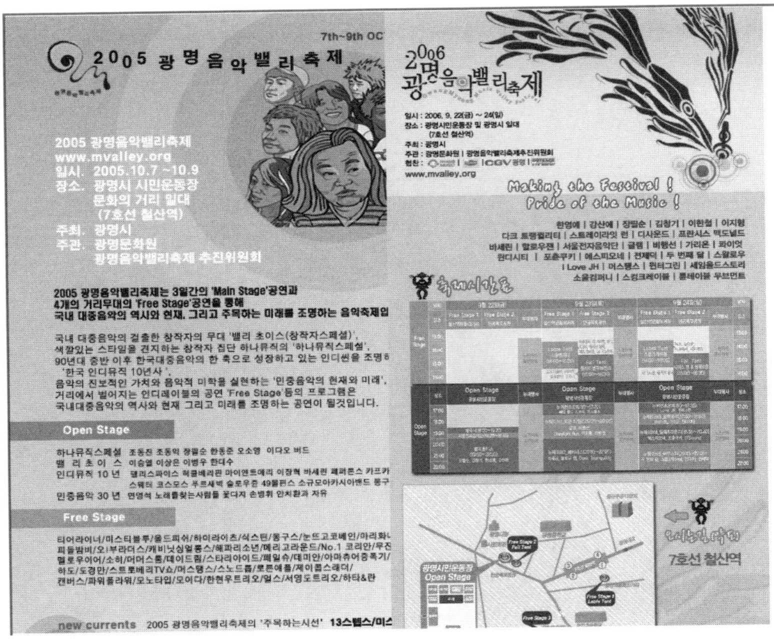

2005 광명음악밸리축제 웹메일(왼쪽)과 2006 광명음악밸리축제 웹메일.

4) 초대장 및 전단지

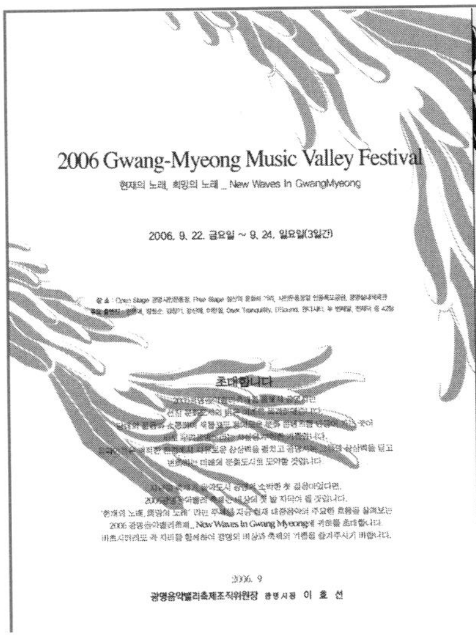

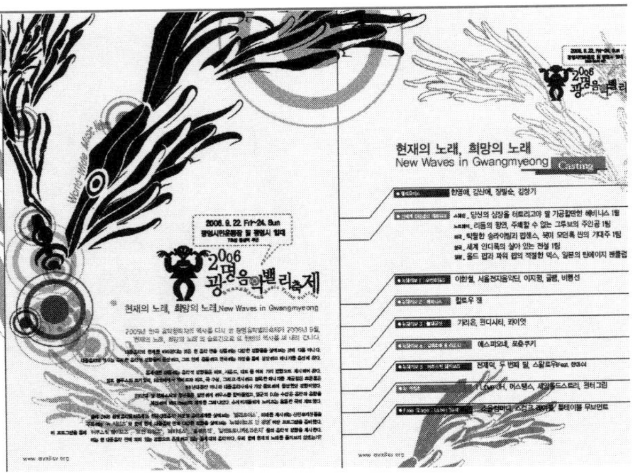

2006 광명음악밸리축제 초대장(왼쪽)과 전단지.

5) 행사장 지도

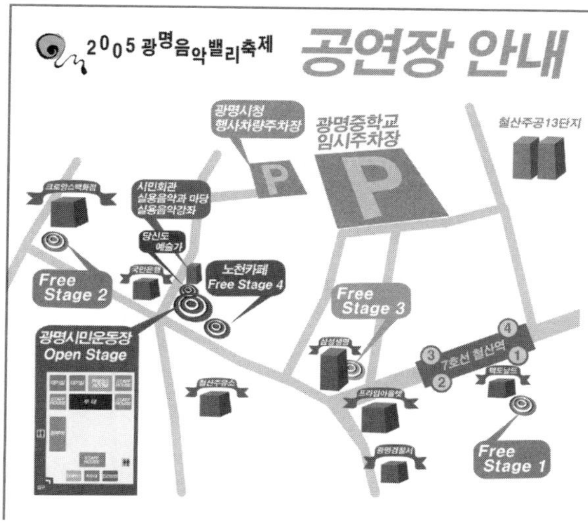

행사가 열리는 곳이 빠짐없이 표시되어 있는 2005 광명음악밸리축제 공연장 안내도.

05 | 축제기록물

1) 기록물 개요

일시	2006년 2~8월
구성	밸리북, 밸리페이퍼
내용	• 밸리북: 축제 공식책자 및 음악전문지 • 밸리페이퍼: 레이블 생산 기사 및 홍보물 취합 책자
주관	2006 광명음악밸리축제 사무국

2) 기획 배경

○ 한국 대중음악계에 긍정적인 역할을 할 기록물을 생산해냄으로써 축제의

완성도를 높이면서 기획 배경을 설득시킨다. 양질의 콘텐츠를 담아 광명음악밸리축제와 여타 행사의 차별성을 부각시킨다.

○ 광명음악밸리축제의 관심과 참여는 실질적으로 음악 청취와 공연 관람에 적극적인 음악 청취자 층을 포섭할 수 있는지가 관건이며, 이를 위해 질 높은 음악 관련 텍스트콘텐츠를 제공하는 것이 축제의 출판물 및 홈페이지의 성과와 직결된다. 매체 제작팀은 2월부터 축제 직전까지 공연 프로그램과 출연자들을 부각하는 기획물과 다양하고 비평적인 텍스트콘텐츠를 기획했다.

3) 밸리북(Valley Book)

○ 취지 축제소개책자이지만 음악잡지와 같은 포맷으로 기획해서 사람들이 흥미를 갖고 책자를 볼 수 있도록 함

○ 목차

면수	차례
06	• 대중음악축제의 역할
08	• 2005 광명음악밸리축제
10	• 2006 광명음악밸리축제 – 현재의 노래, 희망의 노래
12	• 2006 광명음악밸리축제에 여러분을 초대합니다!
14	• 음악도시 광명
16	• SXSW 참가 공모전
20	• Feature - 다크 트랭퀼리티(Dark Tranquility) - 디 사운드(D'Sound) - 스트레이라이트 런(Straylight Run) - 나이스맨(Nice Man) - 플렉트럼(Plectrum)
24	• Spotlight - 세임 올드 스토리(Same Old Story) - 머스탱스(Mustangs) - 아이 러브 제이에이치(I Love JH) - 윈터그린(Wintergreen)
27	• Cover Story: <밸리 초이스>

- 강산에
- 한영애, 그녀에게 보내는 편지
- 김창기, 그에 대한 일문일답
- 장필순, 나의 외로움이 널 부를 때

37 • 카툰

39 • Article

- 뉴웨이브스 1: 모던타임스(Modern Times)
- 뉴웨이브스 2: 헤비니스(Heaviness)
- 뉴웨이브스 3: 블랙뮤직(Black Music)
- 뉴웨이브스 4: 일렉트로니카·라운지(Electronica·Lounge)
- 뉴웨이브스 5: 어쿠스틱 웨이브스(Acoustic Waves)

55 • Free Stage: Label Tent, Fall Tent

61 • Focus: 다섯 시선

- 2000년대의 송라이터 10
- 한국 펑크, 어디로 가는가!
- 1980년대 한국-팝 다시보기
- 한국 힙합의 시작에서 오늘까지
- 음악과 퍼포먼스: 그 틈새의 걸작들

79 • Special 1: 세계의 인디레이블 20

102 • 화보: 사진으로 보는 2005 광명음악밸리축제 <Free Stage>

105 • Special 2: 세계의 대중음악축제

127 • 화보: 사진으로 보는 2005 광명음악밸리축제 <Open Stage>

131 • 광명의 문화기관

4) 밸리페이퍼(Valley Paper)

○ 취지

- 기획사·레이블·출연팀이 스스로를 홍보하는 자체 제작 자료(보도자료, 출연팀 인터뷰, 카탈로그)를 취합해 제작한 홍보물
- 차후 축제 사무국은 출판물의 편집자·통로·대행자의 역할을 하는 것이 효율적이며, 이를 유도하기 위한 첫 시도
- 광명음악밸리축제가 한국 음악산업에 기여함

○ 참여 단체 · 음반사 · 기획사 서울프린지네트워크, 클럽문화협회, 도프뮤직 엔터테인먼트, 드림온 레코드, 샤 레이블, 소울파트, 튠테이블 무브먼트,

튜브앰프, 스컹크레이블, 소울컴퍼니, 메주뮤직, 비행선 레이블

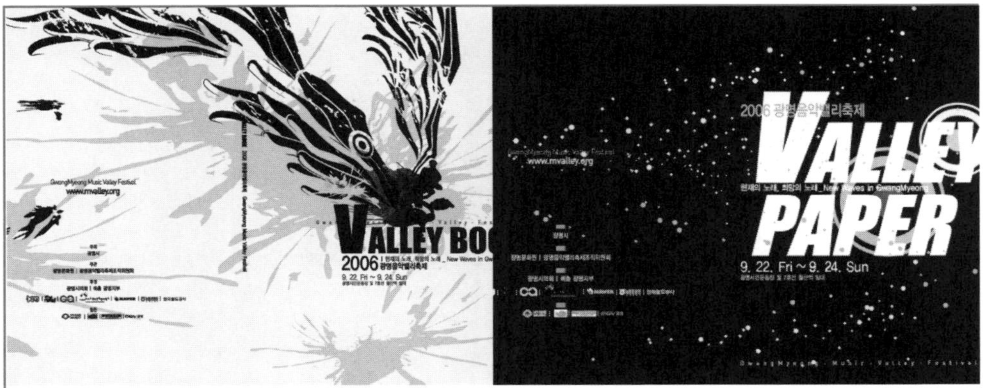

2006 광명음악밸리축제의 밸리북 표지(왼쪽)와 밸리페이퍼 표지.

5) 결과 보고

잘된 점	잘못된 점	개선 방안
• 밸리북 콘텐츠의 질이 우수했다. • 밸리북을 통해 대중음악전문축제의 이미지를 제고했다. • 밸리북과 밸리페이퍼의 디자인 및 책자의 질이 우수했다. • 최종 인쇄물인 밸리페이퍼를 통해 시기적으로 늦게 결정된 지역협찬사의 광고를 수용할 수 있었다. • 휴대가 간편하고 상세 공연 일정이 첨부된 밸리페이퍼에 대한 관객들의 관심이 높아 전량 소진되었다. • 밸리페이퍼에 음악계에서 긍정적인 반응과 적극적인 참여가 있었고, 이는 광명음악밸리축제의 긍정적인 이미지를 부여하는 데에 도움이 되었다.	• 편집 과정에서의 실수와 오판(오탈자 및 원고 누락) 등을 기획자가 사전에 고치지 못했다. • 밸리북에 대한 사전 홍보 및 배포가 미약했다.	• 밸리북, 밸리페이퍼 제작 및 편집 작업의 유기성을 강화하고, 기획자와 제작 실무자의 권한과 책임을 명확히 한다.

제13장

축제자원봉사

01 자원봉사 프로그램 기획

02 자원봉사자 운영 계획

03 자원봉사자 공모

04 자원봉사 프로그램 운영

01 | 자원봉사 프로그램 기획

축제를 운영하기 위해서는 축제 당일 적어도 수십 개의 행사와 행사장을 관리·운영할 인력이 필요하다. 하지만 현실적으로 축제예산의 한계 때문에 사무국 정규직은 제한적으로 뽑을 수밖에 없다. 그래서 축제운영을 순수하게 도와줄 보조 인력들이 필요한데, 이를 자발적인 참여 의식을 지닌 자원봉사자[1]들을 활용해 해결할 수 있다. 또한 자원봉사자 운영은 단순히 축제에서 보조 인력 활용 차원이 아니라, 자원봉사자 운영 자체를 축제의 한 프로그램으로 보는 시각도 있다. 2005 광명음악밸리축제에서 서포터, 1일 로드매니저 공통 운영 사항은 다음과 같았다.

○ 활동 내용
- 10월 7~9일 오전 9시 시민운동장 도착, 안내부스에서 인원·임무 확인
- 시민운동장 객석 의자 정리 및 청소
- 행사 필요 물품 확인
- 각 부문 행사장의 행사 준비
- 행사가 종료되면 정리한 뒤 시민운동장의 스태프 하우스에서 결과 확인

○ 지급품
- 축제티셔츠
- 홍보책자 및 기념품
- 활동비

○ 숙식
- 식사는 2회(도시락 및 식권)

---

1 자원봉사는 도움이 필요한 사람이나 기관에 대해 아무런 대가 없이 직접적인 서비스를 제공하는 활동을 말한다. 최근 지역사회 발전과 변화를 가져오기 위한 계획적·조직적 사회 활동으로까지 의미가 확대되었다. 자원봉사라는 말은 '자유의지'란 뜻의 라틴어 'Voluntas'에서 나온 것으로 자원봉사를 하는 사람을 'Volunteer'라고 부른다. 자원봉사는 지역사회와 이웃의 문제를 자신의 일로 받아들여 스스로 해결하고자 노력하는 것이다.

• 찜질방 티켓(수량이 한정되므로 귀가하기 힘든 서포터에 한해 지급)

2005 광명음악밸리축제 자원봉사자 프로그램 기획

1) 목적: **광명음악밸리축제에 참여해 함께 축제를 만들어갈 자원봉사단**

2) 구분
- 광명음악밸리축제 사무국 서포터: 7~10월 장기 사무국 근무 인턴사원
- 광명음악밸리축제 행사 서포터: 행사 기간 전후 단기 행사 지원 업무 수행
- 광명음악밸리축제 무대 진행요원: 행사 기간 전후 단기 무대 진행 업무 수행
- 1일 로드매니저: 참여 뮤지션의 1일 로드매니저 역할 수행

3) 모집 방식
- 광명음악밸리축제 사무국 서포터: 홈페이지 공개 모집 및 개별 섭외
- 광명음악밸리축제 행사 서포터: 홈페이지 공개 모집(7월 初)
- 광명음악밸리축제 무대 진행요원: 홈페이지 공개 모집, 개별 섭외(7월 初)
- 1일 로드매니저: 홈페이지 공개 모집(7월 初)

4) 인원
- 광명음악밸리축제 사무국 서포터: 2명(3개월 근무, 월 60만 원)
- 광명음악밸리축제 행사 서포터: 40명
- 부대행사: 30명(진행)
- 행사기록: 10명(사진 및 비디오 촬영)
  - 광명음악밸리축제 무대 진행요원: 30명(무대 진행 및 보디가드)
  - 1일 로드매니저: 약 30명

5) 예산안
- 활동비: ______원
- 식비: ______원

02 | 자원봉사자 운영 계획

축제행사장별로 필요한 인원을 산정하고, 자원봉사자들이 할 일에 대해서 계획을 세운다. 그래야 자원봉사자를 공모해 교육 계획을 세울 수 있다.

2005 광명음악밸리축제 자원봉사자 운영 계획

■ 행사 서포터 A(행사 지원 부문)

○ **안내부스**

1) **활동 장소: 시민운동장 안내부스(운동장 입구), 철산역 안내부스(철산역 3번 출구)**
2) 부스 운영 시간: 오후 3~11시
3) 인력 구성: ______
4) 업무 내용
   - 행사장 및 편의 시설, 교통정보 안내(부스 옆 행사장 배치도 배치 계획)
     - 행사장 위치 및 프로그램 숙지
     - 주차장 안내(행사차량은 시청 주차장, 관객차량은 광명중학교 운동장 이용)
     - 전철, 버스, 자가용 이용자 교통정보 숙지
     - 갑작스레 변동되는 사항에 대한 정확한 정보 제공
   - 리플릿 배포: 행사 리플릿 배포
   - 미아 보호: 미아 발생 시 보호 및 상황실 (또는 본부석) 연락
   - 식수대 관리: 식수 텐트 내 식수대 관리 및 식수 공급
   - 기자 및 관계자가 도착하면 프레스카드 · 게스트증 발급(홍보팀에서 진행)
   - 행사장 물품 관리
   - 홍보책자 및 기념품 판매
5) **일자별 스케줄: 부문별 타임라인 참조**
6) **확인 사항: 장소별 체크리스트 참조**
7) **활동 시 유의 사항**

• 자신의 얼굴이 곧 광명음악밸리축제임을 숙지하고 친절한 안내는 필수이며 상황에 따라 신속하게 대처한다. 또한 각 팀과의 효율적인 업무 협조 및 연락 체계를 갖춰 축제기간 중 각종 행사의 변동 사항을 가장 빠르고 정확하게 확인하고 홍보한다. 또한 모든 행사장의 위치와 역할, 각 스태프의 연락처 및 위치를 알고 있어야 한다. 홍보책자 및 기념품 판매는 금전 거래가 이뤄지기 때문에 주의를 요하며 물품을 도난당하지 않도록 일과가 끝난 후에도 꼼꼼히 살펴봐야 한다.

○ 〈Free Stage 1 · 2 · 3 · 4〉(공통)

1) **활동 장소**
- 〈Free Stage 1〉: 철산역 상업지구 문화의거리 내 맥도날드 앞 야외무대
- 〈Free Stage 2〉: 광명사거리역 크로앙스 백화점 앞 야외무대
- 〈Free Stage 3〉: 철산역 3번 출구 삼성생명 광명빌딩 앞 차량무대
- 〈Free Stage 4〉: 시민운동장 옆 인공폭포공원 내 야외무대

2) **운영 시간: 리허설 시작 전부터 공연 종료시각 이후까지**

3) **인력 구성**
- 〈Free Stage 1〉: ______
- 〈Free Stage 2〉: ______
- 〈Free Stage 3〉: ______
- 〈Free Stage 4〉: ______

4) **업무 내용**
- 공연 필요 물품 확인: 체크리스트 참조
- 공연자 확인 및 보조: 당일 공연 팀 연락처 확보
- 리허설 진행: 엔지니어 및 공연 팀 의사소통
- 공연 진행
- 리플릿 배포
- 공연장 질서유지
- 전체 행사장 안내: 프로그램 및 행사장 숙지
- 행사장 물품 관리

5) **일자별 스케줄: 부문별 타임라인 참조**

6) **확인 사항: 장소별 체크리스트 참조**

○ **부대행사 1: 〈실용음악강좌〉**

1) 활동 장소: 시민회관 소강당
2) 운영 시간: 오전 9시~오후 5시
3) 인력 구성: ______
4) 활동별 업무 내용
   - 행사 필요 물품 확인: 체크리스트 참조
   - 강사 확인 및 보조: 당일 강사 연락처 확보
   - 행사장 세팅 및 리허설 진행
   - 강의 진행
   - 리플릿 배포
   - 강의장 질서유지
   - 전체 행사장 안내: 프로그램 및 행사장 숙지
5) 일자별 스케줄: 부문별 타임라인 참조

○ **부대행사 2: 〈실용음악과 마당〉**

1) 활동 장소: 시민회관 앞마당
2) 활동 시간: 오전 9시~오후 6시
3) 인력 구성: ______
4) 활동별 업무 내용
   - 행사 필요 물품 확인: 체크리스트 참조
   - 참여 학교 확인 및 보조: 당일 참여 학교 책임자 연락처 확보
   - 행사장 세팅 및 리허설 진행
   - 공연 진행
   - 리플릿 배포
   - 공연장 질서유지
   - 전체 행사장 안내: 프로그램 및 행사장 숙지
5) 일자별 스케줄: 부문별 타임라인 참조
6) 확인 사항: 장소별 체크리스트 참조

○ **부대행사 3: 〈당신도 예술가!〉(진행: URART)**

1) 활동 장소: 시민회관 분수마당
2) 활동 시간: 오전 9시~오후 7시
3) 인력 구성: ______
4) 활동별 업무 내용
    - 행사 필요 물품 확인: 체크리스트 참조
    - URART 진행요원 보조
    - 행사장 세팅
    - 행사 진행 보조
    - 리플릿 배포
    - 행사장 질서유지
    - 전체 행사장 안내: 프로그램 및 행사장 숙지
5) 일자별 스케줄: 부문별 타임라인 참조
6) 확인 사항: 장소별 체크리스트 참조
7) 활동 시 유의 사항
    - 시민이 많이 참여하는 프로그램이므로 적극적으로 참여를 유도하고 항상 친절한 모습을 보이며 서비스하는 자세로 임해야 한다. 특히 작품을 만들기 위해 시민들이 대기해야 하므로 URART 진행요원의 지시에 따라 질서가 유지되도록 행사장을 관리한다.

○ **부대행사 4: 〈노천카페 – 카페 티모르〉(진행: 하이! 순천 진행요원)**

1) 활동 장소: 시민회관 분수마당
2) 활동 시간: 오후 1~11시
3) 인력 구성: ______
4) 활동별 업무 내용
    - 행사 필요 물품 확인: 체크리스트 참조
    - 하이! 순천 진행요원 보조
    - 행사장 세팅
    - 행사 진행 보조
    - 전체 행사장 안내: 프로그램 및 행사장 숙지

5) 일자별 스케줄: 부문별 타임라인 참조

6) 확인 사항: 장소별 체크리스트 참조

7) 활동 시 유의 사항

- '카페 티모르'는 노천카페 내에 설치되며 관객들에게 항상 친절한 모습을 보이고 서비스하는 자세로 임해야 한다. 특히 금전 거래가 이뤄지기 때문에 주의를 요하며 물품을 도난당하지 않도록 일과가 끝난 후에도 꼼꼼히 살펴봐야 한다.

■ 행사 서포터 B(영상 지원 부문)

○ 사진 기록

1) 촬영 스케줄

	○○○	○○○	○○○
1일차(금)	10:00 운동장(현장 스케치) 14:00 〈노천카페〉 15:00 〈Free Stage 1〉 18:00 운동장	10:00 운동장(리허설) 15:00 〈Free Stage 2〉 18:00 운동장	10:00 운동장 15:00 〈노천카페〉 18:00 운동장(백스테이지)
2일차(토)	10:00 운동장(현장 스케치) 14:00 〈노천카페〉 15:00 〈Free Stage 1〉 18:00 운동장	10:00 운동장(리허설) 15:00 URART 15:00 〈Free Stage 2〉 17:00 운동장	10:00 운동장 13:00 〈노천카페〉 15:00 〈Free Stage 3 · 4〉 17:00 운동장
3일차(일)	10:00 운동장(현장 스케치) 14:00 〈노천카페〉 15:00 〈Free Stage 1〉 18:00 운동장	10:00 운동장(리허설) 14:00 URART 15:00 〈Free Stage 2〉 17:00 운동장	10:00 운동장 14:00 실용음악과 마당 강좌 15:00 〈Free Stage 3 · 4〉 17:00 운동장

2) 확인 사항

- 당일 프로그램 내용 숙지
- 촬영은 프린트할 수 있게 가장 높은 해상도로 촬영(여분 배터리 · 메모리 휴대)
- 임시 사무국에 비치된 컴퓨터에 촬영한 이미지 업로드
- 당일 촬영분을 선별해 축제홈페이지 이미지 게시판에 업로드

○ 영상 기록

1) 촬영 스케줄

	○○○	○○○	○○○
1일차(금)	10:00 운동장(현장 스케치) 14:00 〈노천카페〉 15:00 〈Free Stage 1〉 18:00 운동장	10:00 운동장(리허설) 15:00 〈Free Stage 2〉 18:00 운동장	10:00 운동장(리허설) 15:00 〈Free Stage 2〉 18:00 운동장
2일차(토)	10:00 운동장(현장 스케치) 14:00 〈노천카페〉 15:00 〈Free Stage 1〉 18:00 운동장	10:00 운동장(리허설) 15:00 URART 15:00 〈Free Stage 2〉 17:00 운동장	10:00 운동장(리허설) 15:00 URART 15:00 〈Free Stage 2〉 17:00 운동장
3일차(일)	10:00 운동장(현장 스케치) 14:00 〈노천카페〉 15:00 〈Free Stage 1〉 18:00 운동장	10:00 운동장(리허설) 14:00 URART 15:00 〈Free Stage 2〉 17:00 운동장	10:00 운동장(리허설) 14:00 URART 15:00 〈Free Stage 2〉 17:00 운동장

2) 확인 사항

- 당일 프로그램 내용 숙지
- 촬영 전 테이프와 배터리 확인
- 테이프에 촬영 일자와 내용 기록
- 촬영 종료 후 책임자에게 테이프 전달

○ 1일 로드매니저

1) 활동 장소: 시민운동장 오픈스테이지, 백스테이지

2) 활동 시간: 오전 9시~오후 11시

3) 활동별 업무 내용

- 행사 필요 물품 확인: 체크리스트 참조
- 공연자 리허설 및 공연 안내
- 공연자 식사 및 음료, 필요 물품 전달
- 오픈스테이지 진행 보조
- 백스테이지 안내: 프로그램 및 행사장 숙지

4) 활동 시 유의 사항

5) 프로그램

	프로그램	
1일차(금)	〈하나음악 스페셜〉	조동진, 조동익, 장필순, 한동준, 이다오, 오소영, 버드
	〈밸리 초이스〉	한대수, 이병우, 이상은, 이승열
2일차(토)	〈인디뮤직 10년사〉	델리스파이스, 허클베리핀, 마이언트메리, 바세린, 스웨터, 슬로우 쥰, 푸른새벽, 소규모 아카시아 밴드, 카프카, 49몰핀스, 페퍼톤스, 코스모스, 이장혁, 몽구스
3일차(일)	〈실용음악과 난장〉	8팀
	〈뉴커런츠〉	미스티 블루, 13스텝스
	〈민중음악 30년〉	안치환, 노찾사, 꽃다지, 연영석, 손병휘

03 | 자원봉사자 공모

자원봉사자는 보통 축제 3~4개월 전 공모를 통해서 모집한다. 면접에서 개인의 자질과 성실성을 확인한 뒤 교육을 통해 정확히 업무를 분담한다.

2005 광명음악밸리축제 자원봉사자 모집 공고

Making the Festival!
2005 광명음악밸리축제를 함께 만들어갈 서포터를 모집합니다.

10월 7일부터 9일까지 3일간 80여 팀의 공연과 다양한 문화행사가 이뤄지는 2005 광명음악밸리축제를 함께 만들어갈 행사 서포터를 모집합니다. 2005 광명음악밸리축제는 3일간의 〈Main Stage〉와 4개 거리무대의 〈Free Stage〉, 그리고 다양한 부대 문화행사를 통해 국내 대중음악의 역사와 현재, 그리고 주목하는 미래를 조명하는 음악축제입니다. 행사 서포터의 운영과 모집에 대한 자세한 내용은 아래를 참고하시기 바랍니다.

1) 모집분야

- 행사 서포터 A(행사 지원 부문): 메인공연, 거리공연 및 각종 부대행사 진행
- 행사 서포터 B(영상 지원 부문): 사진, 동영상 등 행사 기록

2) 활동 기간

- 10월 6(목)~9일(일) 4일간

3) 활동 장소

- 메인스테이지(광명시민운동장)
- 프리스테이지(철산역 문화의거리)
- 안내부스(지하철 역사, 운동장 등)
- 광명음악밸리축제 사무국(광명시)

4) 모집 대상

- 만 18세 이상으로
- 국적 무관하게 한국어로 의사소통이 가능하며
- 오리엔테이션 참여와 행사 기간 전일 활동 가능한 사람

5) 모집 기간: 7월 1(금)~31일(일)

6) 지원 방법

2005 광명음악밸리 홈페이지(www.mvalley.org)에서 차례대로, 'volunteer' 메뉴와 '서포터 지원' 메뉴를 선택한 후, 해당 부문의 지원서를 채워 접수 버튼을 누르면 됩니다.

7) 모집 일정

- 모집 공고: 6월 27일(월), 축제홈페이지
- 모집 기간: 7월 1(금)~31일(일)
- 면접일: 8월 12일(금)

※ 면접 대상자에게는 공고 및 개별적으로 면접 장소와 시간을 알려드립니다.

- 최종 발표: 8월 18일(목)
- 전체 오리엔테이션: 9월 30일(금)

8) 선발 기준

- 1차 서류 심사
  - 행사 기간 동안 종일 활동할 수 있는 지원자를 우선 선발
  - 지원서 작성이 미비하거나 모집 대상에 해당되지 않는 지원자 제외
  (행사 서포터 B의 경우 디지털 카메라 또는 캠코더 소유자)

- 서류 심사 결과 공지: 2005년 8월 5일(목), 홈페이지(개별 이메일 통보)

• 2차 면접 심사

- 면접에 참석하지 않거나 지원서 기재 사항과 사실이 다른 지원자 제외
- 심사일: 2005년 8월 12일(금)
- 면접 심사 결과 공지: 2005년 8월 18일(금), 홈페이지(개별 이메일 통보)

9) 활동 분야

• 행사 서포터 A(행사 지원 부문)

안내부스	축제를 찾아온 관객의 행사장 안내를 위한 안내부스 운영
거리무대 지원	문화의거리 부근에서 이뤄지는 〈Free Stage〉 진행 보조
부대행사 지원	〈나도 예술가〉, 〈뮤직비디오 상영〉, 〈노천카페〉, 〈음반 전시〉, 〈실용음악강좌〉 등 부대행사 진행
차량 관리	공연·행사 팀 주차장과 관객 주차장 안내 및 관리

• 행사 서포터 B(영상 지원 부문)

사진 기록	행사 전반에 대한 사진 촬영(디지털 카메라 소유자)
영상 기록	행사 전반에 대한 동영상 촬영(캠코더 소유자)

• 1일 로드매니저: 〈Main Stage〉 참여 뮤지션의 1일 로드매니저

1일 로드매니저	〈Main Stage〉에 참여하는 뮤지션의 1일 로드매니저

10) 활동 지원 사항

• 서포터 실비 지급: 교통비와 식비를 포함해 1일 _____원이 지급되며 활동 종료 후 일괄 입금(본인 명의 계좌번호 필요)

• 수도권 외 서포터의 경우 오리엔테이션에 한해 교통비 지급(고속버스 일반·왕복 기준으로 지급)

• 서포터 유니폼 및 ID 카드 지급

• 메인 책자 및 기념품 지급

• 서포터 참여증서 증정(전 기간 활동 완료 시)

11) 문의

• 광명음악밸리축제 사무국 02) 2680 — ○○○○, event@mvalley.org

※ 자세한 일정은 축제홈페이지 뉴스와 'volunteer' 게시판을 통해 공지됩니다.

04 | 자원봉사 프로그램 운영

1) 프로그램 개요

기간	• 2006년 9월 10일 1차 면접 • 2006년 9월 17일 오리엔테이션 • 2006년 9월 22~24일 서포터 운영
장소	• 광명음악밸리축제 행사장 전역
참여인원	• 1차 면접: 68명 • 오리엔테이션: 54명 • 서포터 활동: 56명
구성	• 행사 진행 서포터: 37명 • 사진 촬영 서포터: 5명 • 통역 서포터: 6명 • 광명문화도우미(어르신 도우미): 13명
내용	• 안내·홍보 서포터: 포스터 및 리플릿 부착·배포, 관객 상담, 협찬사 관리 • 공연 진행 서포터: 메인무대 및 거리무대 공연 진행 • 사진 촬영 서포터: 축제사진 촬영 • 통역 서포터: 해외 아티스트 통역 및 보조 • 광명문화도우미: 시민운동장 관리 업무
주관	• 2006 광명음악밸리축제 사무국

2) 활동 모습

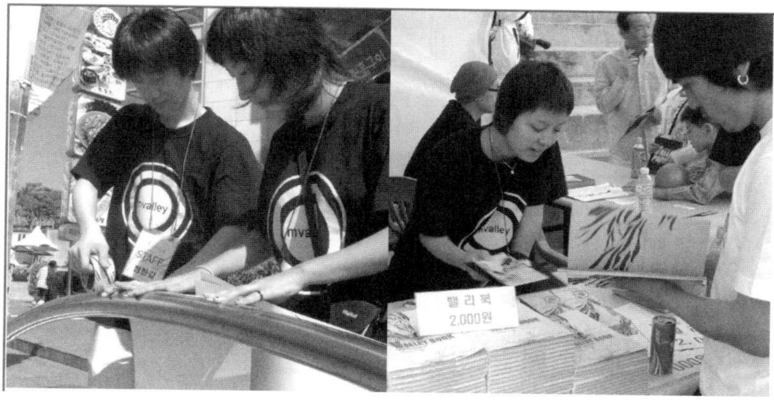

안내 및 홍보 서포터의 활동 모습.

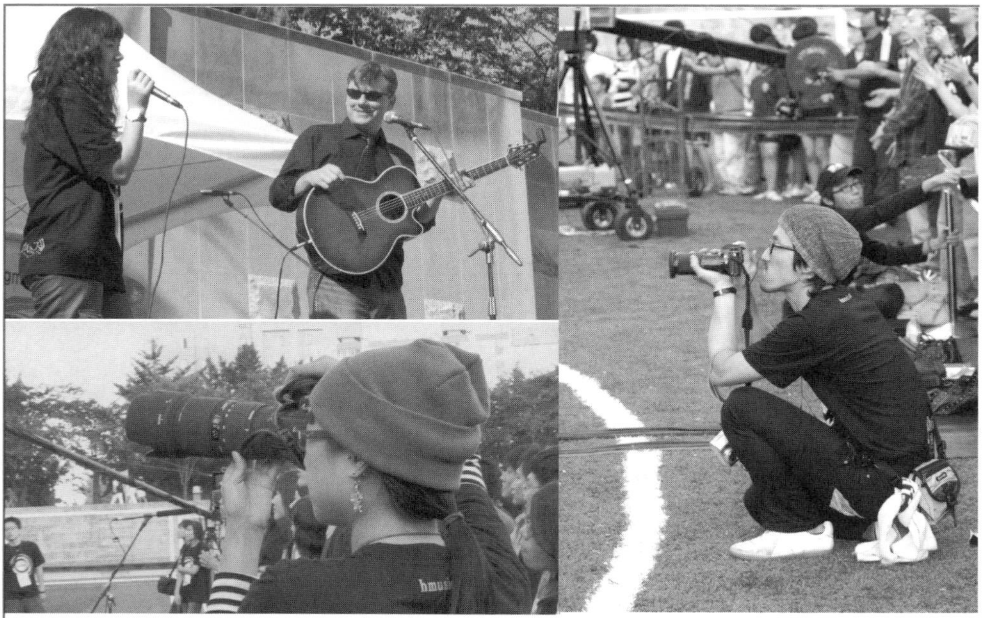

해외 뮤지션의 통역을 담당한 서포터(윗줄 왼쪽)와 기록물을 촬영하는 서포터의 활동 모습.

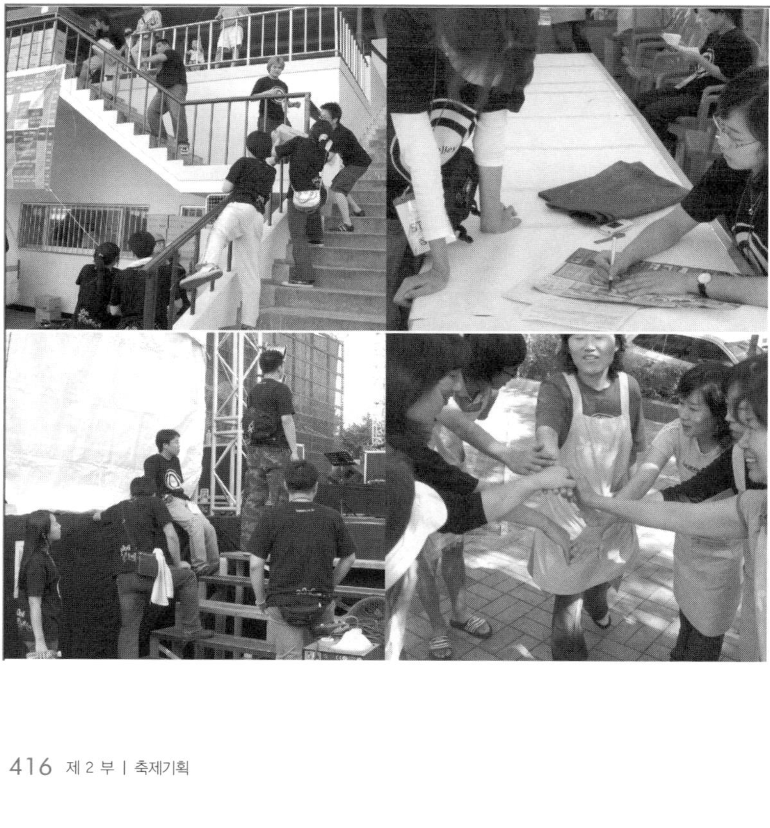

현장 진행요원들의 활동 모습(윗줄). 백스테이지 진행 요원들은 전문 스태프 수준의 역할을 수행했다(아랫줄 왼쪽). 노천카페에서는 시민 참여 봉사활동도 이뤄졌다.

3) 결과 보고

(1) 결과

○ 면접 및 철저한 오리엔테이션 실시로 완벽하게 직무 수행 면접과 오리엔테이션으로 주인 의식을 부여해 축제 진행을 완벽하게 수행해냈다.

○ 광명음악밸리축제에 대한 확실한 지지층 형성 축제 종료 후 포털 사이트 등에 카페를 개설했으며, 서포터 간의 돈독한 네트워크가 형성되어 향후 광명음악밸리축제의 확실한 지지층으로 남게끔 결속력이 생겼다.

(2) 문제점 및 개선 방안

○ 서포터를 통한 마케팅 방법 도출 미흡 축제의 적극적인 지지층인 서포터를 통한 적절한 마케팅 방법을 고안해내지 못했다. 향후 웹사이트 및 포털 사이트를 통해 자연스럽게 형성된 네트워크를 활용해야 한다.

○ 서포터를 위한 기획물 제작으로 축제에 대한 적극성 및 주인 의식 향상 필요 2006 광명음악밸리축제 서포터들의 경우 다른 축제의 서포터를 겸한 인물이 많았다. 이는 축제 서포터의 인원이 제한되어 있음을 의미한다. 그러므로 서포터들을 결속시키고 계속 광명음악밸리축제를 참여하고 싶게 만들, 서포터들을 위한 기획물 제작이 필수이다. 이는 해외 유수의 축제에서 빠짐없이 실행하고 있는 부분이기도 하다. 밸리북에 서포터 사진을 게재한다든가 축제 책자에 서포터의 후기를 싣는 등의 다양한 루트로 서포터를 축제기획에 참여시켜야 한다.

제14장

축제홍보마케팅

01 홍보 기획
02 홍보 진행
03 홍보 결과
04 축제마케팅

01 | 홍보 기획[1]

일반적으로 마케팅에서의 홍보는 비용을 들이지 않고 이슈포인트(Issue Point), 즉 기삿거리를 언론 매체에 제공하는 행위를 말한다. 보도자료를 작성해 각 매체에 언론 플레이를 하는 것이 주를 이루는데, 이는 홍보의 목표는 결국 광고비를 들이지 않고 최대한 언론에 많이 노출되게 함으로써 판매를 신장하는 것임을 보여준다. 행사나 축제의 홍보도 마찬가지이다. 어떻게 하면 축제의 긍정적 이미지를 최대한 언론에 노출해 관광객을 많이 유인하느냐가 관건인 것이다. 이를 위해 홍보의 기본 방침을 수립하고, 홍보 효과를 극대화할 수 있는 수단을 개발하는 것이 우선이다.

1) 홍보의 기본 방침 설정

홍보 활동을 시작하기에 앞서 우선 홍보에 관련된 기본 방침을 설정해야 한다. 홍보의 기본 방침은 홍보 대상의 성격에 따라 유동적이지만, 여기서는 축제에서의 기본적인 홍보 방침을 몇 가지 항목으로 나눠봤다.

- 축제홍보의 궁극적인 목표는 관광객 유치이기 때문에 여기에 기본 목적을 둔 사전 홍보 기간을 충분히 확보한 후 단계별 홍보 전략을 실시해야 한다.
- 국내 관광객 수요 증가를 위한 홍보와 함께 국제 자매결연도시 등을 구축함으로써 월드와이드(World Wide) 홍보를 진행한다.
- 여행사나 운송사 등과의 패키지 개발로 홍보 사업을 다각화한다.
- 행사 기간 중 프레스센터를 운영해 언론사 대응에 만전을 기한다.

2) 단계별 홍보 전략 수립

기본 홍보 방침이 수립되면 단계별로 어떠한 홍보 전략을 전개할지 결정해야 한다.

1 정경훈, 『지역문화 마케팅을 위한 이벤트 감리론』(글누림, 2005).

일반적으로 홍보는 3단계로 나눠 단계별 목적에 따라 적절한 전략을 수립한다.

- ○ 1단계 홍보의 1단계는 사전 홍보 시기이다. 이 시기에 축제이미지를 형성하게 되므로 일반인들의 주목을 끌어 축제를 인식시키는 것이 목적이다. 매체에 대한 홍보로는 기획기사와 특집기사를 유도하는 데 역점을 두고, 인쇄물을 통해 축제 참가 방법을 알리고, 포스터를 부착해서 축제에 대한 인지도를 높이는 데 주력해야 한다.
- ○ 2단계 2단계는 축제 개최 시기에 홍보하는 것이다. 이때는 축제의 이미지 정착기로 일반인에게 축제를 확실히 인식시키고 이해를 도모해 태도 변화, 즉 직접 방문하게 만드는 목적을 가지므로 가장 집중해야 한다. 이 시기에는 각종 매체를 통해 최대한의 행사 정보를 제공해야 하며, 팸플릿 등 인쇄물을 배포해 축제가 가진 매력을 가능한 한 많이 인식하게 해야 한다.
- ○ 3단계 3단계는 최종 홍보기로 축제가 진행되는 동안 이뤄지는 축제 이미지를 전달하는 시기로 볼 수 있다. 이 단계에서는 축제현장의 프레스센터 운영을 체계적으로 실시하고, 각 매체를 통해 축제의 화젯거리를 제공함으로써 일반인의 행동을 유발하는 것이 핵심이다. 팸플릿 등 인쇄물은 모든 홍보 기간에 걸쳐 지속적으로 배포되어야 한다.

3) 새로운 홍보 전략의 개발

관광객을 축제장소로 오도록 이끄는 것은 결국 다양한 채널로 축제의 장점과 차별성을 홍보한 결과이기 때문에 기존에 사용되는 홍보 전략보다 더 효과적인 전략을 개발하는 것이 홍보의 성공 여부를 결정짓는 열쇠이다. 또한 기존의 홍보 전략들을 좀 더 효율적으로 활용하는 방안도 강구할 필요가 있다. 다양한 홍보 전략을 어떤 순서로 전개하는지도 결과에 영향을 미칠 수 있다.

02 | 홍보 진행

2005 광명음악밸리축제 홍보 진행 사항

8~10월			8월 (17~31)	9월 (1~31)	10월 (1~8)
광고	TV 스폿광고	EBS 30회 이상		>>>>>>>>>>>>>>>>	>>>>>>>>
		한빛방송 40회		>	>>>>>>>>
	지하철 광고	지하철 동영상		25개 역사 18시간 동안 5,400회 표출	
	버스 광고	광명시 버스 광고		>	>>>>>>>>
방송 홍보	TV 보도	KTM(9월 9일)		>	
		YTN뉴스(10월 7일)			>
		연예가중계(10월 1일)			>
언론 홍보	일간지 및 인터넷 뉴스	100여 곳 이상	6~7월 보도화	>>>> 일간지 보도화 / 인터넷 뉴스 >>>> >>>>	>>> >>
	주간지	10여 곳		>>>>>>>>>> >>	>>>>>>
	월간지	20여 곳		>>>>>>>>>>>>	>>>>>>>>
인터넷 홍보	주요 사이트 이벤트	네이버브랜드 검색	>>>>>>>>>>	>>>> 네이버 검색창에 '광명음악밸리축제'를 쳐보세요 >>>>>>>>	>>>>>>>>
		네이버뮤직		>>>>>>>>>>>>>>>>>>>	>>>>>>>>
		향뮤직	>>>>>>>>>>	>>>>>>>>>>>>>>>>>>>>>>>>>>>>>>>	>>>>>>>>
		벅스	>>>	1차 >>>>>> >>> 2차 >>>	>>>>
		멜론		>>>>>>>>>>>>>>	

	뮤즈	>>> 1차 >>>>>> >>> 2차 >>>
	싸이월드	>>>>>>>>>>>>>>>>
	야후	>>>>>>>>>>>>>>>>
	엠파스	>>>>>>>>>>>>>>>>
	네이트	>>>>>>>>>>>>>>>
	예스24	>>>>>>>>>>>>>>>>
	SBS	>>>>>>>>>>
	뮤직필드	>>>>>>>>>>>>>>>>>>>>>>>>>>
기타 사이트	문사모	
	예츠	
	아트터치	
	컬쳐랜드	>>>> 공연소식 공지 >>>>
	nine4u	
	클립서비스	
	라이브힙	
	오티알	
	겟플레이	>>>> 공연소식 공지 >>>>
	아트센터	
	블루아트센터	
	문화타임즈	
	연합뉴스축제장터	

구분	세부	매체	일정
		페스포츠	>>>> 공연소식 공지 >>>>
		etimes – 축제소식	
	동호회	팬카페 및 동호회 200여 곳	>>>>> 1차 공연 공지 >>>>>> 2차 적극적 피드백 >>>>>>
	BBS	대기업 사내 BBS	>>>>>>>>>>>>>>
라디오 홍보	앨범 프로모션	KBS 김장훈 뮤직쇼	>>>>>
		SBS 정지영 스위트 뮤직박스	>> 1차 > >> 2차 >
		SBS 최화정의 파워 FM	>>>>>
		MBC 이소라 FM 음악도시	>>> >>>
		MBC 이적의 드림온	>>>>> >>>>>
		MBC 신해철 고스트 스테이션	> >
		SBS 박소현의 러브 게임	>>>>>
		EBS 한영애의 문화 한 페이지	>> 1차 > >> 2차 >
		PBC 한낮의 가요선물	>>>>>>>>>>>>
기타 홍보	전단 개제	크로앙스	전단, 대형 현수막
	메일링	문예진흥원 뉴스레터	> 매주 목요일 발송>
	대림역 전시	대림역 광장 전시물	>>>>>>>>>>>>>>>>>>>>
외부 홍보물	포스터	구청 게시대(9곳: 200여 장)	>>>>>>>>>>>>>>>>>>
		서울(3,900장)	>> >> > >>> >>>> >>>> >>>
		광명(1,300장+500장)	>>>>>>>>>>>>>>>>>>
	현수막	구청 게시대(5곳: 6장)	> 홍대정문, 이대전철역, 영동세브란스, 서대문, 동대문 문화회관, 이수로 교차로
		서울(58장)	> 홍대, 신촌, 여의도, 고속터미널, 올림픽대로> >>>>> 2차 >>>>>>>>>

	광명(40장)	>>>>>>>>>>>>>
가로등 배너	광명(250조)	>>>>>>>>
리플릿	홍대 클럽 일대 비치	>>>>>>>>> 1차 >>>>>>>>>>>>> … >> 2차 >>>>>>>>>>>
	지하철 역사	>> 7호선 11개 역사 >
	광명문화원, 평생학습축제 등	>>> … >>>>> … >>>>>>> >>>>>
	쌈지사운드 페스티벌	> 적극 홍보 >
홍보탑	광명 주요 일대 5곳	광명, 철산대교, 온신초등교 앞, 우체국 4거리, 고속철도역사, 크로앙스 백화점 앞 >>>>>>>>>>>>

03 | 홍보 결과

홍보 결과를 취합해서 자료로 만드는 것은 축제성과를 증명할 때 필요하다. 보통 오프라인·온라인 매체 보도 결과를 묶은 언론보도 현황집, 제휴 결과와 함께 오프라인 홍보물 게시 결과를 묶은 홍보노출 현황집을 제작한다.

1) 언론보도 현황집

2005 광명음악밸리축제 언론보도 현황 분석

• 중앙의 매체(방송, 신문, 잡지, 인터넷 등)에서의 평가는 상당히 호의적이었다. 스크랩한 기사만 128개였고, 단순한 정보 나열이 아니라 '특집기사' 형태가 대다수였다. 이를 광고 단가로 환산하면 개당 500만~1,000만 원을 호가하는 지면을 할애한 매체가 매우 많았음을 알 수 있다. 여태까지 한국 음악축제 역사상 홍보면에서 기록을 세운 것이 아닐까 싶다. '음악도시'를 홍보하기 위해 기획한 축제로서는 소기의 성과를 달성했다고 자평한다.

항목	내용	비고
언론 기사화 수	150여 개	스크랩한 기사만 128개임
기사 성격	'특집기사' 형태가 대다수	여타 축제는 일반적으로 단신 취급함
보도 현황	중앙지: 104개	전국 일간지, 잡지, 인터넷 매체
	지방지: 24개	경기도 일간지
	기타	
광고액 환산	7억 4,893만 5,000원	지면 크기를 광고액으로 환산한 액수 (128개 기사 기준)

2) 홍보노출 현황집

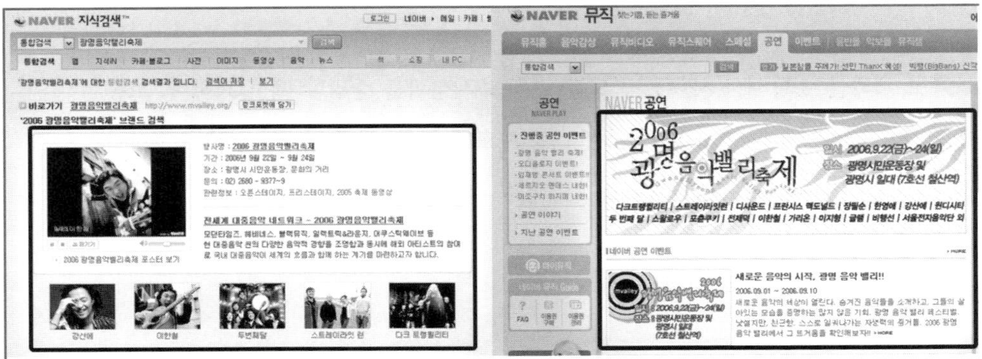

네이버와의 제휴를 통해 검색 화면은 물론 공연 정보를 제공하는 화면에도 광명음악밸리축제를 노출할 수 있었다.

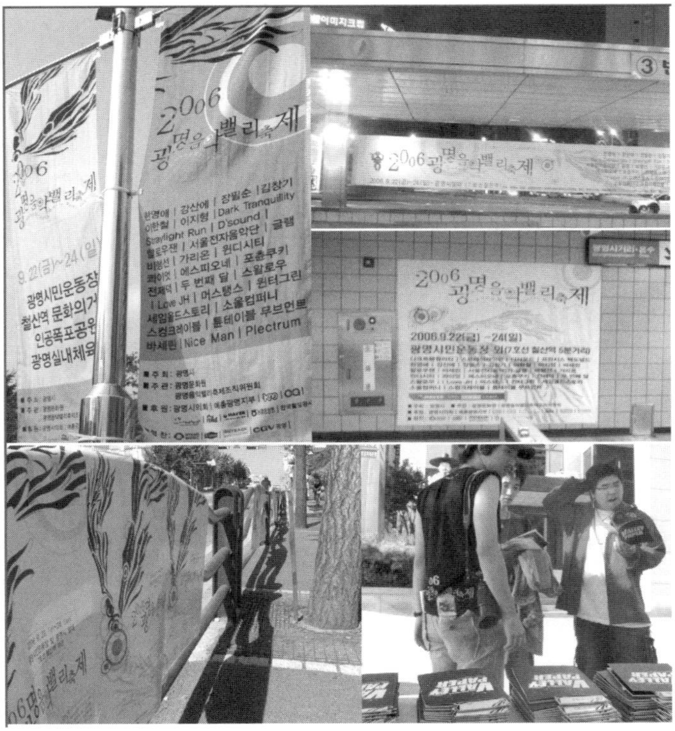

사람들이 많이 다니는 곳마다 광명음악밸리축제 배너와 포스터를 부착하거나 밸리페이퍼 및 리플릿을 비치해 둠으로써 축제를 홍보했다.

3) 축제 보도현황 광고액 환산

축제홍보 결과를 정성적으로 측정하는 방법 중 하나로 매체에 보도된 기사를 해당 매체의 광고액으로 환산해서 그 가치를 따지는 방법이 있다.

2005 광명음악밸리축제 축제 보도현황 및 광고액 환산

1) 주요 신문 광고 단가 기준

— 생략함 —

2) 축제 보도현황별 광고액 환산

- 전체 광고액 환산: 7억 4,893만 5,000원

※ 홍보 효과로서의 기사는 보통 광고 단가의 2~3배로 계산함(총 20억 원 수준)

No.	신문	광고액(원)	No.	신문	광고액(원)
1	광명지역신문		2	광명소식	
3	컬쳐뉴스		4	한빛뉴스	
5	굿모닝서울		6	오마이뉴스	
7	한겨레신문		8	인천일보	
9	연합뉴스		10	광명소식	
11	문화일보		12	광명소식	
13	광명소식		14	서울경제	
15	웨이브		16	노컷뉴스	
17	매일경제		18	연합뉴스	
19	마이데일리		20	마이데일리	
21	연합뉴스		22	마이데일리	
23	헤럴드경제		24	문화타임스	
25	AM7		26	스포츠한국	
27	한겨레신문		28	광명소식	
29	광명소식		30	수도권일보사	
31	경기신문		32	문화일보	

33	문화일보		34	고뉴스	
35	시민의신문		36	중앙일보	
37	고뉴스		38	이타임스	
39	문화일보		40	광명소식	
41	고뉴스		42	코리아타임스	
43	세계일보		44	오마이뉴스	
45	스타뉴스		46	진보정치	
47	광명지역신문		48	서울신문	
49	연합뉴스		50	일간스포츠	
51	연합뉴스		52	스포츠조선	
53	스포츠조선		54	스포츠조선	
55	프로메테우스		56	뉴시스	
57	광명시민신문		58	경기신문	
59	TV리포트		60	일간스포츠	
61	난장		62	수도권일보사	
63	아시아일보		64	연합뉴스	
65	일간스포츠		66	파이낸셜	
67	데일리줌		68	미디어참세상	
69	티켓링크		70	웨이브	
71	서울신문		72	한겨레	
73	중부일보		74	경인일보	
75	경기도민일보		76	이즘	
77	컬쳐뉴스		78	경향신문	
79	포커스		80	스포츠투데이	
81	일간스포츠		82	중앙일보	
83	연합뉴스		84	스포츠한국	
85	YTN		86	경기일보	
87	인천일보		88	문화일보	
89	한국일보		90	마이데일리	
91	고뉴스		92	한경비즈니스	
93	노컷뉴스		94	노컷뉴스	

95	중앙일보		96	우먼타임스	
97	광명시민신문		98	수도권일보	
99	광명소식		100	광명시민신문	
101	내외일보		102	한겨레신문	
103	서울신문		104	First Lady	
105	52 STREET		106	서울스코프	
107	굿타임진		108	페이퍼	
109	뮤지션		110	황해문화	
111	여성조선		112	월간 말	
113	여성동아		114	퀸	
115	행복이가득한집		116	환경21	
117	Teen News		118	베이비 앤 맘	
119	앙앙		120	코리아테틀러	
121	시사음악		122	엘르	
123	한겨레21		124	시사저널	
125	필름2.0		126	무비위크	
127	이코노믹리뷰		128	한경비즈니스	
추가	EBS 스폿광고 40회: ______				

04 | 축제마케팅

축제마케팅 계획은 기본적으로 축제가 시작하기 한 해 전부터 세워야 한다. 왜냐하면 기업들의 차기 연도 후원·협찬 계획은 보통 10월 정도에 수립되고 12월에 확정되기 때문이다.

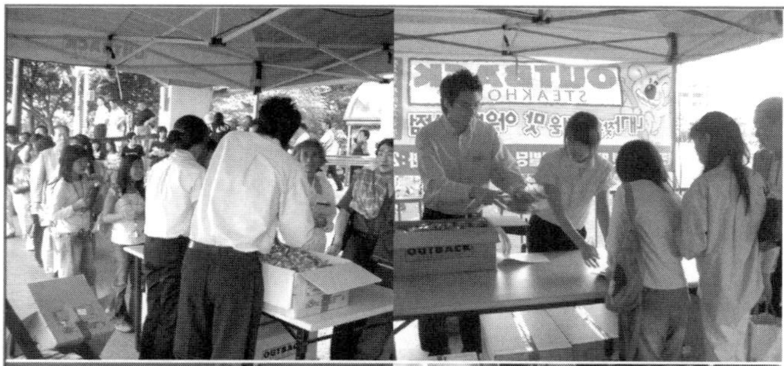

아웃백 프로모션을 진행하는 모습. 이벤트에 당첨되거나 리플릿을 가져온 시민에게 협찬음식을 나눠줌으로써, 축제에 대한 관심을 환기시키고 축제 분위기를 고조시킬 수 있었다.

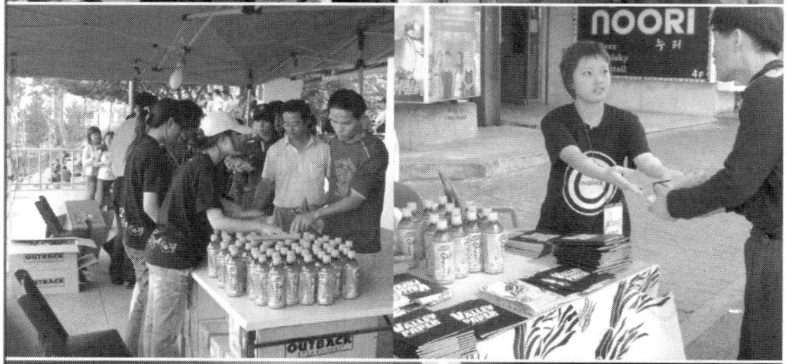

립톤 프로모션을 진행하는 모습. 메인 공연장 외에 거리공연장에서도 리플릿과 함께 배포해 낮에 열린 거리공연 참여를 높일 수 있었다.

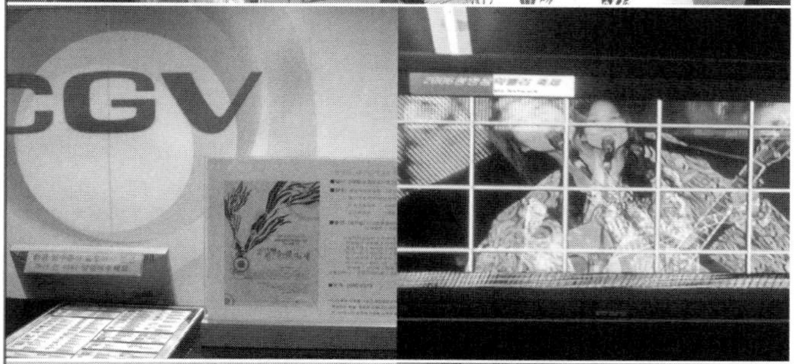

CGV 광명과의 프로모션 진행 모습. 매표소 입구에 축제홍보 게시물을 설치했고 내부 모니터에서 축제동영상을 상영했다. 이벤트를 통해 영화티켓을 배포했으며, 축제 당일에는 축제 전광판에서 CGV 스폿광고를 상영해 프로모션 업체의 긍정적 참여를 유도했다.

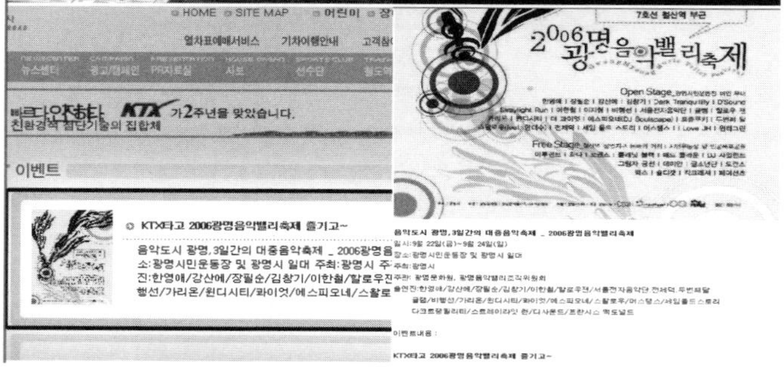

KTX 광명역과도 제휴해 철도청 홈페이지에서 2006 광명음악밸리축제 이벤트를 실시했다. KTX를 타고 광명역에 내린 승객들이 티켓을 보여주면 이벤트 물품을 지급하는 방식이었다. 지방 관객의 참여를 유도했으며, KTX 광명역도 홍보할 수 있어서 관계자 모두가 만족할 수 있었다.

제15장

축제평가

01 축제평가 개념

02 축제평가 방안

03 축제성과

04 축제평가 보고서

01 | 축제평가 개념

축제평가에서 가장 중요한 것은 해당 축제가 축제마스터플랜에서 제시한 '소기의 성과'를 얻었는지 여부이다. 나머지는 부차적인 문제라고 생각한다. 그리고 축제 유형마다 평가 방법은 달라야 할 것이다. 즉, 특정 유형의 축제는 다른 축제와는 다른 고유한 역할이 있음을 염두에 둬야 한다.

1) 음악축제의 역할을 염두에 둔 축제평가

대중음악축제는 지역예술축제로서의 역할뿐만 아니라 한 국가의 음악산업 활성화에 일조하는 역할도 할 수 있다. 서구에서 1960년대 이래 거대 규모의 대중음악축제가 새로운 음반을 발표한 뮤지션들에게는 음반 프로모션을 하기 위한 가장 적절한 공간들 중 하나로 기능하는 등 대중음악 신을 활성화시켰다는 점은 주지의 사실이다. 그래서 공연 기획 측면에서 보면 대중음악축제는 라이브클럽과 더불어 그 나라의 음악산업 발전에 영향을 줬다. 또한 축제 자체의 막대한 수익 창출로 축제기획자나 해당 지자체에는 관심의 대상이었다. 그런 이유로 음반사, 뮤지션, 지자체 모두 대중음악축제가 열리는 것에 호의적이다.

그러나 아직까지 우리나라에서는 그러한 인식이 부족하고, 그런 역할을 하는 대중음악축제가 활성화되었다고 하기도 어렵다. 국내 대다수 대중음악축제에 공통된 문제점을 지적하면 축제의 존재 이유나 프로그램 내용을 따지기보다는 집객을 중시한다는 점, 지자체 기반 축제의 경우 축제의 탄생 이유가 해당 도시의 대중음악정책과 관련이 적어 대중음악전문축제를 만들기 힘들다는 점, 장기적인 비전을 가지고 음악축제를 운영하는 조직이 많지 않다는 점, 축제 사무국 운영이 안정적인 방식이 아니라서 축제프로그램 질의 고양과 축제 자생력에 대한 계획 실현을 보장하기 어렵다는 점, 예술감독 등 축제기획 전문가 체제로 축제를 기획하지 않기 때문에 단순 이벤트와 다르지 않은 결과물이 나오는 경우가 비일비재하다는 점, 일반인들의 음악축제 자체에 대한 인식이 낮다는 점 등이다.

일례로 성공 사례로 알려진 해외 음악축제들은 출연자들을 결정할 때 해당 축제에서 추구하는 음악스타일에 맞으면서 현재 트렌드의 감각을 보여주는 뮤지션들을 선호한다. 물론 인지도도 중요시하지만 그보다는 음악적인 내용을 중시한다. 하지만 국내의 대다수 음악축제에서는 일반적으로 주최 측이 집객 문제를 가장 중요하게 따지기 때문에 축제기획자들은 출연자를 결정할 때 뮤지션의 인지도, 특히 공중파 방송을 통한 대중적인 인지도를 우선시한다. 이러한 점은 대중음악전문축제가 아직도 우리나라에 정착하지 못하게 하는 중요한 요인들 중 하나이다.

그래서 광명음악밸리축제를 기획하기에 앞서 국내외 대중음악축제들의 현황과 운영 사례 분석, 성공 요인과 문제점 분석을 통해서 현재 국내에서 행해지는 대중음악축제 관련 문제점을 살펴보면서 이를 극복할 수 있는 방안을 모색했다. 여기서 고려한 점들은 다음과 같다.

첫째, '대중음악' '전문' '축제'에 걸맞은 콘셉트가 필요하다는 점이다. 우리나라에서는 여태까지 무수한 대중음악 관련 축제가 기획되어왔지만 정작 '음악축제'의 느낌이 드는 축제는 많지 않았고, 심지어 짜깁기 형태의 프로그램 구성을 보여주는 축제도 적지 않았다. 그래서 광명음악밸리축제에서는 음악전문축제에 걸맞게 명확한 축제콘셉트를 정하고(2005년 '한국 음악창작자의 역사', 2006년 '현재의 노래, 희망의 노래') 세부 프로그램을 기획했다. 이후 축제콘셉트에서 벗어나지 않으면서 세부 프로그램에도 부합하도록 뮤지션을 선별했다.

둘째, 행사 주체의 사업 목표에 부합하는 축제정책이 필요하다는 점이다. 축제는 행사 주체(지자체, 기업 등)의 관련 사업을 '설명'하고 '홍보'하는 기능도 아울러 갖는다. 이에 따라서 비전을 제시해야 하고, 그러기 위해서는 기획 단계에서부터 '임무, 비전, 대상, 목표'를 명확히 설정해야 한다. 광명음악밸리축제는 '음악도시' 사업을 전국적으로 홍보하기 위해 기획한 행사이니만큼 광명시민만을 대상으로 하는 지역축제를 뛰어넘어 전국(전 세계)의 음악마니아들을 대상으로 축제를 기획한다는 임무를 갖는다.

셋째, 축제가 탄생한 이유를 염두에 둬야 한다는 점이다. 축제를 기획·평가할 때는 해당 축제가 만들어진 이유를 가장 먼저 되새겨야 한다. 그리고 그 고유의 특징에 근거해 해당 축제를 평가하고 발전 방향을 모색해야 한다. 아직까지도 많은 지역축제들이 하나의 축제 안에서 지나치게 다양한 요구를 구현하려는 '백화점식' 방향 설정을 하고 있다. 그런데 대개 그렇게 열거되는 요구 중 어느 하나도 제대로 충족시키지 못한 채 어정쩡한 절충으로 끝나버리는 것이 지역축제들이 안고 있는 한계이자 현실이다. 그래서 광명음악밸리축제는 '광명은 음악도시이다'라는 이미지를 전국(전 세계)에 널리 알리기 위해서 탄생했음을 잊지 말아야 한다.

넷째, 소기에 설정한 목표에 대한 집중이 필요하다는 점이다. 결국 축제평가의 핵심은 그 축제가 사전에 설정된 '소기의 성과'를 얻었는지 여부이다. 그래서 축제를 기획할 때 염두에 둘 것은 소기의 성과를 얻을 수 있는 '방법론'의 개발이다. 만약 어떤 지자체가 '도시이미지 마케팅' 차원에서 축제를 만들었다면, 축제가 벌어진 상황에서 중요한 것은 '집객'이 아니라 그 도시가 원하는 이미지를 해당 축제가 행사를 통해 얻게 해주는지에 달려 있다. 일례로 광명음악밸리축제는 해외 유수의 음악축제들을 참고해 축제를 기획했고, 해당 축제가 그 도시에 어떤 긍정적인 역할을 할 수 있는지에 주목했다. 그래서 광명음악밸리축제가 3일 동안의 공연만이 아니라, 광명시가 가지고 있는 음악도시 비전을 어떤 식으로 도울 수 있는지 염두에 뒀다.

다섯째, 대중음악계 발전에 기여할 필요가 있다는 점이다. 대중음악축제는 단지 좋은 공연을 보여주는 행사를 넘어서 해당 지역에 대중음악 인프라를 심고, 나아가서는 국내 대중음악 발전의 원동력 역할을 할 필요가 있다. 그러기 위해서는 음악축제를 통해 대중음악 신의 성장에 어떻게 기여할지에 대한 고민이 필요하다. 그래서 광명음악밸리축제는 광명시가 한국 대중음악산업의 인프라 조성에 도움이 되고자 추진하는 '한국 뮤지션들의 해외 진출' 계획에 실행 방안을 제시하려고 했다. 지금의 대중음악 환경은 예술성을 지닌 앨범을 발표하려는 뮤지션들이 홍보·유통 측면에서 어려움을 겪을 수밖에 없는 구조적인 문제점을 갖고 있다. 그렇기 때문에 이에 대한 돌파구로 '해외 진출', '해외 유통'에 대한 가능성을 모색할 수밖에 없고, 이는 수익 창출뿐만 아니라 '한류'라는 기획 아이템을 통해서 대중매체와 문화정책 관련자들의 관심을 환기하려는 의도를 갖고 있다. 이에 광명음악밸리축제 사무국에서는 제3세계 뮤지션들의 미국 진출뿐만 아니라 전 세계 유통에 대한 가능성을 타진할 수 있는 행사인 미국 오스틴 시 SXSW 페스티벌에 한국의 뮤지션들도 참여하는 계획이 '해외 진출'에 대한 대안들 중 하나라고 여긴다. SXSW 현지에서 공연 및 홍보부스 설치 등을 기획할 때는 '한국의 밤(Korea Night)'이나 '레이블 공연' 등을 기획하거나, 파티와 한국 대중음악 신을 소개하는 홍보부스를 운영하는 것이 바람직하다는 생각을 한다.

2) 음악축제평가에서 고려할 점들

○ 시민 참여에 대한 냉정한 논의 필요　축제에서의 시민 참여 부분(시민 참여 프로그램 개발, 지역예술인 참여 등)은 해당 축제의 '성격'과 '지향점' 안에서 논의되어야 한다고 생각한다. 한국에서 음악전문축제를 기획한다면, 일본의 후지 록 페스티벌이나 영국의 글래스톤베리 페스티벌을 모범으로 삼고 기획하는 것이 좋을 수가 있다. 그런데 이런 해외 유수의 음악축제에도 특별히 '시민 참여 프로그램'은 존재하지 않는다는 점을 인식했으면 한다. 즉, 축제가 성공하려면 명확한 기획 콘셉트가 있어야 하며 프로그램에서 독자성이 있어야 한다. 그러므로 '시민 참여'는 그 부분을 중요하게 다루는 다른 축제의 프로그램에 넣으면 된다. '모든' 축제에 시민 참여 프로그램이 있어야 하는지 고민해야 한다.

○ 비전과 효과에 대한 이해　문화기획자들은 기획할 때 '비전'과 '효과'를 염두에 둔다. '비전'은 자신이 기획하는 대상이 향후 어떤 전망을 가질 수 있는지 예측하고, 그 전망을 실현하기 위해 현실적이면서도 구체적인 방안을 마련하는 것이다. 그리고 그 과정에서 축제 관계자들을 끊임없이 설득해서 한 방향으로 나갈 수 있게 한다. 그렇지 않으면 초기에 잘 기획해도 나중에 보이는 결과물은 엉뚱한 모습이 될 수 있기 때문이다.

그리고 '효과'는 '비용 대비 효과'와 '언론 노출 효과'를 의미한다. 전자는 주어진 예산에서 가장 빛을 볼 수 있는 프로그램을 기획하는 것이고, 후자는 주어진 조건(예산과 시간)에서 어떤 프로그램을 기획했을 때 언론에 제대로 노출될 수 있을지 모색하는 것이다. 그래서 보통 아무리 좋은 프로그램이라도 같은 내용을 반복하지 않고, 웬만해서는 남이 하지 않았던 새로운 프로그램을 기획한다.

3) 음악축제기획자들이 듣는 통상적인 질문 몇 가지에 대한 이해

2005 광명음악밸리축제 평가 토론회에서 들었던 대표적인 질문들

Q. 기획에서 '대중성'이 부족하지 않았나?

- 만약 대중성이란 단어가 공중파 TV에 많이 나오면 얻는 '인지도'를 의미한다면 부족했다. 이는 '집객'이 덜 되었음을 의미한다고 알고 있다. 하지만 이번 축제는 '음악전문축제'를 지향했다. '음악전문'이란 의미는 엔터테이너가 아니라 '진짜 음악인'이 출연한다는 것을 의미하고, '축제'도 '도시이미지 마케팅' 차원의 접근이 필요하므로 집객이 가장 중요하지는 않다. 즉, 이번 축제는 한국 최초의 대중음악전문축제를 만들어 광명시가 진정한 '음악도시'라는 것을 전국에 널리 알리는 것이 목표였음을 간과해서는 안 될 것이다. 그런 점에서 기획과 성과 둘 다 만족스러웠다.

Q. 광명음악밸리사업을 생각한다면 '대중음악의 상품화'를 염두에 둬야 하지 않는가?

- 대중음악의 상품화를 생각했기 때문에 오히려 '훌륭한 창작자'를 알리고, 대중음악에서의 '창작'이란 것을 인식시키는 데 주력했다. 즉, 문화산업에서의 핵심은 '콘텐츠의 질'이고, 마케팅도 '소스'가 좋아야 성공할 수 있다. 이는 해외에서 비틀스, 밥 딜런, 롤링스톤스 등이 40년 넘게 음반을 잘 파는 것을 보면 자명하다. 이들의 음반이 그토록 오랫동안 팔리는 이유는 그들의 노래가 뛰어나서이고, 이는 '좋은 음악창작'을 의미한다.

Q. 장년층 · 노년층을 타깃으로 하는 프로그램이 없었다.

- 10대부터 60대까지 모두가 만족하는 공연을 기획하기란 거의 불가능하다. 그래서 보통 타깃 연령층을 정하는데, 이번 축제의 타깃은 10~30대의 문화적인 욕구가 뚜렷한 층을 대상으로 했다. 한마디로 말해서 나훈아, 현철, 태진아,

송대관, 장윤정 등이 나오면 40대 이상은 많이 오겠지만 그 밑의 세대가 얼마나 오겠는가?

02 | 축제평가 방안

축제가 끝나면 보통 축제를 평가한다. 이는 내부적으로 하는 방법과 외부적으로 하는 방법이 있다. 외부적인 방법에는 대표적으로 설문 조사와 평가 토론회가 있고, 외부 전문평가기관에 의뢰해서 평가 연구보고서를 받는 방법도 있다.

1) 내부 평가

2005 광명음악밸리축제 축제평가 회의

- 일시: 2005년 10월 26일(수) 오후 3~5시
- 장소: 광명시청 중회의실
- 참석자: 광명시 관계자, 광명음악밸리축제 집행위원, 사무국 직원

1) 잘된 점

- 축제는 도시이미지와 브랜드를 만드는 것이 요점이라는 점에서는 잘된 축제라고 생각한다.
- 대중음악전문축제로 자기 모습을 드러낸 것은 긍정적이다.
- 콘텐츠 기획이 명확하고 전문성이 있었다.

2) 미흡한 점

- 프로그램에서 지역예술단체 참여 방안을 모색해야 한다.
- 축제를 만들어가는 데 시민사회의 참여가 필요하다.
- 시민들이 즐길 수 있는 프로그램도 필요하다.

- 광명시 내에서 음악창작자들의 소통에 대해 고민해야 한다.

3) 문제점
- 내년에는 안전 문제에 더 준비가 필요하다. 철제가드는 필수로 설치해야 한다.
- 내년부터는 청소 등에 공무원들을 동원하지 않아야 한다.

4) 개선 방안
- 내년에는 철제가드 설치비를 예산에 반영하는 등 안전에 만반의 준비를 한다.
- 내년에는 자원봉사자를 면밀히 구성해 공무원의 동원을 줄일 예정이다.

5) 기타 의견
- 5월경부터는 매달 축제홍보를 위한 '사전 공연'이 필요하다.
- 예술인들에게는 자신만의 색깔이 필요하다는 점을 고려해야 한다.
- 불꽃놀이가 집객 효과가 있었다.
- 냉정한 축제평가가 필요하다.
- 축제시기가 일부 학생들의 중간고사 시기였다.
- 공연 종료 시간은 오후 10시 이전이 바람직하다.

2) 외부 평가

(1) 설문 조사

2005 광명음악밸리축제 설문 조사

1) 조사 방안
- 전문가 그룹: 200명(뮤지션, 음반사, 매체, 음악 관련 기관 · 단체, 시민단체)
- 일반인 그룹: 1,000명(광명시민)

2) 조사 · 분석 방안
- 사무국: 설문 개발 · 조사 · 수거, 보고서 제작
- 설문 분석업체: 설문 통계, 분석, 코딩

3) 일정

• 설문 기획
• 설문지 개발
• 분석업체 계약
• 문화청소년과 협조(동사무소 배포)
• 설문 조사
• 설문 수거: 12월 초
• 통계, 분석, 코딩: 12월 중순
• 보고서 제작: 12월 말

4) 2005 광명음악밸리축제 설문 조사 항목

— 아래의 설문지 참조 —

▣ **다음 질문들을 잘 보고 해당하는 곳에 표시하시기 바랍니다.**

1. **귀하에게 해당되는 성별에 표시하십시오.**
   □ 남 □ 여
2. **귀하에게 해당되는 연령대에 표시하십시오.**
   □ 10대 □ 20대 □ 30대 □ 40대 □ 50대 이상
3. **광명 하면 가장 먼저 떠오르는 이미지는 무엇입니까?**
   □ 음악도시 □ KTX □ 경륜장 □ 평생학습도시
   □ 서울의 베드타운 □ 기타( )
4. **귀하는 광명시가 음악도시를 지향하기 위해 노력하고 있는 사실에 대해서 알고 있습니까?**
   □ 잘 알고 있다.
   □ 어느 정도 알고 있다.
   □ 잘 모르겠다.
5. **2005 광명음악밸리축제의 가장 큰 효과는 무엇이라고 생각하십니까?**
   □ 음악도시로서 광명시의 이미지를 향상시킨다.
   □ 광명시민의 자긍심을 높이고 단결과 화합을 도모한다.
   □ 광명시민의 문화생활 수준을 향상시킨다.
   □ 지역경제에 도움이 된다.
   □ 기타 ( )

6. 2005 광명음악밸리축제에서 아쉬웠던 점은 무엇이라고 생각하십니까?

□ 광명의 다른 축제와 일정상의 문제로 인한 홍보 부족

□ 관객들이 참여할 수 있는 다양한 부대행사 부족

□ 다양한 계층의 관객이 참여할 수 있는 뮤지션들의 부족

□ 공연 시설 및 장소

□ 시민과 함께하는 축제를 위한 다양한 시민 참여 프로그램 부족

□ 기타( )

7. 내년도 광명음악밸리축제에도 참여할 계획이십니까?

□ 꼭 참여하겠다.

□ 여건이 되면 참여하겠다.

□ 참여하지 않겠다.

□ 모르겠다.

8. 내년도 축제의 메인무대에 소정의 관람료를 받는 것을 어떻게 생각하십니까?

□ 공연의 질을 담보하기 위해서는 실비 수준의 입장료는 받을 수 있다.

□ 축제의 저변이 확대될 때까지 무료로 공연하는 것이 좋다.

□ 지역민 배려 차원에서 광명시민은 무료, 타 지역민은 유료로 한다.

9. 2006 광명음악밸리축제의 방향에 대해 어떻게 생각하십니까?

□ 광명시를 널리 알릴 수 있는 해외 뮤지션이 참여하는 음악축제

□ 다른 축제와 차별화된 내용으로 독자성을 갖는 음악전문축제

□ 현재의 음악 트렌드를 반영한 다양한 장르의 뮤지션 섭외

□ 인기 가수의 출연을 통한 관람객 증대 고려

□ 기타( )

10. 귀하는 이번 2005 광명음악밸리축제에 참여하셨습니까?

□ 참여했다. □ 참여하지 않았다.

10-1. [10번 추가 설문] 귀하가 이번 축제에 참여하지 않은 이유는 무엇입니까?

□ 광명에서 축제를 하는지 몰랐다.

□ 참여하고 싶었지만 시간 여유가 없었다.

□ 아는 뮤지션이 적었다.

□ 출연 뮤지션들이 맘에 들지 않았다.

□ 음악밸리축제 자체를 반대한다.

□ 기타(   )

10-2. [10-1번 추가 설문] 출연 뮤지션들이 맘에 들지 않았다면 어떤 뮤지션이 출연하기를 원합니까?

□ 활발히 활동하고 있는 해외 뮤지션

□ 방송 출연이 잦은 인지도 높은 가수

□ 중·장년층도 공감할 수 있게 트로트 가수들 포함

□ 기타(   )

■ 아래 질문은 축제에 참여하신 분들만 답하시면 됩니다.

11. 귀하가 2005 광명음악밸리축제를 알게 된 경로는 무엇입니까?

□ 언론 매체

□ EBS TV 광고

□ 리플릿 및 기타 홍보물

□ 홈페이지 방문

□ 동아리 모임 및 지인

□ 축제장 주변을 지나다 우연히

□ 기타(   )

12. 2005 광명음악밸리축제 사무국에서 발간한 홍보물이 축제내용을 파악하는데 도움이 되었습니까?

□ 많은 도움이 되었다.

□ 어느 정도 도움이 되었다.

□ 거의 도움이 되지 않았다.

□ 전혀 도움이 되지 않았다.

□ 홍보물을 보지 못했다.

13. 3일간의 축제에 어느 정도 참여했습니까?

□ 3일 모두 참석했다.

□ 2일만 참석했다

□ 1일만 참석했다.

14. 3일간 축제 중 일부분만 참석했던 이유는 무엇입니까?

□ 몇몇 공연들이 취향에 맞지 않았다.

□ 그냥 지나가다 들렀는데 재미가 없었다.

□ 3일 전부 볼 시간이 없었다.

□ 기타( )

15. 메인무대 공연 중 가장 좋았던 순서대로 앞에 번호를 적어주시기 바랍니다.

□ 〈하나음악 스페셜〉(조동진, 장필순, 한동준, 이다오, 오소영, 버드)

□ 〈밸리 초이스〉(이승열, 이상은, 이병우, 한대수)

□ 〈인디뮤직 10년사〉(허클베리핀, 델리스파이스, 마이언트메리 등)

□ 〈민중음악 30년〉(안치환, 노찾사, 꽃다지 등)

16. 메인무대 음향에 대해서 어떻게 생각하십니까?

□ 매우 좋았다. □ 대체로 좋았다. □ 보통이다.

□ 좋지 않았다. □ 매우 좋지 않았다.

17. 무대의 구성 및 조명에 대해서 어떻게 생각하십니까?

□ 매우 좋았다. □ 대체로 좋았다. □ 보통이다.

□ 좋지 않았다. □ 매우 좋지 않았다.

18. 메인무대 전체 공연 시간이 적절하다고 보십니까?

□ 적절했다. □ 그냥 그랬다. □ 너무 길었다.

19. 메인무대 공연장으로서 시민운동장이 적합하다고 생각하십니까?

□ 적합하다. □ 보통이다. □ 적합하지 않다.

19-1. [19번 추가 설문] 시민운동장이 공연장으로 적합하지 않은 이유는 무엇이라고 생각하십니까?

□ 공연장을 찾기가 힘들다.

□ 도로 옆 운동장이라 공연장 분위기가 나지 않았다.

□ 기타( )

20. 귀하는 이번 축제에서 메인무대 외에 광명시내 곳곳에서 거리공연이 벌어진 것에 대해 알고 있었습니까?

□ 알고 있었다. □ 몰랐다.

20-1. [20번 추가 설문] 거리공연에 대해서 잘 몰랐다면 그 이유는 무엇입니까?

□ 메인무대에 비해서 거리공연에 대한 홍보가 부족했다.

□ 거리공연이 벌어지고 있는 장소를 알기가 힘들었다.

□ 거리공연이 벌어지고 있는 분위기를 감지할 수가 없었다.

□ 기타(   )

21. 거리공연 중 가장 좋았던 곳은 어디입니까?

□ 〈Free Stage 1〉(철산상업지구 문화의거리)

□ 〈Free Stage 2〉(크로앙스 앞)

□ 〈Free Stage 3〉(철산동 삼성빌딩 앞)

□ 〈Free Stage 4〉(인공폭포공원)

□ 참여하지 않았다.

21-1. [20번 추가 설문] 거리공연 음향에 대해서 귀하는 어떻게 생각하십니까?

□ 매우 좋았다. □ 대체로 좋았다. □ 보통이다.

□ 좋지 않았다. □ 매우 좋지 않았다.

21-2. [20번 추가 설문] 거리공연 무대에 대해서 귀하는 어떻게 생각하십니까?

□ 매우 좋았다. □ 대체로 좋았다. □ 보통이다.

□ 좋지 않았다. □ 매우 좋지 않았다.

22. 이번 축제에서는 음악 공연 외에 다양한 부대행사가 열렸습니다. 다음 중 가장 마음에 들었던 부대행사는 무엇입니까?

□ 〈URART — 나도 음악가〉 □ 〈노천카페〉 □ 음반 전시 · 판매

□ 〈실용음악과 마당〉 □ 〈실용음악강좌〉 □ 참여하지 않았다.

23. 이번 축제에 시민 참여 프로그램이 잘 기획됐다고 생각하십니까?

□ 매우 그렇다. □ 그런 편이다. □ 보통이다.

□ 그렇지 않다. □ 전혀 그렇지 않다.

24. 공연장 편의 시설 중 확충되어야 할 것은 무엇이라고 생각하십니까?

□ 주차장 □ 교통 시설 □ 식당 □ 화장실

25. 자원봉사자를 비롯한 진행요원들의 질서유지, 안내 등 행사 진행에 대해 만족도는 어느 정도입니까?

□ 매우 만족한다. □ 만족한다. □ 보통이다.

□ 만족하지 않는다. □ 전혀 만족하지 않는다.

26. 이번 축제에 대한 전체적인 만족도는 어느 정도입니까?

□ 매우 만족한다. □ 만족한다. □ 보통이다.

□ 만족하지 않는다. □ 전혀 만족하지 않는다.

5) 조사 설계

- 조사 개요: 이 연구는 2005년 광명시가 주최한 음악밸리축제를 계승하고, 장기적 발전 방안을 모색하기 위해 시도되었다. 조사는 2005년 12월 5일부터 12일까지 실시했다.
- 조사 대상: 본 연구 조사 대상의 성별과 연령, 집단은 다음과 같다.

구분		빈도(명)	백분율(%)
성별	남자	369	34.2
	여자	709	65.8
연령	10대	65	6.0
	20대	332	30.8
	30대	255	23.7
	40대	263	24.4
	50대	163	15.1
집단	외부 전문가	32	3.0
	내부 전문가	56	5.2
	일반인	990	91.8
구분별 합계		1,078	100.0

- 자료 분석: 본 연구에서 수집한 자료는 부호화 과정을 거쳐 SPSS(Statistical Package for the Social Science) WIN 11.5 프로그램을 이용해 분석했다. 분석 기법으로는 조사 대상자의 일반적 특성을 살펴보기 위해 빈도 분석을 실시했으며, 광명음악밸리축제에 대한 시민들의 인식과 참여 실태를 알아보기 위해 교차 분석(Crosstabs)과 빈도 분석을 실시했다.

(2) 평가 토론회

2005 광명음악밸리축제 발전을 위한 토론회

○ **토론회 개요 및 프로그램**

1) 개요

- 제목: 광명음악밸리축제 발전을 위한 토론회
- 일시: 12월 2일(금) 오후 2시

- 장소: 시청 중회의실
- 주최: 광명시
- 주관: 축제추진위원회, 광명문화원

2) 프로그램

- 사회: 김창남(성공회대 신문방송학과 교수)
- 발제
  - 이두걸(서울신문 기자): "2005 광명음악밸리축제의 성과"
  - 염신규(민예총 정책실장): "음악전문축제로서 광명음악밸리축제의 전망"
- 지정 토론
  - 박준흠(2005 광명음악밸리축제 예술감독)
  - 신세철(스웨터 멤버)
  - 이규석(프린지 페스티벌 집행위원장)
  - 이원재(문화연대 사무처장)
  - 백승대(광명자원봉사자센터 사무국장)
  - 박상대(광명시의원)
  - 최봉섭(광명시 정책개발팀장)

3) 일정

- 14:00 개회
- 14:02 국민의례
- 14:05 참석자 소개
- 14:15 발언(시장)
- 14:20 발제 1
- 14:40 발제 2
- 15:00 지정 토론
- 15:30 참석자 의견 발표
- 15:55 폐회

4) 필요 물품

- 토론책자 150부, 축제 팸플릿 150부
- 플래카드 1장, 이동배너 2개
- 마이크 9개, PA
- 영상 및 사진 촬영 장비(캠코더, 디지털 카메라)

- 음료수, 다과

5) 예산안

- 사회자 비용: ______원
- 발제자 비용: ______원
- 토론자 비용: ______원
- 책자 제작: ______원
- 진행비: ______원

03 | 축제성과

축제가 끝나면 축제 완료 보고서를 작성하는데, 여기에 들어가는 내용 중에는 '축제성과' 부분이 있다. 이는 축제평가 자료를 기본으로 작성하고, 축제마스터플랜에 제시된 소기의 성과를 얼마나 달성했는지 따진다.

2006 광명음악밸리축제 성과 보고서 내용

- 8월 31일 첫 번째 사전 홍보 공연을 시작으로 진행된 2006 광명음악밸리축제는 '전 세계 대중음악 네트워크'라는 슬로건과 '현재의 노래, 희망의 노래'라는 주제로 9월 22일부터 24일까지 3일간에 걸쳐 광명시 일대에서 열렸다. 약 15만 명(연인원)의 관객과 함께 40여 뮤지션들의 공연으로 채워진 2006 광명음악밸리축제는 많은 음악인들의 도움으로 국내 음악창작자들의 성과에 경의를 표하고, 음악애호가와 일반 관객이 함께 어우러져 '현재의 음악'을 즐기는 자리가 되었다.

  축제가 끝난 뒤의 평가를 보면 일반 매체와 음악전문 매체, 일반인과 음악전문가, 지역민과 외부인들 모두 대개 긍정적으로 평가하고 있다. 적어도 프로그램 내용만큼은 긍정적인 평가가 지배적이고, 프로그램이 전문적이어서 일반 대중들이 다가오기 힘들 것이란 우려는 이제 종식된 상태이다. 이를 통해 확인한 것은 현재 대중들이 실력 있는 뮤지션들이 나오는 대중음악전문 축제에 목마르다는 점이고, 일반적인 예상과 달리 오히려 인지도가 떨어지더라도 진정한 뮤지션들에게 호응한다는 사실이다. 즉, 여태까지 음악축제 프로그램에서 전가의 보도처럼 논의되어온 '대중성'이 사실은 주최 측의 편의적이고 안일한 발상일 수 있다는 것이다. 2005 · 2006 광명음악밸리축제를 통해서 얻은 가시적인 성과는 다음과 같다.

- 광명시와 음악도시정책, 음악밸리사업에 대한 네임밸류 향상
  - 도시이미지 마케팅에 대한 성공 사례로 거론될 수 있음
- 자라섬 재즈 페스티벌과 함께 경기도의 대표적인 예술축제로 거론됨
  - 향후 국비 · 도비를 교부할 수 있는 여건 조성
- 한국에서도 대중음악전문축제가 성공할 수 있다는 사례를 보여줌으로써 뮤지션과 음악마니아들의 기대에 부응
  - 장차 광명시로 음악인들을 유입할 초석으로 작용
- 전문적인 대중음악콘텐츠로도 집객이 가능하다는 선례를 남김

'한국 음악창작자의 역사'라는 주제를 가졌던 2005 광명음악밸리축제는 이후 평가 토론회에서 "특히 이 축제는 대중음악가들을 '작가' 혹은 '창작자'의 관점으로 접근한 한국 최초의 축제였다는 점에서 대단히 의미 있는 자리였다"라는 평가를 받았다. '현재의 노래, 희망의 노래'라는 주제를 설정한 2006 광명음악밸리축제 또한 '현재'라는 개념어를 가지고 대중음악 · 문화에서 가장 중요한 개념인 '동시대성'을 강조하며 '현재 트렌드의 음악축제'를 만들어갈 것이다. 이는 '현재의 노래들을 중시하는 것이 한국 대중음악의 희망'임을 암시하고, 이번 축제기획의 독자성으로 기억될 것이다.

04 | 축제평가 보고서

2006 광명음악밸리축제에서는 행사 전반에 관한 평가를 외부 축제전문 평가기관에 의뢰했다. 외부 기관의 엄정한 평가를 바탕으로 향후 광명음악밸리축제가 나아갈 방향을 모색했다.

2006 광명음악밸리축제 평가 연구(QX 제작)

1) 사업 개요

- 사업명: 2006 광명음악밸리축제 평가 연구
- 사업 기간: 2006년 8월 31일(금)~10월 31일(화)
- 연구 기관: 기분 좋은 트렌드하우스 QX

2) 연구 목적

- 2006 광명음악밸리축제의 기획을 비롯한 준비 과정부터 실행에 이르기까지 행사 운영 전반을 평가한다.
- 예산 구성과 운용을 진단하고 향후 예산 구성 및 재원 조성 방안 전략을 모색한다.
- 관객 대상의 설문 조사와 정성적인 관찰 및 인터뷰를 통해서 행사 기획과 운영에 활용할 수 있는 데이터를 확보한다.

3) 기대 효과

- 2006 광명음악밸리축제의 행사 운영 전반에 대한 평가를 통해서 진단되는 문제점과 개선을 위해 제시되는 주요한 요소들을 도출한다. 이를 바탕으로 실제 행사 기획과 운영에 활용될 수 있는 방안을 모색하고 제안한다.
- 2006년에 계획 · 집행한 예산의 구성과 운용을 전체적으로 진단해 분석한 후, 이를 바탕으로 향후 바람직한 예산 구성 및 운용 전략과 재원 조성 방안을 마련하기 위한 연구를 수행하고 제안한다.
- 2006 광명음악밸리축제 평가 연구를 통해서 확보되는 밸리 패널 대상의 설문 조사와 정성적인 관찰 및 인터뷰 데이터를 근거로 사용한다(행사 프로그

램 기획이나 홍보를 위해서는 방문하는 관객의 의견과 특성에 대한 파악과 이해가 필수).

- 본 평가 연구의 내용은 광명시가 지향하는 음악도시로의 발전을 위해 매우 중요한 콘텐츠인 광명음악밸리축제의 방향성과 위치를 확인하고, 중장기 발전 계획 수립을 위한 기초 데이터가 된다.

4) 연구 방법

- 문헌 연구
  - 2006 광명음악밸리축제의 기본 · 실행 계획서 등 축제 관련 문서 검토
  - 기존 연구자료(결과 보고서 등) 검토
  - 보도기사 검색
- 밸리 패널 프로그램(현장 등록 및 온라인 설문 조사)
  - 목적: 광명음악밸리축제가 가지는 대중성과 마니아성에 초점을 맞춰 밸리 패널을 조직해, 지속적이고 정기적인 조사를 통해 축제에 대한 의견과 태도 파악
  - 밸리 패널 등록: 현장 안내부스에서 축제방문객을 대상으로 축제기간 전일 동안 밸리 패널 신청 접수(신청 인원을 제한하지 않음). 밸리 패널 약관(자격, 혜택, 의무사항 등)을 확인한 후 서명 · 날인하면 패널 등록을 마치고, 등록한 밸리 패널 모두에게 소정의 기념품 제공
  - 온라인 설문 조사: 현장에서 등록을 마친 밸리 패널을 대상으로 행사 운영 전반을 평가(축제의 방향성, 프로그램 만족도, 관객 서비스 및 현장 운영 등). 조사는 현장에서 접수한 메일(온라인 폼 프로그램)을 통해 진행
  - 내용: 광명음악밸리축제에서 기대하는 요소 · 방향성, 행사 프로그램 및 현장 안내와 관객 서비스 등 운영 전반에 대한 만족도를 파악하고, 개선을 위해 필요한 요소에 대한 의견을 수집
- 심층 인터뷰
  - 담당자 인터뷰: 지자체와 행사의 실무담당자를 대상으로, 실제 행사의 기획 의도를 파악하고 이에 따라 평가 기준과 관찰 지점을 설정하기 위해 실시
  - 관람객 인터뷰: 2006 광명음악밸리축제를 방문한 관람객 30여 명(성별, 세대, 동반자 등 관객 유형을 분류해 인터뷰 대상자를 현장에서 섭외함)을 대상으로, 설문지를 통해 확보할 수 있는 데이터의 근본적인 한계를 정성적인 인터뷰를 통해 보완하려는 목적에서 실시

- 현장 관찰: 연구원 및 리서처와 전문가 2명이 개선할 부분을 중심으로 현장 관찰. 사전 워크숍을 통해 행사의 기획 의도와 관찰 지점에 대한 내부 교육을 실시. 조사 설계 및 기획회의를 통해 정리된 평가 기준을 바탕으로 현장을 관찰하며, 사후 워크숍을 통해 관찰 내용을 정리하고, 주요한 키워드와 요소들을 도출

• 재원 조성 및 예산

- 축제기획안 및 예산안 등을 참고해 재원 조성 방안과 예산 구성 · 사용에 대해 진단(QX에서 자체 개발한 예산 부분 평가 지표를 사용함)
- 진단 내용을 바탕으로 향후 축제운영을 위한 재원 조성 방안을 제안

5) 연구 일정

기간	내용
8월 31일	〈Pre-Stage 1〉 모니터링
9월 9일	〈Pre-Stage 2〉 모니터링
9월 16일	〈Pre-Stage 3〉 모니터링
9월 15~16일	조사 설계 및 문헌 연구, 담당자 인터뷰
9월 17~21일	설문지 작성 및 검토, 기획회의 및 사전 워크숍(1, 2차)
9월 22~24일	현장 설문 조사, 현장 관찰, 관람객 인터뷰
9월 25~30일	1차 사후 워크숍, 설문 데이터 코딩
10월 1~10일	2차 사후 워크숍, 분석 회의
10월 11~25일	보고서 작성 및 검토
10월 26~31일	보고서 교정 및 담당자 의견 수렴

제16장

축제행정

01 축제기획안 확정 과정

02 축제인력 위촉장 수여식

03 축제추진위원회, 축제집행위원회

04 축제설명회

05 차기 연도 축제기획예산안 제출

06 행정 지원

07 축제정산

08 축제 완료 보고서, 평가 보고서, 언론보도 현황집

09 축제 완료 보고회

10 축제평가 토론회, 설문 조사, 기록물 작업

11 축제예산 수립 · 확정, 보조금 신청

01 | 축제기획안 확정 과정

이 절에서는 지자체로부터 축제기획을 의뢰받아서 공식적으로 축제기획안을 확정하기까지의 과정을 다룬다. 이는 지자체 축제 기획·운영 절차에 관해 관심이 많은 사람들에게 도움이 되리라고 생각한다.

1) 축제기획 의뢰

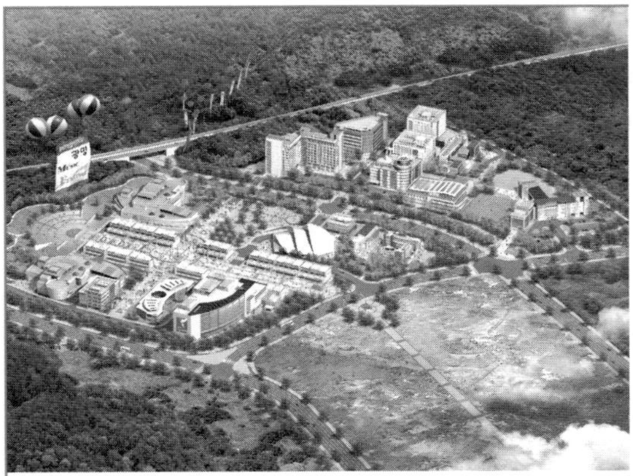

광명음악밸리 조감도.

광명시가 내게 축제기획을 의뢰한 것은 2005년 2월이었다. 당시 광명시 민선 제2대, 제3대 시장이었던 백재현 씨는 자신의 선거 공약으로 시작한 음악도시정책과 음악밸리사업을 현실화시킬 방안을 모색 중이었다. 그래서 시의 정책개발팀에서는 『광명음악밸리 조성을 위한 기본계획구성』(광명시, 2004), 『광명 첨단음악밸리 조성 관련 경제성 분석 및 기대 효과 연구』(광명시, 2004)와 같은 연구보고서도 내놓았고, 음악도시정책을 홍보하기 위한 방편으로 음악축제를 개발하려 했다. 그래서 2004년부터 광명시는 음악축제를 시의 대표적인 축제로 생각했고, 그 해에 '제1회 월드뮤직 페스티벌'이란 음악축제를 치렀다. 하지만 이 축제는 평가 토론회 등에서 예산 대비 효과가 미미하다고 지적되었다는데, 모 공중파 방송국에 축제기획을 의뢰한 결과물이 광명시가 원했던 음악도시정책을 홍보하고 설명하기에는 취약했다는 중론이었다. 방송이벤트 기획과 크게 다르지 않았던 축제프로그램이었기 때문에 광명시의 음악축제라기보다는 해당 방송국 음악 프로그램 같았다는 지적을 많이 받았다고 한다. 그래서 외부 음악전문가에게 2005년 축제를 맡기고, 예술감독과 축제 사무국 체제를 꾸려서 이전의 기획·제작 방식과 달리하기로 내부에서 결정했다고 한다. 이 과정이 광명시가 내게 음악축제기획을 의뢰한 배경이었다.

그래서 광명시와 광명음악밸리에 관한 기초 자료 조사를 마치고 축제기획 방향성을 다룬 리포트를 제출했고, 3월 초에 첫 번째 전체 관계자 미팅을 광명시청 정책개발팀 사무실에서 가졌다. 여기에는 광명시 기획예산과 산하의 정책개발 부서인 정책개발팀의 팀장, 공연예술 주무 부서인 문화공보과(이후 문화청소년과로 조직이 개편됨)의 공연예술 담당 계장과 주사, 관광 담당 계장이 시청 관계자로 참여했고, 축제 사무국의 관리 기관인 광명문화원의 부원장과 사무국장이 축제 관계자로 참여했으며, 외부 인사로 모 재단의 축제전문가가 자문격으로 참여했다. 그리고 이들과 함께 내가 2005 광명음악밸리축제를 준비하는 실행위원이 되었다. 이것이 축제기획 단계의 시작이었고, 이 자리에서는 주로 2005 광명음악밸리축제가 나아가야 할 방향에 대해 논의했다.

광명음악축제 연구보고서

- 일시: 2005년 3월 8일
- 제안자: 가슴음악산업정책연구소 박준흠

○ **광명음악밸리**

1) **광명시(도시이미지 마케팅)**
    - 정체성: 대중음악도시
    - '대중음악산업'으로 지역경제 활성화
    - 음악산업클러스터 지정을 원함(이 경우 국비 지원 가능)

2) **광명음악밸리**
    - 음반 기획, 생산, 유통, 소비, 공연, 전시, 인재 양성에 이르는 다양한 기능을 소화(2007년 1월부터 2008년 12월까지 음악테마파크와 음악전문대학, 음악 관련 산업 집적시설, 음악 박물관, 음악 방송국 등을 유치 또는 건립키로 했다)

- 2006년 10월부터 부지 공사 착수 예정

3) 문제점

- 마스터플랜: 광명음악밸리 조성에 따른 총괄적인 콘텐츠 기획 · 홍보 방안 미비. 콘텐츠의 독창성과 내용 필요
- 재정 자립도: 7,000억 원이 들어가는 음악 인프라 구축에 한계
- 지리적인 여건: 음악 생산자 · 소비자들이 모이기에 다소 '낯선' 느낌(교통 문제는 2009년에 광명역까지 전철이 이어져야 개선)
- 인프라 미비: 음악 유통, 인력 양산에 대한 인프라 미비(기반 시설, 정책 개발 인력 집단 부재)
- 음반 시장 위축: 현 상황에서 광명음악밸리가 갖는 경제적인 파급효과의 실효성 문제
- 공감대 미형성: 음악밸리를 기획할 때 시민들과의 공감대 형성 문제

4) 대안

- 대중적인 인지도 확보('광명은 음악도시다'): 장기적인 마스터플랜 아래 홍보가 이뤄져야 함(이는 제2회 월드뮤직 페스티벌 기획 방향성이 되어야 함)
- 고정적인 (유동) 인구층 고려(음악밸리를 이용할 소비자군): 음악산업 관련 대학원을 유치해 먼저 음악 생산 · 소비 관련 고정 인구를 확보하는 것이 바람직함
- 음악산업 대학교 · 대학원: 기존 실용음악과 위주가 아니라 '음악비즈니스' 과정을 위주로 학제 마련. 기획, 마케팅, 재원 조성, 정책, 행정, 평론, 엔지니어링 전반을 가르침
- 산업적 · 예술적 대의명분 확보('음악밸리의 산업적인 효과', '한국 대중음악의 질적인 발전과 음악 소비자들의 삶의 질 향상에 기여' 등): 음악산업정책 연구소를 설치해 전문적인 연구 작업 필요. 이는 음악산업 대학교 · 대학원 내에 설치하는 것이 바람직함

5) 필요 사항

- 장기적인 마스터플랜(광명시 사업 계획, 콘텐츠 기획, 홍보 방안 연계) 안에서 전반적인 페스티벌 기획안이 도출되어야 함
- 콘텐츠 기획 · 제작 · 운영 인력 집단: '음악밸리사업을 이해하고, 그 안에서 콘텐츠를 만들어낼 수 있는' 예술감독, 콘텐츠 기획 · 홍보 · 마케팅 인력, 웹 관련 인력 필요

6) 광명음악밸리 세부 파트 기획 필요

- 음반(음악) 기획
  - 공급: 특성화된 음반(음악) 기획 집단만을 수용할지 여부
  - 수요: 이들이 어떤 필요성에 의해서 모일지 여부
- 음악 생산
  - 음악 관련 산업 집적시설: 기존 시설의 이주 문제
- 음악 유통
  - 음악 방송국: 공중파, 위성 · 케이블, DMB, 인터넷
  - 음반 유통
- 음악 소비
  - 음악 공연: 공연장, 라이브클럽 유치 문제, 뮤지션과 소비자들의 인식 문제
  - 전시: 음악 박물관 성격 · 운영 방안
  - 음악 테마파크: 기획 · 운영
- 인재 양성(인프라 구축)
  - 음악전문대학: 4년제 대학교와 대학원 필요(양질의 인력 배출과 관련 연구인력들의 집적효과. 음악 생산자 · 소비자들이 모이는 효과)
  - 음악산업정책 연구소: 음악산업정책 개발(정부교섭단체 기능)
- 음악 페스티벌
  - '광명음악밸리' 홍보, 이미지 제고

○ 제2회 광명 월드뮤직 페스티벌[1]

1) 제2회 광명 월드뮤직 페스티벌(광명시 계획)

- '첨단음악산업도시(첨단음악밸리)' 이미지 강화 페스티벌
- 페스티벌 예산 : ______원(지자체 보조금)

2) 인력 조직(광명 월드뮤직 페스티벌 관련)

- 예술감독: 음악 페스티벌 총괄 기획 · 제작 · 운영
- 콘텐츠 기획
  - 공연 기획, 행사 기획, 웹마스터(웹 기획 · 운영, 관련 콘텐츠 기획), 정책 기획(축제정책, 외부네트워크)
- 기술
  - 공연 무대 제작 · 운영

• 홍보 · 마케팅
  - 홍보 · 마케팅 플랜 기획, 이벤트 기획
• 행정
  - 총무, 회계

2) 축제 검토

원래 축제명이었던 '제2회 광명 월드뮤직 페스티벌'은 타이틀부터 음악밸리사업을 설명하기에 미흡한 점이 있었고, 더욱이 '브랜드네임' 통일이 이뤄지지 않은 점 때문에 2005년부터 새롭게 '광명음악밸리축제'라는 축제명을 써야 한다는 생각이 축제 검토의 시작이었다.

2005 광명음악축제 검토

1) **페스티벌 시기**
  • 9월 23(금)~25일(일): 평생학습교육축제와 겹침
  • 9월 30일(금)~10월 2일(일): 구름산 예술축제 개막식과 겹침
  • 10월 7(금)~9일(일): 저녁에 공연하기에 약간 쌀쌀함
2) **페스티벌 장소**
  • 시민운동장: 근접성 우수, 페스티벌 장소로 보통(장시간 관람은 불편)
  • 실내체육관 앞 잔디밭: 근접성 보통(시청에서 3km), 페스티벌 장소로 우수(잔디밭, 체육관 모두 이용할 수 있고 부스 설치 · 운용이 편리해 '그림이 나옴')
  • 철산역 부근: 근접성 우수, 페스티벌 장소로 보통(운영에 불편, 혼잡, 축제정체성을 살리기에 불리)
  • 광명역(KTX) 주변: 근접성 나쁨(시청에서 10km), 페스티벌 장소로 보통
3) **페스티벌 성격, 무대**

---

1 2005 광명음악밸리축제의 원래 명칭이었다.

- 성격: 음악축제(음악 전반: 인디음악, 민중음악도 수용)
- 무대: 주무대+서브무대(거리, 지하철 등)
- 기타 장소: 시민회관, 영화관, 평생학습원 등

4) **광명시 요구 사항 수용**

- 다양한 계층 · 장르 수용→하지만 타깃을 정해야 함
- 주민, 관객 참여(광명시 음악도시, 평생교육정책)→시민 참여형 프로그램 필요
- 음악산업 인력 지원 이미지→전국의 실용음악대학과 네트워크 방안 모색
- 전국 인디밴드들의 집합소 이미지→창작, 연습, 공연, 음반 발매, 홍보 일체. 인디음악 DB 모색(저작권 문제 해결해야)
- 인디음악 인큐베이팅 이미지(인디음악을 음악산업의 성장요소로 봄)
- 한정된 예산에서 여러 다양한 행사들을 페스티벌 내에서 녹여낼 방안 모색

○ 문제점 리스트

1) **예술감독 역할 규정 필요**

- 광명시 음악밸리사업 내에서 음악 페스티벌 정체성 명확히 설정
- 정체성에 맞는 축제프로그램 구성
- 전체 일정 · 콘텐츠 확인
- 외부 네트워크
- 광명시 음악밸리사업을 언론에 전달
- 음악밸리축제 관련 외부 인터뷰 담당
- 방송 프로그램, 신문 · 잡지 기사 개발

2) **축제추진위원회 문제**

- 이들이 페스티벌에 어떤 식으로 관여할 것인지?
  - 토론회 개최 대비
- 각기 다른 희망 사항을 어찌 수용할 것인지?
  - 시(기획예산과): 음악밸리 소개→근사한 포장을 원함(공연 자체보다도 이벤트에 주목)
  - 시(문화공보과): 많은 관객 운집→지명도 있는 가수 원함
  - 문화원: 주민참여 프로그램 원함
  - 예총: 지역경제 활성화, 공중파 이용(KBS 〈열린음악회〉 등) 원함

- 외부 전문가: 지역특성 고려 역설

3) **시 관계자들의 '음악 페스티벌'에 대한 개념 부족**
   - 또 하나의 공연으로 생각(공연 3개를 3일 동안 펼치는 것으로 여김)
   - 사무국 운영에 대한 이해 부족: 예술감독, 기획, 기술, 홍보 등 각 포지션의 역할과 중요성을 잘 모름
   - 대안
     - '축제' 교육 필요
     - 부산영화제 · 부천영화제 사례 소개 필요
     - 축제 사무국과 외부 이벤트업체와 차별성을 설득할 필요
     - 축제기획자와 외부 이벤트 기획자 간의 차별성을 설득할 필요
4) **음악축제의 큰 맥락 설정 필요**
5) **큰 축제기획 필요**
   - 네트워크 방안: 기획, 인력, 비용, 소요 시간, 접근 방식, 상대방 메리트, 콘텐츠 공유
   - 다른 문화 관련 축제
   - 가능한 콘텐츠: 영상음악제, 식음료, 실용음악과, 음반 · 다큐 제작
6) **축제명 개명 등 필요**
   - 이름이 장르로서의 '월드뮤직'과 혼동: 이름을 바꾸는 것이 타당
   - 제안: 2005 광명음악밸리축제
   - CI 필요

3) 축제기획안 작성

축제 검토를 마치고 본격적으로 1차 축제기획안(마스터플랜, 프로그램)을 작성해서 제출한 것이 3월 말이었다.

2005 광명음악밸리축제 1차 기획안

○ 개요

1) 축제 개요

- 명칭: 2005 광명음악밸리축제
  - 2005: 연례행사임을 알림
  - 광명: 행사 개최도시 명기
  - 음악밸리축제: 광명을 음악도시로 발전시키고자 하는 축제성격을 부각한다. 향후 광명에서 벌어지는 음악 관련 사업의 명칭은 가급적이면 '음악밸리'로 통일하는 것이 바람직하다.
- 날짜: 2005년 9월 23(금)~25일(일)

  ※ 평생학습축제와 시기 조정 필요
  - 날짜는 제4회 광명시 평생학습축제(2005년)에 맞춰 설정한다. 두 축제 간에는 많은 시너지 효과가 예상되므로 같은 날짜로 잡는 것도 한 방안이다(전체적으로 광명이라는 한 도시에서 풍성하고 다양한 콘텐츠를 일시에 제공하는 효과).
- 장소: 시민운동장
  - 기타 광명시에 있는 영화관, 시민회관, 평생학습원, 거리 등 이용 필요
- 주최: 광명시, 광명시의회
- 주관: 광명음악밸리축제 추진위원회
- 후원: 광명문화원, 예총 광명지부, 광명시 평생학습원 등
- 협찬: 각종 대중음악 관련 업체

2) 슬로건

- 69 Hours Music Festival in GwangMyeong

3) 주제

- 음악이 주는 감동

4) 광명음악밸리축제 요약

- 임무(Mission)
  - 광명시의 음악밸리사업을 전국적으로 홍보하기 위해 기획함. 음악산업클러스터로 지정받기 위한 작업의 일환이다.
- 비전(Vision)

- 음반 기획, 생산, 유통, 소비, 공연, 전시, 인재 양성에 이르는 다양한 기능을 소화할 '음악산업도시'를 건설하려고 한다.

• 대상(Object)

- 음악밸리사업을 전국적으로 홍보하기 위해 기획한 행사인 만큼 광명음악밸리축제는 광명시민만을 대상으로 한 지역축제를 뛰어넘어야 한다. 즉, 전국의 음악마니아들이 이 축제에 관심을 가질 수 있도록 '전국 규모' 축제콘텐츠를 가져야 한다. 또한 2006년부터는 '세계 규모'의 축제콘텐츠를 모색해야 한다.

• 목표(Goal)

- '광명은 음악도시이다'라는 이미지를 '전국적으로' 널리 알린다.

○ **조직**

○ **구성**

○ **프로그램**

○ **실행계획**

○ **예산**

— 내용 생략 —

4) 축제기획안 인준

축제기획안을 인준하기까지 주무 부서와 수차례 협의한다. 최종 인준은 시장과 시 관계자(시청 각 부서 국장·과장과 문화원, 예총 등의 책임자)들이 배석한 자리에서 프레젠테이션(설명회)을 하고, 동의를 구함으로써 가능하다. 인준에 대한 최종 결정권은 지자체장이 갖는다.

광명시에서는 축제기획안의 최종 인준을 받기 위해 4월 말에 축제 프레젠테이션 자리를 가졌다. 보통은 이런 자리에서 해당 연도 축제기획에 관한 설명만 하는데, 내가 기획한 축제는 한국에서는 매우 낯선 '대중음악전문축제'라서 참석자들이 사전 지식이 없다면 이해하기 어려울 것이라고 생각했다. 그래서 택한 방법이 본 브리핑 전에 '사전 브리핑'하는 시간을 갖는 것이었고, 이는 말 그대로 본 브리핑의 이해를 돕는 간략한 교육 시간이었다. 가령 '설명회에서 제기될 것으로 예상되는 우려 사항들'을 먼저 얘기함으로써 본 브리핑에서 엉뚱한 질문들이 나오는 것을 방지했다. 사실 문화기획자가 필요 이상으로 공격받는 이유는 상대방의 무지가 원인인 경우가 허다하다.[2] 한마디로 쓸데없이 서로 힘을 빼는 행위이기에 가급적 피하는 것이 상책이다.

2005 광명음악밸리축제 사전 브리핑

- 날짜: 2005년 4월 25일
- 브리핑: 박준흠(예술감독)

1) 경과 보고

- 3월 2일(수): 간략한 2005 광명음악밸리축제 기획안 작업 착수
- 3월 8일(화): 첫 번째 전체 미팅(광명시청) — 간략한 축제기획안 브리핑
- 3월 10일(목): 정책개발팀 미팅(광명음악밸리사업 의견 수렴)
- 3월 17일(목): 문화공보과 미팅(광명음악밸리축제 의견 수렴)
- 3월 28일(월): 두 번째 전체 미팅(광명시청) — 1차 축제기획안 브리핑
- 3월 30일(수): 정책개발팀, 문화공보과 미팅(수정 제안)
- 4월 7일(목): 세 번째 전체 미팅(광명시청) — 축제기획안 세부 조정 작업
- 4월 13일(수): 광명문화원 미팅(조직, 예산 등 세부 조정 작업)
- 4월 15(금)~19일(화): 축제 기획예산안 준비
- 4월 20일(수): 축제 기획예산안 완성 — 브리핑 자료 인쇄
- 4월 25일(월): 시장 등 전체 관계자 대상 브리핑

2) 대중음악축제란?

- 대중음악축제(Music Festival)는 단순히 일정 기간 저녁에 음악 공연하는

---

2 한국 현실에서는 그럴 수밖에 없을 것이라고 생각한다. 한국의 지자체에서 예술축제가 본격적으로 시작된 것이 불과 몇 년이라 예술축제 자체에 대한 인식은 매우 척박하다. 축제의 개념과 역할에 대한 논의도 아직까지 분분한 상태이다.

것(Event)이 아니다. 보통 축제는 한 도시가 자신들의 '도시이미지 마케팅' 차원에서 기획하므로 해당 도시에서 추구하는 바가 축제콘텐츠에 녹아 있어야 한다.

- 그래서 공중파 방송국에서 기획하는 음악 행사(〈열린음악회〉, 〈수요예술무대〉 등)처럼 기획하지 않는다. 또한 공중파 방송에 많이 나와서 인지도가 높은 뮤지션들보다는 해당 도시의 이미지를 만들어가는 데 유리한 '행사주제'와 이에 걸맞은 뮤지션들을 선택하는 것이 바람직하다.

3) **대중음악축제 해외 사례(3~7일)**

— 내용 생략 —

4) **대중음악축제 국내 사례(1~3일)**

— 내용 생략 —

5) **광명음악밸리축제의 가능성**

- 음악산업은 성장산업이다
  - 음반산업이 전 세계적으로 저성장산업인 것은 맞지만, 음악산업은 새롭게 '음원산업'이 시작되면서 성장일로에 있다.
  - 2003년 3월, 문화관광부에서 발표한 음악산업 5개년 계획은 2007년 한국 음악산업의 규모가 1조 원을 상회할 것으로 예측하고 있다.
- 현재 문화콘텐츠산업이 각광받고 있다
  - 문화콘텐츠산업은 한국의 21세기 '차세대 성장동력산업'이고, 이로 인해서 국가적으로도 문화소비자들을 양적 · 질적으로 성장시키기 위한 '문화예술교육'의 중요성이 급속도로 확산되고 있다.
  - 현재 부산영화제나 부천영화제 같은 영화제가 영화산업 성장과 맞물려가고 있음을 주목한다면, 광명시에서 음악축제를 기획하는 것은 음악산업 성장과 맞물려갈 수 있는 기회를 갖는 것이다.
- 2005 광명음악밸리축제는 한국 최초의 대중음악전문축제이다
  - 광명음악밸리축제는 한국에서 음악축제의 모범이자 가능성으로 자리 매김될 수 있다.
  - 그래서 언론에서 이슈 메이킹이 가능하고, 광명음악밸리축제가 광명음악밸리사업 홍보에 도움을 준다는 계획에도 충실할 수 있다.
- 뮤지션들의 해외 소개(진출)를 모색한다
  - SXSW 페스티벌 참여 뮤지션 선정 공모는 신선한 기획이고, 실제 뮤지션들

에게 도움을 줄 수 있다.

- 선정된 뮤지션들을 광명시의 음악적인 자원으로 쓸 수 있다.

• 음악산업 인프라 구축에 대한 해법을 제시한다

- 광명음악밸리사업과 음악축제에는 공히 '인디뮤지션에 대한 지원 개념'이 명확히 들어 있는데, 이는 '음악산업 인프라 구축' 문제를 환기할 것이다.
- 음악산업이 발전하려면 음악 신(음악 시장)에 다양한 음악·음반들이 존재해야 한다. 현재 한국에서 가장 다양한 음악을 생산해내고 있는 곳이 인디신이고, 음악적인 완성도는 오히려 주류음악보다 낫다. 문제는 홍보와 유통인데, 이를 광명시에서 도와준다면 한국 음반 시장의 성장을 가능케 함으로써 미래의 음악 자원들을 광명시에서 갖게 된다. 이는 음악밸리사업에서 '미래지향적인 가치'를 따져봤을 때 대단히 중요한 부분이다.
- 영미권과 일본은 인디뮤직이 전체 시장에서 10~20%를 점유하고 있다. 이 나라들에서 음반 시장이 무너지지 않는 요인이기도 하다. 다양한 음악은 시장을 키우는 요소이면서 가장 '충실한 음악 소비자(음악마니아)'들을 양산하는 방법이다. 엔터테인먼트 음악 소비자들은 음악 시장에서 '뜨내기손님'이다.

6) 설명회에서 제기될 것으로 예상되는 우려 사항들

• 콘텐츠가 다소 전문적이지 않은가?

- 일반인들의 관점에서 보면 메인무대 공연에 나오는 뮤지션들의 일부가 다소 낯설지 모른다고 지적될 소지가 있으나, 이번 축제가 광명음악밸리를 홍보하면서 '광명은 음악도시다'라는 이미지를 형성하려는 것임을 감안한다면, 음악 소비자(음악마니아), 대중음악 관련 대학·아카데미 학생들을 염두에 두지 않을 수 없다.
- 즉, 지역시민들만을 위한 행사가 아닌 이상 장기적으로 음악축제의 타깃은 '음악축제를 보러 다니는' 사람들이 되어야 할 것이며, 그런 기준이라면 메인무대 공연에 나오는 뮤지션들은 이미 낯선 사람들이 아니다.

• 메인무대 참여 뮤지션들이 너무 비주류 아닌가? 대중들이 뮤지션들을 잘 모르지 않겠는가?

- 뛰어난 창작자(뮤지션) 중심: 이미 영화산업·영화제는 뛰어난 감독 중심.
- 부산영화제를 여는 부산시 공무원들도 부산영화제에 출품된 영화나 감독들을 잘 모를 것이고, 직장 다니는 사람들이 3~4일씩 휴가를 내가면서 올

만큼 많은 사람들이 그런 프로그램을 찾는지 의아할 것이다. 사실 영화마니아들도 부산영화제에 출품된 영화나 감독들을 다 알지는 못하지만, 영화제에 오는 사람들은 낯선 영화 보는 것을 즐기는데, 이는 그 자체를 영화 콘텐츠로 인식하고 영화제에 참여하는 행위를 '이 시대의 트렌드에 동참'하는 것으로 여기기 때문이다. 즉, 동시대를 살아가는 사람으로서 그 대열에 끼겠다는 심리의 발로이다.

- 예술축제에 사람들이 오게 하는 요인은 사람들이 그 축제에 참여함으로써 현재의 문화적 행위나 트렌드에 동참한다는 느낌을 갖게 하는 것이고, 그래서 낯선 콘텐츠들을 '학습'하는 느낌으로 받아들인다고 생각한다.
- 이게 해외 유수의 음악 페스티벌에서 신인들을 중요시하는 이유이다. 단, 그 무대는 축제 사무국에서 '일관성' 있는 자신들의 기준으로 뮤지션들을 철저히 '선별'해서 올린다('경연대회' 형태가 아님!). 이게 바로 음악축제의 '정체성'이 된다.

• 사무국 조직 인원이 많지 않은가?

- 현재 초기 상근 인원은 예술감독, 기획팀장, 행사팀장, 행정팀장, 웹 담당, 홍보 담당으로 모두 6명이다.
- 축제 사무국의 운영은 일반 회사 운영과 동일한 수준이다. 보통 일반 회사에서 사장, 전략기획부, 상품개발부, 총무부, 홍보부가 최소 조직이듯, 축제 사무국에서도 이런 형태의 조직은 필요하다.
- 그리고 3일간의 메인공연 프로그램과 기록물 3개, 부대행사 19개가 준비되어 있으므로 자체 기획 · 홍보 · 진행을 위해서 단기 팀원들이 행사 3개월 전에는 결합되어야 한다.
- 이전 한국의 일반 음악 페스티벌(특별한 부대행사나 기록물 제작 없이 저녁에 공연만 하는)과는 다른 관점에서 볼 필요가 있다. 오히려 부산영화제, 부천영화제 등과 비교하는 것이 타당하다.

• 예산 대비 인건비의 비중이 크지 않은가?

- 문화예술 관련 콘텐츠 기획과 축제는 특성상 전체 예산에서 인건비가 차지하는 비중이 큰데, 이들 결과물의 품질이 인적자원의 기획력 · 운영능력에 의해서 결정되어서이다. 일반 행사나 상품생산의 경우와 비교하기 어렵다.
- 문제는 축제에서 소기의 성과를 얻어낼 수 있는가에 있지, 예산 대비 인건비의 비중 문제는 아닐 것이다.

※ 예산 대비 인건비 책정 사례

- 프랑스 아비뇽 예술축제(1996년): 46%
- 한국 부천영화제(2001년): 23.4%

7) 광명음악밸리축제가 나아갈 길(축제마스터플랜)

• 2005년 목표

- '광명은 음악도시이다'라는 이미지를 전국적으로 음악마니아(음악 소비자)와 음악산업 관계자들에게 인식시킨다.
- 쌈지사운드 페스티벌과 같이 음악마니아(음악 소비자), 뮤지션, 매체에서 인정받는 음악축제를 만든다.
- 음악산업클러스터로 지정받기 위한 사전 정지 작업을 수행한다.
- 음악축제 진행을 통해서 음악밸리사업을 '현실적'으로 진행하는 방안 모색한다(음악 소비자, 음악산업 관계자 접촉, 음악밸리 홍보 등).

• 2006~2007년 목표

- 부산영화제와 같이 사람들이 전국에서 축제를 보러 오게끔 기획한다.
- 미국 오스틴 시와 같은 음악산업 도시를 만들기 위해서, 영국의 에든버러와 같은 예술축제 도시를 만들기 위해서 국지적인 콘텐츠 기획에서 탈피해 '전 세계적인' 콘텐츠를 갖는 음악축제 기획한다(이 경우, 10월 축제를 위해서 축제 사무국은 1월부터 가동시켜야 함).

• 2008~2009년 목표

- 2005~2007년의 성과를 바탕으로 광명음악밸리축제를 '마케팅'할 수 있는 축제를 기획한다.
- 야외 공연장을 주 무대로 해서 음악밸리 내 관련 시설들을 총체적으로 이용 및 홍보한다.

02 | 축제인력 위촉장 수여식

축제 관련 인력들이 지자체장에게서 위촉장을 받는 것은 축제조직을 정식으로 발족해 운영하는 것을 인정받는 것이다. 보통 축제집행위원들과 사무국 정식인력들은 해당 직무에 대한 위촉장을 받고 일을 시작한다.

2005 광명음악밸리축제 추진위원회 발대식

1) 일시: 2005년 6월 7일(화) 오후 3시~5시 30분
2) 장소: 시민회관 대공연장
3) 주최: 광명음악밸리축제 집행위원회
4) 주관: 광명음악밸리축제 사무국
5) 참석 인원: 광명음악밸리축제 추진위원(250~300명)
   - 광명음악밸리축제 집행위원, 사무국
   - 광명시, 문화원 관계자
6) 순서
   - 개회사(사회자)
   - 추진위원회 발대 선포(시장)
   - 경과 보고(집행위원장)
   - 광명음악밸리축제 프레젠테이션(예술감독)
   - 추진위원 위촉식
   - 홍보대사 임명식(한대수, 이상은)
   - 축하 공연(이다오, 오소영)
   - 리셉션
7) 행사 세부 사항
   - 10:00 무대 세팅(공연 관련 악기 및 무대 장식 세팅)
   - 11:00 행사 리허설
     - 마이크 세팅(사회자 · 연설자 · 프레젠테이션 각 1개)
     - 공연 세팅(드럼, 기타 앰프, 베이스 앰프, 마이크 등)
     - 프레젠테이션 세팅(프로젝터, 노트북)
   - 13:00 공연 리허설
   - 14:00 리셉션 세팅(시민회관 전시실)
   - 15:00 개회사(사회자)
     - 국민의례

- 15:05 추진위원회 발대식 선포(시장)
- 15:07 음악밸리산업 영상물 상영
- 15:10 인사말(시장)
- 15:15 경과 보고(집행위원장)
- 15:20 음악밸리축제 개요 설명(예술감독)
- 15:35 추진위원회 위촉식
- 15:50 축하 공연
- 16:10 리셉션(시민회관 전시실)
- 17:30 행사 정리

8) 예산안

- 브로셔 제작: ______원
- 리셉션(출장 다과): ______원
- 음향 및 뮤지션 개런티: ______원
- 무대 장식: ______원
- 공문 제작 및 우편 발송: ______원
- 진행비: ______원

9) 세부 산출 내역

구분	내역	수량	단가	합계	비고
악기 대여	PA 및 악기	1세트			PA 시스템(5kw), Mic, 믹서, 파워 앰프, DI, DR, GT Amp, BS Amp
	소계				
밴드 개런티	이다오	1			
	버드	1			
	소계				
플래카드	0.7m×8.5m	1			시청 대회의실용
	×배너	2			옥외용
	소계				
위촉장	우단 금박 제작	258			
	위촉장 인쇄 · 제작	258			
	위촉패	1			

	소계				
이동 뷔페	다과 뷔페	100			
	케이크	1			
	소계				
인쇄물	초대장	500			
	리플릿	1,000			
	봉투	500			
	소계				
합계					

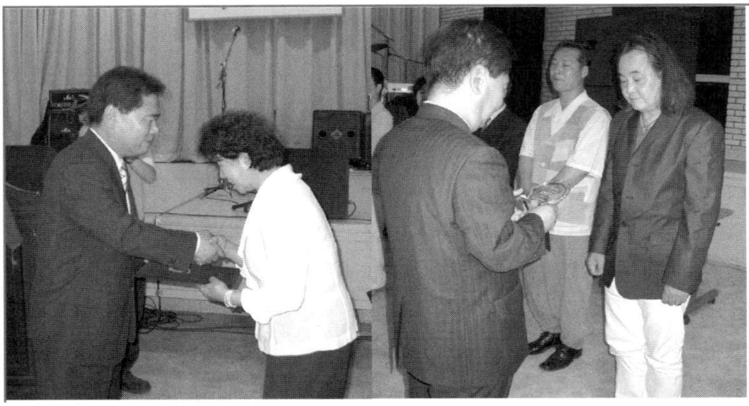

집행위원장에게 위촉장을 받고 있는 축제집행위원(왼쪽)과 홍보대사의 모습.

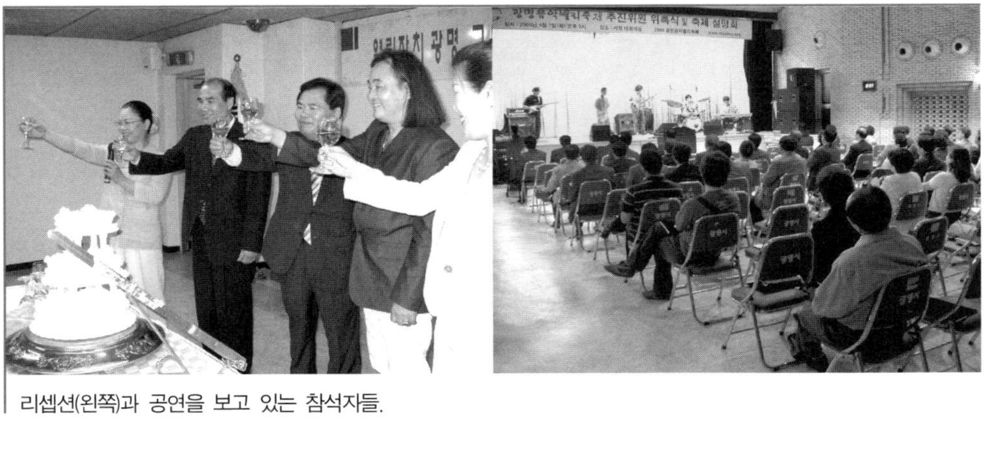

리셉션(왼쪽)과 공연을 보고 있는 참석자들.

03 | 축제추진위원회, 축제집행위원회

축제조직으로는 보통 축제추진위원회(또는 축제조직위원회)와 축제집행위원회가 있다. 축제추진위원회는 전체적인 축제조직으로서 축제를 주최하는 측의 수장이 위원장을 맡는다. 축제를 만들어가는 과정에서 내용적인 간섭은 없지만, 보고회 등을 통해서 진행 과정을 전달받고 위원들은 자신의 의견을 개진할 수 있다.

축제집행위원회는 축제의 실질적인 집행기구로 축제 진행을 책임진다. 집행위원장은 외부의 명망가 또는 주관 단체의 수장이 맡기도 하고, 실행력을 높이기 위해서 예술감독이 집행위원장을 겸하기도 한다. 보통 예술감독은 집행위원으로 참여하면서 집행위원장에게 진행 상황을 보고하고, 집행위원회의에서 진행에 대한 인준을 받는다.

04 | 축제설명회

예술감독은 축제를 추진하는 과정에서 다양한 사람을 상대로 축제설명회를 갖는다. 초기 축제추진위원회 발대식의 프레젠테이션만이 아니더라도, 축제가 열리기 1개월 전부터는 몇몇 축제설명회 진행을 요청받는다. 대표적으로 시청 관계자, 시민들, 시의회를 대상으로 한 설명회 등이 있다.

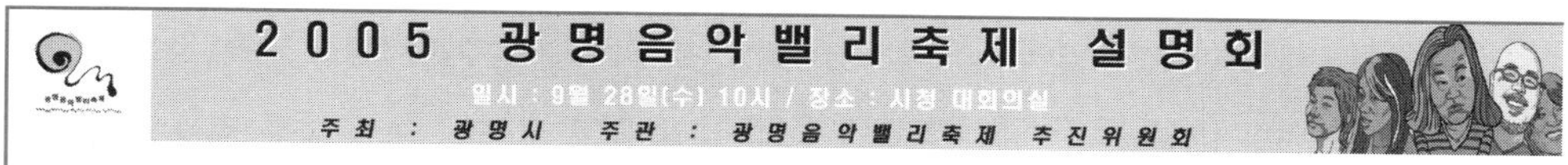

2005 광명음악밸리축제 설명회 현수막.

2005 광명음악밸리축제 설명회

1) **시청 관계자 대상**
   - 일시: 2005년 9월 12일(월) 오후 2시
   - 장소: 시청 중회의실

2) **광명시민 대상**
   - 일시: 2005년 9월 28일(수) 오전 10시
   - 장소: 시청 대회의실

3) **시의회 의원 대상**
   - 일시: 2005년 9월 30일(금) 오전 11시
   - 장소: 시의회

05 | 차기 연도 축제기획예산안 제출

당해 연도 축제를 추진하는 과정에서도 차기 연도 축제를 생각해야 하기 때문에 8월경부터는 차기 연도 축제기획예산안 작업을 간략하게라도 한다. 보통 9월에는 시청 축제 주무 부서에 차기 연도 기획예산안을 제출한다. 그리고 이 기획예산안의 인준 여부는 당해 연도 축제성과에 달렸다. 축제성과가 좋다면 12월에 있는 시의회 최종 예산안 심의에서 원안대로 통과되거나 미미한 수준으로 예산 삭감이 이뤄진다. 그래서 지자체 축제는 지자체장의 의지와 함께 시의회 인식에 따라 많이 좌우된다.

2005 광명음악밸리축제의 경우 10월 말에 사무국 해체와 함께 사업을 종료할 계획이었으나, 첫해임에도 성과가 좋아서 시의회로부터 추경예산을 받아 핵심 인원들은 11월과 12월까지 연장 근무했다. 이때 축제 완료 보고서, 축제 설문 조사, 축제평가 토론회, 해외 축제자료 조사, 축제동영상 작업 등을 하며 2006년 축제를 준비했다.

06 | 행정 지원

축제 주무 부서는 관련 행정 업무들을 진행한다. 보통 축제 3주 전 지자체 유관 기관들이 모여서 역할을 나눈다. 회의를 주재하는 것은 축제 주무 부서이다.

2006 광명음악밸리축제 행정 분야별 세부 추진 계획

구분	추진 내용	추진 일정	주관(협조)
초청 대상자 파악 및 초청장 발송	• 초청 대상자: 3,000여 명 - VIP: 경기도지사, 시의장, 국회의원, 도의원, 시의원, 기관장, 단체장 등 - 통반장, 동 자생 단체원 등	9월 12일까지	문화청소년과
내빈 좌석 확보 및 참석 인사 파악	• 내빈 좌석 확보 및 안내(100개) • 주요 내빈 참석 인사 파악(내빈 소개)	9월 22일	행정지원과
교통 소통 대책	• 행사장 주변 교통정리요원 배치 • 배치 장소 - 시청 정문: 1명(모범1) - 시민회관 앞: 3명(모범2, 경찰1) - 시민운동장(행사장 입구): 3명(모범2, 경찰1) - 시민운동장(폭포공원 앞): 1명(모범1) - 파보레 삼거리: 4명(모범3, 경찰1) - 알파문구 앞: 1명(모범1) - 광명고등학교 앞: 1명(모범1) - 광명중학교 앞: 1명(모범1) - 광명실내체육관(정문): 2명(모범2) ※ 자체 근무조를 편성해 교대 근무 ※ 교통정리요원 배치 계획	9월 22~24일 ※ 일정별 세부 계획 참조	광명경찰서(3명) 모범운전자(14명)
주정차 및 노점상 단속	• 일시: 9월 22~24일 • 내용: 단속반 편성 · 운영 • 장소: 행사장 주변 - 시민운동장 주변 도로 - 프리스테이지 3개소(광명실내체육관, 시민운	9월 22~24일 (09:00~22:30) ※ 일정별 세부 계획 참조	지도민원과

	동장 인공폭포, 철산동 문화의거리)		
임시 주차 대책	• 임시 주차장(학교 운동장) 미확보에 따른 주차 대책(200대) - 광명중학교 주차: 50대 - 등기소 주변 상업지역 주변: 100대 - 시청 앞 도로변: 50대 • 행사 기간 중 이면도로 주차 일시 허용	9월 22~24일	문화청소년과 모범운전자회 지도민원과
행사장 주변 안전 및 질서유지 관리 대책	• 안전요원: 30명(1개 중대) 배치 - 경찰 병력: 1일 1개 중대(대기) - 경호업체: 1일 30명 • 질서유지요원: 70명 배치 - 자원봉사자: 1일 20명 - 자율방범대: 1일 40명 - 문화도우미: 1일 10명 • 장소: 행사장 내 ※ 안전 및 질서유지요원 배치 계획	9월 22~24일 ※일정별 세부 계획 참조	광명경찰서 축제 사무국(경호팀) 자율방범대
	• 응급환자 처리 및 후송을 위한 구급차 및 구급요원 배치 - 일시: 9월 22~24일 - 장소: 시민운동장 내 • 화재(불꽃놀이) 대비 소방차 배치(1대) - 일시: 2006년 9월 22일(개막식): 18:40~종료 2006년 9월 24일(폐막식): 21:40~종료 - 장소: 시청 주차장 내	9월 22~24일 ※일정별 세부 계획 참조	보건소 광명소방서
청소 대책	• 축제 전 행사장 주변 청소 • 공공용 쓰레기봉투 지원: 150매(50리터) • 행사장 주변 쓰레기 수거함 배치: 6개 - 쓰레기 수집용 롤 박스 설치 • 공연 후 행사장 주변 청소 ※ 청소업체 협조	9월 21~24일 (22:00~23:00)	환경청소과
프리스테이지 주변 관리	• 일시: 9월 22~24일 • 장소: 프리스테이지 행사장 3개소 - 프리스테이지 1(철산동 문화의거리) - 프리스테이지 2(시민운동장, 인공폭포공원) - 프리스테이지 3(광명실내체육관) ※ 음악밸리축제행사 일정표 참조	9월 23~24일 ※ 일정별 세부 계획 참조	문화청소년과 문화관광계 예술공연계 청소년계

행사에 따른 민원 해소 대책	• 축제 사전 홍보로 민원해소 - 기간: 2006년 9월 11~24일 - 대상: 행사장 주변 건물 및 주택 - 홍보 방법 행사 안내 현수막 게시 및 안내문 배부 자생단체 회의 시 홍보	9월 11~24일	철산 3동 철산 4동
행사장 안내	• 행사장 안내 입간판 설치(8개) - 일시: 2006년 9월 19~24일 - 장소: 광명사거리, 광명경찰서, 파보레 앞, 광성초등학교 앞, 실내체육관 앞, 철산대교, 광명대교, 금천대교(별첨)	9월 19일까지	축제 사무국
인조잔디 보호 대책	• 차량 진입 금지(구급차 제외) • 흡연구역 지정 운영(3개소) • 음식물 반입 금지 안내 물통 배너 설치(4개소) ※ 인조잔디 보호 대책(별첨)	9월 21일까지	축제 사무국
홍보 대책	• 축제홍보용 플래카드 설치 및 관리 - 수량: 52개 - 장소: 광명사거리역, 철산역, 고속철도 광명역, 광명돔경륜장 앞 사거리, 광명 6동 LPG 충전소, 광명사거리, 광명시청 앞, 시민운동장 입구, 시민회관 앞, 파보레 앞(2). 농협 앞, 경찰서 앞, 3단지 입구 삼거리, 실내체육관 앞, 하안사거리, 우체국사거리, 보건소 앞, 가리대삼거리, 서면초교 앞 육교, 철산대교, 광명대교, 금천대교 등 - 플래카드(안) ※ 각 동 및 사업소에서는 주민 왕래가 많은 장소에 플래카드 1개 이상	9월 9일까지	축제 사무국 지도민원과(협조)
	• 케이블TV를 통한 홍보(KM-TV) - 스폿광고 횟수: 90회 • 포털 사이트 네이버 팝업광고, 배너광고	9월 24일까지	축제 사무국
	• 배너 홍보 - 수량: 300조 - 장소: 광명동→철산동→하안동 일원	9월 9일까지	축제 사무국
	• 축제홍보용 메인포스터 부착 및 관리 - 수량: 500개	9월 12일~종료	동사무소 축제 사무국

	- 장소: 아파트 각 동 출입구, 동사무소, 다수 주민 집합 장소 등 ※ 각 동에서는 아파트 관리사무소 협조		
	• 한빛방송(광명시정뉴스) 및 자막홍보 • 지하철 동영상 매체(11개) • 버스광고(39대) • 광명소식지 게재(3회) • 지역신문 보도 홍보 • LED 전광판 통한 실시간 공연 방송	축제 종료 뒤	공보담당관
	• 시 홈페이지 회원에게 뉴스레터 발송 • 홈페이지 팝업창을 통합 홍보	축제 종료 뒤	정보통신과
	• 구름산예술제 홍보물 게재 홍보(리플릿 3만 부)	9월 11일까지	예총광명지부
	• 각종 회의 및 기회 교육시 홍보	수시	담당관, 동사무소
	• 각 기관 및 단체에 홍보물 발송 홍보 - 대상: 관내 학교, 기관, 단체 등 - 내용: 축제홍보물 발송	9월 13일까지	예술공연 팀 (축제 사무국)
관계자 회의 개최	• 일시: 2006년 9월 11일(목) 14:00 • 장소: 시청 중회의실 • 대상 - 사업소: 2명(시민회관, 보건소) - 경찰서: 2명(경비, 교통) - 소방서: 1명 - 자원봉사센터: 3명 - 사무국장, 모범운전자회, 자율방범대 - 예총사무국장: 1명 - 축제 사무국: 1명 • 내용: 축제에 따른 협조 사항 전달 및 토의	9월 11일	공보담당관 행정지원과 정보통신과 회계과 환경청소과 지도민원과 시민회관 보건소 자원봉사센터 광명경찰서 광명소방서 예총광명지부 축제 사무국

07 | 축제정산

축제가 끝나면 사용한 예산에 대한 전체적인 정산 작업에 들어간다. 사무국 각 분야 담당자들은 자신의 업무에 대한 정리 작업을 하고, 결과 보고서를 제출한다. 또한 자신의 업무에 관계된 예산 사용 내역을 정리해서 제출하고, 행정요원은 미지급금을 업체들에 지급한다. 사무국 해산에 앞서 1차 정산을 하면서 정확하게 예산 사용 내역을 정리하면 당해 연도 축제 사무국의 주요 업무는 일단 끝난다.

사무국을 해산하고 나서도 예술감독과 행정요원은 남아서 축제 보고회를 준비하며 추가 정산 작업을 한다. 수치적인 정산 작업은 끝나더라도 법인카드 사용 결제와 같은 후반 작업이 남았으므로 실질적인 축제정산은 2개월 가까이 소요된다.

08 | 축제 완료 보고서, 평가 보고서, 언론보도 현황집

축제 완료 보고서는 그 해의 축제를 결산하기 위한 기본 자료이자 중요한 축제기록물이기도 하다. 축제 보고회와 평가 토론회를 하기 위해서 축제 완료 보고서를 세밀하고 정확하게 만들어야 하기 때문에 보통 1개월 정도의 시간을 갖고 제작한다. 소요되는 인력은 축제 사무국이 해산되더라도 남아서 작업을 마무리해야 한다.

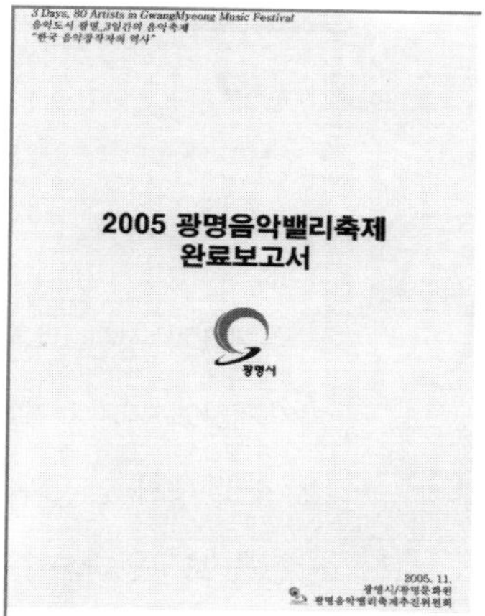

2005 광명음악밸리축제 완료보고서.

축제평가 보고서는 사무국에서 제작하는 것이 아니라, 보통 외부 축제평가 전문기관에 의뢰한다. 그래서 전년도에 관련 예산을 따로 잡아서 축제 3~4개월 전에는 계약하고,

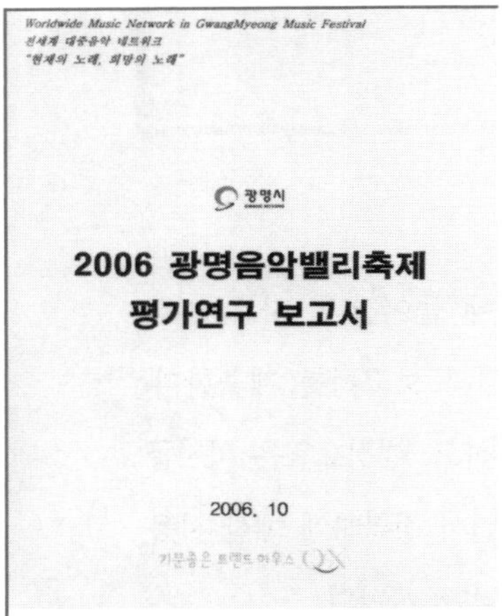

2006 광명음악밸리축제 평가연구 보고서.

평가계획서를 받는다. 축제평가 전문기관에서는 사전 홍보 이벤트부터 시작해서 축제프로그램 전반을 살피고, 관객 동향, 언론보도, 축제정책 등에 대해 논평한다. 축제평가 보고서도 축제 보고회와 평가 토론회에 제출된다.

언론보도 현황집은 방송과 일간지, 잡지, 인터넷 매체 등을 중심으로 해당 축제가 얼마나 기사화되었는지에 대한 결과 보고서이다. 이는 홍보 활동에 대한 수량적인 평가이고, 주최측에서 관심을 갖는 사항이기도 하다. 언론에 보도된 기사들을 스크랩해서 책자를 만드는 방식으로 작성하며, 각 매체 광고 단가를 기준으로 기사 크기를 광고액으로 환산해서 제출한다. 축제 완료 보고서에 첨부할 수도 있고, 독립적인 책자로 만들 수도 있다.

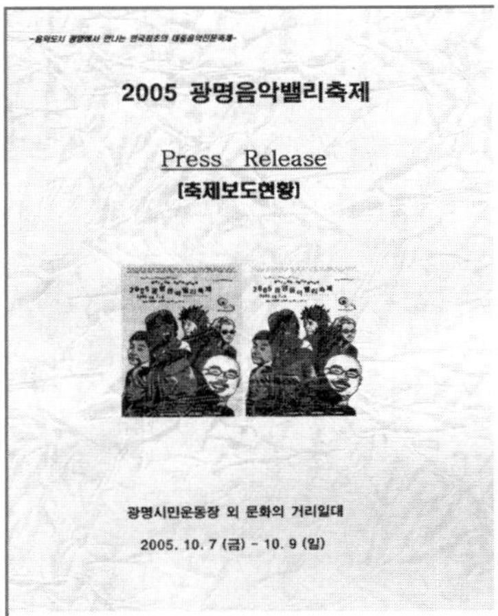

2005 광명음악밸리축제 축제보도현황.

09 | 축제 완료 보고회

축제 1차 정산, 축제 완료 보고서, 축제평가 보고서, 언론보도 현황집이 마무리되면 지자체장과 지자체 관계자들이 배석한 가운데 축제 완료 보고회를 갖는다. 여기서는 그 해의 행사 일정과 프로그램 운영 결과를 보고하고, 언론 매체 보도 현황과 집객 상황을 보고한다. 이 자리에서 대략 그 해 축제의 성과를 정리하고, 차기 연도 축제 방향성을 정한다.

10 | 축제평가 토론회, 설문 조사, 기록물 작업

이 작업들은 축제 후반 작업에 속한다. 차기 연도 축제에 대비하기 위해서 하는 작업이고, 전년도에 예산안 작업 시 이 부분을 포함시켜놓아야 차질 없이 진행할 수 있다.

축제평가 토론회는 외부 전문가들을 배석시켜서 축제의 객관적인 성과를 진단하는 자리이고, 설문 조사는 축제성과에 대한 객관적인 지표를 만드는 데 사용된다. 만약 성과가 좋은데도 내부에서 축제기획에 대한 이견이 있을 경우, 두 자료 모두 기획의 타당성을 증명하는 데 활용할 수 있다.

공연, 사진 등 축제영상물 자료 제작은 차기 연도 축제홈페이지의 콘텐츠로 쓰기 위해 미리 준비하는 작업이다.

11 | 축제예산 수립 · 확정, 보조금 신청

차기 연도 축제예산에 대한 지자체 의회 심의는 대략 10월에 시작해 12월에 결정된다. 당해 연도 축제성과와 의회의 정치적 입장 등에 의해서 차기 연도 축제예산이 결정된다. 하지만 축제예산이 결정되었다고 해서 바로 예산을 가져다 쓸 수 있는 것은 아니고, 당해 연도 초에 사업 계획서 작성과 함께 (보조금 사업인 경우) 보조금을 신청해서 먼저 사용 승인을 받아야 한다. 그러면 기획예산 부서를 경유해서 신청한 금액만큼 예산이 지급된다.

광명음악밸리축제 사무국의 경우 업무를 수행하는 데 있어서는 독립적인 기관이었지만, 행정적으로는 임의단체로 지정되었기 때문에 지자체로부터 보조금을 직접 받을 수 없었다. 그래서 광명문화원이 광명음악밸리축제를 주관하는 단체가 되어 축제예산을 행정적으로 관리했기에, 예산을 사용할 때 시청 주무 부서와 더불어 광명문화원의 승인도 필요했다.

제17장

축제정책 연구

01 지자체 정책 연구

02 지자체 정책에 따른 축제 개발

03 해외 대중음악축제 사례 연구

04 대중음악축제의 유익함

01 | 지자체 정책 연구

해외의 경우 지자체 기반 축제들은 '도시이미지 마케팅' 차원에서 기획되는 경향이 강하고, 한국에서도 이런 추세가 서서히 반영되고 있다. 그래서 축제기획은 단순한 '프로그램 기획' 차원을 넘어서서 해당 지자체의 정책과 연관 지어서 생각해야 한다.

일례로 2005년 2월에 광명시에서 축제기획을 의뢰받았을 때 제일 먼저 한 일은 광명시청 홈페이지에서 광명시의 음악도시정책을 좀 더 면밀하게 살펴보는 것이었고, 시청 정책개발팀에서 음악밸리 관련 문건[1]을 넘겨받아 연구하는 일이었다. 결국 광명시에서 왜 축제를 만들어서 운영하려는지에 대한 이유가 광명음악밸리축제 기획의 키포인트였다. 그래서 광명음악밸리축제는 광명시의 '음악도시'정책과 그에 따라 '음악밸리'를 조성한다는 사업을 염두에 두고 기획되었다.

광명시 음악밸리 조성 계획

광명시는 소하동, 일직동 일원 고속철도 광명역세권 개발사업지구 내에 4만 3,000평 규모로 부지를 확정하며 광명음악밸리를 조성하고자 한다. 음악밸리 조성 사업은 대중음악을 산업으로 연결시키는 전국 유일의 사업으로 전문기술 인력 확보 및 음악콘텐츠 개발로 세계적인 경쟁력을 갖추고 다양한 음악이 시도되어 대중음악문화의 저변을 확대해 우리나라의 음악콘텐츠 시장을 세계로 진출하게 하는 데 목표를 둔다.

광명음악밸리 조성 사업은 인디뮤지션 육성 지원 시설, 음악 기획사·제작사 집적 시설, 음악 유통업 집적 시설, 음악서비스산업 집적 시설, 스튜디오 시설, 가요 박물관, 각종 공연장, 음악 광장, 음악 대학, 음악콘텐츠 연구개발센터, 음악 방송국, 음악의 거리, 음악 및 공연 관련 집적 시설, 전통악기 공방 시설 등 모두 17개의 시설이 들어선다. 이 음악시설은 음악산업의 창업과 성장을 지원하고 음악콘텐츠를 연구개발

---

1 광명시 정책개발팀, 『광명음악밸리 조성을 위한 기본계획구성』(광명시, 2004)과 광명시 정책개발팀, 『광명 첨단음악밸리 조성 관련 경제성 분석 및 기대 효과 연구』(광명시, 2004)를 참조했다.

하며 우리나라의 전통음악을 계승하고 대중음악산업을 발전시킬 수 있는 창작 소재를 개발할 것이다. 그리고 세계적 음악축제를 정례화하며 모든 음악 관련 정보와 시설을 저렴하게 이용할 수 있는 시설 및 장비를 지원하고 음악의 전문인력 양성에 이르기까지 음악산업의 모든 것을 집적화함으로써, 세계적인 음악산업의 경쟁력을 지닌, 클러스터 기능을 갖춘 국내 유일의 음악 활성화 결정체가 될 것이다.

02 | 지자체 정책에 따른 축제 개발

광명시처럼 음악도시정책 아래 음악밸리사업을 통해 인디뮤지션 육성 지원 시설, 음악기획사·제작사 집적 시설 등 한국 음악산업의 인프라를 구축하려고 계획한다면 관련 축제를 개발할 때 기획에서부터 차별성을 가져야 한다. 그래서 축제기획자는 음악도시정책과 음악밸리사업을 홍보하고, 사업 내의 콘텐츠로도 만들기 위해 세계적 음악축제로 정례화한다는 계획을 기본적으로 갖게 된다. 이 때문에 광명음악밸리축제는 기획에서부터 국내의 여타 음악축제와 다를 수밖에 없었다.

그동안 한국에서도 특정 지역 공연장에서 일반적인 음악 공연을 긴 시간으로 늘린 형태로 음악축제를 진행한 적은 있었다. 하지만 일본의 후지 록 페스티벌이나 영국의 글래스톤베리 페스티벌, 미국의 오스틴 시에서 열리는 SXSW 페스티벌처럼 해당 축제가 축제기간 동안 다양한 음악콘텐츠를 서비스하는 경우는 한국에서 찾을 수 없었다. 이들 도시들은 축제의 연륜이 쌓이면서 점점 더 축제를 보러 오는 외부 사람들이 늘어나는 상태이고, 이로 인해 그들로 하여금 도시를 기억하게 만드는 효과를 톡톡히 보고 있다. 그래서 광명음악밸리축제의 경우 기획 초기에 해외 유수의 음악축제들을 참고해서 기획했고, 축제가 그 도시에 어떤 긍정적인 역할을 할 수 있는지에 주목했다.

3일 동안 공연하는 것에만 신경을 쓴 것이 아니라 광명시가 가지고 있는 '음악도시 비전'에 음악축제가 어떤 식으로 도움을 줄 수 있는지에 착안했다. 즉, 광명시의 미래

사업인 '음악밸리'를 전국적으로 홍보하고, 이를 사람들에게 긍정적으로 인지시키는 역할을 음악축제가 맡고자 했다. 그리고 그 모든 것을 떠나서 제대로 된 음악축제만이라도 광명시가 갖게 만들자고 생각했다.

또한 '음악축제를 통한 한국 음악산업 활성화'에 대한 방안 모색도 염두에 뒀다. 더 자세하게 얘기한다면 대중음악축제를 기획함으로써 작게는 한국 비주류음악 신의 활성화를 도모하고, 크게는 한국 음악산업의 인프라[2]를 구축하는 데 일조하는 방안을 모색하려는 것이다.

먼저 그동안 한국에서 나타난 대중음악축제 관련 문제점들을 살펴보면 축제의 존재 이유나 프로그램 내용을 따지기보다는 집객에만 매달린다는 점, 지자체 기반 축제의 경우 축제의 탄생 이유가 해당 도시의 대중음악정책과 관련이 적다는 점, 장기적인 비전을 갖고 음악축제를 운영하는 조직이 많지 않다는 점, 축제 사무국 운영이 상근 방식이 아니라는 점, 예술감독 등 전문가 체제로 축제를 기획하지 않는다는 점, 음악축제에 대한 일반인들의 인식이 낮다는 점 등이다.

일례로 해외 축제들은 출연자들을 결정할 때 해당 축제가 추구하는 음악스타일에 맞으면서 현재 트렌드의 감각을 보여주는 뮤지션들을 선호한다. 물론 인지도도 중요시하지만 그보다는 음악적인 내용을 중시한다. 하지만 아직까지 한국의 대부분 음악축제에서는 일반적으로 주최 측이 집객 문제를 가장 중요하게 따지기 때문에 축제기획자들은 뮤지션의 인지도, 특히 공중파 방송을 통한 대중적인 인지도를 중요시한다. 이는 한국에서 아직도 대중음악전문축제가 정착되지 못하게 하는 중요한 요인이다.

대중음악축제 기획은 대중음악과 관련된 모든 기획 요소들을 담고 있을 뿐만 아니라 정책적으로도 고려할 수 있다는 점에서 대중음악축제 기획을 통해 '한국 음악산업 활성화'에 일조할 수 있다고 생각한다. 그리고 그것이 바로 광명음악밸리축제를 기획할 때 염두에 둔 점이다. 음악콘텐츠의 문제는 공연 프로그램으로, 음악 홍보의 문제는 축제가 갖는 음악 매체의 기능으로, 음악 유통의 문제는 '뮤지션, 음반사의 해외 진출

2 대중음악 기획, 제작, 재원 조성, 마케팅, 홍보, 유통, 공연, 이벤트, 축제, 매체, 교육, 정책, 행정 전반에 이르는 전문인력 양성 시스템을 바탕으로 한 생산·유통·소비 체제.

방안 연구를 위한 컨퍼런스'와 같은 부대 프로그램으로, 전문인력 양성의 문제는 문화기획자 네트워크와 같은 축제네트워크 프로그램으로 대안을 모색하려고 했다.

광명음악밸리축제에서는 축제슬로건을 '전 세계 대중음악 네트워크(Worldwide Music Network in GwangMyeong Music Festival)'로 잡았다. 이는 광명시가 음악밸리와 음악밸리축제를 통해서 아시아 음악마켓의 거점이 되면서 한국 비주류뮤지션들의 해외 진출을 모색하고자 함이었다. 물론 이에 대한 실현 여부는 광명시의 일관성 있는 정책 의지에 달렸다.

03 | 해외 대중음악축제 사례 연구

성공적인 해외 대중음악축제들의 운영 사례 분석을 통해서 '바람직한 대중음악축제 모델'을 연구하려고 한다. 현재 연매출 300억~400억 원 이상을 올리면서 성공적인 대중음악축제로 자리 잡은 후지 록 페스티벌과 SXSW 페스티벌을 중심으로 세계 유수 음악 페스티벌들의 기획·운영 방식을 벤치마킹하는 것은 대중음악축제 정책 수립에 필요할 것이라고 생각한다. 이를 통해 매년 전 세계에서 수십만 명이 패키지 관광 등의 형태로 찾아오게 하는 대중음악축제를 개발할 수 있다. 이 장에서는 대표적인 대중음악전문축제인 후지 록 페스티벌과 SXSW 페스티벌의 성공 요인과 운영 전략을 다음과 같이 요약 및 정리했다.

〈후지 록 페스티벌과 SXSW 페스티벌의 성공 요인과 운영 전략〉

항목	내용
해외 대중음악축제의 성공 요인	• 음악축제 기획에서 축제성격이 명확함 • 지자체에 기반을 둔 음악축제의 경우 지역경제 활성화 또는 지자체 정책의 효과적인 실행에 대한 현실적인 필요성 때문에 음악축제를 유치 • 음악축제를 하기 위한 좋은 환경을 가짐 • 프로그램 기획과 조직 운영에 대한 독립성을 보장받은 축제조직이 있음

	• 상근인력이 50명 정도 되는 상설 축제 사무국 조직이 있음 • 축제예산에서 제작진 인건비 부분이 높게 책정됨 • 재원 조성에 관한 다양한 계획과 이를 실현할 마케팅 전문인력이 있음 • 스폰서가 다양한 역할을 함 • 음악축제에서 만들어지는 콘텐츠들의 가치를 높게 평가함 • 프로그램의 취지와 방향성이 명확함 • 관람객의 기호를 고려한 측면에서나 축제 사무국의 무대 운영비 측면에서 여러 유형의 무대를 만들어서 운영함 • 축제의 성격에 부합하는 부대행사, 부대공간을 운영함 • 축제소개책자 등 축제홍보물을 해당 연도의 축제를 기록·보존하는 역할로 인식함	
해외 대중음악축제의 운영 전략	후지 록 페스티벌	• 재미와 의미, 정보와 전문성을 동시에 갖는 프로그램 구성 • 신인 등용문의 기능 • 프레스룸의 활용 • NGO를 활용한 이미지 상승효과 • 상업적인 부스의 운영 • 적절한 교통의 활용
	SXSW 페스티벌	• 공연장의 독자성 • 프로그램의 방대성 • 프로그램의 다양성 • 참가 공모 방식을 통한 신인들의 등용문 기능 • 운영에서의 경제성 • 타깃의 다양성

04 | 대중음악축제의 유익함

보통 지자체에서 축제의 유익함을 따질 때는 '경제적 파급효과' 부분을 중요시한다. 여기서는 직·간접적인 경제 효과와 고용 창출 효과를 따진다. 하지만 이런 것들은 보통 3~5년 이상 '일관성 있는 콘텐츠'로 축제를 운영해야 얻을 수 있는데, 한국에서는 축제 당해 연도부터 이를 따지는 조급증을 보이는 일이 허다하다.

1) 대중음악축제의 경제적 파급효과

지자체 입장에서 성공한 대중음악축제를 보유한다는 것은 굴뚝산업업체를 보유하는 것보다도 경제적 파급효과가 클 수 있다. 도시이미지 마케팅에도 유리하고, 굴뚝산업이 갖는 환경적인 해악을 피할 수 있다는 장점이 있다.

〈후지 록 페스티벌, SXSW 페스티벌, 광명음악밸리축제의 경제적 파급효과〉

분류	지자체가 얻는 경제 효과	축제로부터 파생되는 부가 효과
후지 록 페스티벌	• 축제 연매출이 300억~400억 원 수준임	• 후지 록 페스티벌로 나에바의 관광산업도 활성화됨 • 이름 없는 지방 소도시가 전 세계적인 관심을 받고 있기 때문에 향후 나에바에서 추구하려는 도시정책이 긍정적인 결과를 얻을 수 있음
SXSW 페스티벌[3]	• 음악 페스티벌: 2,490만 달러(249억 원) • 영화 및 인터랙티브 페스티벌: 1,330만 달러(133억 원) • 참관자들의 평균 경비 지출: 264달러/일(27만 원/일)	• 전 세계 언론 매체들의 오스틴 시에 대한 주목이 날로 커지고 있음 • 음악 공연장, 음식점, 술집들의 수입이 축제가 없는 달의 최고 매상보다 45% 증가함 • 전 세계 17개국에 국제교류센터가 설립되어 '전 세계 라이브 음악의 수도'라는 별명을 오스틴 시가 얻음 • 오스틴 시에서 가장 큰 컨퍼런스가 열림 • 오스틴 시에 있는 호텔방 2만 1,879개가 예약 완료됨
광명음악밸리축제[4]	• 직접 효과: 16억 1,200만 원 • 유발효과: 48억 8,000만 원	• 전국적인 음악축제를 통해서 광명이라는 도시의 모습을 정확히 알림 • 대중음악전문축제를 성공적으로 운영함으로써 '음악도시 광명' 또는 '문화도시 광명'이라는 이미지를 얻음 • 한국 최초의 '대중음악전문축제'를 운영함으로써 '음악축제' 콘텐츠 관점에서 '선점 효과'가 있고, 다른 지자체의 벤치마킹 선례임

2) 도시이미지 마케팅 측면에서의 유익함

○ 전국적인 축제를 통해서 해당 도시의 모습을 정확히 알릴 수 있다.

3 2006 SXSW 페스티벌 이후 SXSW 조직위원회가 발표한 수치임.

4 한양대학교 여가이벤트 연구실, 「광명음악밸리축제평가 및 컨설팅 보고서」(2005).

○ 예술축제를 성공적으로 운영함으로써 '문화도시'라는 이미지를 얻을 수 있다.

○ 양질의 '독보적인' 콘텐츠를 이용해서 사람들에게 축제를 알림으로써 향후 해당 지자체에서 기획하는 여러 일들에 매우 긍정적으로 작용할 수 있다.

3) 콘텐츠 선점 효과

광명음악밸리축제의 대중음악전문축제 콘텐츠 선점 효과

- 광명음악밸리축제는 한국 최초의 '대중음악전문축제'로서 한국 대중음악을 예술로 유지시키고 있는 창작자 중심의 음악축제, 한국 대중음악의 미래를 개척하며 발전시켜 나갈 젊은 음악인을 키워나가는 음악축제로 나아가려고 한다.
- 적어도 아직까지 한국에서는 '대중음악전문축제' 콘텐츠 관점에서 선점 효과가 있고, 다른 지자체의 벤치마킹 사례도 발견되고 있다.
- 향후 음악비즈니스가 건강하게 성장하는 데 도움이 되도록 해외 음악 시장과의 네트워크 역할까지 한다면, 한국 음악축제 역사상 시금석이 될 것이다.

부록

01 SXSW 뮤직 컨퍼런스 · 페스티벌
02 SXSW 관계자 미르코 휫필 인터뷰

01 | SXSW 뮤직 컨퍼런스 · 페스티벌

1) SXSW 개요

(1) SXSW 페스티벌의 역사[1]

1987년에 처음 행사가 열린 이후 전 세계에서 가장 성대하게 벌어지는 음악비즈니스 형태의 축제로 자리 잡았다. 그래서 오스틴 시는 '음악산업도시'라고 평가받는다.

SXSW는 텍사스 주 오스틴 시에 기초한 법인 조직의 회사이다. 미디어 및 연예 산업 전문가들에게 컨퍼런스와 축제이벤트를 제공하기 위해 1년 동안 전문성을 갖춘 스태프들이 헌신적으로 봉사한다. 1987년 이래로 SXSW는 세계적으로 인정받는 음악, 미디어 축제 및 컨퍼런스를 생산해내고 있다.

연예 산업이 미래의 성장과 발전에 중요한 영역으로 자리 잡게 되자, SXSW는 1994년에 영화산업과 인터랙티브 미디어(Interactive Media)를 육성하기 위한 축제 및 컨퍼런스를 추가하게 된다. 이 세 가지 산업의 이벤트는 끊임없이 발전하는 연예·미디어의 결과물들을 한 자리에 놓고 조명할 수 있도록 오스틴에서 3주 동안 열린다.

행사와 더불어, SXSW는 토론토 시사주간지 ≪나우(NOW)≫와 연계해 늦은 봄 캐나다 토론토에서 열리는 NXNE(North by Northeast)와도 관계를 맺고 있다.

(2) 왜 오스틴 시에서 열리는가

1987년에 최초의 SXSW 축제 및 컨퍼런스가 텍사스 오스틴 시에서 열렸다. 오스틴 시가 두드러진 대도시가 아닌데도, 도시의 배경과 성격은 컨퍼런스를 위한 최적의 장소로 조성되었다. 오스틴 시는 도시 규모에 비해 상당히 세계적인 도시로 여겨지는데, 이는 전 세계 사람들이 모여드는 텍사스 주립대학이 있기 때문이다. 주 정부의 본가이자 텍사스 주 의회가 있는 곳으로서, 도시의 명성은 남북전쟁 이후 커스터

1 초기 대중음악축제로 시작해서 2006년 20주년을 맞았다. 그래서 행사 표기명도 'SXSW ⅩⅩ'와 같은 식이다.

장군의 병사들로부터 사랑받은 클럽과 바가 있던 시대부터 퍼지기 시작했다. 이 클럽들은 정확히 오스틴 시 4번가에서 6번가에 이르는 곳에 위치하고 있다.

오스틴 시의 전자음악(대중음악)은 오래전 도시의 역사(멕시코, 독일의 식민지적 기원)로 거슬러 올라가며 컨트리, 포크, 재즈, 블루스, 록 등 다양한 종류의 음악을 포함한다. 오스틴 중부는 세계의 어떠한 도시보다도 많은 오리지널 음악을 연주하는 클럽이 집중된 곳으로 유명하다.

오스틴 시의 뮤지션들이 직면하는 전형적인 문제는 세계로부터 고립되어 있다는 것이다. SXSW는 텍사스를 벗어나 세계로 나아가기 위해 발돋움하고 있으며, 그들과 사업하기 위해 오히려 그들을 오스틴 시로 모으고 있다. SXSW는 성공적으로 사업하기 위해 무엇보다도 봄베이, 시카고, 토론토, 뮌헨, 도쿄 등에서 온 지역 예술가들을 끌어들여야만 한다.

그러자 SXSW에 의해 오스틴 시에서 음악산업이 어떻게 진척되는지 국가적 관심이 이어졌다. 오스틴 시는 코스믹 카우보이, 블루스, 펑크뿐만 아니라 다른 장르도 아우를 정도로 감수성이 풍부한 곳으로서 밴드가 창의적으로 작업할 수 있는 장소였다.

오스틴 시의 많은 시민들과 미국 밴드들이 유럽에 알려져 성공을 거두자, 두 번째 해부터는 세계적인 관심이 SXSW로 향했다. 이제 역으로 세계적인 밴드들이 공연하기 위해 SXSW에 참여하는 등 많은 관심을 보였다. SXSW 사무실이 유럽과 아시아의 문화가 오스틴으로 향하도록 돕기 위해 곳곳에 세워졌다.

음악 행사는 1987년에 700명으로 시작해 현재 8,000명이 넘는 규모로 커졌다. 오스틴 시가 다양한 모습으로 발전하면서 영화 회사와 첨단 기술을 보유한 회사들이 오스틴과 텍사스 경제에 중요한 역할을 했다. 1994년에 SXSW는 이러한 성장을 산업과 연계하기 위해 영화와 인터랙티브적인 요소를 추가했다. SXSW의 영화, 인터랙티브 행사는 매년 3월마다 거의 6,000명 정도의 사람들을 오스틴 시로 불러들인다.

처음부터 이 목표는 다양한 영역의 사람들을 불러들여 생각을 나누고, 능력을 계발하는 도구가 될 행사를 만들자는 데 있었다. 그것은 오늘날 음악, 영화, 인터넷 등 영역을 뛰어넘어 계속될 목표이며, 오스틴 시는 이를 구현함에 있어 최고의 장소로 남을 것이다.

(3) 2006 SXSW 개요

① 전체 개요

○ 일시: 2006년 3월 10~19일(음악 페스티벌은 3월 15~19일)

○ 장소: 텍사스 주 오스틴 시

○ 구성:

- SXSW 음악 컨퍼런스·페스티벌(Music Conference & Festival)
- SXSW 인터랙티브 페스티벌(Interactive Festival)
- SXSW 영화 컨퍼런스·페스티벌(Film Conference & Festival)

② SXSW 음악 컨퍼런스 · 페스티벌 개요

○ 일시: 2006년 3월 15~19일

○ 장소: 텍사스 주 오스틴 시 컨벤션센터, 6번가 일대

○ 구성:

- 공연
  - 공연장: 64개(야외 공연장, 라이브홀, 라이브클럽 포함)
  - 뮤지션: 1,300여 팀 참가
  - 공연 횟수: 1,493번
- 공식 파티(Official Party)
  - 장소: 6번가 라이브클럽 중심
  - 파티 횟수: 28개
- 트레이드쇼(Tradeshow)
  - 장소: 컨벤션센터 2층
  - 구성: 홍보부스, SX 스튜디오, 데이 스테이지, SX 서점, 인디 빌리지, Events
  - 참여업체 부스: 192개
- 포스터쇼(Flatstock Poster Artist Show)
  - 장소: 컨벤션센터 1층

- 참여 아티스트 부스: 200여 개

③ 2006년 음악 컨퍼런스 · 페스티벌, 트레이드쇼 일정

○ 2006년 3월 15일(수)

- 골프 토너먼트(Golf Tournament)
- 음악 페스티벌 등록(Music Registration): 오전 10시~밤 12시
- 음악 포럼·페스티벌(Music Panels & Festival)
- 음악 페스티벌 환영 만찬(Music Welcome Dinner)
- 영화 페스티벌(Film Festival)
- 오스틴 뮤직 어워드(Austin Music Awards)

○ 2006년 3월 16일(목)

- 음악 페스티벌 등록: 오전 9시~오후 10시
- 음악 포럼, 트레이드쇼, 페스티벌(Music Panels, Trade Show, Festival)
- 영화 페스티벌
- 포스터쇼

○ 2006년 3월 17일(금)

- 음악 페스티벌 등록: 오전 10시~오후 9시
- 음악 포럼, 트레이드쇼, 페스티벌
- 영화 페스티벌
- 포스터쇼

○ 2006년 3월 18일(토)

- 음악 페스티벌 등록: 오전 11시~오후 4시
- 음악 포럼, 트레이드쇼, 페스티벌
- 영화 페스티벌
- 포스터쇼

○ 2006년 3월 19일(일)

- 소프트볼 토너먼트 및 바비큐 파티(Softball Tournament & Barbecue)

• 음악 페스티벌(Music Festival)

(4) SXSW 2006 통계

① 음악 페스티벌 부문

○ 공연 횟수: 1,493번

○ 공연 장소: 64곳

○ 음악 컨퍼런스 참여자(입장권 판매): 1만 821명(밴드 등록 수는 총 1만 2,002개)

○ 음악 매체 참여 수: 2,176개

○ 트레이드쇼 관람객(입장권 판매): 1만 3,500명

○ 트레이드쇼 전시 업체: 192개

② SXSW부터 파생되어 오스틴 시가 얻는 경제 효과

○ 음악 페스티벌: 2,490만 달러(249억 원)

○ 영화·인터랙티브 페스티벌: 1,330만 달러(133억 원)

○ 참관자들의 평균 경비 지출: 264달러/일(27만 원/일)

③ SXSW부터 파생되는 부가 효과

○ 전 세계 언론 매체들이 점점 더 오스틴 시에 주목하고 있음

○ 음악 공연장, 음식점, 술집들의 수입이 축제가 없는 달의 최고 매상보다 45% 증가함

○ 전 세계 17개국에 국제교류센터(International Governmental Agency)가 설립되어 '전 세계 라이브 음악의 수도'라는 별명을 오스틴 시가 얻음

○ 오스틴 시에 가장 큰 컨퍼런스가 열림

○ 오스틴 시에 있는 호텔방 2만 1,879개가 예약 완료됨

2) SXSW 특이점

○ 전 세계 유수 음악 페스티벌들(후지 록 페스티벌, 글래스톤베리 페스티벌 등)은 대형 야외 공연장들을 중심으로 운영이 이뤄지는 데 반해 SXSW는 라이브 클럽과 음악전문 공연장, 야외 공연장 등이 어우러져 공연 장소가 된다.

○ 여타 음악 페스티벌들이 대개 4~8개 정도의 야외 공연장을 중심으로 프로그램이 운영되는 것에 비해 SXSW는 60여 개의 공연장이 선택될 정도로 규모면에서 방대하다.

○ 여타 음악 페스티벌들에서의 참여 뮤지션들의 수와 공연 횟수가 최대 100팀(개)을 넘지 못하는 데 반해, SXSW는 이용하는 공연장 수가 많기 때문에 2006년의 경우 총 1,300여 팀이 참여해 1,500개의 공연이 이뤄졌다.

○ 여타 음악 페스티벌들은 조직위원회(축제 사무국)에서 해당 연도의 주제에 맞게 뮤지션들을 선정해서 섭외에 들어가는 데 반해 SXSW는 전 세계 공모[2]를 통해서 출연할 뮤지션을 결정하고 무대를 배치한다.

○ SXSW는 공모를 통해서 참여 뮤지션들을 결정하기 때문에 기본적으로 개런티를 지급하지 않는다. 대신 무대와 음향, 조명 등을 제공한다. 이런 방법을 쓰기 때문에 1,300여 팀에 특별한 비용을 지출하지 않고 축제기간에 세울 수 있는 것이다.

○ SXSW는 여타 음악 페스티벌처럼 쇼케이스(Showcase, 공연)를 메인 프로그램으로 상정하고, 부대행사로 컨벤션센터에서 컨퍼런스(Conference)와 트레이드쇼(Trade Show)를 개최한다. 부대행사인 컨퍼런스와 트레이드쇼도 규모면에서 쇼케이스와 동등할 만큼 성대한 독특한 구성을 갖고 있다.

○ SXSW에서 열리는 컨퍼런스와 트레이드쇼는 규모나 다양성에서 쇼케이스

2 SXSW 조직위원회에서는 매년 9월경에 전 세계 뮤지션들을 대상으로 차기 연도 SXSW 페스티벌에 참여할 뮤지션들의 공모를 받는다. 뮤지션들로부터 참가 신청서와 음원이 담긴 CD를 받고, 5명의 심사 위원이 이를 심사해서 참여를 결정해 통보한다. 또한 참가를 원하는 레이블(음반사)들은 조직위원회와 개별적으로 접촉해서 참여 방법(단독 공연 등)을 협의한다.

만큼이나 독보적이라 SXSW는 음악마니아 대상의 축제[3]와 음악 관계자 대상의 축제[4]를 합한 형태의 독특한 구성을 갖고 있다고 할 수 있다. 한마디로 '음악산업'축제이다.

○ SXSW에는 전 세계 음악 관계자들이 오고, 특히 레코드사들의 A & R(뮤지션 섭외 파트)과 뮤지션들을 연결해주는 기능을 갖기 때문에 뮤지션들이 기본적으로 개런티를 받지 않고도 참여하려 한다.

○ 제3세계 음반사는 SXSW를 통해 미국을 포함한 전 세계 진출을 모색한다.

3) SXSW 참관기

지난 2006년 3월 14일부터 21일까지 미국 텍사스 주 오스틴 시에서 열린 SXSW 페스티벌을 참관했다. 이 페스티벌은 크게 음악 페스티벌(Music Festival, 3월 15~19일), 영화 페스티벌(Film Festival)로 나뉘는데, 주로 전자를 보고 왔다.

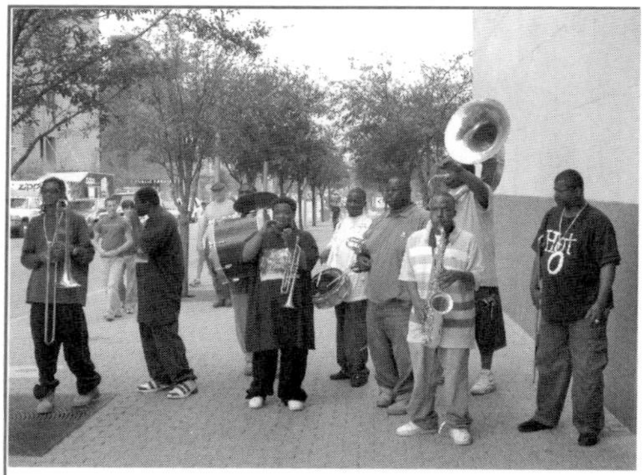
SXSW 페스티벌이 열리는 시기에는 도시 전체가 축제 분위기로 가득해진다.

SXSW 페스티벌은 음악축제들 중에서는 독특하게 '음악산업', '음악비즈니스' 성격의 축제이다. 그래서 레코드사들의 A & R과 뮤지션들을 연결해주는 기능과 각 나라 뮤지션들이 미국, 영국을 포괄한 전 세계로 진출할 수 있게 해주는 기능을 중시해 축제를 기획한다.

그리고 공연 형태도 기존의 대형 야외 공연장 중심의 축제 형태가 아니라 오스틴 시 6번가를 중심으로 펼쳐져 있는 약 60개의 공연장(라이브클럽 중심)에서 1,300여 뮤지션들이 참여하는 1,500여 개의 공연이 벌어졌다. 공연장 규모도 300명 정도 수용되는

---

3 일례로 일본의 후지 록 페스티벌 등.

4 일례로 프랑스의 미뎀 등.

곳에서부터 3,000명 정도 수용되는 라이브클럽과 중대형 공연장, 2만 명 정도가 수용되는 시청 앞 야외 공연장까지 다양했다.

이번에도 약 50만 원 정도[5] 하는 전일입장권이 1만 장 이상 팔렸다고 하고(공연장마다 개별적으로 입장권을 팔기도 함), 오스틴 시의 호텔방 2만 2,000개가 완전히 찼으며 맥주회사, 음반사, 음향 기기업체 등 많은 스폰서들도 붙었다.

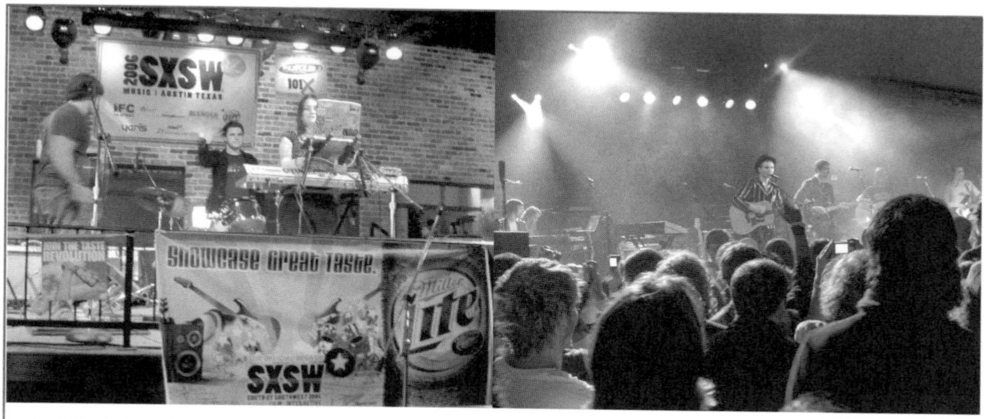

라이브클럽이 모여 있는 오스틴 시 6번가에서 펼쳐진 다양한 공연들의 모습.

이 축제는 공연만 있는 것이 아니라 트레이드쇼, 컨퍼런스(비즈니스 워크숍, 뮤지션 인터뷰, 강연 등) 등이 무수히 펼쳐지는, 한마디로 '종합 음악비즈니스' 형태의 축제이다. 그래서 이런 규모와 콘텐츠를 가진 축제는 전 세계에서 유일하지 않을까 한다.

이번에 가서 많은 것을 느꼈고, 앞으로 누군가가 SXSW 현지에서 공연, 홍보부스 등을 기획할 때는 '한국의 밤(Korea Night)'과 같은 기획 공연, 파티, 또는 한국 대중음악 신을 소개하는 홍보부스를 운영하는 것이 바람직하지 않나 생각한다.

4) 트레이드쇼(Tradeshow, 홍보관)

(1) 하이라이트(Highlights)

○ SX 서점(SX Bookstore) "작가와 아티스트들을 SX 서점에서 만나보실

---

5 예매 초기(약 4개월 전)에는 약 30만 원 선에서부터 판매가 이뤄진다.

수 있습니다. 책과 사인된 CD가 '가상 전시관(If! Exhibition)'과 '음악 전시관(Music Exhibition)' 두 곳에 비치되어 있습니다."

○ SX 스튜디오(Studio SX) "가상 전시관과 음악 전시관 양쪽에서 진행되는 시사회에 산업에 종사하는 인사들과 전문가들의 생생한 인터뷰가 준비되어 있습니다."

○ 데이 스테이지(Day Stage) "가상 전시관을 진행하는 동안 선발된 블로그와 데모 작품부터 시사회 프리뷰 작품까지 만나보실 수 있는 곳입니다. 언제나 발을 내려놓고 쉴 수 있는 최적의 공간입니다."

○ 인디 빌리지(Indie Village) "음악 전시관의 인디 빌리지에는 음악산업에서 주목받는 가장 중요한 독립 음반사들을 한 곳에서 둘러볼 수 있습니다."

○ SXSW 아티스트 음악 청취 무인 안내소(Showcasing Artist Listening Kiosk) "무인 안내소에는 2006 SXSW에서 공연된 아티스트들의 음악을 CD나 MP3로 들을 수 있도록 사람들에게 제공됩니다. 공연을 다시 살펴보기 위해 필요한 아티스트 기자회견 자료집도 음악을 들으며 이용할 수 있습니다. 또 하나! 2006 SXSW 영화 축제의 예고편도 함께 감상할 수 있습니다."

○ 이메일 센터(E-Mail Center) "음악을 전시하는 동안, 가상 전시관과 소닉비즈(Sonicbids, 예술작품 홍보 전문 웹사이트)에서 나오는 열기가 전달됩니다. 부담 없이 들러서 이메일을 확인하세요."

(2) 2006 SWSX 음악 트레이드쇼 · 전시관 개관(Exhibition Overview)

① 2006 SXSW 음악 트레이드쇼 관람(2006 SXSW Music Trade Show Exhibitors)

○ 위치

- 오스틴 컨벤션센터 2층, 그랜드볼룸

○ 시간

- 3월 16일(목): 오전 11시 30분~오후 6시
- 3월 17일(금): 오전 12시~오후 6시

• 3월 18일(토): 오전 12시~오후 6시

SXSW 음악 트레이드쇼와 전시회 입장을 위해 SXSW 백금 배지, SXSW 음악 배지나 SXSW 시사회 손목 밴드가 필요하다. 120개가 넘는 회사들이 오늘날의 연예 산업 결정자, 유행 선도 집단과 관계를 맺고 판매를 촉진하기 위해 음악 트레이드쇼에 참가한다. 백금 배지를 단 수천 명의 SXSW 관계자 및 음악 등록자, 그리고 SXSW에서 공연한 아티스트들은 트레이드쇼를 방문하는 변호사, 교육자, 그래픽 디자이너, 음반사 관계자, 매니저, 마케팅 대리인, 음악 장비 제조업자, 인쇄 매체 대표자, 공연 기획 기관, 홍보대행사, 출판사, 라디오 방송국 관계자 등을 만나게 된다.

SXSW 음악 트레이드쇼와 전시를 관람하면서, 컨퍼런스 등록자들은 'Vice TV'가 후원하는 SX 스튜디오에서 직접 대화하고 인터뷰를 녹음하는 장면을 볼 수 있다. SX 서점에 들러서 책 사인회를 하는 음악산업의 저명인사와 아티스트들도 만나서 인사 나눌 수 있다. 또한 BMI 데이 스테이지 카페에서는 항상 공연이 진행되며 이를 편안하게 즐길 수 있다.

미국 작곡가·작가·출판인 협회(ASCAP)가 준비한 SXSW 음악 청취 무인안내소에서는 데모 프리뷰와 공연하는 아티스트들의 기자회견 자료가 마련되어 있다. 인디 빌리지에서는 참여한 독립 음반사와 함께 교류하고 배우는 동시에 전시 부스에서 진행되는 특별 이벤트도 이용할 수 있다.

② SXSW 아티스트 라운지(SXSW Showcasing Artist Lounge)

이곳은 오스틴 컨벤션센터 안에 있는 공연자들을 위한 휴게소이다. SXSW에서 공연하는 모든 아티스트들을 위해 고안되었다. 무료 음료(맥주 포함)와 스낵이 함께 제공된다. 아티스트들이 휴식을 취하고, 인터뷰를 하고, 라운지의 컴퓨터로 이메일을 확인하거나 웹서핑을 할 수 있는 편안한 라운지가 마련되어 있다.

③ SXSW 아티스트 음악 청취 무인 안내소(SXSW Showcasing Artist Listening Kiosk)

모든 컨퍼런스 참가자는 이곳에서 2006 SXSW에서 공연하는 아티스트들의 데모 음반을 들을 수 있다. 아티스트들의 기자회견 자료집도 접할 수 있다. 빠르게 검색하려면 2006 SXSW 참여 아티스트의 싱글 트랙이 올려진 아이팟(iPod) 무인 안내소를 사용하면 된다.

④ 소닉비즈 이메일 · 웹 센터(Sonicbids Email · Web Center)

소닉비즈 이메일·웹 센터를 방문해 수시로 이메일을 확인할 수 있다.

⑤ 음악 트레이드쇼 및 전시관 지도

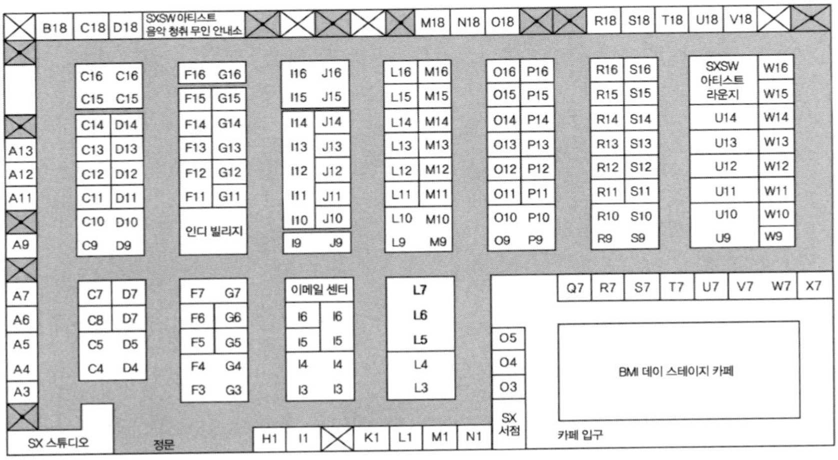

(3) SX 스튜디오

Vice TV의 후원으로, SXSW 참가자들은 SX 스튜디오에서 SXSW 패널, 쇼케이스 공연 아티스트, 음악산업의 인사들과 함께 현장에서 진행되는 인터뷰나 대화에 참여할 수 있다. 이러한 많은 인터뷰는 웹사이트(www.sxsw.com)를 통해 공지될 것이다. SX 스튜디오는 음악 트레이드쇼 및 전시회의 북동쪽 코너에 위치하고 있으며, 최근까지 업데이트된 일정표가 스튜디오 밖의 알림판에 공지될 것이다.

- 전 공연 참가자: 스콧 프랜시스(Scott Francis), 월터 예트니코프(Walter Yetnikoff), 랍 밀러(Rob Miller), 크리스 크리스토퍼슨(Kris Kristofferson), 케이

시 모나한(Casey Monahan), 스콧 부커(Scott Booker), 에리카 바두(Erykah Badu), 허스키 레스큐(Husky Rescue), 벤 리(Ben Lee), 로키 에릭슨(Roky Erickson), 폴 라이트(Paul Wright)

(4) 데이 스테이지 카페

○ 위치

- 오스틴 컨벤션센터, 2층, 그랜드볼룸 G(가상 전시관 옆)

○ 시간

- 3월 15일(수): 오전 9시~오후 6시
- 3월 16일(목): 오전 9시~오후 6시
- 3월 17일(금): 오전 9시~오후 4시
- 3월 18일(토): 오전 10시~오후 4시

SXSW 참가자들에게 또 다른 경험을 제공하는 BMI 데이 스테이지 카페가 운영시간을 연장하고, 접근하기 수월한 곳에 설치되어 더욱더 좋은 서비스를 제공한다. 참가자들은 선택한 아티스트들의 추가적인 쇼케이스 공연에 참여하고, 원하는 기조연설과 인터뷰를 비디오 방송으로 즐길 수 있다. 게다가 가까운 사람들과 휴게실에서 쉬거나 식당가에서 제공되는 다양한 음식을 먹거나, 커피나 음료를 마시며 노트북으로 무선 인터넷도 즐길 수도 있다.

(5) SX 서점

SXSW 2006 음악 컨퍼런스 발제자와 공연하는 아티스트들은 SX 서점에서 사인회를 갖는다.

○ 후원: Borders Books & Music

○ 위치: 트레이드쇼 및 전시관(Booth O1, O2)

○ 서점 사인회 참여자: 더 처치(The Church), 더 델가도스(The Delgados), 록

포(Rock Four), 탈리아 제덱(Thalia Zedek), 폴리식스(Polysics), 졸리 홀란트(Jolie Holland), 페티 부카(Petty Booka), 케렌 앤(Keren Ann), 로키 에릭슨(Roky Erickson), 제이콥 슬리터(Jacob Slichter), 마크 켐프(Mark Kemp)

(6) 인디 빌리지

SXSW 인디 빌리지는 올해로 세 번째 해를 맞이해, 음악산업 전반에서 인디음악의 기준을 높이는 훌륭한 인디레이블들을 초청한다. 참여 음반사들은 현재의 장르를 대표하고, 그들은 음악산업에 중요한 영향을 미치는 자유로운 의도를 가진 대표적인 아티스트들을 선발한다.

- ○ 인디 빌리지에서는 음반사의 대표자들을 만날 수 있다.
- ○ 인디 빌리지는 SXSW 트레이드쇼와 전시회가 열리는 곳에 위치하며, 쇼가 진행되는 동안 운영된다.

02 | SXSW 관계자 미르코 휫필 인터뷰

- 미르코 휫필(Mirko Whitfill): SXSW 해외 비즈니스 매니저(유럽 담당)
- 일시: 2006년 8월 30일(수) 오후 2~3시

1) 음악산업이자 음악마니아 축제인 SXSW 페스티벌

박준흠 현재 담당하고 있는 업무는 무엇인가?

휫필 영국, 아일랜드를 제외한 유럽 지역의 SXSW 뮤직세일즈, 영화 페스티벌 세일즈를 담당하고 있다. 오스트리아, 일본, 한국, 남미 지역 등 국제 관계에도 관여하고 있다. 또한 쇼케이스와 스탠드의 세일즈 및 광고를 담당하고 있으며 사람들이 쇼케이스에 참여할 수 있도록 돕는 역할을 한다. 지금처럼 광명시가 2007 SXSW 페스티벌에 한국을 대표하는 참가단으로 참여할 수 있도록 독려하고 돕는 역할을 하는 것처럼 말이다.

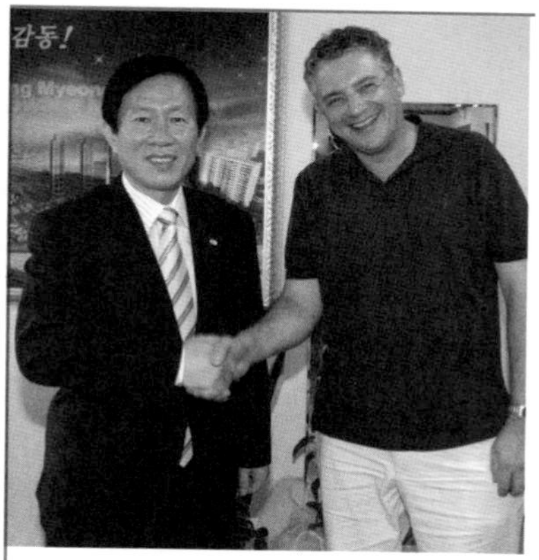

광명시를 방문한 미르코 휫필(오른쪽).

박준흠 최근 자리를 옮겨 승진한 것인지 알고 싶다.

휫필 SXSW 총감독과는 아주 오랜 친구 사이이다. 1990년부터 1994년까지 4년 동안 해외 담당을 맡다가 미뎀에서 일하고자 홍콩, 파리, 뉴욕에 머물렀다. 그때 다시 일해보자고 제안받은 것이다.

박준흠 SXSW가 미국 음악산업에서 담당하는 역할은 무엇인가?

휫필 SXSW는 세계 최고의 음악축제이므로 미국에서의 음악산업도 활발하다. 국제적으로 잘 알려진 뮤지션들이 많이 와서 공연하고, 이를 통해 사람들과 계약을 진행하기 때문이다. 콘서트를 통해 계약을 맺은 밴드들은 매우 유명해진다. 노라 존스, 제임스 블런트, 다크니스 등이 그랬고 비근한 예들이 많다.

박준흠 미뎀만큼이나 큰 행사인 SXSW가 왜 아시아권에서 덜 알려지게 된 것일까?

휫필 여기 관련 자료가 있다. SXSW 또한 미뎀만큼 잘 알려져 있다(한국에서 유독 덜 알려진 것이다). 미뎀이 갈수록 작아지는 반면, SXSW는 점점 커지고 있다는 사실을 알 수 있다. 올해 1,493개의 쇼케이스와 325개의 전시회가 이뤄졌고, 3만 3,100명의 미디어 관계자들이 모였다.

박준흠 한국 등 아시아권 뮤지션들이 SXSW 공연에 섰을 때, 미국 이외의 국가로 진출함에 있어 어떤 도움을 받을 수 있는가?

휫필 먼저 축제를 홍보할 수 있다는 것, 그리고 세계적인 밴드가 광명음악밸리축제에서 공연할 수 있게 된다는 점이다. 두 번째로 세계적인 축제(공연)를 기획하는 사람과 만나 교류할 수 있다는 점이다. 음악 관련 사업을 하는 모든 사람들이 바로 이곳에 모인다는 사실을 염두에 두는 게 좋겠다.

박준흠 한국에서는 미뎀에 나갈 때 해외 유통과 홍보 부분을 정부 차원에서 지원해주고 있다. 그러한 부분에서 SXSW가 미뎀보다 낫다고 생각하는가?

휫필 그건 무엇을 원하는지에 따라 다르다.

박준흠 뮤지션들의 미국 진출과 홍보 측면에서 말이다.

휫필 그렇다. 쇼케이스만 봐도 알 수 있다. 미뎀은 음반 제작에 관한 행사이며, 그것은 음반 회사의 저작권에 관한 내용이다. 만약 당신이 음반 회사의 사장이고 미국 음반에 관한 저작권을 원할 때, 그때 미뎀에 가서 음반에 대한 저작권을 사오는 것이다. 즉, 서울에서 음반을 제작할 수 있는 저작권을 사올 때 필요한 것이 미뎀이다. 축제나 뮤지션에 관한 것이 아니고 음반 저작권에 관한 것 말이다.

박준흠 한국에서는 내년 3월에 여러 팀들이 가도록 노력할 예정인데, 만약 그 중 한 팀만이라도 현지에서 계약이 성사된다면, 이후 그러한 프로젝트는 국가적 차원에서 장기 지원을 받을 수 있게 될 것이다.

휫필 그럴 가능성이 높다. 미뎀 가이드에 관한 자료를 보면 한국 부분의 섹션에 미뎀에 참가하는 한국 음반 회사에 대한 정보가 나와 있다. 만약 당신이 그들과 접촉한다면 그들 중 분명 SXSW에 가는 팀이 있을 것이다. 더 많은 한국 사람들이 SXSW에도 몰리게 될 것이다. 게다가 한국의 경우 일본 음반 시장과 교역하기 위한 장이 된다는 점에서 더욱 매력이 있을 것이다. 이 외에도 만약 광명이 SXSW에 참가한다면 여러분들은 중국, 일본, 오스트리아, 싱가포르 등 세계 각지의 사람들과 교역하게 되는 한국 최초의 부스가 될 것이다.

2) 한국에서의 음악축제

박준흠 한국에서는 축제수입만으로 운영자들의 인건비, 프로그램 제작비 등 축제 총비용을 충당할 수 있느냐는 문제가 관건이다. SXSW처럼 자생력 있는 음악축제를 만들어가는 방안은 무엇인가?

휫필 여러분들이 주목해야 할 점은 SXSW 같은 경우 20년 동안 발전해온 축제라는 점이다. 광명 또한 마찬가지이다. 앞으로 향후 10년, 15년이 걸릴 수도 있다. 또 한 가지 중요한 점은 축제를 기획하고 운영하려면 많은 자본이 필요하다는 점이다. 만약 2007 SXSW에 참관한다면 많은 것을 얻을 수 있을 것이다.

박준흠 축제수익만으로도 총비용을 치르고, 또한 나머지로 투자가 가능한가?

휫필 등록비, 전시 스탠드, 사진, 스폰서십을 통해 수익을 얻는다. SXSW는 개인 회사이기 때문에 TV 프로그램, CD 제작 등 원하는 대로 돈을 쓸 수 있다. 공적인 후원 없이 철저히 개인 사업체로 운영된다.

박준흠 한국의 축제는 대부분 지자체와의 협업해 진행된다. SXSW와 오스틴 시의 협업 관계는 어떤가? 일정 부분 지원이 있거나 업무에 있어서 협업하는 부분이 있는가?

휫필 매우 좋은 질문이다. SXSW 페스티벌은 오스틴에서 진행되는 가장 큰 독립적인 축제(이벤트)이다. 그래서 시는 SXSW 페스티벌에 매우 호의적이다. 전 세계에서 오는 많은 사람들을 상대로 비즈니스를 할 수 있기 때문이다. 항공, 호텔, 레스토랑, 택시 등 모두가 많은 수입을 올릴 수 있다. 언젠가 바로 이러한 일들이 이곳 광명에서 일어날 것이고, 또 전 세계에서 모인 사람들을 상대로 시는 많은 수익을 낼 수 있을 것이다. 이것은 절대 간과할 수 없는 매우 중요한 사실이다.

박준흠 가령 컨벤션센터 시설 사용비처럼 시로부터 받는 지원금이 있는가?

휫필 시로부터 지원받지 않으며 모든 것을 지불해야 한다. 여긴 미국이다.

참고문헌

서적

광명시정책개발팀. 2004. 『광명음악밸리 조성을 위한 기본계획구성』. 광명시.

박진규·정철상. 2005. 『지역문화와 축제』. 글누림.

정경훈. 2005. 『지역문화 마케팅을 위한 이벤트 감리론』. 글누림.

한국 문화콘텐츠진흥원. 2005. 『음악산업백서 2005』. 문화관광부.

BPI. 2005. *Britsh Music At SXSW 2006.*

NZ Music Industry Commission. 2006. *NZ SXSW.*

Smash Corporation. 2005. *Fujirock Festival '05.*

______. 2006. *Pocket Guide.*

______. 2006. *Skratch —Austin Concert Guide.*

______. 2006. *South By Southwest Music + Media Conference.*

웹사이트

가슴네트워크	http://www.gaseum.co.kr
문화관광부	http://www.mct.go.kr
다운로드 페스티벌(영국)	http://www.downloadfestival.co.uk
다이너모 페스티벌(네덜란드)	http://www.dynamo.nl

후지 록 페스티벌(일본)	http://www.fujirockfestival.com
글래스톤베리 페스티벌(영국)	http://www.glastonburyfestivals.co.uk
릴리스 페어(캐나다 및 미국)	http://www.lilithfair.com
롤라팔루자 페스티벌(미국)	http://www.lollapalooza.com
러브 퍼레이드(독일)	http://www.loveparade.net
몽트뢰 재즈 페스티벌(스위스)	http://www.montreuxjazz.com
레딩·리즈 페스티벌(영국)	http://www.readingfestivalonline.co.uk
록캄링·록킴파크 페스티벌(독일)	http://www.rock-am-ring.com
	http://www.rock-im-park.com
록 인 리오(브라질 및 포르투갈)	http://rockinrio-lisboa.sapo.pt
록 워처(벨기에)	http://www.rockwerchter.be
오타와 블루 페스티벌(캐나다)	http://www.ottawa-bluesfest.ca
오즈페스트(미국)	http://www.ozzfest.com
서머소닉 페스티벌(일본)	http://www.summersonic.com
SXSW 페스티벌(미국)	http://www.sxsw.com
티 인 더 파크(스코틀랜드)	http://www.tinthepark.com
투스카 메탈 페스티벌(핀란드)	http://www.tuska-festival.fi
브이 페스티벌(영국)	http://www.vfestival.com

지은이

박준흠 ceo@gaseum.co.kr

약력

- LG정보통신 중앙연구소 선임연구원 1990~1994년
- G-TV 기술국 엔지니어 1995~1997년
- 대중음악 전문지 월간 ≪서브(SUB)≫ 편집장 1997~1999년
- 인터넷음악방송국 쌈넷(ssamnet) 방송국장 2000~2002년
- 광명음악밸리축제 예술감독 2005~2006년
- 한국문화예술위원회 다원예술위원 2006년
- 가슴네트워크 대표(대중음악비평웹진 ≪가슴≫ 편집장) 1999년~현재
- 한국 대중음악상 운영위원회 운영위원 2004년~현재
- 성공회푸드뱅크 운영위원 2006년~현재
- 문화기획자, 대중음악평론가
- 추계예술대학원 문화예술학과 박사 과정

저서

『이 땅에서 음악을 한다는 것은』 교보문고, 1999

『대한인디만세 — 한국 인디음악 10년사』 세미콜론, 2006

『문화기획입문』 한국방송통신대, 2006, 공저

『한국 음악창작자의 역사 1·2』 근간, 도서출판 한울

『인디음반 가이드 2000』 근간, 도서출판 한울

『한국 대중음악 100대 명반』 근간, 도서출판 한울

음반 기획

허클베리 핀 제2집 [나를 닮은 사내] 2001/쌈넷

V.A. [2001 쌈지사운드 페스티벌 — Live 실황] 2001/쌈넷

축제 · 공연 · 이벤트 기획

- Sub '98 공연 'Live & Life' 1998년 6월, KM-TV홀
- 쌈지 뮤직비디오 콘테스트 2000년 9월, 쌈지스페이스
- 2000 쌈지사운드 페스티벌 2000년 10월, 연세대 노천극장
- 2001 쌈지사운드 페스티벌 2001년 10월, 연세대 노천극장
- 제1회 한국 대중음악상 2004년 3월, 성균관대 600주년 기념관
- 2005 광명음악밸리축제 2005년 10월, 광명시민운동장
- 2006 광명음악밸리축제 2006년 9월, 광명시민운동장
- "가슴네트워크 선정 한국 대중음악 100대 명반" 2007년 8월, 경향신문

축제기획의 실제

지은이 • 박준흠
펴낸이 • 김종수
펴낸곳 • 도서출판 한울

초판 1쇄 발행 • 2007년 12월 14일
초판 2쇄 발행 • 2011년 5월 10일

주소(본사) • 413-756 파주시 교하읍 문발리 535-7 302(본사)
(서울사무소) • 121-801 서울시 마포구 공덕동 105-90 서울빌딩 1층
전 화 • 영업 02-326-0095, 편집 031-955-0606, 02-336-6183
팩 스 • 02-333-7543
홈페이지 • www.hanulbooks.co.kr
등 록 • 1980년 3월 13일, 제406-2003-051호

Printed in Korea.
ISBN 978-89-460-4424-1 03600
ISBN 978-89-460-3842-4(세트)

* 이 책은 경기문화재단의 지원금을 받아 만들었습니다.
** 책값은 겉표지에 표시되어 있습니다.